21世纪清华人力资源管理系列教材

企业文化（第三版）

CORPORATE CULTURE

张　德　潘文君 ◎ 编著

清华大学出版社
北京

本书封面贴有清华大学出版社防伪标签，无标签者不得销售。
版权所有，侵权必究。举报：010-62782989，beiqinquan@tup.tsinghua.edu.cn。

图书在版编目(CIP)数据

企业文化/张德，潘文君编著．—3版．—北京：清华大学出版社，2019(2025.2重印)
(21世纪清华人力资源管理系列教材)
ISBN 978-7-302-51539-5

Ⅰ．①企⋯　Ⅱ．①张⋯　②潘⋯　Ⅲ．①企业文化—高等学校—教材　Ⅳ．①F272-05

中国版本图书馆CIP数据核字(2018)第243898号

责任编辑：梁云慈
封面设计：汉风唐韵
责任校对：宋玉莲
责任印制：曹婉颖

出版发行：清华大学出版社
网　　址：https://www.tup.com.cn，https://www.wqxuetang.com
地　　址：北京清华大学学研大厦A座　　邮　编：100084
社 总 机：010-83470000　　　　　　　　邮　购：010-62786544
投稿与读者服务：010-62776969，c-service@tup.tsinghua.edu.cn
质量反馈：010-62772015，zhiliang@tup.tsinghua.edu.cn
课件下载：https://www.tup.com.cn，010-83470158

印 装 者：三河市东方印刷有限公司
经　　销：全国新华书店
开　　本：170mm×230mm　　印　张：20.75　　字　数：382千字
版　　次：2007年5月第1版　2019年1月第3版　　印　次：2025年2月第16次印刷
定　　价：49.00元

产品编号：078148-03

前 言

适应中国企业的强烈需求,各大学普遍开设了企业文化的课程,并且出版了一些企业文化方面的教材,但有一些共同的问题:(1)概念不准确,有许多似是而非的说法,甚至一些概念错误;(2)知识体系不科学、不完整,有的只是片断知识的汇编;(3)许多教材是照搬西方的现有理论,包括案例,与中国企业实际结合不够;(4)缺乏在中国企业实践基础上的理论提炼和知识创新。

本书主要作者张德系清华大学经济管理学院人力资源与组织行为系原主任、教授、博士生导师,从1986年开始研究企业文化,积累了大量的研究成果,不仅主持和参与了两项与企业文化相关的自然科学基金项目,而且完成了对20余家中国企业的企业文化策划,并累计对几百家企业进行过企业文化培训,不仅在理论上有深厚的造诣,而且在实践上熟悉中国国情。另一作者潘文君为管理学博士,也参加了多家企业的企业文化咨询,目前在国有大企业工作,是他的弟子和助手。

为了解决国内企业文化教材良莠不齐的问题,2007年我们编著出版了《企业文化》这本教材。本书具有三个特点:

1. 准——在企业文化知识体系的构建、相关概念的界定、相关理论的阐述方面,力求做到准确、严谨、科学;

2. 新——本书不是对西方理论的简单介绍,而是加入了西方没有的、作者自己的研究成果,诸如:经验管理、科学管理、文化管理的"三阶段"理论;企业文化建设的心理机制;企业文化落地的两个难点和典型模式;企业文化测量的中国模型;文化资本理论;中国企业的文化特征;等等。

3. 实——从内容的叙述,到每章案例,都以中国企业为主,贴近中国实际,契合中国国情;不仅有国有大企业的案例,还引入了民营中小企业的案例,非常实用;本书的写作风格深入浅出,注重可操作性。

本书出版后受到广大读者的热烈欢迎,在国内属最具影响力的教材。前两版已印刷 26 次,累计 10 多万册。

自 2013 年第二版面世,已过去 5 年,这 5 年发生了许多深刻的变化:党的十八大以来,中国的改革开放进入一个新阶段,党的十九大的召开彰显出习近平新时代中国特色社会主义思想的巨大威力,必将引导中国掀起第三次企业文化建设热潮。从技术和经济角度来看,世界进入了互联网和人工智能时代。在这个新的时代,企业文化建设面临哪些新问题、新挑战、新机遇?第三次企业文化建设热潮具有哪些新的特点?这都是企业界和管理学界共同关心的问题。为了满足读者的迫切需要,我们经过补充、修改、完善,编写和出版了第三版。与第二版相比,第三版有如下改进:

1. 对全书进行删减,减掉了一些相对过时的内容,在行文上也更精练。

2. 在第一章增加了一节——企业文化研究的主要学派,这是作者的最新研究成果,对我们正确认识企业文化的理论体系,正确认识企业文化的中国学派,具有重要意义。

3. 新增了第十章——互联网和人工智能时代的企业文化,这也是作者近几年的研究成果。它回答了如下问题:

(1) 互联网与人工智能时代有哪些趋势和特点?

(2) 互联网与人工智能如何影响产业和就业?

(3) 互联网与人工智能如何影响信息传播与沟通?

(4) 互联网与人工智能如何影响人们的价值取向?

(5) 企业内"网络非正式群体"如何形成?有哪些对策?

(6) 在价值观多元化背景下如何塑造企业的核心价值观?

(7) 在互联网与人工智能时代如何创新员工激励机制,提高企业凝聚力?

4. 在第十一章第五节新增一部分内容——习近平新时代中国特色社会主义思想与中国企业文化建设的第三次热潮,对今后中国企业文化的发展趋势进行了预测和分析。

以上这些修改和补充,对于同样思考这些问题的读者,应该算是"雪中送炭"。希望第三版的出版给广大读者带来惊喜。

由于作者知识和能力的局限,本书中的疏漏和错误在所难免,望广大读者不吝指正。

张　德、潘文君

2018 年 6 月 1 日于清华园

目 录

第一章 企业文化基本概念 … 1
- 第一节 企业文化的内涵与结构 … 1
- 第二节 企业文化的影响因素 … 8
- 第三节 企业文化的类型 … 14
- 第四节 企业文化研究的主要学派 … 18
- 案例分析 快乐创新的谷歌(Google)文化 … 28

第二章 企业文化与企业竞争力 … 30
- 第一节 从科学管理到文化管理——企业管理的软化趋势 … 30
- 第二节 文化竞争力——优秀企业的成功经验 … 37
- 第三节 文化力的作用 … 40
- 第四节 文化也是资本 … 44
- 案例分析 文化离利润和成长远吗? … 49

第三章 企业文化建设概述 … 53
- 第一节 企业文化建设的含义 … 53
- 第二节 企业文化建设的步骤 … 54
- 第三节 企业文化建设的心理机制 … 57
- 第四节 企业文化建设的辩证思考 … 61
- 案例分析 修身·齐家·立业·助天下 … 65

第四章 企业文化的测量 … 71
- 第一节 企业文化测量的意义与特点 … 71

第二节　企业文化测量的理论基础 ·· 74
　第三节　企业文化的测量维度 ··· 76
　第四节　企业文化测量量表的设计 ··· 82
　案例分析　东方能源公司企业文化测量 ·· 86

第五章　企业文化设计 ··· 90
　第一节　企业文化的设计原则 ··· 90
　第二节　企业文化设计的关键环节 ··· 93
　第三节　企业文化三个层次的设计 ·· 100
　案例分析　正德厚生　臻于至善 ··· 155

第六章　企业文化实施 ·· 158
　第一节　企业文化建设的领导体制 ·· 158
　第二节　企业文化建设的组织支持 ·· 160
　第三节　企业文化建设的人员保证 ·· 162
　第四节　企业文化建设的计划与流程 ··· 164
　第五节　企业文化建设的组织运作 ·· 167
　第六节　企业文化建设的考核 ·· 170
　第七节　企业文化建设的奖惩 ·· 173
　第八节　企业文化的实施艺术 ·· 175
　案例分析　沃尔玛的企业文化 ·· 182

第七章　企业文化变革 ·· 185
　第一节　企业文化变革的原因 ·· 185
　第二节　企业文化变革的实证案例 ·· 187
　第三节　企业文化变革的内容 ·· 193
　第四节　企业文化变革的原则 ·· 194
　第五节　企业文化变革的过程 ·· 195
　第六节　企业文化变革中需要注意的其他问题 ································· 197
　案例分析　海尔的 SBU ·· 200

第八章　企业伦理与社会责任 ··· 202
　第一节　企业伦理 ··· 202
　第二节　企业社会责任 ··· 209

第三节　企业伦理的管理 ……………………………………………… 214
　　第四节　绿色 GDP——中国企业伦理视角 …………………………… 216
　　案例分析　科尔－麦克基公司的经营理念 ……………………………… 223

第九章　领导者与企业文化建设 …………………………………………… 226
　　第一节　领导者是企业文化的缔造者、倡导者和管理者 ……………… 227
　　第二节　领导者的价值观决定了企业文化的基调 ……………………… 229
　　第三节　领导者的示范作用关系到企业文化建设的成败 ……………… 233
　　第四节　领导者的观念创新推动企业文化的更新 ……………………… 235
　　第五节　领导者素质的不断完善促进优秀企业文化的形成 …………… 236
　　案例分析　黑松林：劳动关系的一片绿洲 ……………………………… 238

第十章　互联网和人工智能时代的企业文化 ……………………………… 243
　　第一节　互联网与人工智能时代的趋势和特点 ………………………… 243
　　第二节　互联网与人工智能对经济社会的影响 ………………………… 244
　　第三节　互联网与人工智能时代的企业文化建设 ……………………… 248
　　案例分析　新居网的"爱心银行" ……………………………………… 256

第十一章　中国的企业文化建设 …………………………………………… 259
　　第一节　中国传统文化特色 ……………………………………………… 259
　　第二节　中国改革开放与价值观念更新 ………………………………… 260
　　第三节　中国对外开放中的文化冲突与融合 …………………………… 261
　　第四节　中国企业文化建设的一般模式 ………………………………… 263
　　第五节　中国企业文化建设的发展趋势 ………………………………… 268
　　案例分析　"东汽精神"启示录 ………………………………………… 276

第十二章　跨文化管理 ……………………………………………………… 283
　　第一节　跨文化管理的基本概念 ………………………………………… 283
　　第二节　不同国家的企业文化差异 ……………………………………… 286
　　第三节　跨国经营与文化整合 …………………………………………… 296
　　第四节　企业在国内兼并重组中的文化整合 …………………………… 303
　　第五节　跨文化管理的实施艺术 ………………………………………… 307
　　案例分析　迪士尼跨国经营的成功与困境 ……………………………… 313

参考文献 ……………………………………………………………………… 316

第一章 企业文化基本概念

1. 掌握企业文化的含义和层次结构
2. 了解企业文化的特征
3. 了解企业文化的影响因素
4. 了解企业文化的类型与分类方法
5. 了解企业文化在组织管理中的作用
6. 了解企业文化研究的主要流派

文化是指一个国家或民族的历史、地理、风土人情、传统习俗、生活方式、文学艺术、行为规范、思维方式、价值观念等。它是人类改造自然、改造社会和改造自身的产物。作为社会的构成单元之一,企业在其建立和发展的过程中,往往日积月累地形成某种特定的内部文化,对企业的发展路径和企业员工的思想行为产生或多或少的影响。本章将首先介绍企业文化的基本概念、内涵、特征和类型,为学习和研究企业文化奠定基础。

第一节 企业文化的内涵与结构

与企业一样,几乎所有的社会组织都有着自身的组织文化并且深受组织文化的影响。根据组织的不同性质和类型,组织文化可以区分为企业文化、学校文化、乡镇文化、社区文化、政府机关文化、军队文化、家庭文化等。企业文化虽然有其特殊性,但是也具有组织文化的普遍性。从企业文化的内涵出发,有利于更全面透彻地认识和了解企业文化。

一、企业文化的概念

企业成员在长期共同的工作或集体活动过程中因为相互影响、相互适应、相互调整，或者由于企业的创办者、领导者有意识地倡导和培育，从而使不同成员的认知和行为产生某些方面某种程度的趋同效应。企业多数成员这种共同的认知和行为倾向，实际上就是企业文化（corporate culture）。不同学者对企业文化给出了不同的定义，国外学者有代表性的几种定义见表1-1。

表1-1 国外学者关于企业文化的定义

学　者	定　义
斯本德（J. C. Spender）	组织文化是组织成员共有的信念体系 A belief system shared by an organization's members.
瑞里（C. O'Reilly）	牢固而且被广泛接受的核心价值观 Strong, widely shared core values.
迪尔（T. E. Deal） 肯尼迪（A. A. Kennedy）	我们在这里的做事方式 The way we do things around here.
霍夫斯泰德（G. Hofstede）	人们共有的心理程序 The collective programming of the mind.
范马南（J. Van Maanen） 佰利（S. R. Barley）	共同的理解 Collective understandings.
孔茨（J. M. Kouzes） 卡德威尔（D. F. Caldwell） 帕塞（B. Z. Posner）	一种通过各种符号性的媒介向人们传播的、给人们的工作生活创造意义的、为所有员工共享的、持久的信念体系 A set of symbols, enduring beliefs communicated through a variety of symbolic media, creating meaning in people's work lives.
威廉·大内（W. G. Ouchi）	一组符号、礼仪和虚构的人物，它们能把组织的基本价值观和信念传给所有员工 A set of sysbols, ceremonies, and myths that communicates the underlying values and beliefs of that organization to its employees.
彼得斯（T. J. Peters） 沃特曼（R. H. Waterman）	由一些象征性的方法（如故事、虚构人物、传说、口号、逸事等）传达的一些主导的、核心的价值观 A dominant and coherent set of shared values conveyed by such symbolic means as stories, myths, legends, slogans, anecdotes, and fairy tales.
沙因（E. H. Schein）	群体在适应外部环境及内部整合的过程中，创造、发现或发展形成的基本假设的模式 The pattern of basic assumptions that a given group has invented, discovered, or developed in learning to cope with its problems of external adaptation and integration.

本书认为，企业文化是指企业在长期的生存和发展过程中所形成的，为企业多数成员所共同遵循的最高目标、基本信念、价值标准和行为规范。它是理念形态文

化、行为制度形态文化和物质形态文化的复合体。

二、企业文化的结构

为了对企业文化作深入的分析和研究，很多学者纷纷提出了企业文化的结构模型或理论。例如，美国学者迪尔和肯尼迪（Deal & Kennedy）认为，企业文化包括 4 个要素，即价值观、英雄人物、典礼仪式、文化网络；荷兰心理学家霍夫斯泰德（Geert Hofstede）提出了 4 层次模型，认为企业文化由内向外依次是价值观、礼仪活动、英雄人物、符号系统；美国麻省理工学院教授沙因认为企业文化包括可观察到的人造物、公开认同的价值观、潜在的基本假设 3 个层次。也有不少人将企业文化分为两个层次，例如有形文化和无形文化、外显文化和内隐文化、物质形式和观念形式、"硬"S 和"软"S 等。此外，还有一种观点是分为物质文化、行为文化、制度文化和精神文化。这些不同的结构划分都有其各自的合理性，使用不同的结构划分对认识企业文化并无大碍。

为科学准确地描述企业文化的结构，本书把企业文化划分为三个层次，即理念层、制度行为层、符号层，如图 1-1 所示。

1. 理念层

理念层又称为观念层或者精神层，主要是指企业的领导者和成员共同信守的基本信念、价值标准、职业道德及精神风貌。理念层是企业文化的核心，是决定制度行为层和符号层的前提和关键。有无清晰的理念层，是衡量一个组织是否形成了自身文化的标志和标准。

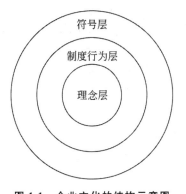

图 1-1　企业文化的结构示意图

企业文化的理念层通常包括以下 9 个要素：

（1）企业目标与愿景。企业的目标，特别是最高目标（企业愿景），是企业全体成员对组织未来发展的共同期待和愿望，反映了企业领导者和全体成员的追求层次和理想抱负，是共同价值观的集中体现，也是企业文化建设的出发点和归宿。凡是优秀的企业，无一不是把对国家、对民族、对社会乃至对人类的责任放在企业目标的首位，对外树立企业的良好形象，对内凝聚企业的全体员工。长远目标和共同愿景的设置是防止短期行为、促使企业健康发展的有效保证。

（2）核心价值观。企业的核心价值观是指企业长期坚持的基本信念和价值取向，是统率企业理念和指导企业行为的基本原则。围绕核心价值观，很多企业都会建立一套自己的价值观体系,从各方面决定着企业对内外各种关系和自身行为的思考、判断和决策。随着企业内外环境的变化,企业价值观体系中的许多内容可能需要相应改变,但是核心价值观往往会持久不变,长期地、深刻地影响企业的生存和发展。例如,同仁堂秉持"同修仁德,济世养生"的核心价值观,保证了300多年金字招牌屹立不倒。又如,被称为"松下七精神"的松下社训,已成为这个家电业巨人数十年持续发展和保持辉煌的前提。

(3) 企业哲学。企业哲学又被称为企业经营哲学。它是企业领导者为实现企业目标而在整个生产经营管理活动中遵循的思想方法,以及对企业发展战略和策略的哲学思考,是处理企业生产经营过程中发生的一切问题的基本指导思想。企业哲学的形成,既取决于企业所处的外部环境,又深受企业主要领导者的思想方法、综合素质、实践经验以及性格特点等主观因素的影响。日本著名企业家松下幸之助对企业发展规律有着很深入的思考,提出"造物之前先造人"的经营哲学,不但为公司发展指明了正确的方向,而且对整个企业界都产生了深远的影响。

(4) 企业宗旨。这是指企业存在的社会价值及其对社会的承诺,体现了企业所承担的主要社会责任。企业宗旨实际上是企业的核心价值观在企业与社会关系上的集中体现。例如,美国波音飞机公司长期坚持"以服务顾客为经营目标"的宗旨,赢得了飞机制造业的龙头地位。杨森这家著名的欧洲药企,以其"忠实于科学,献身于健康"的经营宗旨,赢得了广泛的支持和美誉。

(5) 企业精神。它是企业有意识地在员工中提倡、培养的优良精神风貌,是对企业现有的观念意识、传统习惯、行为方式中的积极因素进行总结、提炼及倡导的结果。企业文化是企业精神的源泉,企业精神则是企业文化发展到一定阶段的产物。例如,日本佳能公司"自发、自治、自觉"的三自精神,中国大庆的"铁人精神",北京王府井百货大楼的"一团火精神",韩国三星"事业报国、人才第一,合理追求"的精神,都被广泛传播和推崇。

(6) 企业伦理和道德。伦理道德与制度虽然都是行为准则和规范,但制度具有强制性,而伦理道德却是非强制性的。一般来讲,制度解决是否合法的问题,伦理道德解决是否合理的问题。从企业道德的内容构成来看,主要是涉及调整企业成员之间、成员与企业之间、企业与社会之间关系的行为准则和规范。例如,法国阿科尔旅馆集团公司就曾以"发展、利润、质量、教育、分权、参与、沟通"作为企业共同道德,促进了公司快速发展。IBM公司的商业道德——"不批评竞争对手的产品,不破坏竞争对手已签订的订单,不许贿赂",不仅获得了广泛的赞誉,而且为它树立了良好的道德形象。

(7) 管理理念。企业的管理理念是指企业内部管理所依据的人性假设、管理原则和管理模式。它要回答诸如集权与分权、宽与严、效率与公平、开放与封闭、竞争与合作、工作导向与关系导向等带有根本性的管理思路倾向性的问题。如著名的惠普公司的管理理念包括四项内容："走动式管理、目标管理、开放式管理、公开交流。"而通用电气公司的管理理念则是"大公司的形象，小公司的管理"，采取一系列措施克服大企业的"恐龙症"，包括组织扁平化，像小公司那样和谐、亲切、坦诚的人际关系，让每个人都有参与机会，简单明快的沟通，鼓励不同意见的争论，以及实行"无边界管理"等。

（8）经营理念。一个企业在面对市场竞争时，往往会确立自己整合资源的基本思路以及经营方针、经营政策等，这些统称为经营理念。与企业宗旨侧重于宏观的战略层面有所不同，经营理念侧重于战术层面，是对企业实际运作的具体指导原则。具有120年历史的张裕葡萄酒厂的经营方针是"三高三大"——高素质、高质量、高品位，大品牌、大市场、大营销。

（9）企业风气。这是指企业及其成员在企业活动中逐步形成的一种带有普遍性的、重复出现且相对稳定的行为心理状态。企业风气是约定俗成的行为规范，是企业文化在员工的思想作风、传统习惯、工作方式、生活方式等方面的综合反映，是影响整个企业生活的重要因素。企业风气是企业文化的直观表现，企业文化是企业风气的本质内涵，人们总是通过企业全体员工的言行举止感受到企业风气的存在。企业风气也往往被叫作企业作风，或简称厂风、店风、司风、行风。在中国，为人们耳熟能详的有：大庆的"三老四严"作风，海尔的"快速反应，立即行动"。

2. 制度行为层

这是企业文化的中间层次，主要是指对企业及其成员的行为产生规范性、约束性影响的部分，它集中体现了企业文化的符号层和理念层对企业中个体行为和群体行为的要求。制度行为层规定了企业成员在共同活动中应当遵守的行为准则，它主要包括以下4方面：

（1）一般制度。指各企业中普遍存在的工作制度、管理制度以及责任制度。这些成文的制度，对企业成员的行为起着约束作用，保证整个企业有序高效地运转。例如，人事制度、财务制度、奖惩制度、会议制度、资产管理制度、岗位责任制度、计划制度、生产管理制度、劳动管理制度、销售管理制度等。

（2）特殊制度。主要指本企业中的一些独有的、个性化的制度。与一般制度相比，特殊制度更能够反映一个企业的管理特点和文化特色。有良好文化的企业，必然有多种多样的特殊制度；企业文化贫乏的单位，则往往忽视特殊制度的建设。曾经卓有成效的海尔"OEC"制度（日清日高制度）、中兴通讯领导班子月学习日制度、奥康集团的"思考周"制度等，是成功的典型。

（3）企业风俗。这是指企业中长期沿袭、约定俗成的典礼、仪式、节日、活动等，如歌咏比赛、体育比赛、生日纪念活动、集体婚礼等。企业风俗与一般制度、特殊制度不同，它不是表现为准确的文字条目形式，也不需要强制执行，完全依靠习惯、偏好的势力维持。企业风俗由企业文化理念层所主导，又反作用于企业的理念层。企业风俗可以自然形成，又可以人为开发，一种活动、一种习俗，一旦被全体成员所共同接受并沿袭下来，就成为一种风俗。一些美国公司把海军、陆军的典礼、仪式移植到企业，收到了很好的效果。中国的新奥集团把元旦这一天命名为"月亮节"，在这一天举行领导与全体员工大联欢，有效地提升了企业的凝聚力。

（4）行为规范。指企业对各级领导者、管理人员和各类员工的言行举止提出的基本要求和具体规范。行为规范一般反映企业理念对企业成员个体的外在要求，越具体越容易执行；通过行为规范的有效执行，又可以促进企业成员对企业理念的认同。企业理念的"内化于心"，往往通过"外化于行"来体现和强化。

3. 符号层

符号层也称为物质层或器物层，是企业文化在物质层次上的体现，也是企业文化的表层部分。符号层是企业创造的物质文化，是形成企业文化的物质要素，是企业核心价值观的物质载体。它通常包括下述几个方面：

（1）企业基本标识。主要指企业的名称、标志、标准字、标准色。这是企业文化最集中的外在符号。

（2）企业的徽标、旗帜、歌曲等。例如，厂徽、厂旗、厂歌、厂服、厂花。这些因素中包含了很强烈的企业物质文化内容，是企业文化较为形象化的反映。

（3）企业的自然环境和建筑。例如企业的自然环境、建筑风格、办公室和车间的设计和布置方式、绿化美化情况、污染的治理等，是人们对企业的第一印象，这些均反映了不同企业文化的特点。

（4）企业的服务特色和模式。各种企业都通过不同形式为社会提供服务，因此服务特色和模式直接反映了企业理念，特别是企业的核心价值观和宗旨。对生产型企业而言，产品的特色、式样、外观和包装等这些要素则是企业文化的具体反映。

（5）企业的技术及工艺设备特性。一个企业的科学技术水平及其所使用的设备、工具、（工厂的）工艺水平，能够在很大程度上反映企业的理念，因而成为企业文化的一个组成部分。

（6）企业的文化体育生活设施。这些设施是企业群体活动的载体，也是企业员工业余生活的特色，反映了企业在与员工关系方面的价值取向。

（7）企业的纪念建筑物和造型。包括厂区雕塑、纪念碑、纪念墙、纪念林、英模塑像等。

（8）企业的纪念品和公共关系用品。它们也是反映和传播企业文化的重要载体。

（9）企业文化传播网络。包括企业自办的网站、报刊、广播、闭路电视及宣传栏、广告牌、招贴画等。

综上所述,企业文化的三个层次是紧密联系的。符号层是企业文化的外在表现和载体,是制度行为层和理念层的物质基础;制度行为层则约束和规范着员工行为,配合着理念层的落地,没有严格合理的规章制度和行为规范,企业文化建设无从谈起;理念层是形成符号层和制度行为层的思想基础,也是企业文化的核心和灵魂。

三、企业文化的特征

对于企业文化的特征有许多不同的概括和描述,这反映了人们对企业文化本质的认识处于一个不断深化的过程中。其中,以下4项特征是较为重要的。

1. 客观性

企业文化是在一个企业建立和发展的过程中形成的,与企业相伴而生、如影随形。无论人们承认与否、喜欢与否,也无论被人们感知到多少、认识到什么程度,企业文化都会对每一名企业成员的行为产生一定影响,从而影响着企业的发展变化。特别是企业理念要素,尽管人们看不见、摸不着,却往往会潜移默化地影响企业成员的思考、判断和言行。企业文化是客观存在的这种特征,被称为客观性。

企业文化的客观性,并不是说人们在企业文化面前束手无策,只能被动地接受。客观性正表明企业文化与其他客观事物一样,有其客观的内在发展规律。人们不但可以去了解和评价企业文化,而且可以通过认识、掌握和遵循企业文化的内在规律来主动进行企业文化的建设与变革,培育和形成优秀的企业文化,使自发的企业文化成为自觉的企业文化,从而增强企业的文化竞争力。

2. 稳定性

企业文化的形成是一个长期的过程,一旦形成又具有相对稳定性,不容易轻易改变。这种稳定性是因为在企业的内外环境发生变化时,企业成员的认知和行为往往会有一个滞后,有时甚至在相当长的时间内不能同步发生变化。企业文化改变时,通常最容易,也是最先改变的往往是外在的符号层要素,然后是中间层次的制度行为层要素,最后才是内在的理念层要素。改变企业成员根深蒂固的思想观念和长期养成的某些行为习惯,有时需要数年甚至更长时间。特别是企业成员的群体性理念和行为,就更加难以改变。稳定性表明企业文化的改变不是一朝一夕之功,需要时间的积淀。企业领导者在进行企业文化建设、变革和更新时,一定不能急功近利、急于求成,而要持之以恒、百折不挠地加以推动。

3. 个异性

世界上没有完全相同的两片树叶,也没有任何两个人的个性会完全相同。同样,任何两个企业也不会有完全相同的企业文化。企业文化的这种个异性,是由企业的特殊性,即不同企业的使命和社会职责不完全相同、建立和发展的过程不完全相同、企业规模和企业成员不同等因素决定的。企业文化的个异性,反映了它对企业本身的路径依赖性。

企业文化的个异性,是企业文化的生命力所在。个异性决定了企业文化建设要从企业自身的历史和现实出发,并紧密结合企业未来发展目标,在遵循企业文化发展普遍规律的基础上,注重发现和突出文化个性,体现个性特色。绝不能照抄照搬其他民族、其他行业或其他企业的文化。

4. 无形性

也称为隐藏性。特定的企业文化,特别是它的理念层,看不见,摸不着,但是会对企业成员的行为产生潜移默化的作用。企业中的个体和群体,会自觉不自觉地受到企业文化的影响。在企业稳定运转的情况下,人们很难感受到自己所处的文化环境,往往只有当企业的内外环境发生较大改变,或者企业成员到了另外一个企业中时,才能比较明显地感受到原来企业的文化特点。这好像我们天天呼吸的空气一样,平时不觉得它的存在,只有到某个缺氧的环境,才会体会到空气的存在和影响。企业文化对人的影响是无形的、隐性的,往往只有在对比和变化中才能感受到它的内涵和价值。

四、企业文化的建设与更新

和其他事物一样,企业文化不是静止不动的,而是始终处在变化和运动之中。由于企业的发展目标或者所处的内外环境发生变化,企业文化也必须相应地发展变化,否则将会对企业的存在和发展产生不利影响甚至起到阻碍作用。企业文化的发展变化,可以是企业主动进行建设和更新的结果,也可能是在内外环境作用下被动的发生变革的结果。

所谓企业文化建设,就是企业领导者有意识地倡导优良文化、克服不良文化的过程。后面各章将介绍的就是企业文化建设的理论和方法。

第二节 企业文化的影响因素

上面是对企业文化的静态分析,为了给企业文化的建设和创新提供准确的线索,还要对企业文化的形成和演变进行动态的系统分析,寻求影响企业文化的主要因素。概括而言,影响企业文化的因素主要有下列 7 个方面。

一、民族文化

现代企业管理的核心是对人的管理。作为企业文化主体的企业成员，同时又是作为社会成员而存在的。他们长期受到民族文化的熏陶，并在这种文化氛围中成长。进入企业以后，广大成员不仅会把自身所受的民族文化影响带到企业中来，而且由于其作为社会人的性质并未改变，他们将继续承受民族文化传统的影响。因此，要把企业管理好，绝不能忽视民族文化对企业文化的影响。建设具有本民族特色的企业文化，这不仅是个理论问题，更是企业管理所面临的实际问题。

处于亚文化地位的企业文化植根于民族文化土壤中，这使得企业的价值观念、行为准则、道德规范等无不打上民族文化的深深烙印。民族文化传统是构成企业生存发展的宏观环境的重要因素，民族文化对企业的价值观念、管理理念、发展战略及策略等理念要素也会产生深刻的影响。不仅如此，企业为了今后的进一步发展，还要努力去适应民族文化环境，去迎合在一定民族文化环境下所形成的社会心理状态，否则企业将难以生存，甚至陷入困境和危机。要注意的是，企业文化对民族文化养分的汲取，必须抱着科学的态度，批判地加以吸收。

从另一方面来看，企业文化作为民族文化的微观组成部分，在企业发展的过程中也在不断地发展变化，并对民族文化产生反作用。优良的企业文化必然会对民族先进文化的发展产生积极的推动作用。

二、制度文化

企业文化的另一个重要影响因素是制度文化，包括政治制度和经济制度。企业文化的核心问题是要形成具有强大内聚力的群体意识和群体行为规范，由于社会制度不同，不同国家的企业所形成的企业文化也有所差异。

我国实行的是社会主义制度，改革开放以来，建立了社会主义市场经济体制。高举中国特色社会主义伟大旗帜，坚定不移地走中国特色社会主义道路，要求我们建设中国特色的先进社会文化和企业文化；同时，我国的社会制度也为各类企业建设先进的企业文化提供了广阔空间。

以企业文化为例。我国和日本同属于东方民族，都有以儒家文化为特色的民族文化传统，但社会制度的差别使得两国企业文化有许多不同特点。日本的资本主义制度决定了企业的经理人员和广大员工既对立又统一的关系。日本企业奉行"家族主义"在被视为"大家庭"的企业内部，老板是"父亲"，员工是"儿子"，并非平等的关系。因此，尽管日本实行企业工会制度，但每年春天日本工人阶级毫无例外地坚持"春季斗争",向资方争取自己的合法权益。我国实行社会主义制度,尊重工人阶级的主体地位,各种所有制企业都应该贯彻以人为本的科学发展观,努力构建和谐的劳动关系,不断激发广大员工的主人翁意识和积极性、主动性、创造性。坚持以人为本,正日益成为我国企业文化必不可少的主要内容。

深入研究和准确把握我国当前的政治和经济体制,充分发挥社会主义制度优势,建立中国特色的先进企业文化,是所有社会企业都应该重视的问题。

三、外来文化

严格地说,从其他国家、其他民族、其他地区、其他行业、其他企业引进的文化,对于特定企业而言都是外来文化,这些外来文化都会对该企业自身的文化产生一定影响。

随着世界市场的融合和全球经济一体化进程的推进,各个国家和地区之间的经济关系日益密切,文化上的交流和渗透日益广泛深入。"二战"之后的日本,不仅从美国引进了先进的技术和设备,也接受了美国的现代经营管理思想、价值标准、市场意识、竞争观念、时间观念等,特别是美国的个人主义观念对日本的年轻一代产生了非常大的影响,连日本企业长期以来行之有效的"年功序列工资制"也因而受到了严峻的挑战。可以认为,日本的企业文化中既有以儒家思想为中心的根,又有美国文化影响的叶。

中国改革开放以来,从西方发达国家引进了大量的技术和设备,在引进、消化、吸收外国先进技术的同时,也引进了国外的文化。来自国外的文化形态可以分为民族文化、企业文化和个人文化三个层次,它们都对我国社会文化和企业文化产生了不同程度的影响。过去我国在引进中较多地注意到技术、管理、人才等因素,而比较忽视文化因素对我国社会的影响和作用。这既因为文化渗透是通过某种技术或设备"中介"间接进行的,又因为文化的影响和作用具有滞后性和复杂性,比较难以全面准确地把握。应该看到,40年来我国在引进先进科技和设备的同时,也从国外引入了许多先进的管理思想,增强了企业的创新精神、竞争意识、客户意识、服务观念、效率观念、质量观念、效益观念、民主观念、环保意识等,成为我国企业文化的新鲜血液;当然,我国社会及企业也受到拜金主义、享乐主义、个人主义、唯利是图等腐朽落后思想的冲击。西方资本主义文化中的糟粕对我国企业文化建设有着负面影响,应当引起警惕。

国内不同民族、地区、行业或企业间进行资本、技术、市场、产品、服务转移的过程中,异质文化也会对企业文化产生影响。例如,军工企业在转向民品生产的技术转移过程中,军工企业的严格、严密、高质量、团结、自强、艰苦创业等优良的企业文化因素,必然对普通企业的企业文化建设产生十分积极的影响。而普通企业对市场的敏感和快速反应,以及他们敢于变革、勇于创新的精神,也会对军工企业的企业文化产生积极影响。又如,新兴的信息技术产业重视技术、重视创新、重视人才等许多积极的观念,已对社会各行业的企业文化产生了深刻影响。当然,即使同行业内企业与企业之间由于地区、环境及其他原因也会有相当大的差距,因此地区之间、行业之间、企业之间的先进技术和管理经验转移是非常必要的,在这种转移中自然会伴随企业文化的渗透和转移。

总之,企业必须从自身的实际出发,有选择地吸收、消化、融合外来文化中有利的文化因素,警惕、拒绝或抵制外来文化中的不利因素。

四、企业传统

应该说,企业文化的形成过程也就是企业传统的发育过程,企业文化的建设过程在很大程度上就是企业传统去粗取精、扬善抑恶的过程。因此,企业传统对企业文化的建设与发展具有深远的影响。

以企业为例,企业传统主要表现在宏观和微观两个层面。从宏观来看,中国现代企业虽然仅有一百多年的发展史,但却创造和凝练了宝贵而丰富的文化传统。这些优良传统主要有 4 个方面:

(1) 中华人民共和国成立以前民族资本企业形成的以实业救国、勤劳节俭、诚信经营为特色的企业精神;

(2) 中华人民共和国成立以前解放区和根据地企业艰苦奋斗、勤俭节约、无私奉献、顽强拼搏的企业精神和传统;

(3) 中华人民共和国成立以后新建立的社会主义企业的文化特色和传统,例如爱厂如家、艰苦创业的"孟泰精神",三老四严、拼搏奉献的"铁人精神"等;

(4) 改革开放以来新兴的高新技术企业、民营企业的企业文化创新发展,正逐步积淀成为新的文化传统,例如以人为本、诚信经营,重视技术和人才、重视效益、重视管理以及市场观念、竞争意识、服务意识等。

上述企业文化优良传统和经验,不仅对于形成我国当前的企业文化产生了非常深刻的影响,而且对于在新的历史起点上建设和发展中国特色的企业文化也具有十分重要的价值。

从微观来看,每个企业都应当根据自身的外部环境和内部条件,从本企业所追求的愿景目标、发展战略及经营策略中总结出自己的优良历史传统,从而形成自身的经营哲学、价值观念,创造出本企业独具特色的企业文化风格。重视企业传统,不割断历史,对历史传统进行科学分析,注意发掘和继承优良文化传统,是建设具有个性的企业文化的必由之路。

五、企业发展阶段

企业处于生命周期中不同的发展阶段,决定了企业管理的不同特点,进而影响到企业文化。企业从导入期、成长期,发展到成熟期,再到衰退期,便完成了一个循环过程。在这个过程中,企业会积累一些优秀的文化传统,也会不断滋生一些不良风气。

处于导入期的企业往往只关注企业生存和市场,而对内部规范管理还顾及不到,可能产生一切以"挣钱"为导向的文化氛围,这时的企业家要特别注意,对短期行为的及时纠正。中国有句古话叫"以义取利",这是关系企业生死存亡的大事。

进入成长期的企业,随着企业规模的逐步扩大和各项工作的逐步开展,企业文化渐渐成形,这时是企业文化建设的关键时期,企业家要抓住这一时机,考虑长远发展,塑造可以永久传承的优秀文化。

企业一旦进入成熟期,文化就基本稳定了,这时的领导都要特别小心企业惰性的产生,警惕企业文化老化和异化的危险。在这个阶段,许多企业家采取了变革文化的办法,不断激发企业文化的活力,用企业文化这只无形的手,阻止企业走上衰退之路。准确把握企业发展的阶段性特征,有助于制定正确的企业文化建设思路和方案,收到事半功倍的理想效果。

六、个人文化

个人文化因素,指的是企业领导者和企业成员的思想素质、文化素质和技术素质对企业文化的影响。由于企业文化是全体企业成员认知和行为的结晶,因此企业成员的思想素质、文化素质和技术素质直接影响和制约着该企业文化的层次和水平。一个村办企业的企业文化与一家高新技术公司的企业文化差异之大是显而易见的,因为前者员工多为中小学文化程度的农民,其主导需要停留在生存和安全的层次上,所以其企业文化更多地集中在安全第一、艰苦奋斗的实干精神上;而后者大部分员工为大学以上文化程度的科技工作者,他们的主导需要基本上处在自尊和自我实现的层次上。例如,由清华大学校办企业成长起来的紫光股份公司,1991年曾提出"大事业的追求,大舞台的胸怀,大舰队的体制,大家庭的感受"的"四大"文化,中关村四通公司曾以"高效率、高效益、高境界;先做人,后做事"作为企业精神,这些均反映了科技企业对高层次企业文化的追求。

员工中的英雄模范人物是员工群体的杰出代表,也是企业文化人格化的突出体现。王进喜对大庆精神、张秉贵对北京王府井百货公司的一团火精神、李双良对太钢精神都发挥了这种作用。向英雄模范人物学习的过程，就是企业文化的培育过程。目前，许多企业重视培养内部的模范、标兵、先进工作者，使企业文化通过他们而实现人格化，众多的员工向他们学习的过程，就是企业文化建设的过程。

个人文化因素中，领导者的人生观、世界观、价值观和文化修养、政策水平、思维方式、管理理念、工作经验、工作作风乃至人格特征等因素，对企业文化都会产生举足轻重的影响。这是因为企业的愿景和宗旨、核心价值观、企业道德、企业作风在某种意义上说都是企业领导者价值观的反映。国外有时甚至把企业文化称为"企业家精神"。当主要领导者更换时，往往也会对企业文化的发展产生一定的影响。因此，要建设优秀的企业文化，培育一个好的领导者集体是至关重要的。

七、行业文化

不同社会行业，对组织提出的要求是不同的，因此，组织文化具有相应的行业特点。在卫生行业，治病救人是最主要的特点，从中国古代医家倡导的"医者父母心"到英国19世纪形成的"南丁格尔精神"，都是医疗机构的企业文化中最核心的内容。无论国外还是国内的政府机构，为辖区的人民(公民)服务都是其主要职责，于是服务意识、服务精神几乎是所有政府机构的行政文化中不可或缺的内容。一个行业内，企业文化长期相互影响，逐步形成了一些鲜明的共性特征。

同样，对从事经济活动的企业来说，不同行业的企业文化也具有各自的特点。从大的方面来说，可以分为第一、第二、第三产业。每个产业又包括很多大的行业，例如第二产业，可分为采矿业、制造业、电力与能源业、建筑业等行业；还可再进一步细分，例如制造业包括了农副食品加工业、纺织业、家具制造业、医药制造业、橡胶制品业、金属制品业、通信及电子设备制造业等30多个具体的行业。由于各个行业在技术特点、生产方式、管理模式和要求上存在很大不同，所以企业文化也必然有差异。

举例来说，身为服务业的麦当劳，从1954年开设第一家快餐店之后，到目前已经在世界上120多个国家和地区拥有了3万多家连锁店。麦当劳成功的主要原因是其独具一格的企业文化，使它在世界各地的食品和服务完全一致。麦当劳把员工作为第一财富，崇尚"Q＋S＋C＋V"，即"品质上乘、服务周到、环境清洁、超值享受"，宗旨是"提供更有价值的高品质食品给顾客"。麦当劳独特的企业文化，既带有企业特色，又反映出行业特点。

八、地域文化

地域性差异是客观存在的,无论国家与国家之间,还是同一国家的不同地区之间,都存在很大差异。由于不同地域有着不同的地理、历史、政治、经济和人文环境,必然产生一定的文化差异。例如,德国的东西部由于经济和历史原因,价值取向有所不同;在法国,不同地域的人们都保留着自己的特点,包括语言、生活习惯和思维方式;美国的纽约和加利福尼亚,也具有东西部的不同文化特点。又如,文化差异在城市和郊区之间也会有所体现。丰田汽车把总部从大城市移出来,把自己培养成"乡巴佬"的样子,因为它热衷于英国和美国的乡村俱乐部式的风格。世界上最大的轮胎制造商米其林(Michelin)公司,把公司总部设在乡下,而不是巴黎,因为公司领导要摒弃巴黎"浮于表面和趋于时尚"的文化,他们更喜欢以谦逊、简朴和实用著称的郊区爱瓦房地区。

正是由于这种地域差异产生的文化差异,使企业家在设厂和管理时不得不考虑地域因素。日本在进军美国时,尼桑等大公司纷纷入驻田纳西州,因为他们认为,这里有着强烈的工作道德,和睦相处的氛围,这些对于日本企业至关重要。同时,田纳西州与东京同在一个纬度上,与东京气候相似,在这里还可以看到樱花,这可能是入驻的又一个重要原因。

同样,中国地域广阔,同行业、同所有制、同样规模的企业,在东北地区和在广东地区会有很大的文化差异,在东部沿海地区和西部高原地区,也会感受到十分不同的文化。我们在企业文化建设中,必须恰当考虑这些因素。

第三节 企业文化的类型

由于民族、制度、地域、行业、发展阶段,以及外来文化、个人因素、企业传统因素等的综合影响,企业文化呈现出百花齐放、万紫千红的局面。为了深入地研究企业文化,对其恰当分类是必要的。

一、迪尔与肯尼迪的分类

美国学者迪尔与肯尼迪把企业文化划分为四类:

(1) 强悍型文化。这是所有企业文化中极度紧张的一种。这种企业恪守的信条是要么一举成功,要么一无所获。因此,员工们敢于冒险,都想成就大事业。而且,对于所采取的行动是正确与错误,能迅速地获得反馈。具有这类文化的企业往往处于投资风险较大的行业。

(2) 工作娱乐并重型文化。这种企业文化奉行拼命地干、痛快地玩的信念。职工很少承担风险,所有一切均可迅速获得反馈。

(3) 赌注型文化。这种企业文化适用于风险高、反馈慢的环境,企业所做决策承担的风险很大,但却要在几年之后才能看到结果。其信念是注重未来、崇尚试验,相信好的构想一定要给予机会去尝试、发展。

(4) 按部就班型文化。这类企业文化常存在于风险低、资金回收慢的组织中,由于职工很难衡量他们所作所为的价值,因此,人们关心的只是"怎样做",人人都在追求技术上的完美、工作上的有条不紊,极易产生官僚主义。

二、艾博斯的分类

艾博斯(Ebers)把企业文化类型分为:合法型文化、有效型文化、传统型文化、实用主义型文化(见表1-2)。

表1-2 艾博斯的企业文化分类表

特征	合法型	有效型	传统型	实用型
组织内容	环境的规范和价值观	对绩效的需求	成员的价值观、信仰和传统	成员的(自我)利益
效度基础	信念	适当的绩效	亲和性	心理和法律的契约
焦点	外部支持;合法性	产出;专业知识;计划;控制	信用传统;长期的承诺	成就;奖励和贡献的公平分配
个人服从的基础	识别;一致产生的信念的压力	社会的和管理的指令	内部化	结果的计算
行动的协调	名义调整	共同的目的	表演的和联络的行为	内部锁定利益和战略行动
特征集合	公共机构环境;绩效难以知道	结构化地相互依赖的集体:被监督;绩效容易知道	有稳定成员关系、长期历史和密集交流的集体	通常是为了共同的利益或目的而将个人集结起来的小的混合团体

三、基于方格理论的分类

美国学者布莱克和莫顿(Blake & Mouton)两人发展了领导风格的二维观点,在"关心人"和"关心生产"的基础上提出了管理方格(managerial grid)理论。

管理方格如图1-2所示,它在两个坐标轴上分别划分出9个等级,从而产生81

种不同的领导类型。但是,管理方格理论主要强调的并不是产生的结果,而是领导者为了达到这些结果应考虑的主要因素。

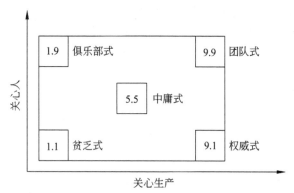

图 1-2　管理方格与企业文化

在管理方格的 81 种类型中,布莱克和莫顿主要阐述了 5 种具有代表性的领导风格类型,笔者认为它们对应 5 种不同的企业文化特征(见表 1-3)。

表 1-3　管理方格理论中 5 种典型的企业文化特征

权威型	团队型	俱乐部型	贫乏型	中庸型
工作导向	团队合作导向	关系导向	导向不清	稳定导向
以严为主	宽严相济	以宽为主	不负责任	注重平衡
效率第一	效率、公平并重	公平第一	得过且过	循序渐进
追求效益	和谐基础上追求卓越	放任自流	没有追求	和谐基础上争上游
很少授权	适当授权、兼顾民主	充分民主	放弃权力	适当授权
性恶论	性善论	性善论	人性假设不清	性善论

贫乏型(1.1):领导者付出最小的努力完成工作。

权威型(9.1):领导者只重视任务效果而不重视下属的发展和下属的士气。

俱乐部型(1.9):领导者只注重支持和关怀下属而不关心任务效率。

中庸型(5.5):领导者维持足够的任务效率和令人满意的士气。

团队型(9.9):领导者通过协调和综合工作相关活动而提高任务效率。这种类型的文化是理想的企业文化,由于充分地关心人,形成了良好的人际关系,上下左右同心同德,组成了亲密团结合作的团队,反过来有力地促进了生产经营活动。

四、梅泽正和上野征洋的分类

日本的学者梅泽正和上野征洋把企业文化类型分为：自我革新型、重视分析型、重视同感型、重视管理型。他们以行动基本方向与对待环境的态度为横纵坐标，把四种类型分别放入四个象限（见图1-3）。

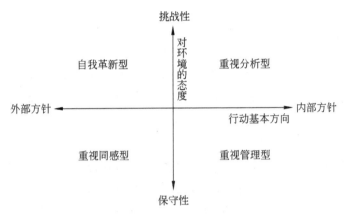

图1-3　梅泽正和上野征洋的分类

（1）自我革新型：适应市场变化，重视竞争与挑战，不断自我变革。

（2）重视分析型：重视企业发展的各种因素，生产效率、管理效率被立为大政方针。

（3）重视同感型：重视市场地位的稳定和客户满意度，回避风险、重视安稳。

（4）重视管理型：注重企业内部规范，以及与竞争对手之间的关系协调，重视风险回避和安稳地位。

五、卡迈隆和奎因的分类

美国学者卡迈隆（Carmeron）和奎因（Quinn）提出了竞争性文化价值模型，该模型设立了"组织弹性-稳定性""外部导向-内部导向"两个维度，用以测量企业文化。在此基础上可以派生出4个象限：等级型文化、市场型文化、宗族型文化和创新型文化，这四种类型的划分，比较科学，也比较实用。详情请见第四章。

第四节　企业文化研究的主要学派

自20世纪80年代起,美国、欧洲、亚洲许多学者致力于企业文化的研究,出现了百花齐放、百家争鸣的局面。但学派如何划分,并没有形成共识。笔者依据30年的研究,试将企业文化研究划分为四大学派。

一、比较研究学派

这一派学者在不同国家间进行企业文化的比较研究,得出一些带有普遍意义的结论。其代表人物有理查德·帕斯卡尔(Richard Tanner Pascale)、威廉·大内(William Ouchi)和G.霍夫斯泰德(Geert Hofstede)。

1. 理查德·帕斯卡尔

理查德·帕斯卡尔曾任职于白宫,担任劳工部长的特别助理,在斯坦福大学商学院任教达二十年之久,对日本的企业管理深有研究。他和安东尼·阿索斯(Anthony G. Athos)在1981年出版了《日本企业管理艺术》。该书的主要贡献在于比较了美国和日本的管理方法,提出了7S模型,这是任何明智的管理都会涉及的7个变量。7S代表7种以首字母为S的因素:Structure(结构)、Strategy(战略)、Systems(制度)、Skills(技能)、Style(作风)、Staff(人员)和Superordinate goal(最高目标)。其中战略、结构、制度是硬性因素,人员、技能、作风、最高目标是软性因素。7S构成一个以最高目标为核心的网络(图1-4),忽视任何一环或各个网络之间的协调都必然影响管理成效。

书中也详尽地描述了日本企业如何重视"软性的"管理技能,而美国的企业则过分依赖"硬性的"管理技能,指出美国企业应该在人员、技能、作风、最高目标等软性因素上下功夫。

2. 威廉·大内

威廉·大内是加利福尼亚大学洛杉矶分校的管理学教授,1981年出版了他的代表作《Z理论——美国企业界怎样迎接日本的挑战》一书。在这本书中,他提出Z理论,并最早提出企业文化概念,其研究的内容为人与企业、人与工作的关系。当时,他用近10年时间对日、美各12家典型企业进行研究,发现在组织模式的每个重要方面,日本与美国都是对立的。但是,在美国的一些成功企业中,如IBM、普罗克特、甘布尔、柯达等,在经营管理上与日本企业有着惊人的相似之处。这些企业都在本国及对方国家中设有子公司或工厂,采取不同类型的管理方式。大内

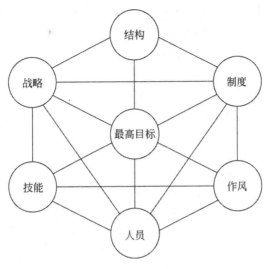

图1-4 "7S"模型

的研究表明,日本企业的经营管理方式一般较美国企业的效率更高,这与20世纪70年代后期,日本经济咄咄逼人的气势是吻合的。作者因此提出,美国的企业应该结合本国的特点,向日本企业学习,形成自己的管理方式。他把典型的美国传统管理方式称为A型组织、典型的日本管理方式称为J型组织,在分析对比二者的基础上提出了Z型组织。他认为,Z理论是既符合美国情况,又吸收了日本企业管理优点的一种理想的企业管理模式。该书一经出版立即获得了广泛重视,大内的组织文化的思想对组织管理的发展产生了很重要的影响。

3. G.霍夫斯泰德

G.霍夫斯泰德教授,是社会人文学博士,曾主管过IBM欧洲分公司的人事调查工作,荷兰马城(Maastricht)大学国际管理系名誉教授,在欧洲多所大学任教。他对世界五十多个国家的文化进行过调查、分析、比较。他的一个重大发现,是文化差异的五个维度:

(1) 个人主义和集体主义。在集体主义盛行的国家中,每个人必须考虑他人利益,组织成员对组织具有精神上的义务和忠诚。而在推崇个人主义的社会中,每个人只顾及自身的利益,每个人自由选择自己的行动。管理决策方式在这一文化层面上所呈现的差异为:一般来说,在集体主义倾向的公司,管理者在决策时常鼓励员工积极参与决策,决策达成时间较长,但执行和贯彻决策迅速;而个人主义倾向强烈的公司管理者,常常自己独立决策,决策迅速但执行贯彻时间较长,因为他们不得不用更多的时间向员工"推销"自己的决策目的、内容等。

(2) 权力距离。权利差距在组织管理中常常与集权程度、领导和决策联系在一起。在一个高权力差距的组织中,管理者常常采取集权化决策方式,管理者做决策,下属接受并执行。而在低权力差距的组织中,下属则广泛参与影响他们工作行为的决策。

(3) 不确定性规避。不确定性规避倾向指一个组织对活动结构化需要的程度,它影响一个组织对风险的态度。在一个高不确定性规避的组织中,组织趋向建立更多的工作条例、流程或规范以应付不确定性。在一个弱不确定性规避的组织中,很少强调控制,工作条例和流程规范化和标准化程度较低。

(4) 男性主义和女性主义。一般可以从对性别角色定位的传统和保守程度、对坚决行为和获取财富的推崇程度、对人际关系和家庭生活的重视程度去考虑。男性化社会以更加传统和保守的方式定义性别角色,而女性化社会对于男女双性在工作场所和家庭中扮演的大量角色则持较为开明的观点。此外,男性化社会推崇坚决行为以及获取财富;女性化社会珍视人际关系,关心他人,以及看重家庭生活与工作之间的平衡。

(5) 长期取向与短期取向。长期取向的文化关注未来,注重节约、节俭和储备,做任何事均留有余地,关注长期目标的实现;在短期取向的文化里,管理上最重要的是此时的利润,上级对下级的考绩周期较短,要求立见成效,急功近利。

在国际学术领域,G. 霍夫斯泰德教授被视为研究文化差异及文化差异如何影响管理策略的权威。他说:"在全球经济一体化中,世界各公司的策略都着重发展如何能够满足最大市场、最多顾客的产品及其服务。而对不同文化及价值观的研究,是此类策略成功的关键。"

霍夫斯泰德说过:企业文化是一种软的、以完整主义理论为依据的观念,但其结果是坚实的。他曾经断定"一个组织的心理资产,可以用来预测这个组织的金融资产在 5 年内将会发生什么变化"。

二、经验学派

经验学派致力于研究大量的案例,特别是成功企业的经验,从中概括出有普遍借鉴意义的结论。这一学派的代表人物有特伦斯·迪尔(Terrence E. Deal)和汤姆·彼得斯(Tom Peters)。

1. 特伦斯·迪尔

特伦斯·迪尔是哈佛大学教授,南加利福尼亚大学 Rossier 学院教育学教授,撰有多部组织文化与教育政策方面的著作,特伦斯·迪尔和麦肯锡咨询顾问艾伦·肯尼迪合著的《企业文化——企业生活中的礼仪与仪式》出版于 1982 年 7 月,该书堪称企业文化研究的奠基之作。

他们收集总结了美国数百家企业大量丰富的资料,重点调查了近80家美国公司。他们发现,在调查的所有公司里,只有大约1/3的公司(准确地说是25家)有着清晰明确的价值信念。令人惊奇的是,在这1/3的公司中,2/3有着抽象的价值信念,不以利润,而是以一些崇高的信念作为最高目标。例如,"IBM意味着服务"。另外1/3则有着被人们广为理解的财务取向的目标。

无一例外,18家有抽象价值信念的公司都是成功者。而在其他公司中,则找不到任何的相关性——有的公司还算不错,有的则很差,大多数公司时好时坏。他们把这些一贯有着出色表现的公司定义为强文化公司。正是这些强文化公司崇高的目标给企业带来了巨大的发展,使其取得了出色的业绩。由此,该书的两位作者得出这样的结论:强有力的文化是企业取得成功的"金科玉律",企业文化就是力量。

在后续的调查研究中,他们发现了一个生活中的普遍性真理:人是具有社会性的动物。人们总是,并希望未来也同样生活在一起并赋予生活以意义和目标。在企业界,无论是高层管理者、普通管理者,还是员工,他们首先都是人。所以,他们希望自己的工作有价值,他们希望与他人建立有机的联系,他们也相信自己的努力有意义并能创造出不同。

他们的另一个重要贡献是提供了一个企业文化的理论框架——构成企业文化的5个要素:

(1) 共享价值观,它是企业文化的核心。

(2) 企业中的英雄人物,提供了一个有形的、他人可以效仿的榜样。

(3) 仪式和典礼,把人们更深地联系起来。定期的庆典活动灌输了一种神圣的精神,令人们记住他们共同的价值观和目标。

(4) 企业内的故事,它们承载着价值观,经过人们一遍又一遍的讲述,形成了一种社会性胶水,把人们与那些真正重要的东西联系起来。

(5) 文化网络,由牧师、小道消息传播者、说书人、谍报人员和耳边私语者构成的文化网络通过不懈的非正式努力,维系着组织的完整,让组织在正轨上运行。

2. 汤姆·彼得斯

《追求卓越——美国管理最佳公司的经验》的作者是美国的汤姆·彼得斯和罗伯特·沃特曼。汤姆·彼得斯曾获斯坦福大学企业管理硕士和商学博士学位,斯坦福大学企业管理学院教授。罗伯特·沃特曼获斯坦福大学企业管理硕士学位,曾在麦肯锡公司任职二十多年。

这本书的副标题为"美国管理最佳公司的经验"。两位作者花费数年时间,辗转美国各地,深入企业进行调查研究,综合了数百个大小公司的第一手材料,最后筛选出43家优良"标本",进行解剖和探究。样本涉及制造、信息、服务、销售、交通、食品等诸多行业,包括大名鼎鼎的 IBM、通用电气、惠普、3M、麦当劳、宝洁等。在作者眼中,"卓越"的标准是指企业除了表现在财务方面的长期的优异业绩外,更重要的是具有高度的创新精神。作者认为,尽管每个优秀企业个性不同,但拥有许多共同的品质。这些品质基本上可以归纳为八大成功要素:

第一,行动神速。提倡快速地学习,快速地试验,快速地生产,快速地解决问题。

第二,顾客至上。主张把顾客视为"衣食父母"。坚持高质量的产品和服务,以被顾客牵着鼻子走为荣,把售后服务视为改善管理的起点。

第三,支持创新。企业千方百计地鼓励创新,支持自愿结合的各种创新小组,积极为各种大胆试验提供条件。创新成功的树为英雄,创新失败的也绝不指责。

第四,尊重员工。要使员工对在公司工作产生安全感和家庭温暖感。

第五,重视价值观。美国杰出公司极为重视塑造本公司的共同价值观和共同信念。

第六,不离本行。坚持以专业化为主,把多角化经营建立在某些共同核心技术和核心力量的基础上。

第七,精兵简政。减少管理层次,压缩编制,裁减冗员,提高工作效率。

第八,宽严并举。纪律和要求是硬的,但它们靠企业文化及共同的价值观来形成、推动和得到执行,因而又是软的。美国杰出公司把硬管理和软管理、规章制度与开放创新、眼前利益与长远利益、公司经济利益与员工们的事业心相结合,从而取得了比较理想的效果。

《追求卓越》最重要的特点就是以实际案例为基础,结合大量的事实、数据和分析。当时美国商界面临日本企业的巨大挑战,1982年《追求卓越》的出版成为美国商业的拯救者和美国商业史上的转折点。彼得斯回顾该书时说:"《追求卓越》首次描述了那些行之有效的东西。它的风格是刻意形成的。我承认,这本书的逻辑就是美国式管理已被严重地扭曲。这是对美国式管理和麦肯锡式思维方式猛烈的、面对面的攻击。"

三、经验理论结合学派

这一学派,区别于经验学派的是:在大量研究案例的基础上,花大气力进行理论研究,得出一些更深刻的结论。其突出的代表是爱德加·沙因(Edgar H. Schein)。

爱德加·沙因是美国麻省理工学院斯隆商学院教授,1947年毕业于芝加哥大学教育系，1949年在斯坦福大学取得社会心理学硕士学位，1952年在哈佛大学取得博士学位，此后一直任职于斯隆学院。在组织文化领域中，他率先提出了关于文化本质的概念，对于文化的构成因素进行了分析，并对文化的形成、文化的认同过程提出了独创的见解。

沙因在他的名著《组织文化与领导》(Organizational Culture and Leadership)一书中，将组织文化定义为："一种基本假设的模型——由特定群体在解决外部适应与内部聚合问题的过程中发明、发现或发展出来的——由于运作效果好而被认可，并传授给组织新成员以作为理解、思考和感受相关问题的正确方式。"根据沙因的说法，如果我们不能够将组织文化作为应对变革的首要资源的话，所谓的组织学习、组织发展、有规划的变革等将无从谈起。而且，如果管理者对自己的组织文化无意识的话，他们将被动地为文化所左右。文化最好能够为组织的每一个成员所理解，但是，对组织领导者来说，理解自己的组织文化则是必须的。

沙因认为人们通常所列举的文化不过是更加深层的文化的表象，真正的文化是隐含在组织成员中的潜意识，而且文化和领导者是同一硬币的两面，一个领导者创造了一个组织或群体的同时就创造了文化。

沙因将组织文化分为以下三个层次：

1. 人工制品(artefacts)。人工制品是那些外显的文化产品，能够看得见、听得见、摸得着(如制服)，但却不易被理解。

2. 信仰与价值(espoused values)。藏于人工制品之下的便是组织的"信仰与价值"，它们是组织的战略、目标和哲学。

3. 基本隐性假设与价值(basic assumptions and values)。组织文化的核心或精华是早已在人们头脑中生根的不被意识到的假设、价值、信仰、规范等，由于它们大部分处于一种无意识的层次，所以很难被观察到。然而，正是由于它们的存在，我们才得以理解每一个具体组织事件为什么会以特定的形式发生。这些基本隐性假设存在于人们的自然属性、人际关系与活动、现实与事实之中。

沙因综合前人对文化比较的研究成果，对于深层的处于组织根底的文化分成以下五个维度：

1. 自然和人的关系。指组织的中心人物如何看待组织和环境之间的关系，包括认为是可支配的关系还是从属关系，或者是协调关系等。组织持有什么样的假定毫无疑问会影响到组织的战略方向，而且组织的健全性要求组织对于当初的组织/环境假定的适当与否具有能够随着环境的变化进行检查的能力。

2. 现实和真实的本质。组织中对于什么是真实的，什么是现实的，判断它们的标准是什么，如何论证真实和现实，以及真实是否可以被发现等一系列假定。同时包括行动上的规律、时间和空间上的基本概念。他指出在现实层面上包括客观的现实、社会的现实和个人的现实。在判断真实时可以采用道德主义或现实主义的尺度。

3. 人性的本质。包含哪些行为是属于人性的,而哪些行为是非人性的,这一关于人的本质假定,以及个人与组织之间的关系应该是怎样的等假定。

4. 人类活动的本质。包含哪些人类行为是正确的,人的行为是主动或被动的,人是由自由意志所支配的还是被命运所支配的,什么是工作,什么是娱乐等一系列假定。

5. 人际关系的本质。包含什么是权威的基础,权力的正确分配方法是什么,人与人之间关系的应有态势(例如是竞争的或互助的)等假定。

沙因认为组织文化决定了组织价值观以及在此价值观之下的组织行为,而且文化的核心假设隐含在组织深层,要了解它是非常困难的。通过对组织构造、信息系统、管理系统、组织发表的目标、典章以及组织中的传说等物质层面的分析,能够推论得到的文化信息是有限的。在论证中他举出两个组织结构完全相同的企业,它们的文化可能是完全不相同的。为了更好地解释一个组织的文化,沙因建议利用群体面谈和群体讨论的方法,而且对于以上所列举的五个文化维度分别列举了一些应该讨论的内容。

沙因认为要解释组织文化的生成过程要综合使用群体力学理论、领导理论和学习理论。利用群体力学理论——通过观察组织中的各种群体,说明在群体根底中潜在的个人之间情绪过程。这个过程可以帮助我们解决诸如"对于某个问题多数人所共有的思考方法,和在此之上的共同的解决方案"中"共有"的意思。

沙因在提出以上的理论框架后分别应用这些理论对小群体中文化的出现、组织的创始者是如何创造文化的、领导者是如何根植和传达文化的等进行了论述。在其著作《组织文化和领导》中还专门探讨了组织的成长阶段和文化变革机制。

四、多元结构学派

这一学派致力于研究组织文化的亚文化,包括组织内不同层级的文化、不同部门的文化,以及不同群体的文化,研究它们与组织中主流文化的关系。他们对组织文化持有一种多元结构的看法。这一派别没有非常著名的代表人物。美国斯坦福大学教授乔安妮·马丁,算是一个比较典型的多元结构学派的学者。

马丁在她的代表作《组织文化》中,把组织文化的研究分为三类:(1)融合观。他们把文化看成是"和谐、同质的绿洲",强调文化的同质性和内聚作用,而且有明晰、统一的表述,这就是主流文化。(2)差异观。他们更关注组织文化中的歧异性和矛盾冲突,组织中各部门、各层级、各群体的亚文化之间的差异成为受关注的焦点。(3)碎片观。他们关注的是组织文化的模糊性、多样性与流动性,认为这是组织功能的必然组成部分。他们不认同组织文化的任何共识,认为模糊性才是描述组织内多元文化的适宜方法。马丁主张把三种方法并用来研究组织文化,才会得出更接近实际的结论。

多元结构学派在欧洲有更多的拥护者,这与欧洲的人权观念和人道主义传统有关,随着互联网时代的来临,人们价值观上的多元化趋势日益加剧,多元结构学派的影响必将进一步扩大。

五、中国特色的企业文化理论

在大批中国学者的共同努力下,大约在 20 世纪 90 年代中期开始形成中国特色的企业文化理论。具有标志性意义的是 1991 年《中国企业文化——现在与未来》的出版。这是第一本研究中国企业文化的专著,其作者张德和刘冀生都是清华大学经济管理学院的教授。这本书的贡献在于初步构建了中国特色企业文化理论的框架。

1. 提出对企业文化内涵的中国理解。企业文化是企业全体职工在长期的生产经营活动中培育形成并共同遵循的最高目标、价值标准、基本信念及行为规范。

2. 提出对企业文化结构的中国理解。三层次模型:(1)物质层,包括厂容厂貌、产品的外貌和包装、技术工艺设备特性等。(2)制度层,包括工作制度、责任制度和特殊制度。(3)精神层,包括企业经营哲学、企业精神、企业风气、企业目标、企业道德等。

3. 企业文化与企业思想工作。作为中国特色,中国国有企业中设有党委,并开展思想工作。该书指出其利是企业文化建设的优越条件,其弊是容易发生党政两张皮的问题,也容易用思想工作取代企业文化建设。为了解决此问题,必须界定两者的关系——相互交叉、互为依存。从内容上看,企业文化的精神层都属于思想工作的内容,而其制度层和物质层则属于企业经营管理范畴。

4. 企业文化的性质。(1)无形性;(2)软约束性;(3)相对稳定性和连续性;(4)个异性。

5. 企业文化的作用。(1)导向作用;(2)约束作用;(3)凝聚作用;(4)激励作用;(5)辐射作用。

6. 企业文化的影响因素。(1)民族文化因素;(2)制度文化因素;(3)外来文化因素;(4)企业传统因素;(5)个人文化因素。

7. 中国企业文化的民族土壤。包括对中华文明的辩证分析;传统文化的十大观念——入世精神、伦理中心、重义轻利、中庸之道、重视名节、勤俭传统、廉洁意识、家庭观念、任人唯贤、辩证思维。

8. 中国企业文化建设的有益经验。(1)早在20世纪50年代初,我国企业就广泛开展了以技术革新、劳动竞赛为内容的职工小组活动;(2)我国职工长期培养了"爱厂如家"的精神;(3)我国企业长期形成了艰苦奋斗的优良传统;(4)我国已初步摸索出一些先进的管理思想。

9. 对外来文化的正确取舍。对外来文化的借鉴,最忌盲目照搬。我们应该立足于中华民族文化传统和社会主义企业的独特个性,吸收外来文化的优秀成分,舍去外来文化的劣性成分。

10. 我国职工队伍素质与企业文化。根据全国总工会的职工调查数据,分析中国职工的需要层次分布,指出企业文化的设计不能脱离职工队伍素质的现状。

11. 中国企业文化建设模式。

(1) 中国企业文化的观念体系,包括12大理念:振兴中华的共同理想、爱厂如家的主人翁精神、艰苦奋斗的优良传统、以人为本的经营思想、友爱和谐的同志感情、四海一家的服务观念、求实严谨的科学态度、开拓创新的变革精神、追求最佳的竞争意识、合法求利的效益观念、唯物辩证的策略思维、走向世界的战略眼光。

(2) 中国企业文化的道德规范体系,包括忠诚、无私、勤劳、节俭、团结、廉洁、自强、礼貌、遵纪、守信。

(3) 中国企业文化的制度体系,包括9大制度:所有权与经营权适当分离、计划导向与市场导向相结合、厂长负责制与党委领导的和谐一致、经济责任制与主人翁意识的内在统一、"各尽所能,按劳取酬"的分配制度、物质激励与精神激励相结合的管理模式、职代会的参与决策与监督制度、任人唯贤平等竞争的人事制度、严格管理与思想政治工作相结合的管理模式。

(4) 中国企业文化的物质文明,包括产品和包装的审美作用、厂容和厂貌的文化功能、技术和设备的精神凝聚、物资和能源消耗的节约。

12. 中国企业文化建设机制。

(1) 企业文化建设的心理机制,运用心理定式、重视心理强化、利用从众心理、培养认同心理、激发模仿心理、化解挫折心理。

(2) 企业文化建设的行业特点,对工业、商业、旅游、金融、建筑、交通运输和邮电等行业的企业文化进行了具体分析。

(3) 行业文化建设,提出了4点具体建议。

13. 企业文化建设的实施艺术。

(1) 企业文化的概括,包括对企业过去经验的总结、对企业目前文化的确认、对企业未来文化的展望。

(2) 企业文化的贯彻,包括企业文化应借助于规章制度进行反复强化,企业文化应借助于良好风气实现约定俗成化,企业文化应借助于英雄人物实现人格化,企业文化应借助于群体活动实现能动化,企业文化应借助于仪式、器物实现情境化。

(3) 企业文化的更新,包括审时度势,进行更新决策;发动群众,形成更新共识;大胆实践,塑造崭新模式。

(4) 企业集团的文化建设,包括龙头企业文化与集团文化的关系、集团文化与成员企业文化的关系。

该书后还附录了中华人民共和国成立前民族资本企业 10 家、当时中国企业 230 家、外国企业 30 家的企业文化,其中 128 家作为案例在该书正文中进行分析。

可以看出,该书不管是在理论框架,还是在具体观念上,都体现了中国特色,而且逐步取得更多中国学者和企业家的认同,形成了中国特色的企业文化理论。

近 40 年来,中国企业相继在企业文化建设上加大投入并逐步深化,主动适应社会主义市场经济,内强企业凝聚力,外增企业竞争力。目前,中国企业界和理论界对企业文化大体上形成了以下共识:

(1) 企业文化是客观存在的,它对企业的生存和发展发挥着举足轻重的作用,企业文化建设已经成为企业经营管理的重要组成部分。

(2) 中国企业的企业文化建设,应该吸取发达国家的有益经验和理论成果,但不能移植照搬,而应深深扎根于中国传统文化与社会主义市场经济的土壤之中。

(3) 中国国有企业具有思想政治工作的优良传统和政治优势,应该将这种优势与企业文化建设相结合,创造具有中国特色的企业文化建设格局。

(4) 企业形象是企业文化的外显,企业文化是企业形象的本源。建设优秀的企业文化,对内可凝聚强大的精神力量,对外可塑造完美的企业形象,从而增强企业的竞争力。

(5) 如果说现代企业管理经历了经验管理、科学管理、文化管理三个阶段的话,那么中国大多数企业正经历由经验管理向科学管理的过渡,在这个过渡中不仅应健全制度,实行"法治",而且应"软硬兼施",建设相应的企业文化,这是科学管理中国化的重要内涵。

(6) 文化管理是 21 世纪的管理,企业文化建设是企业经营管理的"牛鼻子"。转变经济发展方式和企业发展方式,必须伴随企业文化的变革,使现代企业文化与现代企业制度相配套。

文化是民族的血脉,是人们的精神家园。建设社会主义文化强国,增强中华文化的感召力和国际影响力,是实现"两个百年"目标和中国梦的必然要求与重要任务。企业文化作为民族文化的微观组成部分,是把社会主义核心价值观具体落实到基层、体现到人们日常生活的重要载体。在中华民族伟大复兴的进程中,中国企业文化必将迎来新的建设高潮。

复习题

1. 企业文化的内涵是什么？企业文化包括哪些层次和内容？
2. 企业文化具有哪些主要特征？
3. 请分析一下影响企业文化的主要因素。你认为影响你所在单位企业文化的主要因素是什么？
4. 企业文化有哪些分类方式？你认为哪种分类方法较为合理？
5. 管理方格理论是如何归纳企业文化特点的？
6. 企业文化理论有哪些主要的学派？中国特色的企业文化理论有哪些特点？

思考题

1. 你认为在影响企业文化的各种因素中最重要的是什么？
2. 结合本企业的情况谈谈你所在企业属于什么类型的企业文化。

案例分析　快乐创新的谷歌（Google）文化

Google是全世界最大的服务器搜索引擎。在不同人的眼里，Google有着不同的含义：对于计算机网络用户来说，Google是一家互联网企业，带来了畅游网络世界的方便快捷；对于硅谷的技术人员来说，Google是一个创新的天堂；对于华尔街来说，Google是一家叛逆企业的代表，改变着财富的游戏规则；对于投资者来说，Google或许会买下他们投资的企业，因此而充满了期待。Google成功的背后，是一群富有创造力与激情的员工。在Google，工作就是生活，自由畅快的企业文化造就了无穷的创造力和巨大的财富。

Google对数学情有独钟，因为连Google一词都饱含着数学中无穷大的概念。Google的办公楼也是稀奇古怪的数学名称，第二大楼是无理数"e"，第三大楼是圆周率"π"，第四大楼是黄金比例"phi"。而进入Google主楼，则是Google的标志性物件"关键词"，在一面黑色背景的投影屏幕上，实时显示着全世界从网上发出的各种搜索请求，各种不同的语言文字。公司内部从.com时代就对员工有着"奢华"的待遇，免费餐点，早中晚餐全包。而员工往来办公室，经常的交通工具是Segway电动滑板，或者Green Machine（一种适合11岁儿童的玩具车）。在Google，没有人必须西装革履，巧克力、懒人球、大型积木随处可见，到处散落着健身器、按摩椅、台球桌和帐篷，这里甚至看来更像托儿所——激发员工儿童般的幻想和创造热情。

Google有个"古老"的传统——特殊的周五会议。在容纳上千人的餐厅，Google的两位创始人瑟奇（Sergey Brin）、拉里（Larry Page）以及CEO埃里克（Eric Schimt）都会与员工们共进午餐。此时，员工会提出各种"非分"的要求，两位创始人通常都会予以满足。例如,有人希望带着宠物上班,创始人稍加思索就说"可以,前提是它不叫不咬人";有人希望在公司可以打排球,数周后Google办公楼中间的草坪就变成了沙滩排球场;有人希望在公司能够游泳,Google就建造了一个自己的游泳池,虽然小但是游泳池一端安放了喷水装置,让人有一种置身在水流中的感觉。有一位印度工程师,上班第一天就问CEO"我可以和你共用办公室吗?"埃里克竟同意了,第二天这位工程师就把自己的东西搬了进去,直到印度工程师后来有了更大的办公室才搬走。在Google,"非分"的要求都可以实现,还有什么不可能呢?

Google的企业文化是鼓励创新,虽然每项工程都要有计划有组织地实施,但是公司还是允许上班时间每位工程师有20%的私有时间,让他们做自己想做的事情。这个措施的结果,就是诞生了Gmail这样颇受好评的邮箱服务,以及实践"六度空间理论"的人际网络产品orkut。在Google公司人人平等,这里的管理职位更意味着是服务,工程师受到更多的尊重。公司没有森严的等级,每个员工距离总裁的级别可能不超过三级,人人都公平地享有办公空间。这种平等的思路也表现在其他很多方面,也激发着Google员工的创造力。

(吴剑平根据黄心悦《Google文化亲历记》改写,原载《企业文化》)

讨论题:
1. 请你归纳一下Google文化的理念层和制度行为层的主要内容。
2. Google文化的主要特征是什么?它属于哪种文化类型?
3. Google公司为什么要培育这种文化?
4. 从Google公司的实践中,你对企业管理有哪些新的认识?

第二章 企业文化与企业竞争力

1. 掌握企业管理发展的三阶段
2. 了解文化竞争力的内容
3. 了解企业文化的作用
4. 了解文化资本的概念和作用

第一节 从科学管理到文化管理——企业管理的软化趋势

自1769年世界上第一家现代意义上的企业在英国诞生以后,企业管理方式就在企业实践中探索着,并形成了不同的主张。从18世纪英国索霍铸工厂实行的早期科学管理,到英国空想社会主义者罗伯特·欧文在新拉那克工厂实行的比较人性化的人事政策……

纵观世界企业管理的整个历史,可以看到大致经历了经验管理、科学管理、文化管理三个阶段,其总体趋势是管理的"软化"。清醒地认识这一点,对于跟踪世界管理的先进水平、促进我国企业早日实现管理现代化至关重要。

从经验管理过渡到科学管理,无疑是企业管理发展的第一次飞跃。18世纪,早期的企业家们普遍依靠个人经验和直觉,缺乏科学的制度与规范,仅靠简单的分析和计算来指挥下属、运作企业。这种管理的随意性较大,其管理效率主要取决于企业家个人的素质高低。1911年,工程师出身的美国管理学家泰勒(F. W. Tayler)的代表作《科学管理原理》问世,这标志着企业管理结束了漫长的经验管理阶段,迈入了划时代的科学管理新阶段。科学管理理论的要点是:以提高劳动生产率为中心,科学地制定工作定额,能力和工作相适应,标准化,差别计件工资制,管理职能专业化,等等。实践证明,科学管理是医治经验管理的良方,使管理由经验上升为科学,是企业管理走向科学化、现代化的必由之路。

科学管理的理论和方法,尽管是一个伟大的创举,但它有着时代的和阶级的局限,特别是随着生产力的发展,其局限就越发突出。发端于20世纪30年代、流行于60~70年代的行为科学,力图纠正和补充科学管理的缺陷和不足,80年代兴起的企业文化理论正是这种努力的最新成果。企业文化理论完整地提出了与科学管理不同的管理思想和方法,即用文化来治理企业,并日益成为世界管理的大趋势。由科学管理过渡到文化管理,不是哪个学派的主观臆断,而是科学管理越来越不适应生产力发展的必然结果,是管理实践发展的必然要求。

一、温饱问题的解决与"经济人"假设的困境

科学管理建立在"经济人"假设的基础上。该假设认为,员工都是追求经济利益最大化的"经济人",他们除了赚钱糊口和追求物质享受之外,没有其他的工作动机,因此都是懒惰的、怕负责任的、没有主动性和创造性的。泰勒及其追随者认为,对于这样的工人只能用严厉的外部监督和重奖重罚的方法进行管理,金钱杠杆是唯一有效的激励手段。

在泰勒时代,即19世纪末到20世纪初,社会生产力水平低下,工人远没有实现温饱,也许"经济人"假设并非没有道理。但即便在那时,有觉悟的工人也绝不是纯粹的"经济人",轰轰烈烈的工会运动就是明证。随着工业革命的进行,生产力迅速提高,一些发达国家的工人逐步解决了温饱问题,赚钱不再成为他们劳动的唯一需要,"经济人"假设陷入了困境,工人的劳动士气低落重新困扰着企业主。为此,美国管理学家梅奥在霍桑试验的基础上提出了"人群关系论",指出工人不是经济人,而是社会人;他们不仅有经济需要,还有社会需要、精神需要;影响员工士气的主要不是物质因素,而是社会条件,尤其是员工的人际关系。在此基础上,行为科学进一步把人的需要划分为生存、安全、社交、自尊和自我实现五个层次。对于满足了温饱的员工,物质激励杠杆变得越来越无能为力;相反,设法满足员工的社交、自尊、自我实现等高层次的精神需要,成为激励员工、赢得竞争优势的关键。文化管理以"人"为本,强调尊重人、关心人、理解人、满足人、发展人,提倡在满足必要物质需要的基础上尽量满足人的精神需要,以人为中心进行管理,完全适应员工需要层次的不断提高。

二、脑力劳动比重的增加与"外部控制"方式的局限

随着几十年来新技术革命的兴起和发展,一方面诞生了以信息产业为代表的高新技术产业,另一方面高等教育得到普及和迅速发展。企业员工队伍的文化层

次迅速提高,白领工人的比例越来越高,蓝领工人的比例越来越小,即使蓝领工人也逐渐摆脱了笨重的体力劳动。以美国20世纪末期为例,体力劳动者只占总就业人数的20%,预计到2010年将减少到10%。脑力劳动在整个劳动构成中的含量日益提高,是不可逆转的历史潮流。

　　脑力劳动看不见、摸不着,其劳动强度和劳动质量主要取决于人的自觉性和责任感。在无形的脑力劳动面前,泰勒的时间动作研究失去了用武之地。创造性的脑力劳动,其定额如何确定,其进度如何控制,都成为企业管理遇到的新问题。如果说泰勒的从严治厂、加强监督的外部控制方法对于体力劳动曾经卓有成效的话,那么对待复杂的、无形的脑力劳动,管理重点则必须转移到实施"自我控制"的轨道上来。也就是说,要注重满足员工自我实现需要的内在激励,注意更充分地尊重员工,激发员工的敬业精神和创新精神,并且在价值观方面取得共识。而培育共同价值观,正是企业文化建设的核心内容。

　　知识经济方兴未艾,创造知识产品的脑力劳动将成为社会劳动的主要形式,这预示着文化管理必将取代科学管理,成为知识经济时代唯一适合的管理模式。

三、服务制胜时代的到来与"理性管理"的误区

　　作为生产力快速发展的另一个结果,是产业结构加速调整和第三产业的兴起。目前,发达国家超过50%的员工从事第三产业,第三产业提供的增加值已超过国民生产总值的50%。第三产业的特点是一般没有直接的物质产品,其主要"产品"是服务,服务质量的竞争是第三产业竞争的主要形式。即使在第一、第二产业,市场竞争的焦点也越来越从产品转移到服务上来。随着人们消费水平的提高和消费观念的变化,服务水平已成为产品质量的重要组成部分。在产品的规格、品种、性能、价格等越来越同质化的情况下,对客户提供的售前服务、售中服务、售后服务的数量和质量,往往成为竞争成败的关键。因此,20世纪70年代,法国企业家和管理学家认为:服务制胜的时代已经到来。

　　那么,如何提高服务质量?按照泰勒科学管理的时间动作研究和外部控制,只能治标不治本。比如微笑服务,硬挤出来的笑无法使顾客感到愉快,皮笑肉不笑更会使顾客感到难受,只有发自内心的真诚微笑才能给顾客带来温暖和快乐。这种真诚的微笑,只能来自员工的敬业精神、对企业的忠诚、对社会的责任感和高尚的道德情操。这种状态运用形体动作的培训和外部严格的监督是无法做到的,只能靠在长期的生产经营活动中形成一种共同价值观、一种心理环境、一种良好的传统和风气,即形成一种良好的企业文化。IBM公司第二任总裁小沃森在《事业与信念》一书中指出:"我坚定地相信,为了生存下去和取得成功,任何一个组织都必须

具备一整套健全的信念，并把这些信念作为采取一切政策和措施的前提。其次，我还认为，公司取得成功的最重要因素，便是踏实地严守这些信念。"IBM 公司长期坚持的信念有三条：尊重员工，最佳服务，追求卓越。全公司几十万人遵循这些信念，是 IBM 服务制胜并成长为全球最大计算机公司的关键。2005 年，IBM 的 PC 业务虽然因亏损卖给了联想集团，但这丝毫不会影响 IBM 在 20 世纪创造的辉煌。

科学管理又被称作理性管理，这种管理模式认为只有数字才是过硬的和可信的，只有正式组织和严格的规章制度才是符合效率原则的。完全依赖科学管理的企业管理者，过多地依靠数学模型进行定量分析，把管理当成是纯粹的科学，而忽视了一个最重要的因素——人非机器，人是有思想、有感情并为思想感情所支配的，忽视了管理的非理性因素——观念和情感，忽视了管理不仅是科学也是艺术这样一个本质规律。因此，在服务制胜的时代，企业必须走出理性管理的误区，既强调管理的理性，又突出管理的非理性，即实行以人为中心的、高度重视观念和情感因素的非理性管理。使管理中的理性因素与非理性因素有机结合，相得益彰，这正是文化管理模式所追求的。

四、战略管理的崛起与企业哲学的导航功能

当今世界的一个重要特点是生产高度社会化和国际化，企业外界环境复杂多变，市场竞争及企业并购日趋激烈。置身于这样一个变化多端的世界中，企业遇到了前所未有的挑战和压力，也获得了发展的机遇和条件。企业要立于不败之地，就应该想方设法利用自己的优势，抓住转瞬即逝的机会，避开可能的风险，拓展生存的空间。欲达此目的，就必须进行战略研究和战略管理。

战略管理以全局为对象，综合考虑外部环境与内部条件等各方面因素，根据总体发展的需要制定企业经营活动的行动纲领。而以生产管理为主的科学管理模式，难以适应以市场营销为龙头的全局性的战略管理的需要。战略管理是一种面向未来的管理，基于预测未来可能碰到的许多模糊性的、不确定的因素。而以精确的定量分析为特点的科学管理模式，很难适应对模糊性的、不确定因素的研究和分析。战略管理是在复杂多变的竞争中求生存和发展的战略选择，必须以高明的战略远见和观念为指导，必须确立高明的企业哲学、思维方式。许多成功的企业，之所以能在市场经济的海洋中乘风破浪，正是因为它们具有高明的企业哲学和优良的企业文化。

松下公司靠大量生产的"自来水哲学"和仿制为主的"后发制人策略"，长期保持了优质低价的竞争优势，成为家电行业里的"超级大国"。长虹集团在中国企业中,其哲学思考也是值得称道的,2004年,赵勇临危受命出任长虹集团董事长后,确立了"有进有退,有所为有所不为"的企业哲学,提出了著名的"三坐标战略"——沿着价值链、产业形态、商业模式三个方向推进了企业发展,初步突出了"重围"。2011年,围绕"C时代,长虹在哪里",长虹公司内部展开了大讨论。大家对智能战略、商业模式、产业提升、资产增值等方面进行了探讨,以全新的生态圈去重新审视长虹的发展机遇、发展基础和发展走向,以价值发展和规模发展作为双轮驱动,一个"刚健有为"的长虹呼之欲出。通过近几年的深化改革和创新发展,长虹集团走进新的辉煌。2018年(第三十二届)中国电子信息百强企业榜单发布,长虹蝉联第六,在家电行业稳居第二。

这些中外企业的实践,不但说明对企业而言是"战略决定成败",而且更充分地说明企业哲学及企业文化在激烈的市场竞争中日益占据举足轻重的地位。显然,文化管理会更有利于战略管理的实现。

五、分权管理的发展与企业精神的凝聚作用

随着通信手段的现代化,世界变小了,决策加快了,决策的复杂程度也空前地提高了。对决策快速性、准确性的要求,导致决策权力下放,各种形式的分权管理应运而生。特别是最近几十年来,跨国公司大量涌现,分权化趋势更为明显。过去,泰勒时代以效率高著称的直线职能制组织形式,即金字塔组织,由于缺乏灵活性而逐渐失去了活力。代之而起的是联邦分权制(即事业部制)、矩阵组织,以及重心移至基层的镇尺型组织和新兴的虚拟组织。这些分权式组织的特点是有分工但不死板,重效率而不讲形式,决策权下放给最了解情况、最熟悉问题的相应层次。总之,等级层次大幅度减少,组织弹性大幅度增强。随着金字塔的倒塌、柔性组织和分权管理的发展,企业的控制方式也发生了巨大的变化。

泰勒的科学管理是依靠金字塔型的等级森严的组织体系和行政命令的方式,实施集中统一的指挥和控制,权力和责任大多集中在企业上层。现在,权力下放给各事业部或各地分公司了,有时相隔十万八千里,直接监督和控制已不可能,行政命令已不适宜。那么,靠什么维持庞大的企业(或跨国公司)的统一?靠什么形成数万员工的整体感和向心力?靠什么把分散在世界各地的、不同国籍、不同民族、不同语言、不同文化背景的员工队伍凝聚起来呢?只能依靠共同的价值观、共同的企业目标、共同的企业传统、共同的仪式、共同的建筑格局等,也就是要有共同的企业文化。

法国的阿科尔集团,从1976年开设单一旅馆的小企业,仅10年时间就成为取得全球领导地位的巨型跨国企业。这个集团腾飞的诀窍是什么,怎样使分散在72

个国家和地区、用32种商业牌号从事各种业务活动的5万名员工保持凝聚力呢？该公司原董事长坎普说："我们有7个词的共同道德：发展、利润、质量、教育、分权、参与、沟通。对这些词，每个人都必须有相同的理解。"成立于1971年的美国星巴克公司，仅仅用了三十多年的时间，从西雅图的一家咖啡零售店，发展成了拥有5 000多家门店的大型企业，今天已是全球最大的咖啡连锁店品牌。星巴克是如何创造一个餐饮零售企业扩张的奇迹？星巴克创始人霍华德·舒尔茨回答："我们的最大优势就是与合作者相互信任，成功的关键是在高速发展中保持企业价值观和指导原则的一致性。"这便是星巴克的经营理念。为了做到这点，星巴克每年都要对供应商做几次战略业务评估，评估的内容包括供应商的产量、供货时间、需要改进之处，等等。通过这种频繁的检查，星巴克希望供应商懂得这样一个理念：与星巴克合作不可能获得短期的暴利，但供应商却可以通过星巴克极其严格的质量标准获得巨大回报。对特许加盟店也是如此，星巴克选择特许加盟店的标准是：以星巴克的经营原则为主！星巴克是如何经营的，特许加盟店就要以同样方式经营，因为星巴克认为自己的原则是从消费者那里来的。对员工更是如此。星巴克的员工工资福利待遇不仅在同行中属于较高档次，而且有的福利待遇惠及员工家人。在股票期权的润滑之下，员工和老板之间的"雇佣关系"变成了"伙伴关系"，大家都是财富道路上的同路人，都把星巴克当成是自己的"家"。显而易见，正是独具特色的企业文化成就了今天的星巴克。

六、网络经济的兴起与虚拟企业的运作

计算机互联网的出现，是人类20世纪的一项重要创举，它的广泛运用正改变着人类的生产和生活方式。网上办公，网上购物，网上炒股，网上拍卖，网络资讯，网络广告，网络银行……网络无处不在，e时代向我们走来。与此同时，依靠互联网的一种全新的经济概念、经济形态、经济模式——网络经济也迅速兴起，并大有席卷全球之势。就连我国山东某地的农民，竟然都是依靠互联网把自己种的蔬菜推销到了国外！

随着互联网的普及和网络经济的兴起，世界上出现了一种前所未有的企业组织——虚拟企业。关于虚拟企业，有两种较具代表性的观点：一种认为它是网络化、虚拟化的企业；另一种观点则认为它是若干企业通过网络构成的虚拟组织，这种形式实际上并非真正意义上的企业。前者，以一批高科技企业，特别是网络企业作为代表，它们的下属公司、部门和员工可能分散在各处，工作时间也没有统一的要求，计算机网络成为工作的载体和渠道，内部网站成为员工的共同家园。后者，以多种形式的企业集群（虚拟企业群落和企业网络联盟）为代表，这是一种基于计

算机互联网的新型企业组织合作形式,网络把不同地区、不同部门的企业与个人迅速联合起来,合作成员之间往往通过合作协议达成共同目标、寻求共同利益。无论虚拟企业,还是虚拟企业集群,无论提供有形的产品,还是无形的服务,这样的企业(集群)有一个不可忽视的最大共同点:维系企业运作和连结成员之间的主要渠道是计算机网络。即使在不少传统企业,由于信息技术广泛运用,生产自动化、办公自动化的程度很高,企业对计算机网络的依赖程度大大增加,其运行、管理也具有虚拟企业的某些特征。

如何管理和运作虚拟企业?如何满足来自更大范围顾客的各种全天候、个性化需要?如何管理存在于网上的"虚拟"员工?如何提高虚拟环境下的企业效率、增强企业竞争力?这些新的问题不仅困扰着e企业的老总,也同样摆在了管理学界的面前,急需从实践和理论上作出回答。经验管理,显然跟不上"十倍速时代"的要求;科学管理,其种种弊端更是暴露无遗。文化管理在很多e企业的管理实践中浮出水面,成为它们不约而同的唯一选择。观察那些成长较快、运作良好的e公司,可以看到它们几乎无一例外地都是文化管理的积极实践者。在分散化、虚拟化的组织中,几乎互不见面的员工认同的是企业的共同目标、共同愿景,维系他们的是共同价值观;在快速的内外环境变化中,学习与创新成为企业的活力来源,企业精神、企业风气对于创新的促进作用必然代替制度化、标准化的制约作用;面对社会日益增多的个性化需要,企业宗旨、企业道德更有利于引导企业去尽最大努力满足顾客。文化管理对于虚拟企业而言,可谓"雪中炭""及时雨"。

任何事物的发展都不可能一帆风顺。前些年全球泡沫经济的破灭,使网络神话灰飞烟灭,很多虚拟企业遭受了灭顶之灾,人们从中学会更理智地对待网络经济。但是,从工业化到信息化是不可逆转的社会趋势,近年来很多网络公司又迅速崛起,很多传统企业也加快了信息化改造的步伐。可以相信,当网络经济再展雄风之日,就是文化管理走向辉煌之时。

从以上六方面不难看出:从科学管理到文化管理,是企业管理顺应历史发展而必然产生的第二次飞跃。其实,这种飞跃的背后,最根本的原因是生产力的现代发展,是生产力与生产关系这对社会基本矛盾作用的必然结果。如果不是经验管理、科学管理提高了劳动生产率,人们还没有普遍摆脱贫困,甚至社会化大生产尚未实现,则不可能有现代管理,就更谈不上文化管理了。只有在机械化、自动化、信息化出现并普及,生产力大大发展,市场经济不断完善,竞争对产品差异和服务有了新的更高要求的前提下才会孕育出文化管理的强大生命力。

第二节 文化竞争力——优秀企业的成功经验

一、《财富》500强评比总结的启示

2001年,《财富》杂志500强评选总结中提到,最能预测公司各个方面是否最优秀的因素是公司吸引、激励和留住人才的能力。公司文化是他们加强这种关键能力的最重要的工具(文化评估专家布鲁斯·普福)。同时,他们对业绩好的公司和业绩一般的公司进行了对比(见表2-1)。

表2-1 业绩好的公司与一般公司的文化之不同

业绩好的公司最优先考虑	业绩一般的公司最优先考虑
协作精神	尽可能减小风险
以顾客为中心	尊重各级管理者的指挥
公平对待雇员	支持老板
主动性和创新精神	做出预算

由此不难看出,业绩好的公司更加重视协作精神、以顾客为中心、公平对待雇员、主动性和创新精神的培养,而业绩一般的公司最优先考虑的则是支持老板、财务预算、减小风险等方面的问题。海氏集团副总裁梅尔文·斯塔克总结说:"最受赞赏的公司的意见的一致超过我们研究的几乎所有公司。不仅在文化目标上一致,而且对公司如何争取那些目标的看法也是一致的。"例如,纽柯公司是《财富》美国500强,年销售额超过48亿美元,公司前董事长肯·艾佛逊认为:纽柯的成功,30%来自新技术,70%来自公司的企业文化。可见,公司出类拔萃的关键在于文化。

二、海尔的核心竞争力——海尔文化

1998年的一天,中国和许多国家的报纸都报道了同一则消息:海尔集团总裁张瑞敏应邀前往哈佛大学商学院,指导该院MBA学生讨论"海尔文化激活休克鱼"的案例。这是哈佛商学院第一次用中国企业作案例,也是第一次邀请中国企业家走上哈佛讲台。

海尔是怎样创造出奇迹的？张瑞敏把这一切归结为长期有意识地培育独特的海尔文化。张瑞敏认为"海尔的核心竞争力就是海尔文化",并以《道德经》中"天下

万物生于有,有生于无"这句话诠释了海尔文化的重要性。

人是决定一切的因素,海尔的成功首先在于实施了"以人为中心"的管理。集团总经理和各级管理人员都把人看作企业第一位的财富,人力资源是企业最宝贵的资源,认识到"优秀的产品是优秀的人干出来的"。为了吸引、留住人才制定了一系列有力措施,在企业内部形成了调动和发挥每个员工积极性、创造性的良好氛围。海尔认为,如果每个人的潜能发挥出来,每个人都是一个太平洋,都是一座喜马拉雅山。他们"赛马不相马",努力营造出人才的机制,通过搭建"赛马场"营造创新的空间,使每个员工成为自主经营的SBU(strategical business unit,战略事业单位),从"人材"成为"人才"再成为"人财"。正是这些源源不断的人才,把许多旁人看来不可思议的目标变成了现实。

企业作为社会最小的经济单元,获得利润当然是其存在的目的,但赚钱绝对不是企业追求的唯一目的,更不是终极的最高的目标。海尔有一个比利润要高远得多的远大理想。张瑞敏在《海尔是海》一文中这样写道:"海尔应像海……一旦汇入海的大家庭中,每一分子便紧紧地凝聚在一起,不分彼此地形成一个团结的整体,随着海的号令执着而又坚定不移地冲向同一个目标,即使粉身碎骨也在所不辞。因此,才有了大海摧枯拉朽的神奇。"海尔人悟透了一点:用户是人民,社会主义生产的目的,就是不断满足人民群众物质文化的需求。正是有了这样的远大目标,海尔人才会用"敬业报国"四字激励自己在占领国内市场的同时,不断开拓国际市场,力争在中国的制造业中率先跻身世界最大企业500强。正是有这样的远大理想,他们才会千方百计为用户着想,把用户的利益和满意放在首位,坚持"国际星级服务",不断从用户角度开发新产品,最后赢得了市场,换来了自身的超常规发展。

人活着,需要一种精神;一个企业的生存发展,也需要一种精神来支撑。从"无私奉献,追求卓越""敬业报国,追求卓越"到"创造资源,美誉全球",与时俱进的海尔精神,是鼓舞一个大企业集团全体员工奋发向上的强大精神力量。某青年女工中专毕业后分到冰箱厂当焊工,她本着"没有不好干的活,只有干不好的工作"的想法,认真跟着师傅学技术,刻苦钻研,仅两个月就可独立操作,终于创下了121万个焊点无泄漏的纪录。1995年在冰箱实行生产线无氟改造时,年轻的分厂领导带领同事坚持工作三天三夜,完成了德国专家认为必须两周才能完成的工作任务,最后晕倒在刚刚启动的机器旁。一名安装维修工在送货车辆被扣的情况下,冒着38℃的高温背着洗衣机走了两个多小时,终于按时送到用户手中。这样的动人故事在海尔数不胜数,这些企业英雄们身上表现出来的正是海尔精神。这种精神使产品和服务质量不断提高,使"海尔"成为一个在国内外家喻户晓的著名品牌。

企业健康发展,离不开正确的发展战略。海尔按照"先谋势,后谋利"的战略观,先后确立并实施了"名牌战略""多元化战略""国际化战略"系列战略,成长为中国最大的家电出口企业。2006 年海尔开始进入第四阶段"全球化品牌战略",目标是在当地国家创造自己的品牌。为此,海尔坚持"五个全球化",即设计、制造、营销、采购和资本运作的全球化。目前,海尔在全球 30 多个国家建立本土化的设计中心、制造基地和贸易公司,全球员工总数超过 5 万人,已发展成为大规模的跨国企业集团,2017 年海尔集团实现全球营业额 2 419 亿元。

海尔是产品,是服务,是企业,更是一种文化。海尔文化是被全体员工认同的企业领导人创新的价值观。海尔文化以观念创新为先导、以战略创新为方向、以组织创新为保障、以技术创新为手段、以市场创新为目标,随着海尔从无到有、从小到大、从大到强、从中国走向世界,海尔文化本身也在不断创新、发展。

三、通用电气(GE)的成功——人和思想的力量

通用电气的前任董事长兼 CEO 韦尔奇提出:"要用快速、简易和自信引导公司文化,通过人的力量来实现生产率增长与竞争优势。"就是在这种企业文化的指引下,韦尔奇从 1981 年起用 20 年时间使 GE 成长为年总收入 1000 多亿美元的巨人公司。

韦尔奇有 6 条经营理念:①掌握自己的命运;②面对现实,不要生活在过去或幻想之中;③坦诚待人;④不要只是管理,要学会领导;⑤在被迫改革之前就进行改革;⑥若无竞争优势,切勿与之竞争。这些都体现出韦尔奇高超的领导艺术,更为重要的是他的价值思维。韦尔奇指出:①思想和人是至关重要的,通用电气应该借思想来获胜;②为满足组织的自我实现需求,必须用学习和思想去控制传统和现状;③通用电气核心能力是人的发展,伟大的人最终可以使任何事成为现实;④文化是通用电气最无法替代的一个资本。这些观点成为通用电气企业文化的核心内容,对企业的高速成长起到了不可替代的作用。

在用人方面,通用电气公司有着特别的人才理念。韦尔奇的用人观是:①只培养那些与公司观点相同的领导人;②寻找利用变革力量的领导人;③寻找具有"4E"(精力、激励、锐利、执行力)才能的领导人;④寻找自信的管理人员;⑤寻找把顾客放在第一位的管理人员。韦尔奇讲过,有想法的人就是英雄,他的这种独特的用人哲学集中地体现了通用电气的企业文化。至于它的经营管理理念,从全球化到"六西格玛",从"无边界管理"到数字化管理,也是基于 GE 强大的文化动力,从而创造了一个又一个神奇。

第三节　文化力的作用

一、三力理论——政治力、经济力、文化力

在市场竞争中,企业的竞争力由哪些因素构成呢?这虽然十分复杂,但大体上可以归纳为三大方面——政治力、经济力和文化力。这三方面组合起来,就构成了企业的立体化竞争力(图 2-1)。

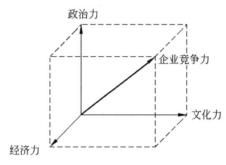

图 2-1　企业竞争力的构成

1. 政治力

所谓政治力,包括 4 方面内容:

(1) 国家的国际地位。若国家落后,没有实力,在国际上没有发言权,更没有影响力和号召力,那么该国的企业在国际市场上的处境将会很困难。

(2) 政府政策。这是企业外部环境的重要组成部分。争取政府政策的有利倾斜,并充分利用所有优惠政策,是企业赢得竞争的必要条件。

(3) 政党的作用。在中国,党的组织在企业中有明确的地位。如何发挥党组织的政治领导作用,发挥共产党员的模范带头作用,是发挥中国企业政治优势的重要方面。

(4) 社会制度。在中国,如何发挥社会主义制度的优越性(如员工当家做主、厂长与员工政治上平等、职代会制度、思想政治工作制度和传统),是企业管理者必须考虑的重要问题。

2. 经济力

所谓经济力,包括 4 方面内容:

(1) 劳动力和人才的数量和质量;

(2) 资金状况,资金来源,资金运作和流动情况,即财力;

(3) 厂房和设备水平,即固定资产的实力;

(4) 技术和管理水平,科学技术和管理科学都是生产力,向技术要效益,向管理要效益,就是充分发挥技术和管理的经济潜能。

3. 文化力

"文化力"概念最先是 20 世纪 80 年代日本学者名和太郎在《经济与文化》一书中提出的,书中认为文化是产业的重要因素。文化力具体由以下 8 方面组成:

(1) 企业目标的牵引力。

(2) 企业哲学的指导力。

(3) 企业宗旨的号召力。

(4) 企业精神的凝聚力。

(5) 企业道德、企业风气和企业制度的规范力。

(6) 企业风俗、企业典礼、仪式和企业活动的感染力。

(7) 企业标识、企业旗帜、厂容厂貌、厂服、厂花、厂歌、纪念建筑、广告词、音像作品、文艺作品、文化体育设施、产品外形和包装的形象力。

(8) 企业公共关系活动的辐射力。

政治力、经济力、文化力这三个方面的综合作用,不是简单的相加,而是发挥总体大于部分之和的系统功能。其中的关键在于企业家的总体把握。正像一个指挥家,指挥一个交响乐队,上百件乐器在时间和空间的舞台上,演奏出优美动听的旋律。

二、文化力的作用

人们在管理实践中日益深刻地认识到,企业文化对于组织管理和未来发展具有十分重要的作用。企业文化在组织管理中所发挥的作用,也就是文化力的具体表现。

1. 导向作用

一个没有理想的民族是没有希望的民族,一个没有远大目标的组织同样是没有希望的组织。在激烈的市场竞争中,企业如果没有一个自上而下的统一的目标和愿景,就不能形成强大的竞争力,也就很难在竞争中求得生存和发展。组织文化不仅明确了组织的最高目标或长远目标,而且能把组织成员的个人目标引导到组织目标上来。一方面,组织所树立的远大目标,能够让组织成员感受到工作的价值和人生的意义,激发出事业心和成功欲;另一方面,组织目标往往包含着一定的个人目标,组织目标的实现也就意味着在一定程度上实现个人的某些目标,也能激发出组织成员的工作热情和主动性、创造性。传统的管理方法都是靠各种各样的策略来引导员工去实现企业的预定目标,而一个良好的企业文化会使员工在潜移默化中接受共同的价值观和目标,不仅过程自然,而且由此形成的竞争力也更加持久。因此,建设企业文化的实质就是建立企业内部的动力机制,使广大员工自觉地把个人目标融入企业的宏大目标中来,可以使其勇于为实现企业目标而做出个人牺牲。

2. 约束作用

这是指企业文化对企业每名成员的思想和行为具有约束和规范作用。文化力的约束功能,与传统的管理理论单纯强调制度的硬约束不同,它虽也有成文的硬制度约束,但更强调的是不成文的软约束。作为一个组织,规章制度对企业来说是必要的;但是即使有了千万条规章制度,也很难规范每个员工的每个行为。企业文化能使信念在员工的心理深层形成一种定式,构造出一种响应机制,只要外部诱导信号发生,即可得到积极的响应,并迅速转化为预期的行为。这种约束机制可以减弱硬约束对员工心理的冲撞,缓解自治心理与被治现实形成的冲突,削弱由其引起的心理抵抗力,从而产生更强大、深刻、持久的约束效果。这种约束作用还更直观地表现在企业风气和企业道德对员工的规范作用上。这些"软规范"往往比制度等"硬规范"更有效、更持久。

3. 凝聚作用

一个企业的凝聚力是怎样形成的?可以说有三条纽带共同捆绑的结果:第一条纽带是物质纽带;第二条纽带是感情纽带;第三条纽带是思想纽带。第一条纽带指薪酬和福利,它离不开分配理念的指导;而后两条纽带都直接属于文化的范畴。当一种企业的价值观被该企业成员认同之后,它就会成为一种黏合剂,从思想、感情各方面把其成员团结起来,形成巨大的向心力和凝聚力,这就是企业文化的凝聚功能。通过这种凝聚作用,员工就把个人的思想感情和命运与企业的兴衰紧密联系起来,产生对企业的强烈的"归属感",跟企业同呼吸、共命运。"上下同欲"即指思想、信念的一致,它是深层凝聚力的主要来源。

4. 激励作用

这是指企业文化能使企业成员从内心产生一种情绪高昂、奋发进取的效应。倡导企业文化的过程是帮助员工寻求工作意义,建立行为的社会动机的过程。通过这一过程,可以在员工中形成共同的价值观,在企业中形成人人受重视、受尊重的文化氛围。这种氛围足以胜过任何行政命令,每个成员做出了贡献都会及时得到领导和同伴的赞赏与鼓励,获得极大的心理和精神满足,并因而自觉树立对企业的强烈的主人翁责任感。员工的主人翁责任感对于一个企业来说是弥足珍贵的。

有了这种责任感,员工就会为企业发展而勇于献身、奋勇拼搏;有了这种责任感,员工就能迸发出无穷的创造力,为企业发展披荆斩棘、开拓创新。

人是物质和精神的统一体。作为自然人,每个人都有力气、有基本的思维能力;作为社会人,每个人又都有精神需要,蕴含着巨大的精神力量。当没有获得文化激励时,人发挥出来的只是物质力量;获得文化激励之后,人的精神力量就得到了开发,激励越大,所开发出来的精神力量就越大。企业文化的作用正是通过精神激励来满足人的高层次需要,使人产生归属感、自尊感和成就感,从而调动人的精神力量。由于它迎合了人的需要、人的本质,所以比其他任何形式都有效得多。

5. 辐射作用

企业文化的辐射功能与其渗透性是一致的,也就是说,文化力不仅在企业内起作用,也通过各种渠道对社会产生影响。人们通过企业的标志、广告、建筑、产品、服务以及企业领导人和员工的行为,可以了解企业与众不同的特色和背后深层次的价值观,从而认识、了解和选择企业。文化力向社会辐射的渠道很多,主要包括传播媒体、公共关系活动等。在企业越来越重视广告、重视形象和声誉的当代社会,企业文化对社会的辐射作用越来越大,电视、广播、网站里的广告越来越多,许多广告语成了人们的口头语,深入人们的生活。企业的慈善活动、社会公益活动,也越来越成为媒体跟踪的内容。作为一种亚文化,企业文化在社会文化中扮演的角色越来越重要,这正是辐射功能所导致的。

6. 陶冶作用

优秀企业通过高尚而先进的理念培养人、教育人,这样的企业文化无疑可以陶冶员工的情操。美国HP公司树立了7个目标:利润、客户、感兴趣的领域、增长、育人、管理、好公民。对员工的教育和培养成为企业的一个主要目标,自然也就形成了尊重人、培养人、关爱人的惠普文化。再如具有300多年历史的北京"同仁堂",堂训"同修仁德,亲和敬业;共献仁术,济世养生"的理念不仅影响员工行为,更重要的是陶冶了员工的情操,提升了员工素质,发扬光大了中华民族的优良传统。

7. 创新作用

优秀的企业文化给员工提供了催人奋进、鼓励歧见、宽容失败的软环境,可以激发员工的活力和创新精神。最典型的例子就是谷歌,它对创新的鼓励和创新氛围的营造可以说是做到了极致,创新精神已经成为谷歌的生存指南,更让谷歌成为创新的代名词。3M公司提出"3M就是创新"的理念,鼓励员工大胆尝试,成为以创新产品闻名的公司,保持了企业的活力和竞争力。日本卡西欧公司提出"开发就是经营"的企业哲学,对激发员工的创新精神起到了积极作用。可见,优秀的企业文化不是保守的,而是创新的,在变化莫测的信息时代,只有不断创新,企业才能生存。这种思想在优秀企业的文化中多有表现。

第四节　文化也是资本

企业的文化力也可以称为文化资本,以文化资本为主构成了企业的品牌、资信、美誉、心理契约等无形资产。优秀的企业文化是企业不断增值的无形资本。韦尔奇就曾指出:"文化是通用电气最不可替代的一个资本。"

一、文化资本的概念和内涵

文化资本是指持续地投资于组织文化建设而形成的一种能够给组织带来潜在收益的资本形式。文化资本的概念,最早是由法国社会学家皮埃尔·布尔迪厄提出的。他认为文化资本"是以教育资格的形式被制度化的",表现为具体的、客观的和体制的三种状态。继社会学范畴之后,国内外很多学者又从经济学范畴对文化资本进行了研究。例如,戴维·思罗斯从经济学的角度认为,文化资本是以财富形式具体表现出来的文化价值的积累,它是和物质资本、自然资本、人力资本并列的第四种资本。

文化资本具有以下内涵:

(1) 动力性资本。组织文化为企业组织及组织成员树立共同的奋斗目标,提供强大的精神动力,从而提升组织效率。

(2) 思维性资本。组织要在市场竞争中做出更加高明的决策,思想方法和思维方式很重要,而组织哲学正是为组织提供先进的思维模式。一个高明的重大决策,是组织的无价之宝。

(3) 凝聚性资本。先进的组织文化能够在组织和组织成员之间建立一个良好的心理契约,企业目标、核心价值观得到成员的认同,并进一步转化为个体的自觉行为,形成上下同欲的强大内聚力,并转化为巨大的执行力。

(4) 一致性资本。一个组织要高效有序地运作,组织成员必须围绕组织目标达成高度的内部一致性。先进的组织文化能够从理念、目标和愿景、制度、行为规范4方面规范组织成员的思想和行为,形成高度的行为一致性,从而有效地降低管理成本。

(5) 整合性资本。人力、物力、财力、知识是组织的四大资源,只有组织的文化能够将这些资源整合成完整的体系,使它们朝着同一个方向,实现资源体系综合价值的最大化。

(6) 形象性资本。通过组织形象、产品和服务形象、组织成员群体和个体形象等方面的提升,扩大知名度和美誉度,带来组织经济价值和社会价值的双重增加。形象力资本一般通过组织文化的辐射和渗透发挥作用,即通过文化向组织外部(例如企业的客户、供应商、经销商和社会公众、大众媒体、政府等)的辐射,以及向服务、产品、品牌上的渗透,改善组织形象,提升组织的价值。

二、文化资本的投入

文化资本是持续投资于组织文化建设而形成的,因此组织文化建设的投入过程就是组织的文化资本逐渐积累的过程。文化资本的投入要素主要有以下几方面。

1. 领导者价值观和行为

企业的创始人或者后来的新领导者都拥有自己的信仰、价值观和文化理念,他们通过某种机制将自己的基本假设和理念传递给企业的各级组织和广大组织成员,从而塑造和传播组织文化。同时,领导者通过身体力行,主动履行和实践自己的价值观,促使企业的文化资本的形成和增值。

2. 员工的参与和人际影响

企业文化的形成,不但需要领导者的作用,更有赖于组织成员的参与和配合。作为个体,新成员在进入组织之前,往往带有自己的一套价值观,以及对将要从事的工作和服务的组织的态度和期望,这与领导者倡导和支持的价值观、理念和各种假设往往会存在不一致,从而导致抵触和矛盾。在组织中,经过领导者和团队、个体相互之间不断地碰撞、磨合等相互作用,才逐步形成组织的文化资本。这也叫作"人际影响",既有上级对下级的影响,也有下级对上级以及同级之间的影响。这种影响可以是有形的,而更多是无形的、潜移默化的,正所谓"随风潜入夜,润物细无声"。

3. 典礼和仪式

这又被《企业文化》的作者肯尼迪和迪尔称为行为方面的文化。在他们看来,没有富于表情的活动,任何文化都会消亡。通过典礼和仪式,能够将组织或领导者所倡导的价值观、思维方式和行为模式等形象地表达出来,并传递给每一位员工。礼节、典礼和仪式是新员工学习和了解企业内各种人际关系、各项事务运作方式及其背后的价值取向的最好途径。反复进行的典礼和仪式,强化了企业文化,增加了企业的文化资本。

4. 传播网络

作为组织内部和外部的主要沟通手段,传播网络往往包括企业网站、报刊、宣传栏、电视广播、非正式团体以及企业外部的新闻媒体等。除了企业正式发布的信息、广告外，组织中通用的俚语、流行的歌曲、口号、谚语以及玩笑、故事等，都是传播的内容。在一种强烈的文化中，传播网络具有很大的力量，因为它能强化组织的基本信念，通过流传英雄人物的事迹和成就的故事增加他们的象征意义，同时也使每个人都成为一个很好的传播者。

5. 组织制度

组织制度是价值观等理念的载体，它是企业活动具有可预见性的特征，从而降低随意性、模糊性并减少焦虑。制度体现了组织关注的事和最感兴趣的事，如组织的宗旨、章程、纲领明确地表述了创始人或领导者的价值观和假设。制定清晰的奖惩标准，使管理者能发出一个强烈的信号，表现出他们对组织文化变革的兴趣和承诺。招募、选拔、提升员工的标准，也是组织文化交流和巩固的一种方式。

三、文化资本的产出

文化资本的产出主要包括以下13个方面：

(1) 持久的动力系统。包括有效的物质动力系统和强有力的精神动力系统。这是企业的共同愿景、核心价值观及其指导下的组织制度提供的持久动力。

(2) 高明的决策支持系统。包括核心价值观、企业哲学和共同的思维方式。

(3) 巧妙的育人机制。先进的组织文化有利于把人培养好，积累人力资本，进而形成学习的文化、学习的价值观、学习的风气和学习的制度。

(4) 有效的约束机制。组织的文化氛围对员工是一种无形的约束，强势文化告诉员工哪些行为是组织提倡、支持的，哪些是反对的，并根据组织需求自觉调整自己的行为。

(5) 强大的凝聚力。凝聚力来源包括物质纽带、感情纽带和思想纽带。仅靠物质纽带，用金钱去凝聚员工是远远不够的；而感情纽带和思想纽带都是组织文化才能带来的。

(6) 高度的一致性。组织的群体价值观能够指导员工的思想和行为，保证企业在处理事情时达成高度的一致，使员工共同致力于组织目标和战略的实现。这种一致性具体体现在核心价值观一致、决策与执行的一致、部门之间的一致、员工行为的一致等。

(7) 组织与员工的双赢。组织为员工成长和发挥才干提供舞台，促进员工不断发展；员工目标与组织目标一致，明白组织对自己的期望，乐意为组织发展贡献力量。

(8) 良好的组织形象。企业文化通过传播渠道辐射到社会，树立企业及品牌的形象。形象的背后,就是组织的文化。

(9) 低廉的管理成本。优秀的企业文化,使员工产生自我要求和自我激励,降低监督管理的成本。特别是思想和行为的一致,大大减少了内耗,降低了内部交易成本。

(10) 资源的整合和优化。精神资源的整合优化,使企业产生强大的前进牵引力;物质资源的整合优化,使资源的利用率、优良资产比例均不断提高。

(11) 有利的外部环境。优秀的文化能够提高政府、客户、公众对企业的信任,优化组织的政策环境、客户环境以及外部的社会环境。

(12) 人才市场的优势。组织文化和组织形象好,用较低的薪酬就能够把人才吸引到、留得住、用得好。

(13) 产品和服务中的文化附加值。花旗银行的座右铭是"机会建立在信仰之上"。与众不同的信念和价值观,造就了与众不同的企业、产品和服务,有利于征服客户、赢得市场,从而获得优厚的文化附加值。

四、文化资本在资本构成中的地位与作用

现代经济学认为,促进经济增长的主要是社会资本、财力资本、人力资本和知识资本等四大资本。其实,文化资本也是促进经济增长、组织发展的一个重要资本,而且能够有效地整合社会资本、财力资本、人力资本、知识资本,使这些资本发挥最大的效用。特别是在知识经济蓬勃发展的今天,文化资本的重要性日益凸显,越来越成为企业竞争的关键因素,在各种资本中处于起决定性作用的中心地位(图2-2)。

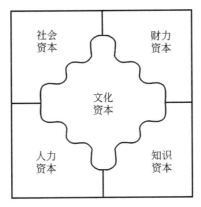

图2-2　文化资本在资本构成中的地位

五、文化资本的积累和贬损

1. 文化资本的积累

文化资本的积累是指企业主体通过自然沿袭和变革学习等实践活动使文化资本存量相对增加的过程。文化资本主要通过以下途径进行积累:

(1) 社会化保存与进化。这是文化资本的自然积累过程,一方面通过组织成员的新老交替形成的群体暗示、感染、模仿等心理机制代代相传得以保存和发展,另一方面则通过文化符号,如文字、标识等实物形式保存下来。

(2) 学习型积累。这是组织通过不断加强员工对内部文化的学习或者从外部环境、其他组织学习先进的经验,或者从学术机构和学者那里得到指导,而对现有的文化资本存量进行增补的过程。

(3) 发展与变革。指组织发展变革时,组织文化进行变革与整合所发生的文化资本的存量增长。由于内外部原因,组织可能实现较快的发展或进行大的变革,如扩大企业规模、进入新的领域、企业兼并和重组、技术或产品更新换代等,这时必然会进行组织文化的盘点和整合,借助内外部力量实现去粗取精、巩固和升华。当然,也要警惕组织变革所带来的文化资本的贬损。

2. 文化资本的贬损

也称为文化资本的贬值,指文化资本存量由于组织实体的消亡、消失或者组织在长期运作过程中逐渐减少、消退和消失的过程。文化资本贬损的主要原因有:一是学习能力丧失,组织缺乏对环境的适应性,组织的价值观念不适应社会发展而逐渐落后;二是文化资本在继承和积累的过程中的损耗和遗漏;三是组织经营的短期行为或失误所带来的对原有价值观的违背,从而造成的文化资本的贬值。

复习题

1. 企业文化为什么在企业管理工作中占有重要地位?
2. 管理三阶段理论的主要内容是什么?对企业管理者有何实践指导意义?
3. 企业竞争力的来源是什么?如何提高本企业的竞争力?
4. 文化力对企业而言,有何重要作用?具体表现在哪些方面?
5. 企业文化的导向作用表现在什么地方?
6. 企业文化有何辐射作用?
7. 根据你所在企业的实际,企业文化是否具有约束作用?
8. 如何管理和运用好企业的文化资本?

思考题

1. 海尔文化给你哪些启示？你从中学到了什么？
2. 你所在企业的核心竞争力是什么？在哪些方面发挥了企业文化的竞争优势？

案例分析　**文化离利润和成长远吗？**

力诺集团股份有限公司，简称力诺集团，是山东省以太阳能、制药、玻璃新材料、涂料等为主导产业的民营企业集团，成立于1994年，总部位于山东省济南市。八年来，利诺集团高速发展，创造了一个又一个奇迹。究其原因，培育出先进的利诺文化是其中一个关键因素。

1. 对企业文化的认识应更加深入

企业文化工作是"一把手"工程，企业文化水平的高低，起决定因素的是企业"一把手"。正如松下幸之助所说："当企业100人时，我要站在最前面，带领部属冲锋陷阵；企业发展到1 000人时，我要站到最中央，让每位员工听到我的声音，了解我的战略意图，明确奋斗的方向；当企业发展到10 000人时，我要退居幕后，靠核心层的经营管理思想（企业文化）统驭三军。"这形象地说明了企业文化的重要性。我国企业很多做不大，做大了做不长，重要原因就在于不重视文化理论和实践的建设。不重视文化建设的症结在于"一把手"对企业文化的认知、理解深度和重视程度不够。观念和意识的本源，来自全体员工"自下而上"的智慧，但总结、提炼并贯彻文化，却必须来自高层"自上而下"的推动，如果高层领导不重视，将会使企业文化成为无源之泉、无本之木，注定企业发展的脚步不可能迈出多远。

企业文化建设的关键因素在于：一是企业要有发展战略。世界上有很多百年企业，它们之所以能成为"百年老店"，是因为它们有百年文化。是百年文化造就了百年企业，而不是百年企业造就了百年文化。做企业必须要有做大、做强、做长的计划和步骤，只有这样，才有基础塑造优秀的文化。二是企业领导人要积极参与和支持。一个企业的长远发展，决定于领导层的经营管理思想。不管在计划经济还是市场经济条件下，每一位企业老总都知道生产经营很重要，但在当前情势下，能否认识到企业文化对企业长远发展起决定性作用，是企业"一把手"的意识问题。能否不遗余力地重视和推动企业文化建设，将关系到企业的兴衰成败。这两点，在力诺集团发展壮大的轨迹中，体现得比较清楚。

2. 要高度重视"以人为本"，培养员工过硬的政治思想素质，培养员工的健康心态、创新意识和系统思考能力

力诺集团的共同愿景是"铸世界名牌，建百年力诺"，我们力图让员工理解实现

共同愿景与个人、社会的紧密关系。"铸世界名牌"阐明了我们的品牌建设目标,力诺集团只有短短八年历史,相对于GE、IBM、松下、西门子、奔驰等跨国公司,我们还有很大的差距,正因为这种差距,表明了这个愿景的远大性,"世界名牌"也表达了力诺人的国际化倾向;"建百年力诺"从时间、空间上表达了力诺人思想的纵深感,立志把工作当作事业干,不是一时一事,而是千秋万代地把新材料、新能源事业进行到底,从而为员工创造一个具有广阔发展空间的大舞台。

3. 要重视构建科学的管理结构,打造鲜明的企业性格

力诺集团经过八年的探索,形成了有自身特色的管理结构,基本构成有:①AF要义(行动第一)。行动是挖掘自身及组织潜能的良方。AF模式就是要解决有令不行,有禁不止,制度难推行,措施难贯彻,说得多做得少的企业管理通病。②力诺天条。推行力诺天条的目的是要为力诺人的行为设置一个禁区,任何人违反这里的任何一条,都必将在力诺这个事业平台上被判"死刑",没有回旋的余地。只有这样,才可能有足够的威慑力。比如,贪污受贿,玩忽职守,盗窃,出卖公司机密等都应纳入触犯天条这一范畴。③心态培育模式。做文化,首先应从培育员工健康向上的心态入手,解决了心态问题,才有可能实现员工自我管理。主要有两个公式来进行支撑:A. 换位公式:$1\%:100\%$,要求员工要把自己看成1%,管理者要把员工看成100%,将心比心,就会产生良好的互相理解和配合的氛围。B. 协作公式:$1+1>N>2$,力诺员工汇集在一起的目的,是想干一个人干不了的事情,这就需要调整我们的心理结构,以改善我们的协作结构,从而实现$1+1>N>2$,并且不断努力,使N值越来越大。④现场管理模式5S,即整理、整顿、清扫、清洁和素养,我们将其进一步发展,上升为员工心灵的5S,注重从小事做起,培育良好的素养。⑤创新管理模式TTPI,即"十人创新小组"。TTPI,就是把员工分成小组,每个小组原则上不超过十人,由全体组员推举一名组长,进行创新,其目的在于激发每位员工的积极性,挖掘每位员工的潜能,展开团队竞赛,解决生产经营中的实际问题。在这里,我们澄清了创新的概念,"创新"不但要解决新问题,并且在创新过程中本身能够解决实践中产生的新问题,即创新不能以制造问题为代价。创新体系将以"十人创新小组"作为最基本的单元,作为"神经末梢",使其成为创新体系牢固的基础。⑥力诺管理模式IPM(项目计划管理模式)。即通过层层实施项目经理制来落实工作,建立、健全项目经理制管理体系和配套制度,这样能够培养员工的策划意识,明确工作目标,抓大放小,既保证大的工作能够落实,又保证员工有充分施展才能的空间,激励创新。⑦力诺产业发展模式MSD(市场需求、科技创新、工业设计)。这一模式,充分表明了我们的产业将以市场需求为中心来进行操作,这是集团产品实现其社会价值的核心因素。在紧盯市场的同时,加大科技创新力度,充分体现科技是第一生产力的战略作用,成为核心竞争力,从而提升行业技

术门槛,带动行业科技水平的提升,这将会对顾客消费产生重大而深远的影响。了解工业设计的重要意义,培养工业设计的意识本身,展现了我们的产品"以人为本"的人性化设计思路,我们要充分研究自身产品的属性和消费者的需求和偏好,解决好人、器与环境的和谐,这将从理念、产品的生命周期和竞争力上对集团发展产生深刻的影响,很值得我们去认真研究和重视。⑧力诺竞争战略模式IFC可形象地称为"金三角"战略(产业、金融、信息三位一体,简称产金信模式)。IFC促使我们把目光充分地转到产金信上来,将会解决力诺发展的一些前沿问题,成为同业竞争的战略优势。尤其当今是企业资源资本化、全球化、符号化的时代,IFC将对力诺事业的发展产生重大影响。⑨文化模式:"西点"＋"哈佛"。中国企业的平均寿命不超过五年,力诺集团凭什么能够建成"百年企业"?我们可以凭比竞争对手更优秀的百年文化,凭一代又一代有理想、有追求、素质作风过硬的力诺精英团队。怎样打造力诺精英团队?有效途径就是"西点"＋"哈佛"文化模式。这一模式,是基于"以人为本"的前提假设,在力诺人的文化、素质教育及自我完善方面,充分研究美国西点军校和哈佛商学院几百年积淀下来的成功思想和有效做法,紧密结合集团的实际,进行有效的全员军事化训练,进行长期的先进管理思想的培训。在培训过程中,创造性地运用西点军校的入围资格、心理素质、军事素质、领导能力、崇高理想的训练技术和哈佛商学院的"信念、合作、创新"思想,理论与实践相结合,使这一模式不断完善,以此打造一支兼有"铁的纪律"和"水的活性思想"的精英团队。只要我们兼有"铁的纪律"和"水的活性思想"素质,我们必将战无不胜、攻无不克,不断把力诺事业推向前进,实现"铸世界名牌,建百年力诺"的共同愿景。

4. 要充分发挥文化在企业低成本扩张中的加速器作用

有人认为,文化离利润和成长比较远,这种认识是不合时宜的。我们非常赞同文化的"工具"论、"资源"论。我们必须遵循"有所为,有所不为"的原则,保持文化部门的专业性和指导性,提高文化力转化为生产力的效率。其中一个重要方面,就是文化在企业低成本扩张中能够发挥至关重要的作用。

在力诺集团的低成本扩张过程中,我们深深地体会到文化力的重要。1998年年初,力诺集团兼并济南商河县兴商化工集团;2001年兼并泰安阳利得太阳能有限公司;收购沪市上市公司600885武汉"双虎涂料";2002年购并南京红花玻璃厂和天津玻璃厂;控股北京太阳能研究所光电项目;控股神木海湾矿业有限公司。这些都是基于强大的文化力的有效支持。

在2001年,力诺集团只花了几个月时间,"旋风"般入主沪市上市公司"双虎涂料",于11月派出两名高管人员分任总经理、副总经理进行管理。首要工作便是在集团文化中心的指导下进行力诺双虎文化的整合建设。针对原"双虎涂料"机制不活、凝聚力不强、观念意识落后、价值观扭曲等现状,采用观看集团教育宣传片、培训交流、管理模式推广、劳动竞赛、文化活动、深度会谈、形象改造等,提出"付出汗水,干出业绩,活出精神,赢得尊重""办法总比困难多,战胜困难就是发展""一家人,一桌饭,一条心,一股劲""不苦不累不是力诺双虎人,不富不乐不愿做力诺双虎人"等思想,大得人心,统一了思想,高层领导取得了员工的信任,从而打造了很强的凝聚力。在短短的半年时间里,员工精神面貌、企业形象、工作水平发生了天翻地覆的变化,很快便局部扭亏为盈;使有80年历史的老"双虎"焕发了新生机,在武汉成为一大亮点;企业文化的力量和价值在这里得到了充分的体现,文化与利润、成长结合得非常紧密。

(原载于《中外企业文化》2002年,作者有修改)

讨论题:

1. 你认为,力诺集团在企业文化建设方面有何特色?
2. 请结合案例,分析企业文化对企业发展有何意义。
3. 你认为什么样的企业文化会给企业发展带来巨大的推动作用?

第三章 企业文化建设概述

1. 了解企业文化建设的含义和要求
2. 掌握企业文化盘点、设计与实施的内容
3. 掌握企业文化建设的心理机制
4. 理解企业文化建设中的若干辩证关系

第一节 企业文化建设的含义

企业文化建设,就是根据企业发展需要和企业文化的内在规律,在对企业现实文化进行分析评价的基础上,设计制定目标企业文化,并有计划、有组织、有步骤地加以实施,进行企业文化要素的维护、强化、变革和更新,不断增强企业文化竞争力的过程。

我们可以从以下4个方面来进一步把握企业文化建设的内涵:

(1)企业文化建设是企业主动的组织行为。前面已经介绍过,企业文化虽然是一种客观存在,但是人们可以通过发现、掌握和遵循企业文化发展变化的内在规律,来主动地改变和发展企业文化。我们讲的企业文化建设,就是以企业为主体的一种主动把握企业文化发展变化方向和程度的组织行为,使企业文化从一种自然存在变为一种贯穿了企业意志的存在,即实现从自在到自觉的转变。

(2)企业文化建设是企业发展战略的重要组成部分。这阐明了企业文化建设与企业生存发展之间的关系。企业文化与企业的生产、经营、服务等活动是密不可分的,如果将生产、经营、服务等活动比作人的体魄,则可以把企业文化比作人的灵魂。因此,企业文化建设不是企业保养和强健体魄的行为,而是企业净化和升华灵魂的行为。

(3)企业文化建设的目的是增强企业的核心竞争力。根据第二章的介绍可知,

企业文化已经成为企业核心竞争力的主要来源。建设强大的优秀的企业文化,就是增加企业的竞争优势,就是积累企业的文化资本。因此,企业文化建设要始终与企业的核心业务相结合,着眼于增强企业的核心竞争力,努力促进企业全面协调可持续发展。

(4) 企业文化建设是一个持续的过程。这是由企业文化本身所具有的稳定性和连续性的特征所决定的。企业文化的发展变化不可能割裂历史,也不可能一蹴而就,而是一个连续的动态过程。进行企业文化建设,不能抱着急功近利的心态,不能指望立竿见影、毕其功于一役,而是要有计划、有步骤,不断地进行投入和努力。

第二节 企业文化建设的步骤

一、企业文化盘点(诊断)

建设企业文化关键在于量体裁衣,建设适合本企业的文化体系,达到这一目标的大前提就是对企业文化全面准确地了解。所谓企业文化的盘点,就是对企业现有文化的一次调查和诊断。

常用的一些调研方法主要包括访谈法、问卷法、资料分析法、实地考查法等。一般采用自上而下,分层进行,具体的诊断方案取决于企业的规模和生产特点。企业文化的调研,需要全体员工的认真参与,因此,最好是在开展工作之前,由公司主要领导组织召开一次动员大会,调动员工的积极性,增强参与意识。在调研期间,可以采取一些辅助措施,例如,建立员工访谈室、开设员工建议专用信箱等。

企业文化的调研要有针对性,个别访谈的提纲和问卷调查的问卷,都应精心设计。内容主要围绕企业的发展思路、经营管理现状与发展前景、员工的价值取向、员工满意度和忠诚度、员工对企业理念的认同度几个方面。一些企业内部的资料往往能够反映出企业的文化,可以对企业历史资料、各种规章制度、重要文件、内部报刊、公司人员基本情况、先进个人材料、员工奖惩条例、相关媒体报道等进行分析,获得有用信息。为了方便工作,最好列一个清单,将资料收集完整,以便日后查阅。

在企业文化的调研当中,匿名问卷形式比较常用,它可以很好地反映企业文化的现状和员工对企业文化的认同度。我们可以根据需要设计问卷内容,设计原则是调查目标明确、区分度高、便于统计。有些价值观类型的调查,又不能让被调查者识破调查目的。比如,在分析员工需求层次的时候,可以提问:"如果再次选择职业,您主要考虑以下哪些方面?"然后列出工资、住房、个人发展等许多要素,规定最多选三个,经过结果统计,我们就不难发现员工需求层次的分布了。

一系列的企业文化调研之后,需要进行深入分析,得出初步诊断结论。分析主要集中在以下几个方面:(1)分析企业内外部环境和经营特点,搞清企业在行业中的地位和企业生产经营情况;(2)分析企业管理水平和特色,研究企业内部运行机制,重点分析企业管理思路、管理理念和管理中的主要弊端;(3)分析企业文化的建设情况,领导层和员工对企业文化的重视程度,以及他们的价值取向;(4)逐项分析企业文化各个方面,包括企业核心价值观、企业风俗、人际关系、工作态度、员工行为规范等具体内容。

根据对以上四方面内容的综合分析,我们可以诊断出企业文化的现状,了解员工的基本素质,把握企业战略对企业文化的要求,分析企业急需解决的问题和未来发展的障碍,这就为下一步企业文化的设计做好了准备。

二、企业文化设计

企业文化是一个有机的整体,它包括理念层、制度行为层和器物(符号)层,它包含了CI体系的全部内容,既有理念系统,又有行为系统和视觉识别系统。企业文化的设计中最重要的是企业理念体系的设计,它决定了企业文化的整体效果,也是设计的难点所在。理念体系一般来讲包括以下方面:企业愿景(或称企业理想)、企业使命(或称企业宗旨)、核心价值观(或称企业信念)、企业哲学、经营理念、管理模式、企业精神、企业道德、企业作风(或称企业风气)。理念层的设计要本着以下原则:历史性原则、社会性原则、个异性原则、群体性原则、前瞻性原则和可操作性原则。

企业制度行为层应该贯彻企业的理念,日常管理的每一项制度都是企业理念的具体表现,同时,有必要针对企业理念的特点制定一些独特的管理制度,这对形成企业文化的独特优势具有不可替代的作用。

器物(符号)层的设计主要包括标志设计、环境设计、服装设计、办公用品设计、文化传播网络设计等,核心是企业标志和企业标志的应用设计,这些设计都要为传达企业理念服务。制度行为层和器物层的设计要本着与理念高度一致的原则、系统完整性原则和可操作性原则。

企业理念是企业的灵魂,是企业永续发展的指南针。企业理念中的各个部分有着内部的逻辑性,设计时需要保持内部一致性、系统性。企业愿景描述了企业的奋斗目标,回答了企业存在的理由;企业哲学是对企业内部动力和外部环境的哲学思考;核心价值观解释了企业的价值判断标准,是企业的一种集体信念;企业经营理念回答了企业持续经营的指导思想;企业精神体现了全体员工的精神风貌;企业作风和企业道德是对每一位员工的无形约束。所有内容相辅相成,构成一个完整的理念体系。

企业制度行为层的设计主要包括企业制度设计、企业风俗设计、员工行为规范设计,这些设计都要充分传达企业的理念。企业制度指工作制度、责任制度、特殊制度,这些制度既是企业有序运行的基础,也是塑造企业形象的关键。所谓特殊制度,是指企业不同于其他企业的独特制度,它是企业管理风格的体现,比如,"五必访"制度,在员工结婚、生子、生病、退休、死亡时访问员工。企业风俗的设计也是不同于其他企业的标志之一,它是企业长期沿袭、约定俗成的典礼、仪式、习惯行为、节日、活动等,一些国外企业甚至把企业风俗宗教化,比如"松下教""本田教"。许多企业具有优秀的企业风俗,比如,平安保险公司每天清晨要唱《平安颂》;某公司每年举办一次"月亮节",与员工家属联谊。员工行为规范主要包括仪表仪容、待人接物、岗位纪律、工作程序、素质修养等方面。好的行为规范应该具备简洁、易记、可操作、有针对性等特点。

企业符号层的设计主要是指企业标志、名称及其应用。企业的名称和标志如同人的名字一样,是企业的代码,设计时要格外慎重。清华同方的名称来源于《诗经》的"有志者同方",简明易记。企业的标志则是企业理念、企业精神的载体,企业可以通过企业标志来传播企业理念,公众也可以通过标志来加深对企业的印象。同时,企业标志出现的次数和频度,直接影响社会公众对该企业的认知和接受程度,一个熟悉的标志可以刺激消费欲望。如果把企业理念看成企业的"神",那么企业标志就是企业的"形",它是直接面对客户的企业缩影,因此,在设计和使用上要特别关注。

三、企业文化实施

企业文化的实施阶段,实际上往往是企业的一次变革,通过这种变革,把企业优良的传统发扬光大,同时,纠正一些企业存在的问题。最早提出有关组织变革过程理论的是勒温(Lewin),该模型提出组织变革三步曲:解冻——变革——再冻结,可以说这一模型也反映了企业文化变革的基本规律。一般来讲,企业文化的变革与实施需要有导入阶段、变革阶段、制度化阶段、评估总结阶段。

导入阶段就是勒温模型的解冻期,这一阶段的主要任务是从思想上、组织上、氛围上做好企业文化变革的充分准备。在此阶段内,要建立强有力的领导体制、高效的执行机制、全方位的传播机制等几方面的工作,让企业内部所有成员认识到企业文化变革的到来。为了更好地完成这一阶段的工作,可以建立领导小组来落实,设立企业文化建设专项基金来开展工作,在人力、物力上给予支持。

变革阶段是企业文化建设工作的关键,在这个阶段内,要全面开展企业文化理念层、制度行为层、符号层的建设,即进行由上而下的观念更新,建立健全企业的一般制度和特殊制度,形成企业风俗,做好企业符号层的设计与应用。这一阶段可谓一个完整的企业形象塑造工程,中心任务是价值观的形成和行为规范的落实,至少要一年的时间。

制度化阶段是企业文化变革的巩固阶段,该阶段的主要工作是总结企业文化建设过程中的经验和教训,将成熟的做法通过制度加以固化,建立起完整的企业文化体系。在这一阶段,企业文化变革将逐渐从突击性工作转变成企业的日常工作,领导小组的工作也将从宣传推动转变成组织监控。这一阶段的主要任务是建立完善的企业文化制度,其中应包括企业文化考核制度、企业文化先进单位和个人表彰制度、企业文化传播制度、企业文化建设预算制度等。这一阶段常见的问题是新文化立足未稳、旧习惯卷土重来,尤其对于过去有过辉煌的企业,往往会自觉不自觉地坚持旧习惯,这一点要求管理者做好足够的思想准备。

评估总结阶段是企业文化建设阶段性的总结,在企业基本完成企业文化建设的主要工作之后,总结评估以前的工作,对今后的企业文化建设具有十分重要的作用。评估工作主要围绕我们事先制定的企业文化变革方案,检查我们的变革是否达到预期的效果,是否有助于企业绩效的改善和提高。总结工作还包括对企业文化建设的反思,主要针对内外环境的变化,检查原有假设体系是否成立,具体的工作方法主要是现场考察、研讨会、座谈会、总结表彰会等。

第三节 企业文化建设的心理机制

企业文化作为微观的文化氛围,构成了企业内部的心理环境,有力地影响和制约着企业干部职工的理想、追求、道德、感情和行为,发挥着凝聚、规范、激励和导向作用。一部分企业中存在企业文化建设流于表面化、形式化的问题,往往是由于企业负责人不了解企业文化建设的心理机制。

以下介绍的6种心理机制是企业文化建设经常使用到的。

一、运用心理定势

人的心理活动具有定式规律——前面一个比较强烈的心理活动,对于随后进行的心理活动的反应内容及反应趋势有影响。

企业文化建设的重要手段是干部和职工的培训。在对新职工、新干部的培训上,心理定势的作用十分突出。怎样做一名新干部、新职工?应该具备什么样的思想、感情和作风？在他们头脑中还是一片空白。通过培训，不仅可以提高他们的业务能力，更主要的是可以把企业的经营哲学、战略目标、价值观念、行为准则、道德规范，以及企业的优良传统，系统而详细地介绍给他们，并通过讨论、总结、实习，加深理解，形成先入为主的心理定势，入脑入心。这样，从他们成为新职工、新干部的第一天起，就开始形成与企业文化相协调的心理定势，对其今后的行为发挥指导和制约作用。

在对老企业的转型改造过程中，相应地要更新和改造原有的企业文化，首先要打破传统的心理定势，建立新的心理定势。随着企业从单纯生产型向生产经营型转变，从计划型向市场导向型转变，企业的经营哲学、战略目标、价值观念和行为规范也必须相应地加以改变。事实证明，观念的转变绝非易事。企业的主要负责人应率先转变观念，然后通过参观、学习、培训等多种方式，组织各级干部和全体职工理解和掌握新的企业文化，形成新的心理定势。许多企业的实践表明，这种学习和培训是完全必要和富有成效的。

二、重视心理强化

强化，是使某种心理品质变得更加牢固的手段。所谓强化是指通过对一种行为的肯定或否定（奖励或惩罚），从而使行为得到重复或制止的过程。使人的行为重复发生的称为正强化，制止人的行为重复发生的称为负强化。

这种心理机制运用到企业文化建设上，就是及时表扬或奖励与企业文化相一致的思想和行为，及时批评或惩罚与企业文化相悖的思想和行为，使物质奖励或惩罚尽量成为企业价值观的载体，使企业价值体系变成可见的、可感的现实因素。许多企业制定的厂规厂纪、人力资源政策与制度，以及开展的诸如立功、五好评比，双文明标兵等活动，都发挥了良好的心理强化作用。

三、利用从众心理

从众，是在群体影响下放弃个人意见而与大家保持行为一致的心理行为。从众的前提是实际存在或想象存在的群体压力，它不同于行政压力，不具有直接的强制性或威胁性。一般来讲，重视社会评价、社会舆论的人，情绪敏感、顾虑重重的人，文化水平较低的人，性格随和的人，以及独立性差的人，从众心理较强。

在企业文化建设中，企业领导者应该动员一切舆论工具，大力宣传本厂的企业文化，主动利用从众心理，促成大多数职工行动上的一致，一旦这种行动一致局面初步形成，对个别后进职工就构成一种群体压力，促使他们改变初衷，与大多数职工一致起来,进而实现企业文化建设所需要的舆论与行动的良性循环。

许多企业通过厂报厂刊、厂内广播、厂内闭路电视等宣传手段,表扬好人好事,讲解厂纪厂规,宣传企业精神等,形成有利于企业文化建设的积极舆论和群体压力,促成职工从众,收到了较好的效果。对于企业中局部存在的不正之风、不良风气、不正确的舆论,则应该采取措施坚决制止,防止消极从众行为的发生。

四、培养认同心理

认同,是指个体将自己和另一个对象视为等同,引为同类,从而产生彼此密不可分的整体性的感觉。初步的认同处于认知层次上,较深入的认同进入情绪认同的层次,完全的认同则含有行动的成分。个体对他人、群体、组织的认同,使个体与这些对象融为一体,休戚与共。

为了建设优良的企业文化,企业主要负责人取得全体职工的认同,是一项首要的任务。这就要求企业主要负责人高屋建瓴,深谋远虑,办事公正,作风正派,以身作则,真诚坦率,待人热情,关心职工,善于沟通,具有民主精神。只要这样做了,全厂职工自然会把他视为良师益友,靠得住、信得过的"自家人"。职工对企业主要负责人的认同感一旦产生,就会心甘情愿地把他所倡导的价值观念,行为规范,当作自己的价值观念,行为规范,从而形成企业负责人所期望的企业文化。

除此以外,还应着重培养职工对企业的认同感。为此,企业负责人应充分尊重职工的主人翁地位,真诚地倾听群众呼声,吸收职工参与企业决策和其他管理活动,同时,应尽量使企业目标与个人目标协调一致,使企业利益与职工的个人利益密切挂钩,并使职工正确地、深刻地认识到这种利益上的一致性。久而久之,全体职工就会对企业产生强烈的认同,这是企业文化的真正基础。当然,另一个重要的措施是把企业的名牌产品、企业在社会上的良好形象、社会各界对企业产品和服务质量的良好评价,及时地反馈给全体职工,激发全体职工的集体荣誉感和自豪感。对企业充满光荣感和自豪感的职工,必定对企业满怀着热爱之情,总是站在企业发展的角度思考和行事,自觉地维护企业的好传统、好作风,使优秀的企业文化不断发展和完善,这是主人翁责任感的升华。

五、激发模仿心理

模仿,指个人受到社会刺激后而引起的一种按照别人行为的相似方式行动的倾向,它是社会生活中的一种常见的人际互动现象。

不言而喻,模仿是形成良好企业文化的一个重要的心理机制,榜样是模仿的前提和根据。企业中的模范人物、英雄人物,是企业文化的人格化代表。全体职工对他们由钦佩、爱戴到模仿,也就是对企业文化的认同和实践过程。

　　企业的主要负责人,首先应该成为企业员工的心中偶像,自愿模仿的对象。身教胜于言教,作为企业文化的倡导者,他的一言一行都起着暗示和榜样作用。"耳听为虚,眼见为实",实际事件的意义对于个体观点的改变是极其重要的。

　　美国三角州航空公司的高级经理人员在圣诞节期间下去帮助行李搬运员干活,已成为公司的传统,并每年至少与全体职工聚会一次,直接交换意见,以实践"增进公司的大家庭感情"的经营哲学。日本三菱电机公司的总经理为了倡导"技术和销售两个车轮奔驰"的新经营理念,改变过去重技术轻销售的状况,亲自到公司零销店站柜台,宣传自家商品,听取顾客意见。这些领导者,不仅提出了整套的经营哲学,而且他们本人就是实践这些哲学的楷模。

　　企业领导者通过大力表彰劳动模范、先进工作者、技术革新能手、模范人物等,使他们的先进事迹及其体现的企业文化深入人心,就可以在企业职工中激发起模仿心理,这也是企业文化建设的有效途径。当然,树标兵应实事求是,力戒拔高作假,否则将适得其反。

六、化解挫折心理

　　在企业的生产经营活动中,上级与下级之间、同事之间总会发生一些矛盾和冲突,干部和职工总会在工作和生活中遇到各种困难和挫折。这时,他们就会产生挫折心理。这种消极的心理状态,不利于个人积极性的提高,不利于职工的团结,不利于工作中的协同努力,不利于优良企业文化的形成。如何化解职工出现的挫折心理,也是企业文化建设中应该予以注意的问题。

　　日本松下电器公司下属的各个企业,都有被称为"出气室"的精神健康室。当一个牢骚满腹的人走进"出气室"后,首先看到的是一排哈哈镜,逗人哈哈大笑一番后,接着出现的是几个象征老板、总经理、负责各方面工作的副总经理的塑像端坐在那里,旁边放着数根木棍。如果来者对企业的某方面工作有意见,怨气仍然未消,可操起木棍,把相应的企业负责人痛打一顿。最后是恳谈室,室内职员以极其热情的态度询问来者有什么不满或问题、意见和建议。企业倒不必照抄松下的做法,但应该借鉴其重视职工心理保健的管理思想。我们的企业领导者,可以通过家访、谈心、职代会会议等环节,征求职工对各级领导的批评和建议;通过开展深入细致的思想工作,解决矛盾,化解挫折心理,为企业文化建设创造和谐舒畅的心理环境。

　　只要根据本企业实际情况,综合运用上述各种心理机制,我国企业文化建设就可以日益深入地开展起来,发挥出应有的巨大作用。

第四节 企业文化建设的辩证思考

企业文化热与其他"热"一样具有两重性,这一方面说明我国企业界、管理界和企业管理部门对企业文化高度重视,另一方面也有赶浪头、不扎实之处。再加上对企业文化的内涵、外延的理解,对中国民族文化的认识,对外国企业文化的借鉴等许多问题上存在着不同看法,不少企业在企业文化建设上遇到了难以深入的问题。因此,企业管理者应对企业文化建设进行辩证思考。

一、多与少

任何事物发展,不平衡是绝对的,而平衡是相对的。我国企业文化建设也呈现出明显的不平衡性,主要表现在三多三少。

(1) 大中型企业重视的多,小企业重视的少。在大中型企业中,多数企业已经把企业文化建设列入议事日程,至少都提炼出明确的"企业精神"。但在小企业中,仅仅是少数先进企业有了自己的企业精神,它们的企业文化建设还未能从自在的状态进入自觉的状态。

(2) 成功的企业重视的多,落后的企业重视的少。许多优秀企业往往都抓了企业文化建设,其中一部分企业在企业文化建设上发挥了带头作用和示范作用。然而,一些落后企业,或是亏损,或是效益不高,或是人心思走。这些企业陷入困境的原因很多,但管理水平低,凝聚力差,企业文化工作薄弱,几乎是它们的通病。按理说,狠抓企业文化建设,改造本企业落后的甚至是劣性的文化,塑造振奋人心、具有号召力和凝聚力的崭新群体价值观,应该是企业走出困境的必要途径。但奇怪的是,许多落后企业仍是忙于解决资金、原材料、能源、销售等具体生产经营问题,而无暇思考整个企业的总体战略和根本管理思想。企业文化建设的落后既是其处于落后状态的表现,也是其尚未摆脱落后状态的原因。

(3) 知识密集型企业重视的多,劳动密集型企业重视的少。高技术企业虽然许多是新建企业,但从企业的筹建阶段开始,企业负责人即把设计和培育企业文化当作一件战略工作去抓。高技术企业的企业文化起点高的真正原因是对企业文化高度重视。电子工业、家电行业、机器制造行业等知识、技术相对密集的企业,由于其技术人员比例高,技术创新压力大,职工文化水平与生产社会化程度高,企业在企业文化建设上的内在需求强烈,外界压力巨大,促使它们对企业文化建设抓住不放。

至于一些劳动密集型企业,如建筑工程公司(特别是农村建筑施工队)、缝纫厂、商店、饭馆、农产品加工厂等,职工文化水平低,企业领导管理水平也不高,甚至根本没有企业文化的概念,也感受不到内在需求和外界的压力,因此它们的企业文化往往处在"自在"阶段。

产生"三多三少"具有一定的必然性,影响因素很多,但根本性的因素是企业素质,特别是企业负责人的素质。一般而言,小企业、落后企业、劳动密集型企业人员素质低于大中企业、股份制企业、先进企业、知识密集型企业,特别是企业负责人的思想素质、心理素质、文化素质、能力素质差距很大。若想使这些企业的管理上台阶,使其企业文化建设从"自在"状态进入"自觉"状态,首先就要通过培训、选聘等环节,提高企业领导人的素质,除此便无捷径可走。

二、党与政

在我国国有企业存在一个特殊的问题:党与政二者中间,企业文化应该由谁来抓?大家存在着不同的理解。组织领导上的倾向性,在不同企业差别很大。企业文化建设进展缓慢的原因,大多是行政领导、业务经理重视不够,把企业文化建设工作仅仅看作党委的事,地位摆得不够正确。他们也不否认企业文化建设的必要性,但却仅仅把它当作开展企业思想政治工作的一种方式,由党委系统、政工部门负责,而行政系统特别是各级经理对此不闻不问,这是一种误解。

诚然,优秀的企业文化、企业风气是陶冶职工思想情操的大熔炉,因而是新时期思想政治工作的有力工具,但是它的意义远不止于此。企业文化首先是一种管理思想、管理模式,即把培养人、提高人的素质看作治理企业的根本,把提高职工积极性,提高企业凝聚力,建设蓬勃向上的企业群体意识,看作增强企业活力的关键。

企业文化是企业两个文明建设的交汇点,是经济意义与文化意义的融合。它的理念层可以统一全企业的经营思想、追求目标和价值取向;它的制度行为层可以规范全体职工的行为作风,形成科学、民主、勤奋、团结、严谨、求实、创新的风气,丰富和升华职工的业余文化生活;它的符号层可以提高公司的技术工艺水平,形成产品独具特色的风格,统一企业的外部形象,提高员工的认同度和企业在社会上的美誉度,提升企业的品牌价值,从而增加企业的竞争能力。以上多方面的综合效果,已远远超出了思想政治工作的范畴。企业文化贯穿于企业的全部活动,影响企业的全部工作,决定企业全体成员的精神风貌和整个企业的素质,它应该成为企业振兴的一把钥匙。

因此,企业文化建设应该由党政齐抓共管,企业的董事长、总经理应该亲自挂帅,把它当作企业经营管理的"牛鼻子"。

三、个性与共性

目前普遍存在的另一个问题是企业文化缺乏个性。企业文化的个性主要体现在其观念层,特别是核心价值观和企业精神。而许多企业在概括企业精神时往往是全面有余而个性不足,经常变成在团结、拼搏、求实、开拓、创新、严谨、勤奋、奋进等几个元素间排列组合。请看以下四个企业的企业精神:①团结、求实、奉献、开拓,②团结、振奋、开拓、奉献,③团结、务实、开拓、奋进,④团结、奉献、开拓、奋进。你能想到它们是四个不同行业、不同地区的企业吗?这种"千企一面"、没有个性的企业精神,对职工也将缺乏吸引力和凝聚力,不能给职工以亲切感和认同感。

"大一统"思想和"官本位"观念束缚了企业家对独立个性的追求,造成了企业文化个性的模糊和缺乏。然而,企业文化若没有个性,就没有吸引力,就没有生命力。为纠正企业文化"千企一面"的弊病,企业家应该从"官本位""一刀切"的传统观念中解放出来,变"求同"思维为"求异"思维,不求全,但求新。大胆地追求自己的个性,使企业文化独具特色。

在企业文化的概括方法上,也不是越抽象越好,因为一般来讲,越抽象越易失去个性。当然,如果抓住特点进行恰当的抽象,也不一定就表示不出个性。概括和抽象的方法可以千变万化,只要企业家执着地追求本企业的个性,总可以如愿以偿的。

四、上墙与入心

目前我国企业文化建设中另一个最为普遍的问题是流于表面化。作者曾去过一些企业,虽然墙上书写着醒目的核心价值、企业精神,但当你向车间职工询问"你厂的企业精神是什么"时,他可能摇摇头说"不知道"。至于企业愿景、企业哲学、发展战略等,则更难普及了。产生这种现象的原因很复杂。有些企业的负责人之所以搞企业文化,是出于从众心理,觉得先进企业在搞,自己这里不搞不好。但实际上他并没有真正理解企业文化的真谛。因此,只满足于口号上门、上墙,并没有下苦功夫,使之深入人心。这些企业,首先应转变企业负责人的思想,老总应从心底里产生改变管理观念的内在需求——坚决从过去那种经验管理转变到现代科学管理或文化管理的轨道,坚决从过去那种"以生产为中心"或"以钱为中心"的管理转变到"以人为中心""以诚信为中心"的管理上来。

另一些企业的负责人并不满足于口号上墙,他们也想把自己倡导的企业文化尽快转变成全体职工认可的群体意识,进一步外化为职工的自觉行动,但苦于找不到适当的方法。若想使企业家的追求变成全体职工的共同追求,使企业家的价值观念变成全体职工共同信奉的价值观念,使企业家提倡的行为准则变成全体职工自觉接受的行为准则,一句话,使企业文化由上墙到入心,关键在于企业家应遵循心理学的规律,采取相应措施,一步一个脚印地在企业内部创造适宜的心理环境,使全厂职工在感染熏陶中形成共识。

五、继承与创新

对一些历史悠久的老企业而言,如何处理继承与创新的关系,往往成为企业文化建设的拦路虎。

企业文化建设是一个文化积淀的过程,不能割断历史,而应该尊重历史。正确的做法是:对过去的企业传统,要一分为二,取其精华,去其糟粕。其中的优良传统,应该成为未来文化的起点和基础。

但是,更重要的是创新。随着企业内外环境的变化,企业应该站在战略高度,展望未来,提出前瞻性的新价值观,引导企业在经营管理上,队伍建设上,开拓全新的局面。这样,企业文化就会常做常新,与时俱进,永远充满活力。

同仁堂、茅台酒厂在这方面为我们做出了榜样。美国的 IBM、GE、HP 等企业,更是值得借鉴和学习。

六、以我为主与借鉴他人

企业文化与世界上一切事物一样,是共性和个性的统一。正因为有共性,所以,企业之间可以互相借鉴。正因为有个性,所以,企业之间不能互相照搬。

常言道,"人挪活,树挪死",树木一旦离开了自己的土壤,就很难存活。企业文化亦然。在我们向国内外优秀企业学习时,特别是向世界著名公司学习时,切不可盲目照搬。而应该像"嫁接"一样,把他人经验之枝,嫁接到本企业之干上。

海尔公司就是这样做的。他们把日本松下和美国通用电器公司的成功经验,一一借鉴过来,但是绝不照搬,而是保留了中国文化的底蕴,也保留了海尔自身的优良传统。因此,海尔文化是中国的,具有中国特性和中国气派,就像海尔主楼那样。同时,海尔文化又是世界的,具有全球化、信息化、知识化的特点,为全世界的企业所称赞。

七、求同与存异

在一些大型企业,特别是一些大型企业集团,有许多二级单位、三级单位,甚至于分散在全国、全球。在长期的发展过程中,它们各自形成了自己的亚文化。在企业文化建设中,他们面临一个共同的问题:求同与存异如何掌握?

这实际上是一致性与灵活性、主旋律与变奏曲的关系问题。毫无疑问,大型企业和大型企业集团,应该建设共同的文化,树立共同的形象。因此,保持内部文化的一致性是完全必要的,这就是坚持原则。但是,又要尊重各个下属单位亚文化的差异性,这就是实事求是。具体做法:要求各个单位的企业愿景、企业核心价值观、企业精神、企业标志和基本制度保持一致。这样,企业才能维持统一的形象,统一的价值观主旋律,统一的制度框架。在这个前提下,各个单位可以保留独特的观念、习惯和规范。在主旋律下的变奏曲,可以使音乐更有层次感,更富感染力;在一致性基础上的百花齐放,更显得春色满园,充满活力。

这就是求大同下面的求小异。

复习题

1. 什么是企业文化建设?它有何重要意义?
2. 企业文化建设的主要步骤是什么?哪一步最为关键?
3. 如何进行企业文化盘点与设计?
4. 如何用运心理机制帮助企业文化建设顺利开展?
5. 如何运用模仿心理和从众心理进行企业文化建设?
6. 如何处理企业文化建设与思想政治工作的关系?
7. 谈谈你对企业文化建设中"求同与存异"的看法。

思考题

1. 如果让你设计你所在企业的文化,你该如何进行?
2. 对企业文化建设为什么要进行辩证思考?

案例分析　修身·齐家·立业·助天下
　　　　　　——郭广昌解析"复星"飞速发展的奥妙

案例背景:谁能想象,一家民营科技企业,在一位年轻人的带领下,经过短短的10年时间,将10万元演变成了198亿元,创造了一个近似不可能的传世神话。

这个神话的创造者就是年仅35岁的全国政协委员、全国青联委员,上海复星高科技集团董事长郭广昌。同时,由于复星"多做事,少说话,甚至不说话"的低调,更使得这个神话至今扑朔迷离,令人生奇。通过郭广昌的下述讲话,我们可以对此有所了解。

我是一个农民的儿子,在到复旦大学求学之前,从未坐过火车,从东阳到上海的感觉不亚于中国人初到美国。所以,首先我想从个人的经历来谈一下,为什么复星会提出"修身•齐家•立业•助天下"。

我的家乡是浙江东阳,东阳当时很穷,但却以"教授市"而闻名。我在东阳中学读书时,也同样被东阳刻苦求学的"霉干菜"精神所激励,那时,住校和大多数的同学一样,每周带到学校的伙食是一袋白米和一罐霉干菜,妈妈是尽了最大的可能,在菜里多加些猪油,所以,每顿吃着铺着霉干菜的热气腾腾的饭时,我的心里就已经很知足了。

1985年前后,正值改革开放初期,全新的思想观念影响到了东阳,我也以中学生特有的幼稚和热情,开始了自己的思考。那时,读了较多鲁迅先生的文章,印象最深的是鲁迅先生的这一段话,鲁迅先生说:"光有良好的体魄,没有健全的头脑,这也是民族的悲哀。"我深深地被那种要启发国民思想的热情所激励,当时,我认为改革开放初期的主要问题,是如何解放国民思想的问题,所以那时,我在填报大学志愿的时候,我将复旦哲学系作为了自己的第一选择。

进入校门的第一天,学长们迎接我们新生的欢迎辞,居然是"我不入地狱,谁入地狱"。当时这句话,远远比国政系的"欢迎未来的政治活动家"等更让我心潮澎湃,我全身心地投入那种要成为"失败的英雄"的悲壮情绪中,想的是如何去完成"五四"所未能完成的启蒙任务。所以,在当时复旦校园里,穿着旧军装,三五成群在大谈如何超越马克思的人之中就有一个是我,这也是当时的复旦一景。

那种青年人特有的热情与执着,现在每每想来,自己也很为之感动。这也始终是我个性的真实,这种理想主义也是复星人创业的初衷和底蕴,只是我们现在更懂得用理智和成熟的方式去实现这种理想。我一直说,如果没有教育,那么现在从浙江东阳来沪打工的人群中,肯定有一人叫"郭广昌"。复旦老师的博学才华,复旦校园的宽容精神,逐渐引导我从徒有热情走向成熟。

从求学到团委任职的七年里,有几件事一直影响着我走到今天。

1987年暑期,我一个人骑一辆旧单车,兜里仅带着200元钱,去了北京,最后到了长城,完成了"不到长城非好汉"的目标,自己也亲身体验到了长城再远,只要走出第一步,哪怕只有一辆破车,也能到达。1988年暑期,我和十一位同行者,又骑着拉赞助来的单车,组织了一次"黄金海岸"6000里考察,到了海南。一北一南的两次出行,对我有了极大的触动。直接与社会最底层人们的接触,亲眼看见了南北各城市的状况,我更贴近了这个社会,这个国家。经过这两次可以说是生存锻炼的出行,也增强了对自己的信心。

途经的种种,引起了我对古人提出的"修身·齐家·治国·平天下"的知识分子价值观的思考。中国古人历来推崇"官本位"的思想,所谓"学而优则仕",读书考状元,进京做官,是一条光明大道,其实现在还有一脉相承的体现,级别划分总以处级、局级作类比,教授有相当处级、局级,和尚也分处级、局级。总之,从政为官是知识分子的目标理想。而且,当时社会的生活主体是以家庭为单位,经济主体也是以家庭为单位,所以,从"齐家",可以直接走向"治国·平天下"。

然而,马克思主义哲学理论又告诉我们,经济基础决定上层建筑。我经过几年的哲学学习,也非常赞同这一理论。中国的实际国情也要求我们坚持这样的理论基础。历经了百年的动荡,国家更需经济建设,空有一腔热情,只能振臂高喊,而不能有具体作为,尤其是对经济建设的具体作为,"富民强国"将永远只是一个梦想。做官从政并不是知识分子"治国"的唯一出路,社会需要坚实的中产阶层,需要一大批优秀的企业和一大批优秀的企业工作者,他们是承担经济建设的主体,是创造社会资源的主体,也是社会稳定的根本。

在改革开放初期,先富起来的是一批个体户,所以当时社会很盛行"原子弹不如茶叶蛋""手术刀不如剃头刀"等说法。但是,他们所形成的经济主体,恰恰是单薄的,是缺乏持续增长性的。只有知识分子成为经济主体,社会经济秩序才会更理性,社会才会更稳定,更良性地发展。出于这样的思考和对自己个性的判断,我认定自己也必将走从商这一条道路。

在团委工作的时间里,我也特别关注经济行为和经济现象,通过组织社会调研、社会实践,体验具体的经济活动,积累了工作经验,也结识了很多经济领域的朋友。1992年小平南方讲话之后,改革开放进入了又一个高潮,国家的各项政策也进一步鼓励了各种经济实体的产生。年底,我把准备用于出国的美金,换成了人民币(当时还小赚了一笔),毅然和几位志同道合的朋友一起,开始了真正的"下海"历程,全身心地投入了经济的大潮中。同时,我和我的同人也一致提出了"修身·齐家·立业·助天下"这样的目标,这既是我个人的人生追求,也是全体复星人的追求。

复星的理想与追求是围绕"修身·齐家·立业·助天下"这个目标展开的,下面我重点谈一下我们对这一理念的理解。

关于"修身":培养学习型人才和学习型组织

古人常需"吾日三省吾身",通过不断的反省来修正自己的行为,以促成个人不断的完善。我们所说的"修身",个人必须是一个学习型的个人。一个小学生,只要他还在不断地学习,那他也是有希望的;而哪怕是一个博士,如果一旦丧失了不断学习的能力,那他也就没有希望可言。

一个组织也是同样,必须是一个学习型的组织。现在这样的时代,我们每天都在做一种创造性的工作,今天所面临的问题,大多是我们昨天未曾遇到的,甚至是没有想到过的,如果都要在自身的经验教训中成长,复星就不会有今天。从最简单的考勤、着装等日常管理,到重大业务项目的决策判断,我们都是通过向书本学习,向前人学习,向成功或不成功的企业学习,才能健康地成长起来。面对未来,我们依然要求自身要保持相当的学习激情和学习能力。因而在复星,我们坚持"以人为本"的管理思想,我们提出"以发展吸引人,以理念凝聚人,以工作培养人,以业绩考核人"的用人原则,始终督促每位员工不断的学习提高。同时我们更要求我们的经理,要有"虚怀若谷,海纳百川"的气度,这也是保持学习能力的前提。没有这样的气度,就不可能自觉地接受优秀的人才,更不用说向别人学习。因此,我们的经理最重要的品质就是能培养使用比自己能力强的人。企业是一个团队,一个团队不是要比哪个人能力强,而是要体现团队的整体战斗力,这才能走向成功。

关于"齐家":形成企业家庭和企业文化

古人所谓的"老吾老以及人之老,幼吾幼以及人之幼",应该是"齐家"的精神实质。在复星,我们一直很强调"企业家庭"的概念,这决然不同于"家庭企业"的狭窄理解。后者有一种很强烈的排外感,而"企业家庭"则倡导一种宽容、互敬的氛围。作为我个人,对这个社会,对这个团队,对每一位复星的成员,始终有着一种感恩的心情。在我三十岁生日的那天,我对我的朋友们曾说,过十岁生日的感觉,就是迫不及待地想知道,我能收到多少礼物;过二十岁生日的感觉,就是很茫然,空有一腔热情,但不知道这辈子要做什么;而跨入三十岁之后,则更多地体验到了一种真诚的感恩,对所有成功或是挫折的经历的感恩,对所有帮助过我的人的感恩。这种心情,更让我对每一位在复星或曾在复星的成员多了理解与感谢。复星不是某一个人的复星,复星的成功也不是某一个人的成功,是一批优秀的复星人的成功,和他们在一起,我更能体会到一种家庭的共同感情和共同责任。所以复星从无到有,从小到大,随着产业发展,业绩体现,我们也不断在提高企业对员工的福利等,尽可能创造好一些的工作环境。当然,我也同样要求复星的每位成员,对我们这个团队,对每一位同事,应该多一分宽容,多一分支持。复星是我们每个人的立业之家,感情之家。

关于"立业":发展企业与发展自己

"立业"是以"修身、齐家"为基础的,同时,"立业"又是达到我们"助天下"目标的根本途径。个人需要立业,这是毫无疑问的,尤其是男人,更是要撑出一片天空。企业也要立业,立复星之业是每个复星人的目标,到今天,企业的前途已经完全和我们每个人的前途紧密相关。通过五年的发展,复星已经有了一个初步成形的产业布局:以现代生物医药产业为主体,辅以房地产业、信息产业多元化发展。在复星的企业经营中,我们深深感到"无实业不稳,无房产不富,无信息金融不活"这句话。我们正是贯彻了这一思想,尝到了甜头。对于做实业我们始终坚持把握方向、选准项目、大胆设想、小心求证;而成功的房产经营会为企业带来较快的经营回报;信息和金融将为企业发展注入强大活力,是企业生存的血液。

以上讲的是企业创业中较成功的一面,其实每个企业都会经历失败和挫折,在复星创业过程中,有成功也有失败,只是及时把损失控制住了。立业过程中,有很不成功的一面,只要保持学习的能力,不断完善,我们的事业才能更稳固。

关于"助天下":爱国主义是一种原动力

"助天下"是我们企业经营的理想目标,我们理解的"助天下"不单单是一般意义上,企业向社会"献爱心"的活动,当然,我们也积极参与并资助了不少这样的活动。我们理解的"助天下"来自两方面:

首先,在感情上讲,"爱国主义"是植根于我们企业,包括我们每个个人的原动力。这不是一种教条,也不是一种政治的需要。因为我们都自认为我们这些人都应该是,或应该成为民族的脊梁、社会的精英。如果一个人连对这个国家、这个民族、这个社会应有的热爱和责任心都没有的话,那么何以称为"国家栋梁",何以成为"民族优秀",正如,松下幸之助先生的用人原则里有一条是要选用那些"在异国看到国旗会落泪的人"。这不就是爱国主义的真实体现吗?

其次,我更是尊重资源的社会性,不管企业是国有的还是民营的,谁掌握了社会资源,就应该去重新组合这些资源,来创造再多的社会财富,而创造的财富依然是归属于社会。我们始终觉得,谁掌握的社会资源多,谁就应该对这个社会多一份责任,多一份回报。我们非常痛恨那些浪费社会资源,挥霍社会资源的行为。不管这些资源是社会的还是个人的,中国人说"生不带来,死不带去",任何人拥有资源也是一个过程,我们是历史长河里不起眼的一段。复星,也正是希望通过我们企业对资源的使用和重整,创造更多的资源回报于社会,这是我们理解企业"助天下"的实质内涵。

"修身·齐家·立业·助天下",我和我的同人是这样想的,也是这样做的。我感到自身的压力越来越大,不少人问我"什么时候感到压力最大",我想压力最大的时候不在过去,而是在将来。

从复旦到复星,走出这一步,我没有退路。这些年来,我一直与我的同人们交流两个话题。一个话题是创业者需要理性,即君子行事,如临深渊,如履薄冰,战战兢兢,兢兢业业。这是说创业者需要"智",是智慧的"智",理智的"智"。另一个话题是创业者需要激情,就像朱镕基总理在记者招待会上所讲的那段话:不管前面是地雷阵,还是万丈深渊,我都要一往无前、义无反顾、鞠躬尽瘁,死而后已。这是说创业者需要"勇",是勇敢的"勇",勇气的"勇"。我想,我和全体复星人需要的正是这种智和勇的结合,是需要智勇双全,创业的理性和创业的激情,在我们身上一起迸发出来。(本文系由复星集团董事长郭广昌在复旦大学的演讲编辑整理而来,冯盈盈整理)

(信息来源:天下浙商网,时间:2010年1月5日,本书作者作了补充)

讨论题:

1. 郭广昌是如何塑造复星集团企业文化的?
2. 在复星集团企业文化形成过程中,郭广昌起了什么作用?
3. 在复星集团企业文化建设当中你感触最深的是什么?

第四章 企业文化的测量

1. 了解企业文化诊断的意义与特点
2. 掌握企业文化测量的理论基础
3. 了解西方国家企业常用的测量维度
4. 了解东方国家企业常用的测量维度
5. 掌握企业文化测量量表的设计方法

企业文化作为企业组织的一种特性,它的内涵及影响企业的方式在一定的时期内是可控的。我们知道,企业的每一次变革都会对现有文化产生影响,而现有文化也扮演着阻碍或推动变革的角色。因此,企业文化现状的诊断与测量,是了解、控制、管理甚至改变企业文化的基础工作,也是企业文化建设的一个关键环节。本章将介绍企业文化测量的特征、内容与工具,以及企业文化测量的实施过程。

第一节 企业文化测量的意义与特点

一、企业文化测量的意义

对企业文化进行有效的诊断,首先就要对企业文化进行测量,这是进行一切与企业文化相关的实践与研究的基础。它的意义体现在三个方面:

1. 为企业文化诊断提供工具

企业文化的核心是企业价值观。企业价值观是企业在生产、管理、经营活动中所体现的判别标准和价值取向,它是一种主观性的状态。基于此点,一些学者认为,对某个企业进行文化诊断的最佳方法是实地考察,采用观察、访谈甚至参与企业活动等方式来了解分析该企业的文化内涵和文化状态。不过,这种"质"的诊断方法也存在着周期长、调查面窄(尤其对大企业而言)、不便于比较分析等等不足。进入20世纪90年代,"量"的诊断方法,即采用企业文化量表进行大规模施测的诊断方法逐渐兴起,它与"质"的诊断方法结合使用,既能保证文化诊断的全面性和科学性,又能反映出特定企业环境下的文化个异性,因此受到人们的普遍认可。

事实上,从企业文化研究的发展过程来看,走的是一条理论研究与应用研究相结合,定性研究与定量研究相结合的道路。20世纪80年代中期,在对企业文化的概念和结构进行探讨之后,人们很快便提出用于企业文化测量、诊断和评估的模型,进而开发出一系列量表,从而实现企业文化进行可操作的、定量化的深入诊断,并迅速应用于世界各地的企业。

2. 为企业文化变革提供依据

文化变革可分为两部分。首先,分析现有企业文化,弄清需要改变的方面,然后制定并实施文化变革策略。也就是说,我们先要找出主要的,特别是那些隐蔽的观念、信念、价值观和行为规则,以及由其所造成的那些限制企业发展的行为模式。然后,了解其之所以存在的理由,分析改变现状的成本或期望收益,最后进行企业文化变革。

其次,企业文化的变革是一个漫长而艰苦的过程,其间会遇到公司传统文化及某些利益团体的抵制。企业文化变革成功的关键是企业领导人及中高层管理人员自身观念的转变,自觉自动接受新的企业文化,同时能够有意识地通过自己的行为将企业的核心价值观及原则渗透到企业中去。

要实现这种自觉性,新的企业文化必须既能对原有文化中的优秀因子继承发扬,又能够针对企业面临的新环境突破创新,方能被人们接受。所以,对企业现有文化进行测量,全面调查企业成员的价值观和行为,为企业文化变革提供事实依据,是进行企业文化变革不可或缺的环节。

3. 为企业文化实证研究提供科学工具

企业文化测量的研究一直在试图解决一个问题:"企业文化到底是什么?"二十多年的研究过程中围绕这一问题的争论从来没有停止过。例如,当我们在讨论企业文化时,往往指的是企业内人们所共享的价值观,在西方心理学传统中,过去都习惯于使用"风气"的概念来描述团体或组织成员所共享的信念,并且形成了相应的测量工具。造成当20世纪80年代企业文化风行之时,很多研究者也把组织风气与组织文化的概念混合使用。尽管这两个概念从问题的提出到内涵都不相同,但是由于组织文化测量研究的基础不够完善,使得很多人至今认为企业风气的测量即可替代企业文化的测量。所以,从学术角度来看,企业文化测量的研究,实质上是在为"企业文化"这一属于心理学范畴的构念寻找科学的管理学范畴的解释。

二、企业文化测量的特点

企业文化测量具有几个特征：

1. 客观性

测量的目的在于发现并精确地描述出客观存在的"真实"的企业文化。很多企业有明确的企业文化提法，例如 GE 文化理念"更精简、更迅捷、更自信"，反映了韦尔奇对现代企业的诠释，但这一理念是否真正融入每个员工的行为取向中，是否客观地存在于企业，则可以通过文化测量来得到验证。总之，企业文化测量是从员工认同实践的程度来衡量企业文化特征，而不只是简单地描述某种文化理念的内容。

2. 相对性

任何测量都应具备两个要素，即参照点和单位。参照点系计算的起点，参照点不统一，所代表的意义就不同，测量的结果就无法比较。理想的参照点是绝对零点。单位是测量的基本要求，理想的单位应有确定的意义和相等的价值。但测量企业文化时并不具备这样理想的两个条件，测量时所得到的只是企业成员对企业文化特征的一个描述性序列。企业文化测量就是分析这种描述性序列的特征，然后把它与其他企业文化的平均水平作比较，这种比较一般以类别或等级来表示。

3. 间接性

企业文化是一种内化的企业特性，但它可以通过企业生产经营活动中的各种行为表现出来，所以，企业文化测量是通过测量企业成员的行为特点来间接地得到企业的内在价值观。

4. 个异性

企业文化是一种亚文化，每个企业都有自己特定的历史与外部环境，因此，企业文化具有个异性。测量中对文化个异性的反映深度取决于量表的设计，一个量表的测量维度划分得越细致，越能够反映出企业与众不同的文化细节和文化特征。

三、企业文化测量的范畴

企业文化的测量特征对测量工具的设计提出了具体要求，即企业文化到底测什么？如何测？前一个问题要求给出一个可操作的"企业文化"概念，而后者则要求量表给出一个测量的维度框架，即解决从哪几个维度来测量评价企业文化的问题。

一般认为，根据企业文化的三个层次还不太容易进行测量，因此，还需要针对企业文化的测量来界定一个操作性的企业文化概念,目前应用中比较常见的定义为沙因在1985年提出的:"企业文化应该被视为一个独立而稳定的社会单位的一种特质。如果能够证明人们在解决企业内外部问题的过程中共享许多重要的经验,则可以假设:长久以来,这类共同经验已经使企业成员对周围的世界以及对他们所处的地位有了共同的看法。大量的共同经验将导致一个共同的价值观,而这个共同价值观必须经过足够的时间,才能被视为理所当然而不知不觉。"

这个概念的本质就是企业的共同价值观与基本假设,也就是把企业文化的测量界定在企业的理念层。目前大多数的测量量表都是以企业价值观与基本假设作为测量对象,在10套国际上常用的企业文化测量工具中,有3套测量企业员工行为特征(如FCA量表),其余7套则测量企业价值观与基本假设(如DOCS量表),其中有两套量表测量内容包括价值观和企业管理特征(如VSM94量表)。

第二节 企业文化测量的理论基础

企业文化测量的研究大致可以分为两类:一类是关于不同组织的文化差异的比较研究,著名的如霍夫斯泰德(1991)对丹麦、荷兰的20个不同组织做出的比较研究,这类研究重点在于寻找并分析组织文化在哪些方面会出现显著的差异,从而做出经验性的结论。另一类研究则关注组织文化的本质特征,从组织文化对组织行为的影响机制入手来设计组织文化的度量模型。这需要一个理论框架来支持。下面介绍一些典型的企业文化测量理论。

一、沙因的组织文化理论框架

沙因(Edgar H. Schien)在企业文化领域中,率先提出了关于文化本质的概念,对于文化的构成因素进行了分析,并对文化的形成、文化的认同过程提出了独创的见解。沙因综合前人对文化比较的研究成果,认为组织文化是组织深层的特质,根植于组织一切活动的底部。他把组织文化的本质分成以下5个方面:

(1)自然和人的关系:指组织中人们如何看待组织和环境之间的关系,包括认为是可支配关系还是从属关系,或者是协调关系等。

(2)现实和真实的本质:指组织中对于什么是真实的,什么是现实的,判断它们的标准是什么,如何论证真实和现实,以及真实是否可以被发现等一系列假定。

(3)人性的本质:包含哪些行为是属于人性的,哪些行为是非人性,这一关于人的本质假定及个人与组织之间的关系应该是怎样的等假定。

(4) 人类活动的本质：包含哪些人类行为是正确的，人的行为是主动或被动的，人是由自由意志所支配的还是被命运所支配的，什么是工作，什么是娱乐等一系列假定。

(5) 人际关系的本质：包含什么是权威的基础，权力的正确分配方法是什么，人与人之间关系的应有态势（例如是竞争的或互助的）等假定。

沙因认为，理解以上五大本质有助于解决企业的两大问题：内部管理整合和外部环境适应。所谓内部管理整合，是指为保证企业长期生存和发展，员工、组织、制度之间的协调与管理特征。所谓外部环境适应，是指为求得在外部环境中的生存和发展所表现出的对外部环境的适应特征。他指出企业文化的诊断与变革都要紧紧围绕着两个方面来展开。

二、Quinn&Cameron 的竞争性文化价值模型

竞争价值模型从文化的角度考虑影响企业效率的关键问题。例如，企业中哪些因素影响着效率？企业的效率由哪些因素来体现？人们在判断效率高低时心里有没有明确的判定标准？对此，Quinn 和 Cameron 在前人的研究基础上提出竞争性文化价值模型，认为组织弹性—稳定性、外部导向—内部导向这两个维度能够有效地衡量出企业文化的差异对企业效率的影响（图 4-1）。目前该模型在企业文化测量诊断方面的影响日渐增加。

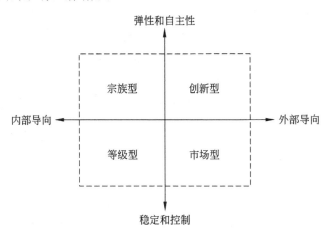

图 4-1　Quinn 和 Cameron 的竞争性文化价值模型

（资料来源：Diagnosing and Changing Organizational Culture: The Competing Values Framework, Kim S. Cameron & Robert E. Quinn, 1998）

竞争性文化价值模型提出：在"组织弹性—稳定性""外部导向—内部导向"2

个维度的基础上可以派生出4个象限：等级型文化、市场型文化、宗族型文化和创新型文化，4类文化的特征如下。

1. 等级型文化：具有规范的、结构化的工作场所以及程序式的工作方式。企业领导在其中扮演协调者、控制者的角色，重视企业的和谐运作。人们更关心企业长远的稳定，尽量避免未来的不确定性，习惯于遵守企业中的各种制度和规范。这类企业著名的有麦当劳、福特汽车等。

2. 市场型文化：所谓市场型，并非以企业与市场的衔接紧密来判定，而是指企业的运作方式和市场一致。这类企业的核心价值观在于强调竞争力和生产率，更关注外部环境的变化，例如供应商、顾客、合作人、授权人、政策制定者、商业联合会等。在该文化环境下，人们时刻以警惕的眼光看待外部环境，认为市场中充满敌意，顾客百般挑剔。企业要在市场中生存，只有依靠不断提升自己的竞争优势。因此，市场型文化中往往有一个明确的发展目标和主动进攻的战略姿态。通用电气、飞利浦等企业即属于这类文化。

3. 宗族型文化：有着共同的目标和价值观，讲究和谐、参与和个性自由，这类企业更像是家庭组织的延伸。宗族型文化的一个基本观点是外部环境能够通过团队的力量来控制，而顾客则是最好的工作伙伴。日本很多企业属于这一类型，它们认为企业存在的重要目的在于提供一个人文的工作环境，而管理的主要内容则只是如何来激发员工的热情，如何为员工提供民主参与的机会。一般而言，这类企业员工的忠诚度较高。

4. 创新型文化：创新型文化是知识经济时代的产物，它在具有高度不确定性、快节奏的外部环境中应运而生。创新型文化的基本观点认为，创新与尝试引领成功。为了明天的竞争优势企业要不断地创造出新思维、新方法和新产品，而管理的主要内容就是推动创新。在这类企业中，项目团队是主要的工作方式，组织结构时刻随着项目的变化而改变。创新型文化主要存在于软件开发、咨询、航空、影视行业中。

第三节 企业文化的测量维度

影响企业文化特征的因素很多，例如民族文化传统因素以及企业所在的地域，甚至企业的类型、规模、生命周期都将产生重要影响。在设计企业文化量表时需要选择能够反映不同企业之间文化差异的关键因素，也就是设计企业文化的测量维度。

测量维度的设计是企业文化量表的精髓所在，我们需要分析从哪些方面来测量、描述和评价企业文化特征。维度的选择一般有3个要求：①能够反映企业文化特征,这是最基本的要求;②能够度量出不同企业之间的文化差别,具有代表性;③维度相互独立,满足统计检验的要求。

从企业文化测量维度的研究过程来看,西方国家的起步较早,而国内及东亚地区的研究近十年来处于刚起步的阶段。由于东西方在民族、地域文化上存在着巨大的差异,这种差异也必然会在各自的企业文化中得到体现(见表4-1)。下面分别介绍东西方企业常用的企业文化测量维度。

表 4-1 东西方企业文化差异比较

项　　目	东方企业文化特征	西方企业文化特征
人性假设	人性本善	人是罪恶的
利益观念	重义轻利,看重声誉和面子	金钱是衡量一切的标准
沟通方式	内在含蓄的	外在直露的
人际交往	被动的接近	主动的接近
教育培训	集中控制	分散活动
信仰	无神论(多神论)	一神论(上帝)
思维方式	综合性(中庸之道)	强调技术和分析手段
目标	群体的协调	个人的发展

一、西方国家企业常用的测量维度

1. 霍夫斯泰德的组织文化测量维度

荷兰人霍夫斯泰德是最早进行企业文化测量维度研究的学者。在对北欧多家企业的实证研究基础上,他得出组织文化的测量维度可以分为三个层次:价值观层、管理行为层和制度层。

(1) 价值观层三维度:
- 职业安全意识
- 对工作的关注
- 对权力的需求

(2) 管理行为层六维度:
- 过程导向—结果导向
- 员工导向—工作导向
- 社区化—专业化

- 开放系统－封闭系统
- 控制松散－控制严密
- 注重实效－注重标准与规范

（3）制度层一维度
- 发展晋升－解雇机制

霍夫斯泰德关于组织文化的测量维度理论源于他早期提出的国家文化理论。在国家文化理论中，他把不同国家之间的文化用"权力的距离""对不确定性的规避""个人主义－集体主义""男性化－女性化""长远－短期思考"五个维度来衡量，这些国家文化维度在他的组织文化测量维度中都有所反映。例如"职业安全意识"维度，指企业员工对工作稳定性的需求状况，即反映了"对不确定的规避""对权力的需求"维度，指企业员工对权威的认同方式，即反映了企业内部"权力的距离"。

在霍夫斯泰德的组织文化测量维度理论基础上发展出来的 VSM94 量表（Value Survey Module 94）在西方企业界已经得到广泛的应用和认同。

2. 丹尼森的组织文化测量维度

丹尼森（Denison）的组织文化维度是对竞争性文化价值模型的进一步拓展。他认为，从"组织弹性—稳定性""外部导向—内部导向"这两个维度出发可以把企业文化的内涵进一步划分为四个模块：人的特性模块、基本价值观模块、环境适应性模块和企业使命模块。具体维度如下：

（1）人的特性模块
- 授权：企业成员进行自主工作的授权状况，它是责任感的源泉。
- 团队导向：依靠团队的力量来实现共同目标的意识。
- 能力开发：企业用于员工技能成长、素质开发上的投入状况。

（2）基本价值观模块
- 核心价值观：企业成员共享的、特有的价值观和信念体系。
- 一致性：企业成员达成一致观念的难易程度，尤其指在遇到冲突时。
- 和谐：企业不同部门之间为共同目标而相互协作的状况。

（3）环境适应模块
- 应变能力：企业对环境变化能够迅速采取变革措施并顺利实现。
- 关注顾客：对顾客兴趣的把握以及对顾客需求的迅速反馈。
- 组织学习：企业从内外部环境中接收、内化、传播知识与经验，并迅速进行创新，创造新知识的能力。

（4）企业使命模块
- 企业愿景：企业所有成员共享的对企业未来发展的看法。它是核心价值观的外化，是企业凝聚人心的重要因素。

- 战略导向/意图：对如何实现企业愿景所进行的战略规划，包括明确的企业战略以及每个成员为实现目标所需付出的努力。
- 企业目标：为实现企业愿景、战略而设定的一系列阶段性目标。

3. 奥赖利和查特曼的组织文化测量维度

奥赖利和查特曼（O'Reilly & Chatman）提出，组织文化测量维度既要能反映组织文化的特性，又要求能够反映出组织成员对组织文化的偏好程度。通过采用 Q-Sorted 的研究方法，他们提出衡量组织文化的 8 个维度。

- 创新维度
- 稳定性维度
- 相互尊重维度
- 结果导向维度
- 注重细节维度
- 团队导向维度
- 进取性维度
- 决策性维度

这里简单介绍一下 Q-Sorted 分类法。奥赖利和查特曼先设计出 54 条组织文化/价值观的陈述，再把这 54 条陈述语句从最符合组织文化特点到最不符合组织文化特点进行不同程度的分类，具体的分类办法是：

$$2 — 4 — 6 — 9 — 12 — 9 — 6 — 4 — 2（共 54 条）$$

最符合　<————————————————>　最不符合

这样通过对组织成员的大规模施测，就能了解人们对组织文化的偏好程度。

二、东方国家企业常用的测量维度

20 世纪 80 年代初，企业文化理论与文化管理理论引入中国。到 90 年代，国内关于组织文化的研究进入了高速发展期，针对企业管理实践的需要，研究者逐渐形成了具有自己特色的文化管理研究体系。然而在企业文化度量的规范性上，现有的研究与西方相比还很落后，国内对于企业文化维度模型尚缺乏充分的创新性研究，尤其是实证方面的创新。因此，对企业文化内涵的深入研究，提供适合中国企业特点的理论框架和测量维度模型显得尤为急切。

中国文化与西方文化存在着基本假设与基本信念上的差别，这点直接影响着中国企业文化的特质。西方学者在解释东亚经济发展的特性时，大多是以儒家伦理为基础，他们认为儒家思想中包含了一套可引发人们努力工作的价值观系统，形成一种良好的工作伦理，进而提升生产力，促进整个社会经济的快速发展。Kahn

的后儒家学说,就指出儒家文化有以下四种特质:(1)家庭中的社会化方式促成个体的沉着节制、努力学习,并重视工作、家庭与责任;(2)具有团体协作的倾向;(3)阶层意识,认为等级的存在理所当然;(4)人际关系具有互补性。

所以,目前可以看到的具有东方文化特征的企业文化测量维度大多是儒家思想与现代企业管理思想的结晶。常用的维度包括:

1. 领导风格

指企业中上级指挥、监督、协调、管理下属的方式。在儒家文化中,领导代表着权威,命令、控制与协调是领导的主要特征,其内涵与西方的领导理论有着很大的差异。是"领导者"还是"管理者"?这一基本假设将对企业文化产生重要影响。

2. 能力绩效导向

能力导向就是能者得其职,通过职位向内外开放和职位竞争,使得有能力的人走向关键职位和核心职位。当然,有能力的人并不意味着他的潜在的工作能力就会自动转化为工作业绩。工作业绩导向,即薪酬制度的设计、激励制度的构建,要和个人的工作业绩考核挂钩。只有建立一个基于能力和工作绩效为导向的激励制度,才可能真正形成强大的工作动力,推动组织整体发展战略目标的实现。

3. 人际和谐

讲究和谐的人际关系是东方国家企业文化的一个重要特征。"家和万事兴",道出人际关系在人们工作中的重要作用。个人与个人、个人与群体、群体与群体都需要传递和交流情感、思想、信息,和谐的人际关系是成功的关键。但现实生活中人与人之间的沟通往往会有障碍,而一旦逾越这条鸿沟,人们工作效率和竞争力都会大大提高。

4. 科学求真

讲求科学求真的精神指不做表面文章,实事求是。在工作中尽量相信统计数据,运用科学方法,强调数据与量化分析,通过系统实证的方式来达到一种客观的标准。而不仅仅依靠直觉来进行判断。一般来讲,在工程师文化的企业中,往往会凸显出这种科学求真的价值观。

5. 凝聚力

企业的凝聚力是衡量企业成员为实现企业目标而相互合作的程度,它是企业成员对企业表现出来的向心力。企业凝聚力的大小反映了企业成员相互作用力的大小。凝聚力越强,企业成员之间的关系越融洽,企业的整体目标和成员的个体目标越容易实现。加强企业成员的沟通、树立共同的理想以及恰当的激励机制对增强企业凝聚力来讲至关重要。企业凝聚力是企业文化建设成功与否的一个重要标志。

6. 正直诚信

正直诚信是企业中一项重要的品质。不徇私舞弊,不靠关系走后门,任人唯贤,重视培养正直诚信的风气。在这种文化中,强调服务与奉献,人们相互尊重,信守诺言,法必信,言必行。在这种价值观影响下,企业会有诚实纳税、不拿回扣、不送礼、不搞小团体等行为特点,也会有严密的组织检查机构。

7. 顾客导向

顾客导向是重要的营销理念,但它贯穿整个企业的生产、运营、管理等各个方面。这种企业非常强调顾客的兴趣和观点,企业的环境分析、市场研究、经营决策、战略战术、生产制造、销售和服务都以顾客作为出发点,从而建立围绕顾客的业务体系。

8. 卓越创新

追求卓越、开拓创新的精神日益得到社会的倡导。在企业中具有首创精神的员工也越来越受到任用。在这种价值观影响下,员工有强烈的自我超越的意识和求胜意识,在工作中积极负责,自我要求严格,以期望达到一流的业绩标准。而企业则扮演着为员工提供相互竞争、不断成长的舞台角色,坚持优胜劣汰,不断改善精益求精,从而使得产品技术不断创新,始终领先。这种价值观在高科技企业中尤为常见。

9. 组织学习

组织学习是一个持续的过程,是组织通过各种途径和方式,不断地获取知识、在组织内传递知识并创造出新知识,以增强组织自身能力,带来行为或绩效的改善的过程。学习能力的强弱决定了企业在经营活动中所增值的知识的大小。创建学习型企业是一项系统工程,它至少由四部分构成:观念、组织学习机制、组织学习促进与保障机制以及行动。学习型文化对于保持企业活力和可持续发展来讲是必不可少的。

10. 使命与战略

企业使命,或者说是企业宗旨,指企业现在与将来从事哪些事业活动,以及应该成为什么性质和类型的企业。而战略指对如何实现企业愿景所进行的战略规划,包括明确的企业战略以及每个成员为实现目标所需付出的努力。企业使命奠定了企业文化的基调,而企业战略目标的制定则必须充分考虑企业文化的支持性。

11. 团队精神

一个好的企业,首先应是一个团队。一个团队要有鲜明的团队精神。企业的发展以及个人的自我价值实现,都有赖于人们之间的相互协作。一群人同心协力,集合团队的脑力,共同创造一项事业,其产生的群体智慧将远远高于个人智慧,如果没有人们在企业运行过程中的相互协作,没有团队精神,企业就不可能高效益发展,从而也就不会有企业中每个人的自我价值的实现,所以协作与团队精神是企业文化的重要基本点。

12. 发展意识

发展意识指人们对企业未来发展前景的认识和态度。员工的发展意识是企业前进的原动力。与发展意识紧密相连的是危机感。在市场竞争中,必须让员工清楚企业所面临的机遇和挑战,企业自身的优势和不足,从而激发员工的危机感和紧迫感,使人们自动自觉地思考企业未来的发展问题,永远前进,永不满足。

13. 社会责任

企业的社会责任,是指企业在谋求自身利益的同时,必须采取保护和增加社会利益的行为。企业作为社会物质生产的主要部门和物质文化的创造者,担负着为社会公众提供物质产品和服务的责任,它通过营利来繁荣社会的物质生活,这是企业不可推卸的责任。企业对社会负责与否,直接影响到声誉和企业形象。为了利润最大化而放弃自己的社会责任或做出损害社会利益的行为都只能导致企业失去公众的信任和支持。履行企业的社会责任,协调企业的社会责任与经济责任之间的关系,是企业文化的一条重要内容。

14. 文化认同

文化认同指企业文化所提倡的价值观、行为规范、标识在员工中得到认同的程度。员工一旦认同了企业文化,将自觉地通过自己的行为来维系这种文化,从而使管理由一种强制性的制度约束变成非强制性的文化导向。所以,企业文化建设强调的是"认同",只有形成了企业所有员工的共同价值观才能形成企业文化。从这一意义上讲,企业文化的核心就在于"认同"。

第四节 企业文化测量量表的设计

经过企业文化测量维度设计之后,即可编制测量表。量表是一种简单快捷的获取信息的方法。测量人员把标准化量表发给员工,员工通过填写问卷来描述其工作环境中的价值观、基本假设、行为方式、组织承诺等方面的信息。

一般来讲,企业文化量表包括两种形式的问题,一种是采用标准化李克特量表形式,针对各个维度设计价值观及管理行为特点方面的条目,让测试对象按企业实际情况的符合程度进行打分评价。另一种是提一些简单的开放性的问题让员工进行回答,例如"请描述你所在团队的最提倡/反对的行为"之类的问题。这两种不同的提问方式所获取的信息重点不尽相同,它们有各自的优点和缺点。在实际运用中,有效量表都是由这两类问题有机组合而成。

量表的设计首先要根据企业的特点,建立相应的测量维度,再针对各个测量维度编制测量题目。在编制题目的过程中,需要注意几点:

(1) 编制题目时既要参考管理专家现有的资料,又要听取企业相关工作者的建议,以便编写出最能反映企业文化本质特征的题目。

(2) 每个维度的测量题目在 6~8 个,数量太少难以反映该维度的特征,而数量太多则容易发生内涵重叠的情况,难以通过统计检验。

(3) 题目的表达务求准确、直白,避免使用容易引起思考混乱和理解歧义的词语和句型,也应该尽量避免使用生僻的专业词汇。当调查对象的文化水平不高时,应该力求使用最简单的表达方式。

(4) 开放式问题不宜太多,要选取最具代表性的问题。

例如下面一份企业文化量表样本。

蓝天电子设备公司企业文化量表
××××年××月

一、**基本情况**(请在您认为合适的选项前画"√")

1. 性别:A. 男　　　B. 女
2. 年龄:A. 20~25 岁　　B. 25~30 岁　　C. 30~35 岁　　D. 35~45 岁
　　　E. 45 岁以上
3. 文化程度:A. 高中以下　　B. 高中或中专　　C. 大专　　D. 本科
　　　　　　E. 研究生及研究生以上学历
4. 工作类别:A. 营销人员　　B. 研发人员　　C. 一般管理人员
　　　　　　D. 财务人员　　E. 后勤服务人员　　F. 生产人员
5. 在公司的时间:A. 1~2 年　　B. 3~5 年　　C. 6~10 年
　　　　　　　　D. 11~15 年　　E. 15 年以上
6. 专业技术职称:A. 高级　　B. 中级　　C. 初级　　D. 其他

二、**请回答下列各项问题。**(每个问题都反映出你所在的组织的某种状况的真实程度)

	问 题	极不同意	不同意	有点同意	同意	非常同意
1	公司鼓励员工创新发明,并给予适当的支持与奖励。	1	2	3	4	5
2	在公司里,团队合作的意识强,人们相互之间能够理解支持。	1	2	3	4	5
3	在公司里,人们对自己的工作都高度负责。	1	2	3	4	5
4	在公司里,个人或团队有权根据需要修改他们的目标。	1	2	3	4	5
5	在公司里,不同部门之间的交流充分,彼此协作。	1	2	3	4	5
6	在公司里,员工素质的开发被视为企业竞争力的重要内容。	1	2	3	4	5
7	在公司里,员工一视同仁,相互平等,相互尊重。	1	2	3	4	5
8	在公司里,收入差距能够很好地反映出业绩水平的高低。	1	2	3	4	5
9	在公司里,鼓励员工把顾客的观点融入工作决策中。	1	2	3	4	5
10	在公司里,人们重视权威,遵从权威人物的领导。	1	2	3	4	5
11	在公司里,人们重视人情关系,甚至不惜破坏制度。	1	2	3	4	5
12	在公司里,人们重视对历史传统的维护。	1	2	3	4	5
13	在公司里,具有冒险精神的员工能够得到上司的赏识。	1	2	3	4	5
14	在公司里,强调客观标准,习惯用数据和事实说话。	1	2	3	4	5
15	在公司里,赏罚公正公平,很少有幕后操作现象。	1	2	3	4	5
16	在公司里,制度规范建设完善,人们习惯按照制度办事。	1	2	3	4	5
17	在公司里,以市场需求为导向的观念深入人心。	1	2	3	4	5
18	在公司里,人们认为长远的成功比短期行为更重要。	1	2	3	4	5
19	在公司里,人们相信"行胜于言",反对浮夸和表面文章。	1	2	3	4	5
20	在公司里,上级能充分考虑下属的观点和建议。	1	2	3	4	5

续表

	问　　题	极不同意	不同意	有点同意	同意	非常同意
21	在公司里,人们重视和谐的人际关系建设,抵制小帮派。	1	2	3	4	5
22	在公司里,人们认为顾客满意是产品和服务的最终评价标准。	1	2	3	4	5
23	在公司里,与个人品德相比,工作能力是人们最看重的因素。	1	2	3	4	5
24	在公司里,无视企业共同价值观的行为将会受到指责。	1	2	3	4	5
25	在公司里,发生工作冲突时人们会去寻找双赢的解决方案。	1	2	3	4	5
26	在公司里,鼓励员工从自身及他人的经验教训中学习。	1	2	3	4	5
27	在公司里,企业精神和宗旨深入人心,并变成员工的行动。	1	2	3	4	5
28	在公司里,人们清楚企业未来的发展前景,充满信心。	1	2	3	4	5
29	在公司里,领导者能够率先示范,积极倡导企业精神和宗旨。	1	2	3	4	5
30	在追求利润的同时,公司重视自己的社会责任和企业形象。	1	2	3	4	5
31	在公司里,人们把学习作为日常工作的一项重要内容。	1	2	3	4	5
32	在公司里,鼓励员工从全局和整体的角度考虑问题。	1	2	3	4	5

三、请简要回答下面三个问题。

1. 您认为在公司里,人们最提倡的观念和行为有哪些?

2. 您认为在公司里,人们最反感的观念和行为有哪些?

3. 您认为公司在管理中存在哪些弊病？请谈谈您的改进建议。

本章小结

企业文化测量的重点是企业共同价值观与基本假设，此外也包括企业的管理行为和制度特征，它具有客观性、相对性、间接性、个异性等特点。企业文化测量的核心是编制企业文化量表。为此，先要构建企业文化测量的理论框架，在此基础上设计适合企业特色的测量维度，然后针对各个维度编制测量题目。量表的表达力求准确、简单、直白，避免采用生僻词汇和复杂句型。企业文化测量是进行企业文化建设的基础性工作，也是进行一切与企业文化相关的实践与研究之基础。本章应重点掌握企业文化测量的内容、测量理论基础、相关维度以及量表的设计等方面内容。

复习题

1. 为什么把企业共同价值观和基本假设作为企业文化测量的主要内容？
2. 西方企业常用的测量维度的特点有哪些？
3. 沙因的组织文化理论框架是什么？
4. 奎因的竞争性文化价值模型是什么？应如何利用？
5. 适宜我国企业进行企业文化测量的维度有哪些？
6. 企业文化量表的设计需要注意哪些问题？
7. 您能够如何测量您所在企业的企业文化？

思考题

1. 如果让你来设计企业文化测量量表，你会设计哪些主要维度？
2. 谈谈你对企业文化的可测量性是如何看待的。

案例分析　东方能源公司企业文化测量

东方能源公司是一家大型的集能源、化工、贸易、工程技术为一体的综合性工业集团公司。1998年起，集团公司内部进行大规模资产重组和改制上市，经过分开、分离、分流和分离，2000年成立股份有限公司，并于年底实现股票在香港上市。由于集团公司生存条件发生巨大的变化，企业内外部环境日趋复杂，竞争日益激烈，不确定性因素增多，企业领导层决定实施一系列变革措施，其中一项重要内容为企业文化变革。为此，公司责成企业文化部在近期内提交一份企业文化变革实施建议书。

部长杨卓在东方能源公司工作已近20余年,对公司几十年来的发展了如指掌,他深信此次的企业文化变革是适应集团公司发展战略之必须。"我们首先要对集团公司现有的文化材料进行盘点,然后再决定需要干什么。"杨卓的脑海里渐渐形成了一个计划。

1. 东方能源公司企业文化的宏观描述

东方能源公司在中华人民共和国成立伊始,白手起家,克服一个个困难,几乎用"手拉肩扛",为我国实现能源自给立下卓著功勋,形成了光荣的企业传统和丰富的文化内涵。主要有

(1) 形成了"艰苦奋斗,爱国创业"的八字企业精神;

(2) 涌现出许多在全国产生巨大影响的英雄人物和先进集体;

(3) 形成了独特的"五过硬"企业作风和"有红旗就扛,有排头就站"的进取意识;

(4) 形成了"一切为了祖国富强"的共同理想和人生价值观;

(5) 拥有良好的业绩形象和实力形象,曾经荣获权威杂志"年度最佳交易股票""中国最佳新上市公司"等荣誉。

2. 所处行业文化特征描述

能源行业几十年的文化底蕴对东方能源公司的影响深刻。首先,能源行业所体现出的民族文化特征明显:"以仁化人,以道教人,以德立人",重视思想教育,重人伦;"天人合一",讲伦理道德,强调整体意识和大局观;"重义轻利",社会责任感强,有强烈的为国争光、为民族争气、自立自强的进取意识。其次,能源行业中的准军事化作风影响:使命感强,纪律严明,崇尚艰苦奋斗、集体主义的精神。最后,由于整个能源行业也受到改革体制、转换机制的大环境影响,带有深刻的时代精神烙印,商品经济意识、灵活经营意识、市场竞争意识和效益意识正在复苏,呈现出价值观多元化的倾向。总而言之,整个行业中民主意识与家长制观念并存,个性发展与大一统观念并存,创新、竞争意识与中庸保守之道并存,改革开放意识与封闭保守意识并存,法制观念与人治现象并存,效率观念与平均主义思想并存,现代经济利益与重义轻利的思想并存,企业家精神与重仕轻商观念并存。

3. 东方能源公司企业文化测量

为了更全面深入地了解集团公司的企业文化状况,杨卓专门组织一次企业文化问卷调查,共发出问卷1000份,回收有效问卷961份,样本覆盖了集团公司所属能源生产、加工、运输、销售、科研、事业等各类企业17家,调查对象包括工人(35%)、各级管理干部(35%)、科研人员(20%)、后勤、事业、服务人员(10%)。问卷采用标准化问题与开放式问题相结合的办法,设计单选题33道,多选题9道,开

放式问答3道。整个调查问卷的结构如下：
- 企业员工对企业文化更新的需求；
- 员工对企业形象的认同；
- 企业理念需要更新的内容；
- 企业理念的宣传；
- 员工对企业理念的认可；
- 员工对企业的忠诚度；
- 员工对企业改进的期望；
- 企业的制度制定与执行状况；
- 员工对企业的信心；
- 员工积极主动性的发挥状况；
- 员工培训与素质提高状况；
- 企业民主管理与民主参与状况；
- 决策与协调状况；
- 企业创新意识；
- 组织风气状况；
- 企业文化建设状况。

以下为调查问卷当中的一些题目：

■ 您认为本单位的企业民主作风、民主管理的工作：1.很好；2.良好；3.一般；4.较差

■ 您认同下面哪些观点？（多选题）
（1）成本控制是企业成功的关键；
（2）培养国际化视野是走向世界的前提；
（3）诚实守信是企业经营之本；
（4）学习与创新是应对入世后国际竞争环境的根本手段。

■ 您认为现有的企业精神哪些需要继承下来并进一步发扬？（开放式问题）

4. 东方能源公司企业文化测量结果分析

所有的问卷结果都采用百分数的方式进行分析。例如："您认为当前制约东方能源公司经济效益提高的主要原因是：1.管理理念落后；2.体制机制僵化；3.发展战略不明确；4.人才流失严重。"

结果显示为：

管理理念落后	体制机制僵化	发展战略不明	人才流失严重
48.6%	19.5%	11.8%	20.1%

经过分析,杨卓认为,他已经初步得到了东方能源公司企业文化的大致特征:

(1) 文化变革优势
- 有着优良的文化传统,企业精神至今影响深刻;
- 员工对企业的忠诚度高,士气高昂,凝聚力强,关注企业发展;
- 组织风气正,先锋模范作用明显,民主作风、民族管理状况较好,制度执行比较彻底;
- 员工思想素质高,自律意识强,积极上进;
- 员工愿意从事创造性工作;
- 员工有更新理念的意识和需要;
- 企业正在处于转型期,有利于人们做好文化变革的心理准备。

(2) 文化变革劣势
- 企业形象、标志的认同感差;
- 员工对企业以人为本、规范管理方面并不满意,对福利待遇不满;
- 企业理念相对落后,时代感不足,市场意识、效率意识、质量意识、创新意识不足;
- 存在粗放管理、成本过高的现象;
- 员工积极主动性没有得到充分发挥;
- 企业战略和经营理念的沟通不够;
- 存在企业文化与企业管理机制的冲突。

至此,杨卓长长地吐了口气,明天终于可以动手写集团公司企业文化变革建议书了。

讨论题:

1. 作为一个传统大型国有企业,你认为应该从哪些维度来分析东方能源公司的企业文化?你认为杨卓的测量维度和测量题目的设计合理吗?

2. 如果你是东方能源公司企业文化部成员,你会就企业文化测量这项工作对部长杨卓提出哪些建议?

第五章　企业文化设计

1. 掌握企业文化设计原则
2. 掌握企业文化设计的三个关键环节
3. 掌握企业文化理念层各要素的设计方法
4. 掌握企业文化制度行为层设计的主要内容及方法
5. 掌握企业标识、旗帜、歌曲、活动等符号层内容的设计方法

企业要增强竞争力,就必须树立适应企业发展的理念,必须从企业文化的诊断入手。通过企业文化诊断,了解了企业的文化现状,结合对企业内外环境和企业战略的分析,就可以开展企业文化的设计。

第一节　企业文化的设计原则

在企业文化的设计过程中应遵循以下的指导原则。

一、历史性原则

企业文化不能割断历史,因为文化需要沉淀,没有沉淀就没有厚度。企业文化离不开宏观的文化传统,也无法与企业的历史相割裂。企业文化的设计、完善过程,就是不断地对企业的历史进行回顾的过程,从企业的历史中寻找员工和企业的优秀传统,并在新的环境下予以继承和发扬,形成企业特有的醇厚的文化底蕴。

每个企业都有其特定的发展经历,会形成企业自身的许多优良传统,这些无形的理念已经在员工的心目中沉淀下来,影响着平时的各项工作。应该看到,一些优秀文化传统对企业现在和未来发展都具有积极的作用。因此,我们提炼企业文化时必须尊重企业历史,尊重企业传统。

二、社会性原则

企业生存在社会环境之中,企业与社会的关系是"鱼水关系",坚持企业文化的社会性原则,对企业生存和发展都会是有利的。但这不等于说,企业放弃"以我为主"的思想,去迎合公众。企业的经营活动应确立"顾客第一"的思想,同时,还要体现服务社会的理念,树立良好公众形象,顺应社会历史大潮,才能永续发展。

企业存在的社会价值,就在于它能够为社会提供产品和服务,满足人们对物质生活和精神生活的需要。松下幸之助提出"自来水哲学",要生产像自来水一样物美价廉的产品,充分体现出企业家对社会责任的认识。韩国三星的掌门人李秉哲说:"从一开始就只把赚钱作为目标是不能成就事业的,于世有益的必要事业,必然会繁荣兴旺,事业繁荣兴旺起来,钱自然就会赚到手。"

企业文化从根本意义上说是一种经营管理文化,优秀的企业文化具有导向性,可以指导员工的行为。把社会性原则放入企业文化设计原则之中,就会促使企业自觉地完成自己的社会使命,从而获得社会的认同和回报。

三、个异性原则

企业文化的活力在于鲜明的个性。企业文化设计的大忌是雷同,即与其他的企业相比似曾相识。众所周知,企业文化具有路径依赖性。每个企业的组织形式、行为习惯、精神风貌、价值取向等许多方面,都会不同于其他企业。在企业文化的设计过程中,既要借鉴、吸收其他企业文化的成功经验,更要坚持企业自身的独特性,才不至于落入窠臼。

企业文化建设要突出本企业的特色,要能体现企业的行业特点、地域特点、历史特点、人员特点等方面。要让员工感到本企业的文化具有独特魅力,既与众不同又倍感亲切。这就要求企业文化设计绝对不能照搬,提炼出的语言也要切忌平淡而缺乏个性。

四、一致性原则

企业文化是一个庞大、完整的体系,企业文化的理念层、制度行为层、符号层要体现一致的价值追求和经营管理理念,三个层次要共同为企业的发展战略服务。企业文化的理念层包含着企业的最高目标和核心价值观,而制度行为层是使最高目标、核心价值观得到贯彻实施的有力保证。不符合最高目标和核心价值观的制度和行为将阻碍企业文化的发展。

企业文化的一致性表现在企业目标、思想、观念的统一上,只有在一致的企业文化指导下,才能产生强大的凝聚力。文化的统一是企业灵魂的统一,是企业成为一个整体的根本。其中最为核心的问题是企业文化与企业战略要保持一致,企业理念与制度行为保持一致。当然,企业的符号层应能体现出企业独有的理念与制度的需要,使企业的外在形象与内在追求相统一。

五、前瞻性原则

企业文化不是一成不变的东西,它是随时代而发展的,所以对企业文化的真正重视,就必须要求企业能够顺应时代的要求,不断调整、更新企业文化,企业文化不但需要建设,还需要不断完善,想方设法破除旧的、跟不上时代的文化,建设新型的企业文化。企业的竞争是综合实力持续而激烈的竞争,企业必须站得高、看得远,企业文化的设计要有更深邃的目光,更长远的考虑,而不仅仅盯着眼前的利益。

企业要不断发展,必须面向未来、面向新的挑战,而企业文化又是指导企业发展的重要因素,因此,注重企业文化设计的前瞻性,无疑会对企业有益。企业文化设计要着眼于面向未来,提出先进的、适应时代潮流的文化建设方向,才能对企业的发展起到指引作用,对员工队伍的建设起到牵引作用。

六、可操作性原则

企业文化不是给外人看的,而是重在解决企业存在的问题。建设企业文化的过程,就是企业发现自身问题、解决自身问题的过程。企业文化建设形成的成果要起到提升企业经营效率、凝聚员工的作用,从而引导员工的前进方向、约束员工的工作行为,实现企业的战略目标。因此,企业文化的设计必须充分考虑可操作性,不可操作的企业文化顶多是一个空中楼阁,对企业经营管理毫无促进作用。

企业文化建设必须渗透到企业的生产、经营的各个领域,为企业提升核心竞争力服务。因而在提炼企业文化时,确保从现实出发,又略高于现实,必须强调文化的实用性和可操作性,通俗易记,实际可行,对各种业务工作有实际的指导和促进作用。要使企业文化建设成为日常管理工作的基础工作,而不能搞花架子和空洞口号,成为无法实施的条文。

第二节 企业文化设计的关键环节

一、对传统文化的扬弃

企业文化是一种亚文化,它生长在宏观文化的土壤里。各个国家和民族的传统文化是宏观文化的重要组成部分。设计企业文化,就应该深刻地认识其所在地传统文化的性质和特点。

中国的传统文化,具有5000年的悠久历史和丰富多彩的内涵。作为东方文明的重要发端,中华文明不仅哺育了中华民族、大和民族、高丽民族等占世界人口1/4强的黄种人,而且对整个人类文明产生了深远的影响,成为人类文明宝库的重要组成部分。正确地对其进行剖析、评价,对于建设有中国特色的优秀企业文化不仅有益,而且是必要的。

中国民族文化的内涵极其丰富,但是,我们认为,其中对我国企业文化建设有积极意义的主要是以下几种传统观念:

1. 入世精神

所谓入世精神,就是积极地关心社会现实的人生态度。中国的传统文化,是积极入世的。作为中国主导文化的儒家思想,不论是先秦的孔孟之道,还是两汉以后的儒学,乃至程朱理学,其主旨都是经世致用、教民化俗、兴邦治国。其主要信条,如"内圣外王""修身、齐家、治国、平天下""正德、利用、厚生""要言妙道不离人伦日物"等所宣扬的都是这种思想。儒家思想的基本精神要求将内在的修养外化为积极的事功;道家文化,看似玄虚奥妙、消极遁世,而其实质却是注重积聚自身的力量,最终实现"以柔克刚""以弱胜强""以少胜多""以后争先"的目的,以"不争"作为"争"的手段,"无为"的背后是"无不为";至于法家文化,奖励耕战,富国强兵,厉行法治,德刑并用,强调积极地治理社会,大胆地追求功利,具有更明显的现实精神。总之,以儒、道、法三家为主体的中国"黄色文明"的传统,其精髓是积极的入世精神,正是这种积极的人生态度,几千年来激励着中华民族在艰苦的环境中,创造了灿烂的古代文化,锤炼出自尊自强的民族精神。

这种精神极大地影响着我国的企业文化,从20世纪50年代的"孟泰精神",60年代的"铁人精神",80年代的"二汽精神"(艰苦创业的拼搏精神,坚持改革的创新精神,永攀高峰的竞争精神,顾全大局的主人翁精神),到90年代的"海尔精神"(敬业报国,追求卓越)等,都贯穿着一条主线——不怨天,不尤人,发愤图强,艰苦创业,勇攀高峰,无所畏惧。它构成了我国企业文化拼搏向上的基调。

2. 伦理中心

中国的古代社会,在意识形态上是一个以伦理为中心的社会。从春秋战国时期开始,孔子便提出了以"仁"为核心的思想体系。他说,"克己复礼为仁"。这里的"礼",便是君君、臣臣、父父、子子的等级秩序。"礼"作为宗法等级制度,具有外加的强制性;而"仁"的学说,则是要把"礼"的约束建立在道德教育的基础之上。到了后来,则演变成"三纲五常",即君为臣纲、父为子纲、夫为妻纲,以及仁、义、礼、智、信五德。"忠"和"孝"是维护"礼"的最重要的道德标准,而其特点则是服从。这种为封建等级制度服务的伦理道德,严重地束缚、压制个人的主动性,泯灭了人们的平等意识,其消极影响至今犹在。在企业中,这种封建伦理道德的表现是,各级管理干部与职工之间,随着在管理组织系统"金字塔"上位置的不同而产生的等级观念及其副产品——上对下的专横傲慢,下对上的盲从讨好。这成为我国企业文化建设的消极因素。

然而,这种伦理中心主义的传统,又有其合理的方面,即重视维系人际关系的伦理纽带,有利于社会关系的稳定与和谐。它要求人们把自己看作家庭、社会的一员,并且时刻意识到自己在其中的责任;它把个人、家庭和国家的命运较为紧密地联系起来,使爱国主义和民族的整体感有了坚实的基础,有助于中华民族凝聚力的加强,成为树立社会责任感、提高民族凝聚力、发扬民族精神、促进社会稳定、建设优良企业文化的有力思想武器。鞍山钢铁公司的企业传统和企业品格是这样表述的:"对祖国的无限热爱,对社会主义事业的坚定信念;爱厂如家,忠于职守,把个人命运同企业兴衰连在一起的主人翁思想;为国争光,拼争第一,开拓创新,勇攀高峰的进取精神;识大体、顾大局、同心同德、团结协作的高尚风格……"长城钢厂的企业道德要求"为人民服务,尽社会责任,做四有'职工,当'五爱'公民"。这是中华民族重视伦理的道德传统在社会主义企业中的突出表现,也是我国企业文化中的优势文化。

3. 先义后利

重义轻利的义利观,是中国几千年的传统观念之一。孔子说:"君子喻于义,小人喻于利",孟子进一步主张"仁义而已矣,何必曰利",董仲舒则提出"仁人者,正其谊不谋其利,明其道不计其功"。这种耻于讲利的"义"有一定的虚伪性,是为维持封建统治服务的,而且也成为阻碍中国资本主义萌芽的思想束缚。

重义轻利的义利观,也有其积极的一面。它提倡在物质利益面前要"克己""寡欲""见利思义,义而后取";它鄙弃"嗟来之食",不取"不义之财"。这种"先义后利"的主张,有其积极的社会意义。特别是在今天,若将义的内涵更新为社会主义的道德规范,便值得大力提倡。当前,有些企业利欲熏心,卖假酒、假药,制作假商标、假广告,兜售黄色书刊、淫秽录像带,倒买倒卖,走私贩私,行贿舞弊,干出一系列违法乱纪、损害群众利益的事。为了消除这种见利忘义的腐败现象,除了严肃法纪外,在全社会,特别是在工业企业、商业企业、旅游企业中,大力提倡"先义后利"的义利观,"以义取利"的经营思想,引导干部和职工树立比金钱更高尚的追求,也是十分必要的。同仁堂的"同修仁德,济世养生",四通公司的"高效率、高效益、高境界",就是很好的例子。

4．中庸之道

中庸是中国民族文化中一个十分重要、独具特色的观念。孔子说:"中庸之为德也,其至矣乎!"(《论语·雍也》)可见,儒家把中庸看作最高的道德。什么叫中庸?孔子并没给中庸一词下过精确的定义。汉朝郑玄这样注释《中庸》的题义:"名曰中庸者,以其记中和之为用也。"朱熹说:"中者不偏不倚,无过不及之名,庸,平常也。"现代有学者研究认为:孔子的中庸,是对矛盾两极均为"非"的事物的三分法,即此类矛盾发展有三种可能:过、中、不及,在这三种可能中,人们应该取"中"。所谓中庸,就是要经常地坚持常理、常规、理想状态、度。

我们认为,中庸之道有两重性:一方面,它反对过与不及,不走极端,重视和谐,有辩证法的因素;另一方面,它忽视对立面的斗争,主张维持现状,否定变革,因而又是反辩证法的。对中庸之道,不能做简单的否定或肯定。在管理矛盾中,有的矛盾,其对立双方中的一方为"是",另一方为"非",对此,应该是非鲜明、坚持真理;有的矛盾,则对立双方均为"非"或不完全"是",对此,就不能简单地肯定一方而否定另一方了,必须把双方协调起来,这就用到了"中庸之道"。后一类矛盾在现代管理中是十分常见的,如学习外国经验与坚持中国传统、物质激励与精神激励、赏与罚、严格管理与宽松管理等。因而,把握中庸之道的思想实质,对于体现管理的艺术性、建设优秀的企业文化是必不可少的。

中庸之道的积极一面还体现在群体观、社会观上,这就是与其相通的"和"的观念。但是,由于反对变革和更新,中庸之道在人们的思想上、在现实中也造成了极大的消极影响,这突出表现在维护旧制、反对变革上。作为一股巨大的历史惰力,它几乎成为世代相传的心理定势。"祖宗之法不可变""先王之制不可变""三年无改于父之道"等等,被视为亘古不变的真理。这种因循守旧思想,今天仍然是改革所遇到的最大的心理障碍。任何改革措施的出台,总会遇到强大的抵抗。"没有先例""风险太大",常常成为拒绝改革的借口;"宁稳勿乱""不为人先",常常成为徘徊观望的理由。视传统为当然,视变革为歧途,这种心态一天不改变,中国的改革便一天难推进。

5．重视名节

与重义轻利密切相关的中国民族文化的另一个特点是重视名节,重视精神需要的满足。孟子有一段名言:"生亦我所欲也,义亦我所欲也,二者不可得兼,舍身而取义者也。生亦我所欲,所欲有甚于生者,故不为苟得也;死亦我所恶,所恶有甚于死者,故患有所不避也。"在中华民族的传统文化中,民族、国家的尊严和荣辱,个人的人格、信念和操守,被看得重于一切。这种思想,凝铸成中华民族的浩然正气。"人生自古谁无死,留取丹心照汗青",文天祥的《正气歌》和他为国捐躯、视死如归的伟大精神,正是我们民族精神的写照。

这种民族精神,在日常生活中表现为珍惜荣誉、崇尚气节、讲究廉耻、高度自尊。时穷节乃见,在危难的关头,就表现为崇高的气节。"富贵不能淫,贫贱不能移,威武不能屈""士可杀不可辱",为了捍卫自己的信念、节操和名誉,为了维护民族和国家的尊严,敢于蔑视强暴,甘愿忍受贫苦,甚至不惜牺牲自己的生命。今天,我们只要去掉其中封建思想的糟粕,把自尊、自爱、自强、重视名节的精神,建立在社会主义意识形态的基础之上,就会形成有利的心理环境。东方通信公司的企业精神为"超越自我,兴业报国",就有力地激发出员工的爱国之情。

重视名节向坏的方向发展,就是追求虚荣、大讲排场、死要面子。这种贪图虚名、奢侈浪费的不良习气,在当今仍存在着。有些企业,文过饰非,报喜不报忧,甚至花钱买荣誉,而不在实干上下功夫;有些企业,亏损严重,但在与上级主管部门或"关系户"打交道时,为了争本企业的面子,或者为了给对方面子,照样大摆宴席,花公款如流水。这种恶性的企业风气,势必腐蚀企业的肌体,甚至把企业推向破产倒闭的边缘。

6. 勤俭传统

勤劳节俭是中华民族的传统美德。黄河,狂暴的河;黄土,贫瘠的土。在如此严酷的自然环境里孕育的中华民族,依靠自己的勤劳和节俭,争生存、求发展。自古以来,我们民族就以勤俭为大德、奢侈为大恶,主张"克勤于邦,克俭于家"(《尚书》)。唐代诗人李商隐在《咏史》诗中道:"历览前贤国与家,成由勤俭败由奢。"这种克勤克俭的传统,在社会主义时代,得到了最充分的弘扬,发展为艰苦创业的民族精神。勤劳节俭、艰苦奋斗精神,在鞍钢、大庆、一汽、二汽、首钢、攀钢等大型骨干企业的企业文化中,一直占有十分重要的地位。

近几年,一些企业丢掉了艰苦奋斗的传统,在生产经营上不千方百计地顽强拼搏,却热衷于倒买倒卖、发不义之财,并且大吃大喝、公费旅游、住高级宾馆、坐豪华轿车……这种奢侈之风成为企业和社会的一种公害。在这种情况下,迫切需要恢复和发掘勤劳节俭、艰苦奋斗的企业文化传统。近年来,许多企业正式认定"勤奋""俭朴""艰苦奋斗""艰苦创业"为企业文化的主要内容,大兴艰苦奋斗、艰苦创业之风,是十分明智的选择。

7. 廉洁意识

在中国悠久的历史中，人们总是把官吏划分为清官与贪官，颂扬廉洁公正的清官，贬斥腐败昏庸的贪官。这种廉洁意识融进了民族的传统文化之中，具有十分深刻的内涵。古人云："公生明，廉生威""公则民不敢慢，廉则吏不敢欺"。只要清除掉此话中以官治民的消极一面，我们便不难发现其中廉洁公正意识的历史价值。这种廉洁意识，在社会主义时代，与为人民服务思想相结合，升华为一种高尚的公仆意识，注入企业文化的传统之中。比如有些企业提出"四不争"——"不争名、不争利、不争功、不争权"，集中体现出廉洁奉公的公仆意识。针对当前社会上请客送礼、行贿受贿、以权谋私等腐败之风，迫切需要大张旗鼓地宣传和提倡廉洁意识。衡水电机兼并企业的主要经验，是派得力干部去整顿被兼并企业的管理，更新其文化，一个重要方面是"两正"——正派、正规。所谓正派，就是领导者出于公心、作风正派、廉洁自律；所谓正规，就是冲破关系网、堵塞老鼠洞，实行科学管理。

8. 家庭观念

"黄色文明"发端于农耕社会，社会的基本细胞是家庭，这与"蓝色文明"的源头西方工业社会不同，在那里，社会的基本细胞是个人。因此，与西方国家意识形态上的个人主义传统相反，我国意识形态的传统是家庭观念。子从父、妻从夫，兄弟友爱、姐妹互助，这种家庭观念既包含有整体感、骨肉情，又包含有家长意识和服从意识。在中国几千年的历史中，家庭伦理是社会伦理的基础，家庭观念推而广之，渗透到社会关系的各个领域。皇帝叫"万岁爷"，官吏叫"父母官"，徒弟侍奉师傅严守"师徒如父子"的古训，百姓称呼众人常用"父老兄弟"的惯语。在企业里，职工的主人翁意识，往往借助于家庭观念的中介，以"爱厂如家"的形式表现出来。从鞍钢20世纪50年代的"孟泰精神"，到广州白云山药厂80年代的"白云山精神"；从广州第一橡胶厂"志在改革齐进取，爱厂如家当主人"的企业精神，到衡水电机的"和谐管理"，可以看出"爱厂如家"是企业凝聚力的源泉。它一方面意味着工厂像家庭一样温暖，领导像父母一样可亲可信，同事像兄弟姐妹一样团结友爱；另一方面意味着职工对工厂像对家庭一样关心爱护，与之融为一体，休戚与共，心甘情愿地为振兴企业而出谋划策和忘我劳动。应该说，这是我国企业文化内容中又一个独具特色的优势文化。

当然，家庭观念也有消极的一面，那就是企业领导者的家长意识和职工的盲目服从意识。它不利于企业内部民主管理制度的完善和落实，也不利于企业主要负责人与职工之间的平等沟通，往往造成命令主义的倾向，导致独断专行的恶果。在某些企业中，企业负责人的家长制作风，已经成为挫伤职工积极性的主要问题，这乃是根深蒂固的家庭观念消极一面恶性膨胀使然，应该引起企业家们足够的注意。

9. 任人唯贤

由于伦理中心主义的影响以及长期文官统治的历史,我国自古十分重视人事。"知人善任"历来被认为是"治国平天下"的必备才能。中国古代的人事思想十分丰富,成为我国管理文化的重要历史遗产,其中一个核心内容是"任人唯贤"。

我国历史上一直存在着两种用人路线——"任人唯亲"和"任人唯贤"。从总体上看,大凡有成就的英明君主及其谋士,总是倡导"任人唯贤"路线的。《韩非子》中提出"宰相必起于州郡,猛将必拔于卒伍",主张任用有实践经验和成绩突出的人才,并指出:"术者,因任而授官,循名而责实,操生杀之柄,课群臣之能者也,此人主之所执也。""诚有功,则虽疏贱必赏;诚有过,则虽近爱必诛。"用这种赏罚分明、循名责实的办法,造成任人唯贤的开明局面。三国时著名政治家诸葛亮指出:"治国之要,务在举贤""为官设人者治,为人设官者乱""赏赐不避怨仇""诛罚不避亲戚"。在改革开放潮流推动下,企业在各级主要干部的选拔任用上,普遍试行"招聘制",公开竞争,择优任用,海尔变"相马"方式为"赛马"方式,这是"任人唯贤"的表现。

10. 辩证思维

"黄色文明"是龙的子孙们在几千年与天斗、与地斗、与人斗的过程中形成的。复杂的斗争,成功和失败两方面的深刻启示,使中华民族逐渐形成了朴素的辩证思维方法,这在《老子》《易经》《孙子兵法》等典籍中有集中的表现。我国朴素的辩证思维方法,首先表现在思维整体观方面。中国人与西方人在思维上的重大差别是:中国人习惯于从整体到个体,从整体中把握个体;而西方人则习惯于从个体到整体,从个体角度审视和对待整体。比如在信封上写地址,中国人的顺序是国家、城市、区、街道、门牌号码,而大多数西方人的书写顺序则恰恰相反。中国画以"写意"为主,即注重整体意味的把握,并不注重细节的真实,而西洋画则以"写实"为主(当然,印象画派等现代画另当别论)。再如,西医以人体解剖为基础,强调对症治疗;而中医则从人体的总体上进行分析,强调辩证治疗。这种不同的思维方法在企业文化中也鲜明地表现出来。华人的企业习惯于从国家和企业的总体上去考虑问题,包括个人的进退升降。

我国朴素的辩证思维方法,还表现在转化观上。"物极必反""相反相成"的思想,在 2000 年前就已经形成和普遍运用于战争、政治斗争和经商活动中。《老子》中"以顺待逆,以逸待劳,以卑待骄,以静待躁"的后发制人思想,"以弱胜强,以柔克刚,以退为进"的斗争策略,"将欲弱之,必固强之,将欲废之,必固兴之,将欲夺之,必固予之"的欲擒故纵方法……《孙子兵法》中"知彼知己,百战不殆""得道多助,失道寡助""不战而胜、是为上策"的战略思想,"避实而击虚""因敌变化而取胜"的应变策略,"令之以文,齐之以威""令民与上同意"的带兵原则,以及三十六计的具体谋略……这些充满着对立面转化辩证思想的文化遗产，如今不仅成为治国、治军的锐利武器，也成为企业在激烈的市场竞争中制胜的法宝，成为制定企业发展战略、竞争策略、经营哲学、激励方法、干部标准、厂风厂纪的思想宝库。一些企业家，把这些优秀的文化遗产同唯物辩证法相结合，运用在企业的生产经营活动中，取得了出色的成绩。衡水电机领导者"不奖就是罚"的内部激励思想，也是辩证思维的一个范例。事实证明，"黄色文明"中丰富的辩证思想，是形成我国企业的企业哲学、发展战略和竞争策略的宝贵历史遗产。

二、对企业现实文化的升华

对企业现实文化进行升华，首先要对现有企业文化有一个较为清醒的认识。过去对企业文化的评价，多是从文化体系的具体内容出发，将文化分为先进文化和落后文化，或者是优秀文化和不良文化。许多国外学者通过大量调查，总结出许多优秀企业的文化特点，比如美国学者托马斯·彼得斯认为，优秀企业文化应该具有这样的特征：贵在行动、紧靠顾客、鼓励革新、容忍失败、以人促产、深入现场、以价值观为动力、不离本行、精兵简政和辩证处理矛盾。我们认为，既然企业文化是一套管理体系，就不该单纯从内容上评价先进还是落后，只有把企业文化与企业的内外环境结合起来，才能判断它是否对企业发展有促进作用。

那么，如何对本企业的企业文化进行评价呢？评判企业文化最好的办法是从企业运行和经营结果来判断，没有一般意义上好与坏。我们可以从三个方面来分析企业文化的建设情况，即企业文化本身是否健全、企业文化对绩效是否有促进作用、企业文化对社会进步是否有积极影响。对企业文化本身的分析，主要集中在体系的完整性、结构层次的清晰性、内容的一致性、文字表达的艺术性等方面，通常的方法主要有访谈和资料分析。企业文化对绩效的促进作用，主要是分析企业文化对企业绩效、个人业绩的影响，对企业核心竞争力的影响，对企业氛围的影响，对客户满意度的影响，对员工满意度的影响等方面，主要的方法是财务分析、用户满意度调查、绩效考核档案、专项绩效调查、组织氛围调查、员工满意度调查等。企业文化对社会进步的影响分析，主要是从人类文明和社会角度来考察企业文化的社会进步性，主要通过内外部调查、企业美誉度调查等方面来分析。

在对企业现状进行分析时，要全面、深刻、准确，既要有战略的高度，又要深入分析，挖掘问题的根源。在这个过程中，企业家可以借助外脑协助分析，避免出现当事者迷的情况，还要善于运用群众的智慧。一般的思考过程包括：分析企业的经营环境和特点，分析管理水平和特点，分析企业文化的建设情况和特点，逐项分析企业文化的内容并得出总体结论。在得出企业文化的分析结果后，要根据现有水平和未来需要,着手企业文化的设计和变革,在原有基础上提升企业文化水准。这个升华,不是量的改进,而是质的飞跃,它包括了观念的变革、体系的完善和方法的创新。

企业目前的文化,是过去文化积淀的结果。因此,在分析文化现状时,不应割断历史,而应对企业过去的优良传统加以总结、继承和发扬,使它成为企业文化设计的重要依据。

三、对企业未来文化的把握

对企业未来文化的把握,主要是指企业文化要与企业发展战略相一致,与社会发展相一致。公司战略的目标定位、战略选择都会对企业文化产生一定影响。比如,一种生产导向的经营理念,无法迎接日益激烈的市场竞争;一种纯技术路线,也很难在市场上立足。企业文化还需要企业家结合自身的战略目标和对未来竞争态势的判断,进行相应的企业文化设计。

企业文化的理念层是全体员工的基本信念、核心价值观、道德标准以及企业应该提倡的精神风貌,它集中表明企业对未来的判断和战略选择,从这个意义上讲,理念层设计是企业文化体系的灵魂。从未来着眼是理念层设计的关键,站得高才能看得远。

例如,企业愿景也称企业理想或共同目标,它表明企业全体员工的共同追求和长远的奋斗目标。它既是一切活动的目标,也是凝聚人心的根本,所谓"志同"才能"道合"。在企业愿景表达方面,立意要高,谋虑要远,仅仅表达出企业在经济方面的奋斗目标是不够,还要有对企业社会价值的认识和未来企业的定位。再如企业核心价值观的设计。企业核心价值观是企业长期坚持的价值标准和基本信念,不会轻易改变。松下七精神、丰田纲领都存在了几十年;IBM那个著名的三条核心价值——"尊重个人,最佳服务,追求卓越"延续了70多年,到1994年才进行了修改和完善。企业核心价值观的设计,建立在对企业本质和企业战略的深刻认识基础上,因此可以洞察历史,指引企业奔向未来。

一个企业的文化是连续的、发展的,因此也是相对稳定的,这就要求企业文化的设计必须高屋建瓴,面向未来,才会对企业有长期的指导作用。

第三节 企业文化三个层次的设计

企业文化是一个有层次的体系,它的内部结构相对固定,所含内容却千差万别,体现出不同企业的鲜明个性,这也是企业文化的魅力所在。在企业文化的设计中,要有所侧重,有所取舍,确保企业文化的理念层、制度行为层和符号层三个层次的内在逻辑关系。

一、企业文化理念层的设计

进行企业文化理念层设计,就是按照有关的程序总结提炼或确定理念层次的各个要素并表达出来,使之构成一个完整的理念体系。由于理念层是企业文化的核心和灵魂,是制度行为层、符号层的统帅,因此,企业文化理念层的设计既是企业目标文化设计的首要任务,又是设计的重点和关键。

1. 企业目标与愿景设计

企业目标是指在一定时期以内,企业生产经营管理活动预期要达到的成效或结果。

没有目标的企业是没有希望的企业。韩国现代财团创办人郑周永曾指出:"没有目标信念的人是经不起风浪的,由许多人组成的企业更是如此。以谋生为目的结成的团体或企业是没有前途的。"因此,设定和确立企业目标,是企业文化理念层设计的重中之重。企业目标与愿景的设计要遵循以下步骤和方法。

(1) 企业内外环境和条件分析

正如孙子所说的"天时、地利、人和",在设定企业目标之前必须首先弄清楚企业所处的外部政治环境、经济环境和文化环境等社会环境状况,竞争对手、合作者等利益相关者的情况,以及企业自身的现状和未来可能达到的状况。只有对这些决定企业生存发展的内外环境条件有一个全面准确的把握,才能实事求是地确定出可能实现的企业目标,做到"知己知彼,百战不殆"。

企业环境和条件分析一般包括下述内容:

① 企业所处的经济环境、政治环境、文化环境等整个社会环境的分析;
② 产业和行业发展状况分析;
③ 竞争者、合作者、销售商及其他利益相关者分析;
④ 企业内部因素分析。

(2) 设定企业的最高目标与愿景

企业最高目标(愿景)是全体员工的共同追求,是全体员工共同价值观的集中体现。只有确立了最高目标,才能够确定整个目标体系,确定企业的其他理念层要素。企业的奋斗目标,往往是企业最高决策层根据企业内外环境条件而提出的,是主要领导者和整个决策层的战略决心的集中反映。决策层提出的企业奋斗目标,还必须通过反复的宣传才能被全体员工所认同。

企业到底如何确定自己的最高目标呢?国内外的许多企业可以给我们一些有

益的启示:

日本松下电器公司的创办人松下幸之助指出,"如果公司没有把促进社会繁荣当作目标,而只是为了利润而经营,那就没有意义了"。为此,他把"工业报国"作为社训,提出"认清我们作为工业家所应尽职责,鼓励进步,增进社会福利,并致力于世界文化的进一步发展"。

中国自改革开放以来,很多企业也树立企业最高目标,如,长虹集团把"产业报国、民族昌盛"作为自己的最高目标,四通公司以"中国的IBM,世界的四通"作为企业目标,衡水电机厂把"阔步世界、兴业报国"树立为最高目标,海尔集团则把"创造中国的世界名牌"定为企业目标。

企业愿景在内容上与企业最高目标是相同的,只是它更强调员工对目标的认同。企业愿景的定义是:企业全体员工所接受和认同的最高目标。由于这个认同过程很漫长,所以经常经历多次修改。

以微软公司和英特尔公司为例,他们初期的愿景并不明晰,等到公司达到一定规模时,愿景已经改了两三次。

企业愿景的设计与建立,往往包括以下要点:

① 把个人愿景作为共同愿景的基础。

② 按照自下而上的顺序来进行整合。

③ 反复酝酿,不断提炼和充实。加拿大的创新顾问公司总裁史密斯(Bryan J. Smith)提出,建立共同愿景需要经历五个阶段——告知、推销、测试、咨商和共同创造。其强调的是:无论企业愿景是谁提出的,都应使之成为一个企业上下反复酝酿、不断提炼的分享过程。

④ 注意说服和沟通。当共同愿景和个人愿景确实出现不协调时,如果经过反复说服、沟通均无效时,也可请个别人重新考虑在企业中的前途,或请其"另谋高就"。这样做是为了使少数不认同者避免被看作对共同愿景的背叛。

当然,企业愿景的设计与建立并没有统一的路径和步骤,应根据不同企业的自身特点和内外环境(例如所在行业、员工状况、企业规模等因素)来量身设计。

(3) 设计企业的多目标体系

只有最高目标,显然是远远不够的,企业还必须在最高目标下面制订更详细具体的目标组合,形成完整的、可以逐步实现的目标系统。在企业最高目标下面,一般分为若干与企业战略密切相关的目标组合。

① 方向组合:企业是社会组织,任何企业的奋斗目标都不是单一的目标,而是在多个目标方向上的目标组成的目标体系。

② 层次组合:按层次划分为战略目标、管理目标和作业目标。

③ 结构组合:按企业组织结构划分为企业目标、部门目标和员工个人目标。

④ 时间组合：按时间划分为长期目标、中期目标和近期(短期)目标等。

目前，世界上一切先进的、现代的企业，毫无例外地摒弃了"经济利益最大化"这种单一目标模式，而是树立一种将企业的经济动机与社会责任相结合的多目标模式，企业目标实现了从单一目标向多目标体系的转变(见图 5-1)。美国惠普公司提出的"利润、客户、感兴趣的领域、增长、人(育人)、管理、好公民(社会责任)"7个目标体系便是对多目标模式的最佳阐释。

图 5-1　企业目标的变化过程

在构建企业的多目标模式、实现方向组合以后，还应该在企业最高目标的统率下，结合企业发展战略，尽快设计完成不同层次、不同部门、不同阶段的子目标系统，形成企业目标在层次、结构、时间等方面的有机组合，使企业最高目标以及长远目标、全局目标一步步成为现实。

2．企业价值观设计

企业价值观，又称作企业共同价值观或者群体价值观。企业价值观是在企业创业和成长过程中形成的，为企业经营管理者和员工群体所持有的，对经营管理具有规范性作用的价值观念体系。

价值观是人们判断事物重要性先后次序的标准。价值观包含五个要素：主体定位、(社会)规范、(社会)秩序和信念、实践方式、价值本位(见图 5-2)。

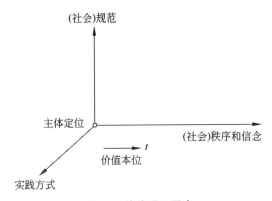

图 5-2　价值观五要素

设计企业价值观，需要先弄清楚它的影响因素。在影响企业价值观的诸多因素中，员工的个人价值观、企业家价值观和社会价值观的影响是较为显著的。因此，在设计企业价值观时要遵循"与企业最高目标相协调，与社会主导价值观相适

应,充分反映企业家价值观,与员工的个人价值观相结合"的原则。设计包括如下步骤:

(1) 在分析社会主导价值观的基础上,根据企业的最高目标,初步提出企业的核心价值观表述并在企业决策层及管理层和员工代表中进行反复的讨论。

(2) 确定企业的核心价值观以后,进一步酝酿提出企业的整个价值观体系。

(3) 把企业价值观(体系)与企业文化各个层次的其他要素进行协调,并作文字上的提炼,形成全面准确的企业价值观表述。

(4) 在员工中广泛宣讲和征求意见,反复进行修改,直到为绝大多数员工理解并得到他们的支持为止。

与企业理念层的其他要素相比,企业价值观虽然是最为稳定的部分,但它并不是一成不变的,而是需要及时进行更新。企业价值观的更新实际上就是在原有价值观的基础上,进行重新设计。我们先看看通用电气的案例:

杰克·韦尔奇从1981年上任董事长兼首席执行官起就一直考虑建立公司的价值观。1985年,GE提出了5条价值观,它们被认为代表了公司的核心信念。前两条价值观包含了使顾客满意的重要性以及变化是永恒的观念;第三条价值观崇尚"知识分享而不是截留",孕育了GE学习型组织的种子;第四条将似是而非作为一种生活方式加以讨论;第五条主张那些不赞同通用电气价值观的人"可能会在通用电气之外发展得更好"。这些价值观被印刷在卡片上,员工可以随身携带。此后,GE的价值观虽然绝对不会被完全重写,但是每隔几年就要进行一次修正,以纳入最新的思想和举措。1999年以前的价值观卡9条表述中,都没有出现"顾客"一词,但与六西格玛相关的一次意外事件导致了对GE价值观表述的一次重大修改。在得知顾客并没有感受到六西格玛带来的"好处"时,愤怒的韦尔奇在1999年1月召开的高级管理者会议上表达了他的失望,并认为公司一直在从内部的角度研究六西格玛,而没有从顾客的角度出发。在这件事的冲击波中,韦尔奇不仅改变了六西格玛的重点,而且重写了GE的价值观。在修订的版本中,9条价值观中有4条以顾客为中心,而且第一条就是"以极大的热情全力以赴地推动客户成功"(表5-1)。

表5-1 1999年的GE价值观表述

GE员工……永远保持坚定的诚信
• 以极大的热情全力以赴地推动客户成功。
• 视"六西格玛"质量为生命……确保客户永远是其第一受益者……并用质量去推动增长。
• 坚持完美,绝不容忍官僚作风。
• 以无边界工作方式行事,永远寻找并应用最好的想法而无须在意其来源。

续表

GE 员工……永远保持坚定的诚信

- 重视全球智力资本及其提供者……建立多元化队伍去充分利用它。
- 视变革为可以带来增长的机会,例如"电子商务"。
- 确立一个明确、简单和以客户为核心的目标……并不断更新和完善它的实施。
- 创建一个"弹性空间"、振奋、不拘礼节和信任的环境……嘉奖进步……颂扬成果。
- 展示……永远保持对客户有感染力的热情……GE 对领导才能所要求的四个方面(4-E's):具有迎接并应对变化速度的个人活力……有能力创造一个氛围以激励他人……面对困境勇于作出果断决定的锋芒……及始终如一执行的能力。

(资料来源:[美]杰弗瑞·克雷默. 杰克·韦尔奇领导艺术词典[M]. 北京:中国财政经济出版社,2001.)

由此可见,企业价值观的更新往往发生在企业最高目标或企业主要业务领域、服务对象、管理模式发生重大改变,或企业所处环境(包括政治、经济、文化、技术环境等)发生重大变革的时候。

更新企业价值观,首先,要对企业内外环境进行分析,找到原有价值观与企业新的最高目标、社会环境及企业运行等不相适应的地方;其次,在保留企业价值观表述中仍适应新情况的部分的基础上,按照前述价值观设计的步骤进行增补;最后,将新的企业价值观表述与原有表述进行对照,并通过向员工宣讲和征求意见,然后最终确定。

3. 企业哲学的设计

哲学是关于世界观的学说,是自然知识和社会知识的概括和总结。企业哲学是从企业实践中抽象出来的、关于企业一切活动本质和基本规律的学说,是企业经营管理经验和理论的高度总结和概括,是企业家对企业经营管理的哲学思考。

企业哲学必须要回答的基本问题是"企业与社会的关系""企业与人(员工、顾客)的关系"等,企业的答案就是企业哲学的内容。企业哲学对企业组织和员工一切行为具有无形的、深刻的指导作用,因此对企业经营管理规律进行认真深入的总结和思考,概括、提炼、升华为企业哲学,是企业文化理念层次设计中的重要一环。同时需要指出的是,企业哲学既是在哲学的高度,就不是表面的现象和一般的规律,而是企业对一切经营管理问题进行深层次的思考。设计企业哲学严格地讲不是企业主观的"设计"和规定,而是总结企业对客观规律的深层认识和思维方式。

同企业理念层次的其他要素一样,企业哲学最根本的来源毫无疑问是企业领导和广大员工的工作和生活实践。但由于企业哲学的特殊性,其具体的、现实的、直接的来源主要是下述 4 方面:

(1)企业家自身的哲学思维;
(2)企业英雄模范人物和优秀群体的世界观、人生观和价值观;

(3) 多数员工共同的哲学思维和他们的世界观、人生观和价值观;

(4) 社会公众的世界观、人生观、价值观等哲学思维及其他企业的经营哲学。

以下是中外企业哲学示例:

- 造物之前先造人(北京·松下彩色显像管有限公司)
- 开拓则生,守旧则死(深圳光明华侨电子公司)
- 不断改变现状,视今天为落后(二汽集团)
- 为明天而工作(上海电站辅机厂)
- 中正之道(中和,公正;大中至正)——海尔哲学
- 顺应天时,借助地利,营造人和(衡水电机厂)
- 仁心待人,严格待事(瑞士劳力士手表公司)
- 开发就是经营(日本卡西欧公司)
- 以科学技术为经、合理管理为纬(日本丰田公司)
- 多关心人,不把员工当机器使用(匈牙利布达佩斯论坛旅馆)
- 照顾好你的顾客,照顾好你的员工,那么市场就会对你加倍照顾(美国奥辛顿工业公司)

4. 企业经营理念设计

"经营理念"一词,最早来自日本企业,其内涵可归纳为四个方面:第一,经营理念是对企业使命、宗旨的价值规范,它规范了企业作为特殊社会组织的责任;第二,经营理念是企业发展目标的指南,它指明企业前进的道路和发展方向;第三,经营理念是企业经营决策的指导思想和思维方法;第四,经营理念是企业文化的重要组成部分,是企业经营的价值取向,是凝聚和统率企业员工行为的经营价值观。

中国国内对于"企业经营理念"的众多阐释,主要可以概括为广义和狭义两类。广义的泛指企业文化的理念层次,包括了企业目标、价值观、企业精神、企业道德、企业作风、企业管理模式等。狭义则一般是指在企业哲学和企业价值观导向下,企业为实现最高目标而确定的经营宗旨、经营发展原则、经营思路等。本节所指的企业经营理念,应该限于狭义的内涵。企业经营理念的设计遵循如下步骤:

(1) 确定经营理念的表达范围和重点

尽管采用狭义的概念,企业经营理念的覆盖范围仍然很广,而任何一个企业都难以面面俱到地把所有内容都加以阐述,因此设计经营理念时必须先明确表达的重点。也就是说,企业首先必须确定经营理念的表达范围——是强调经营宗旨、经营发展原则,还是经营的政策方针?还是都包括在内?

一般来说,表达的内容越多、越全面,文字也就越长,重点就越不突出。江苏春兰集团的经营理念"三个在于、一个必须"——"春兰生存的空间在于整个世界;春兰的生命力在于适应市场;春兰的管理精髓在于不断挖掘潜力;春兰必须竭诚地为

社会提供优良服务,促使资产增值,造福于人类社会。"该表述阐明了企业的发展观、发展原则和经营宗旨,应该说是一个覆盖面较大,但重点还是比较明确的经营理念。

(2) 确定经营理念的表达结构

经营理念通常还存在一个表达结构的问题。所谓经营理念的表达结构,按照日本企业家的理解,分为外在和内在两个方面。外在的经营理念表达方式主要是指企业的经营价值形象,日本企业家称为"经营姿势",就是企业对外界的宣言,目的是让外界了解企业或企业经营者真正的价值观。由于企业存在的意义是抽象的,因而作为"经营姿势"的企业理念则应有较具体的表达形式,它显示企业实际运作的倾向性,以及企业的存在感和魅力。

内在的经营理念表达方式主要是指企业的经营行为规范,它是对企业经营理念的行为表达。应当指出的是,行为规范在经营理念表达结构中处于基础性地位。通俗地讲,如果企业员工没有一个经营理念统率下的行为规范,而且不能在功能、成本和价值上体现出竞争力,那么,再好的"经营姿势"也只是姿势而已。

可见,经营理念结构的外在部分是企业文化理念层的内容,而其内在部分则是制度行为层的设计内容。

(3) 确定经营理念的表达内容

如何表达企业经营理念,让社会和内部员工能够清楚地了解企业的经营宗旨、方针、政策等,是设计的关键。尽管经营理念因具体企业不同而千差万别,但是它仍有许多共同点,下面列举若干企业的经营理念,供参考。

日本优秀企业的经营理念的共性内容:①面向公众意识;②人本主义思想;③不断创新精神;④珍惜信誉思想;⑤明确使命思想;⑥服务导向思想。

通用电气公司(GE)韦尔奇的六条经营理念分别是:①掌握自己的命运,否则将受人掌握;②面对现实,不要生活在过去或幻想之中;③坦诚待人;④不要只是管理,要学会领导;⑤在被迫改革之前就进行改革;⑥若无竞争优势,切勿与之竞争。

事实上,每一个企业都有自己独特的经营理念。如日本松下集团的"给顾客们最想要的",顾客至上的思想,就是松下集团的经营理念。被人们称为"日本经营之神"的松下幸之助,经常问他的员工:"若你是松下的客户,请问您会要求松下给你怎样的服务?"并要求员工按照自己的回答,去满足这些意见和想法,从而取得了松下集团的成功。丰田经营原则——以科学技术为经,以合理管理为纬;丰田生产方式——无库存,即时生产方式;其基本指导思想是:杜绝任何浪费,最大限度地降低生产成本,提高劳动生产率;丰田座右铭——从干毛巾中也要拧出水来。

其实,美国的企业也有自己的经营理念,如IBM的"IBM就是服务",通用电气

(GE)的"进步是我们最重要的产品",杜邦化学的"以优良的化学产品提升生活素质",惠普公司的"惠普之道"和"休-帕作风"所推崇的"宁愿不当第一,但质量超过第一"等,都是这些企业的经营理念。

我国的企业也有自己的经营理念,如:海尔经营理念——企业现代化,市场全球化,经营规模化;北京蓝岛大厦经营理念——商品以质取胜,经营以特取胜,服务以情取胜,购物以便取胜,环境以雅取胜,功能以全取胜;东风汽车经营理念——关怀每一个人,关爱每一部车;张裕集团经营方针:三高三大——高素质、高质量、高品位,大品牌、大市场、大营销。

5. 企业管理模式设计

企业文化是管理文化。最能体现企业文化的管理属性的,就是企业的管理模式。管理模式是对企业管理理念和规范的高度概括,是企业管理特色的集中反映。选择什么样的管理模式,是企业理念层要素设计的重要内容。

在管理实践中,广大企业形成了千差万别、带有各自不同特点的管理模式。以中国企业来说,海尔的 OEC 管理模式,小天鹅集团的"末日管理"模式,北京开关厂的"99+1=0"管理模式,衡水电机厂的和谐管理模式,都具有十分鲜明的企业个性,是这些企业的管理层和广大员工在长期管理实践中创造性的充分体现。

管理学界一直重视对企业管理模式的研究,不同学派或者不同学者在对大量企业管理特征进行综合研究的基础上,提出了许多关于企业管理模式的分类和概括。从企业管理理论的发展历史来看,大体可以分为经验管理模式、科学管理模式和文化管理模式;从企业管理的外在特征和领导方式出发,可以分为鲨鱼式管理模式、戛裨鱼管理模式以及海豚式管理模式;从管理职能及其关系的角度,可以分为 A 管理模式、C 管理模式;等等。

在关于管理模式的理论研究方面,最有影响的当属美国行为科学家罗伯特·布莱克(Robert R. Blake)和简·莫顿(Jane S. Mouton)于 1964 年提出的管理方格理论。两位学者认为,关心工作与关心人,是影响领导方式的两个主要因素,并用 9×9 共 81 个小方格构成的管理方格来表示(图 5-3)。根据管理方格,布莱克和莫顿又提出了 5 种典型的管理模式,即 1.1 方式为贫乏式管理、1.9 方式为俱乐部式的管理、9.1 方式为权威式的管理、9.9 方式为团队式管理、5.5 方式为中间式管理。

企业管理模式的设计分为三个阶段:

(1) 管理模式的影响因素分析

不同的企业,之所以形成或者选择了不同的管理模式,主要在于它们在管理所涉及的许多方面存在着差别。这些影响企业管理模式的因素主要有:

① 企业价值观。企业价值观是管理模式的灵魂,而管理模式则是企业价值观

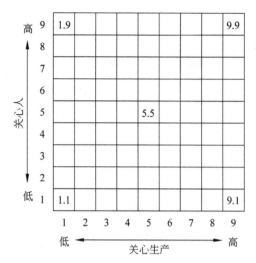

图 5-3　管理方格理论

的外化。其中,工作价值观对管理模式的影响最为突出。当企业价值观(特别是工作价值观)更新时,必然导致企业管理模式的变革。

② 工作形式和劳动结构。企业的增值活动都是员工劳动的结果,因此工作形式(作业方式、不同工作之间的依赖程度以及不同作业方式的比重)和劳动结构(如脑力劳动和体力劳动的比重、创造性劳动在整个劳动构成中的比重等),将直接导致管理模式的不同。

③ 员工的群体结构和差异性。员工群体的知识水平、能力素质、工作经历和经验等方面的整体情况,以及员工个体之间在这些方面的差异度,都会对管理模式有较大的影响。其中,企业主要领导者的素质、能力、经验、作风等的影响尤为明显。

④ 企业的组织型式和一体化程度。组织型式具体涉及组织规模、组织结构类型和层次、组织的内部联系等。

⑤ 管理职能中控制职能的比重和方式。

⑥ 分配方式和报酬标准。

⑦ 冲突的宽容度。

⑧ 风险承受度。

⑨ 系统的开放度,等等。

(2) 企业管理模式的设计原则

以工作价值观为导向,从企业实际出发,是设计企业管理模式的基本原则。下面列举工作价值观的主要内容和两组极端的类型(见表 5-2),企业必须在其中每一个方面都要作出选择。每个方面选择的结果可能是某一种极端类型,也可以介乎两者之间。

表 5-2 工作价值观的主要内容

	工作价值观的两组极端类型	
管理导向	工作导向	关系导向
管理目的	效率第一	关系第一
领导作风	专制	民主
控制特点	严	宽
激励特点	物质激励为主	精神激励为主
权力倾向	崇尚职位权力	崇尚个人权力

(3) 企业管理模式的确定

对工作价值观所作的选择结果,就构成了企业管理模式的基本内容。然而要最终确定一个企业的管理模式,还应做下述工作:

① 与企业文化理念层的其他要素进行协调;

② 建立与之相适应的企业制度体系;

③ 接受企业管理实践的检验,并在实践中不断完善。

成功的案例很多,如 GE 公司的管理模式:

(1) 大公司的形象,小公司的管理——克服恐龙症,组织扁平化(12 层→5 层);像小公司那样和谐、亲切、坦诚的人际关系;让每个人都有参与机会;简单明快的沟通;鼓励不同意见的争论;像小公司那样直接面对顾客,全力为其服务。

(2) 无边界管理——鼓励打破部门界限,广泛采用矩阵式组织和项目小组制,培养团队精神。

(3) 对事业部高度授权,但资金高度集权——事业部自主经营,但不是独立法人,销售收入归入公司统一账户,不能有"利润留存",也不能与公司"利润分成"。

6. 企业精神设计

人活着,就要有一点精神。企业员工群体也应该有一种精神——企业精神。企业精神是随着企业的发展而逐步形成并固化下来的,是对企业现有观念意识、传统习惯、行为方式中积极因素的总结、提炼和倡导,是企业文化发展到一定阶段的必然产物。因此,设计企业精神,首先要尊重广大员工在实践中迸发出来的积极的精神状态,要恪守企业共同价值观和最高目标、不背离企业哲学的主要原则,要体现时代精神、体现现代化大生产对员工精神面貌的总体要求。以此为指导思想设计出来的企业精神,方能"既来源于生活又高于生活",成为鼓舞全体员工为实现企业最高目标而奋斗的强大精神动力。

明确了总的设计思路,企业精神的设计就比较容易了。但是从方法的角度来讲,并无固定程式,因此下面介绍的一些具体做法仅供参考。

(1) 员工调查法

把可以作为企业精神的若干候选要素罗列出来,在管理人员和普通员工中进行广泛的调查,大家根据自身的体会和感受发表赞同或不赞同的意见并最好讲明理由,再根据员工群体的意见决定取舍而定。这种办法一般在更新企业文化时采用,缺点是需要花费较长的时间和较多的人力,观点可能较分散,但由于来自员工、有很好的群众基础而容易被大家接受,很快深入人心。

(2) 典型分析法

每一个企业都有自己的企业英雄(或先进工作者之类),这些英雄人物的身上往往能够凝聚和体现企业最需要的精神因素,因此对这些英雄人物的思想和行为进行全面深入的分析和研究,不难确定企业精神。这种办法工作量较前一办法小,也容易被员工接受,但在企业英雄不是非常突出时,选取对象比较困难、不易把握。

(3) 领导决定法

企业领导者由于站在企业发展全局的高度思考问题,加之他们对企业历史、现状的了解比较深入,因此由企业领导者(或领导层)来决定企业精神也不失为一种办法。此法最为高效快捷,但却受领导者个人素质的影响较大,在推行的时候宣讲工作量较大。

(4) 专家咨询法

将企业的历史现状、存在的问题及经营战略等资料提供给对企业文化有深入研究的管理学家或管理顾问公司,由他们在企业中进行独立的调查,获得员工精神风貌的第一手资料,再根据所掌握的规律原则和建设企业文化的经验,设计出符合企业发展需要的企业精神。这种办法确定的企业精神站得高、看得远,能够反映企业管理最先进的水平,但局限于专家对企业的了解程度,有时不一定能够很快被员工接受,因而宣讲落实的过程稍长。

这些方法各有优缺点,因此在实际进行企业理念层设计时常以一种办法为主、辅以其他一两种办法,以弥补其不足。比如,在使用专家咨询法时,可以把专家请到企业来进行一些实地考察和调研,设计出来的企业精神就比较完善了。

许多企业的企业精神具有时代特点,如中国建行精神——团队精神、敬业精神、创新精神、奉献精神;招商银行精神风貌——勇于开拓,不断进取,朝气蓬勃,生机无限;具有三百多年历史的全聚德的企业精神——全而无缺,聚而不散,仁德至上;金蝶软件公司的金蝶精神——①创新精神;②职业精神;③团队精神;④服务精神。

7. 企业道德设计

企业道德是社会道德理念在企业中的具体反映。企业道德所调节的关系的复杂性决定这种道德理念不是单一的观念和要求，而是具有多方面、多层次的特点，是由一组道德观念因素组成的道德规范体系。由此，企业道德的设计要符合中华民族的优秀传统道德，要符合社会公德及家庭美德，更要突出本行业的职业道德特点。

企业道德体系的设计，一般可按下述方法和步骤进行：

第一步，确认企业的行业性质、事业范围，了解本行业组织或其他企业制定的有关职业道德要求，这是设计符合企业特点的道德体系的必要前提；

第二步，考察企业的每一类具体工作岗位，分析其工作性质及职责要求，在此基础上分别提出各类岗位最主要的道德规范要求；

第三步，汇总这些岗位的道德规范，选择出现频度最高的几条作为初步方案；

第四步，根据已经制定的企业目标、企业哲学、企业宗旨、企业精神，检查初步方案与已有理念是否符合、有无重复，不符合的要改正，重复的则可去掉。

第五步，在管理层和员工代表中征求意见，看看是否最能反映企业事业发展对员工道德的要求，并反复推敲后确定。

一般来说，中国企业的企业道德体系不外乎由下述10方面内容构成，这些道德都是企业制定道德规范体系时应该参考和借鉴的。

(1) 忠诚

这是企业干部、员工首要的道德规范，它包括忠于国家、忠于企业、忠于职守。忠于国家指处理企业与国家的关系时，以国家、社会为重；忠于企业指处理员工与企业的关系时，以企业为重、以集体为重；忠于职守指员工对岗位工作的态度，要热爱本职工作，认真敬业。不忠于国家的人很难忠于企业，不忠于企业的人很难忠于职守。忠诚这种高尚的道德对社会上现存的那些为局部、眼前利益而损害国家、企业长远利益的不道德行为，是无情的鞭挞。

(2) 无私

指事事出以公心，在个人利益与集体、国家利益发生矛盾时，自觉以个人利益服从集体、国家的利益。无私是做人做事最基本的道德规范，孙中山先生"天下为公"的美德受到广泛推崇。许多企业的企业道德、企业精神中所包含的"为公""献身""奉献"，都是对无私道德的倡导。

(3) 勤劳

劳动是人类生存和发展的基础，勤劳是人类共同推崇的基本道德。勤劳不仅是指体力的投入，而且包括脑力和感情的投入。但由于长期计划经济体制下"铁饭碗""大锅饭"的影响,造成某些企业员工丧失了勤劳的美德,整天无所事事、聊天看报混日子,这样的企业怎么搞得好呢?

(4)节俭

人、财、物是一切企业的主要生产因素,节俭就是节约人力、物力、财力,绝不为讲排场、摆阔气而任意浪费。节俭、简朴是中华民族的又一个美德,今天我们的国家还不发达、我们的企业还需要增强实力,又怎么能够放弃前人留给我们的节俭这一宝贵财富呢?邯钢能够振兴,与其管理思想中"节俭、节约"的道德标准有很大关系。

(5)团结

"和"是中华文化的一贯传统,团结就是注重人际关系的和谐,集体同心同德。团结在企业中的具体体现就是强调"团结""协作""齐心""和谐"。团结就是力量,如果一个企业内部拉帮结派、搞"窝里斗",那么无论多么先进的设备、如何高明的管理方法都无济于事。

(6)廉洁

这是企业干部员工的共同职业道德,是忠于职守的题中应有之义。廉洁的实质是在本质工作中划清公、私的界限,绝不假公济私、徇私舞弊。

(7)自强

自强是企业和全体员工对待困难和挑战的积极态度,是顽强拼搏、开拓进取精神在道德上的投影。现在我国一些企业正处在改革的攻坚阶段,更需要这种自强的道德规范作激励,不等不靠,顽强地挑战市场。要使自强成为企业道德意识,必须逐步形成"为旗是夺、无功即过""自强则生、平庸则忘""进取光荣、退缩可耻"的荣辱观。

(8)礼貌

礼貌是人际关系的行为准则和道德规范。对于现代化的企业而言,无论对内的人际交往,还是对外的公共关系都日益频繁,实现有礼貌地交往,不仅是内求团结的需要,也是对外竞争的需要,是搞好公共关系,树立良好企业形象的需要。中华民族自古乃礼仪之邦,中国的企业也应该成为礼仪之厂、礼仪之店,为社会主义精神文明建设作出积极贡献。

(9)遵纪

纪律是胜利的保证。厂规厂纪反映了社会化大生产的客观要求,是企业对员工外加的强制性的行为规范,遵守纪律是企业道德的重要组成部分。要使遵纪成为整个企业的道德规范,关键在于企业的规章制度健全,依法治厂、治企。

(10)守信

在中国古人倡导的"仁义礼智信"五德中,守信是一个基本的道德规范。市场经济是法治经济、信用经济,不是"骗子经济"。现代化的企业越来越实行开放式经营,甚至于实行跨国界的全球化经营战略,企业与外界建立了许多合同关系,自然使得守信成为企业重要的道德标准。许多企业理念中都有"信誉第一"的内容,关键是怎么落实。

世界上许多优秀企业都有严格的道德标准和道德理念,如 IBM 的商业道德——不批评竞争对手的产品,不破坏竞争对手已签订的订单,不许贿赂。相应地,IBM 的座右铭——诚实。

8. 企业风气(作风)设计

企业风气通过员工的言行反映出来,成为影响企业文化理念层的一个重要因素。是否具有良好的企业风气,是衡量企业文化是否健康完善的重要标志。企业风气的核心成分是它在员工行为特征上的反映,即企业作风。因此,设计良好的企业作风,是形成健康企业风气、塑造良好企业形象的需要。企业风气(作风)设计的"三步曲":

(1) 对企业风气现状作全面深入的考察

重点是要认识企业现有的主要风气是什么样的。可以使用调查问卷、座谈访谈进行普遍性的信息收集,也可以设计和安排一些试验,观察员工在对待工作和处理问题时的表现,通过个案进行了解。深圳华为公司有一年端午节早餐每人发两个粽子,公司有关部门就通过这个机会进行暗访,结果仅其中一个员工餐厅就出现多拿事件 20 起,从中发现了企业风气中存在的问题。

(2) 对企业现实风气进行认真区分

要注意区分其中哪些现象是个别现象,哪些现象有可能形成风气,哪些现象已经形成了风气,其中哪些风气是企业要提倡的优良风气,哪些是企业反对的不良风气,并分析这些现象出现、风气形成的原因。对于其中的不良风气,企业应针锋相对地提倡相关的良好风气来加以克制,这是设计企业风气的关键。

(3) 结合企业内外环境,确定独具特色的企业作风

考察社会风气和其他企业的作风,挖掘出本企业应该具有却尚未形成的良好风尚和作风,并结合前面两步,制定出本企业的企业作风表述。企业作风的表述应力求具有本企业的个性特色,避免千篇一律、千厂一面。

部分企业的企业作风示例:

认真负责,紧张严肃,尊干爱群,活泼乐观,刻苦学习(首都钢铁公司);

秩序纪律,文明礼貌,团结和谐,竞争效率(长钢);

快速反应,立即行动(海尔集团);

严、细、实、快(吉林化学工业公司);

高、严、细、实(兰州炼油厂);

严谨,朴实(北京大华无线电厂);

务实,求严,创新,文明(山东新华制药厂);

团结,勤奋,民主,文明(长虹集团);

严谨求实,艰苦奋斗,团结实干,拼搏创新(国营617厂)。

从上述可以看出,艰苦奋斗之风、团结之风、文明之风、严谨勤奋之风、深入细致之风、求实务实之风等是企业共有的优良作风。

企业文化理念层设计4例如下。

(1) 惠普公司(HP)的企业文化

惠普目标——利润,客户,业务领域,增长,员工,管理,公民。

惠普价值观——

  我们信任和尊重个人;

  我们追求卓越的成就与贡献;

  我们在经营活动中坚持诚实与正直;

  我们靠团队精神达到我们的共同目标;

  我们鼓励灵活性和创造性。

惠普经营策略和管理方式——

  走动式管理;

  目标管理;

  开放式管理;

  公开交流。

车库法则——

  相信自己能够改变世界。

  高效工作,工具箱永不上锁,随时为我所用,懂得何时独立工作,何时相互协作。

  不仅分享工具,更要分享思想。

  信任自己的伙伴,拒绝空谈、拒绝官僚,因为,这里拒绝所有的荒谬。

  工作的优劣,让用户来判断。新奇的想法并非就是坏想法,勇于尝试一种新的工作方式。

  每天都须做出贡献,否则,车库将永远是车库;

  相信事在人为,只要同心协力不断地创造。

(2) 美国商用机器公司(IBM)企业文化

IBM基本价值观——

  尊重个人;

  顾客至上;

追求卓越。

IBM 商业道德——

  不批评竞争对手的产品;

  不破坏竞争对手已签订的订单;

  不许贿赂。

IBM 座右铭——诚实。

IBM 公司口号——

  思考;

  和平;

  IBM 就是服务。

IBM 制度——开门政策;丧失客户联合调查制度。

(3) 海尔企业文化

海尔文化的核心——创新的价值观;

海尔的文化观——有生于无;

海尔目标——创中国的世界名牌,为民族争光;

海尔精神——创造资源,美誉全球;

海尔作风——人单合一,速决速胜;

海尔管理模式——OEC 管理法,即每天对每人每件事进行全方位的控制和清理;

海尔的战略观——先谋势,后谋利;

海尔的市场链——市场无处不在,人人都有市场;

海尔人才观——人人是人才,赛马不相马;

海尔的品牌营销理念——品牌是帆,用户为师;

海尔的服务观——企业生存的土壤是用户;

海尔的国际化理念——走出去、走进去、走上去;

海尔的管理之道——管理的本质不在于"知"而在于"行";

海尔的形象——真诚到永远。

(4) 华润(集团)有限公司的企业文化

华润的使命——

  通过坚定不移的改革与发展,把华润建设成为在主营行业有竞争力和领导地位的优秀国有控股企业,并实现股东价值和员工价值最大化。

华润的定位——

  华润是与大众生活息息相关的多元化企业。

企业精神——

诚信;团队;务实;积极;专业;创新。

企业承诺——

开放进取,以人为本,携手共创美好生活。

华润的企业标语——与您携手 改变生活。

核心价值观——诚信。

华润价值观——

业绩导向;

人文精神;

团队建设;

创新求变。

经营理念——

集团多元化,利润中心专业化;

独具华润特色的6S管理体系;

致力于建立学习型组织;

海纳百川,人才制胜。

二、企业文化制度行为层设计

企业文化设计和建设,不但要有先进的企业文化理念层,而且关键是如何将这些企业文化观念要素在实践中加以贯彻和实施,这就必须依赖企业文化制度行为层的保证作用。系统地设计企业文化的制度行为层,形成科学合理的企业制度体系和行为规范体系,是企业文化设计的一项重要任务。企业文化制度行为层的设计内容包括:企业的制度体系、企业风俗和员工行为规范。其中,企业制度体系又由工作制度、责任制度和特殊制度三部分组成。

1. 企业一般制度设计

企业的一般制度包括企业的工作制度和企业的责任制度。

(1) 工作制度

工作制度是指企业对各项工作运行程序的管理规定,具体有法人治理制度、劳资人事制度、生产管理制度、技术工作及技术管理制度、产品销售管理制度、财务管理制度、生活福利工作管理制度、奖励惩罚制度等。工作制度对于企业的正常运行具有十分重要的作用,但由于其涉及的具体制度种类繁多,不可能一一详述。设计工作制度时,应遵循以下的原则:

① 现代化原则。工作制度应该与现代企业制度相适应,体现科学管理的特征。对于股份公司,要建立规范的法人治理制度,包括规范的董事会制度、监事会

制度和经理层制度。要建立规范的目标管理制度、财务管理制度、人力资源管理制度、技术管理制度、生产管理制度、购销管理制度等。

② 个性化原则。企业的工作制度还应有鲜明的个性。国有企业应坚持党委会制度、职代会制度。工作制度应该体现出行业特点、地区特点、企业特点。这样的工作制度才具有活力。

③ 合理化原则。企业的工作制度应该切合企业的实际,对企业现在的发展阶段而言,具有可行性、合理性。

④ 一致性原则。企业的工作制度应该相互配套,形成一个完整的制度体系。这些制度还应与企业核心价值观、管理模式、企业哲学相一致。

(2) 责任制度

大庆油田是我国企业中比较早地建立岗位责任制的大型企业,他们的做法引起了许多企业的重视。后来,大河钢厂继承和发展了大庆岗位责任制的经验,创建了内部经济责任制,从岗位经济责任制、专业经济责任制,进而发展到纵横连锁的企业内部经济责任制网格体系,较好地解决了企业和员工的关系。目前,各种形式的责任制度逐渐成为我国企业加强内部管理的重要制度,是构成企业制度体系不可缺少的一个方面。是否具备完善合理的责任制度,已经成为衡量企业管理水平高低的一个重要标准。

责任制度的基本做法是:按照责权利相结合的原则,将企业的目标体系以及保证企业目标得以实现的各项任务、措施、指标,层层分解,落实到单位和个人,全部纳入"包-保-核"的体系。企业内部的责任制度,无论有多少种具体形式,都离不开"包""保""核"三个环节,故这三个环节又被称为责任制度的"三要素"。

① 包——就是采取纵向层层包的办法,把各项经济指标和工作要求,依次落实到每个单位、每个部门、每个岗位、每名员工身上。包的指导思想是化整为零,其实质是把企业大目标分解为看得见、做得到的每名员工个人的责任指标,通过每个员工的努力,在实现责任指标的过程中实现企业目标。

② 保——就是纵向和横向实行互相保证,纵向指标分解后从下到上层层保证,横向把内部单位之间、岗位之间的具体协作要求,一件件落实到人。例如,河北衡水电机厂实行工序分解,一台电机的生产由几十道工序组成,由十几个车间负责。为防止工序脱节,该厂引入日本企业的"看板管理",既保证各道工序有明确的生产目标,又有效地保证了不同工序之间的有机联系,使企业内部的生产责任制度成为一个和谐的责任体系。

③ 核——就是对企业内部每个单位、每个岗位的每项"包""保"责任都要进行严格考核,并与其经济利益和奖惩挂钩。"核"是责任制度的动力机制,保证"包"和"保"落到实处。如果只有"包"和"保",而无"核"的环节,包和保都会毫无意义,整

个责任制度也就沦为一纸空文。

企业责任制度的设计应遵循如下原则：

① 责任分解要科学合理、公正公平。

② 注意发挥员工的主观能动性。

③ 正确处理"包－保－核"的关系。

④ 正确处理责、权、利三者的关系。

2. 企业特殊制度设计

特殊制度是企业文化建设发展到一定程度的反映，是企业文化个性特色的体现。与工作制度、责任制度相比，特殊制度更能体现企业文化的理念层要素。不同企业在实践中形成了不同的特殊制度，要简单地概括特殊制度设计的一般原则和方法是非常困难的，因此这里只能选取一些有代表性的特殊制度加以介绍。

(1) 员工民主评议干部制度

这一制度不但在国外一些先进企业里有，而且是我国许多国有企业或国有资产占主导地位的企业共有的一些特殊制度。其具体做法是定期由员工对干部、下级对上级进行评议，评议的结果作为衡量干部业绩、进行奖惩及今后升降任免的重要依据之一。

民主评议的内容主要包括工作态度、工作能力、工作作风、工作成效等几方面。根据不同企业和干部岗位分工的实际，评议内容可以提出更明确具体的项目。民主评议一般采取访谈、座谈、问卷调查等形式，其中无记名的问卷形式较能准确客观地反映员工的真实看法。对于民主评议的结果，尤其是反映普遍不佳的干部，应该进行实事求是的、认真的分析，因为有些干部坚持原则、敢讲真话、敢于要求，往往因此得罪人而不能得到很好的评议结果。

干部接触最多的是下级干部和普通员工，对干部进行民主评议的结果往往能比较全面地反映一名干部的真实能力和表现。员工民主评议干部，是群众路线在企业管理工作中的集中体现。

(2) 干部"五必访"制度

"五必访"制度在一些企业里也叫作"四必访""六必访"，指企业领导和各级管理人员在节假日和员工生日、结婚、生子、生病、退休、死亡时要访问员工家庭。

被誉为"国有企业优秀带头人"的吉林化纤集团总经理傅万才，三次前往医院探望得了尿毒症的员工刘桂芝。病榻上的刘桂芝哽咽地说："您多次来看我，太关心我了，想再看你一眼。"她接着颤抖地说："我快要走了，扔下两个孩子放心不下，希望您能够把他们安排好。"傅万才说："你放心吧，我一定安排好。"

全国"五·一"劳动奖章获得者、河北衡水电机厂厂长吕吉泽在每一名员工过生日的那天，都亲自把定做的蛋糕送到员工手中，他还和企业的其他领导同志在员工生病住院、婚丧嫁娶等时候登门道贺或慰问。

像吉林化纤集团、河北衡水电机厂一样,"五必访"制度体现了以人为本的管理思想,是感情激励的一个重要组成部分,是员工之间真诚关心、团结友爱的表现,对增强企业凝聚力有着十分巨大的作用。

(3)员工与干部对话制度

干部与员工之间通过对话制度,相互加强理解、沟通感情、反映问题、交换意见、增进信任,是企业领导和各级干部与员工之间平等相待的体现,也是直接了解基层情况、改善管理的有效措施。

在不同企业中,对话制度有不同的具体形式,常见的有:①企业领导干部定期与员工举行座谈会的制度;②厂长(经理)接待日制度;③厂长(经理)热线电话制度;等等。很多企业都在这方面采取了一定的措施,建立了必要的制度。如有的企业老总在每年年底都要亲自和每一位员工单独谈话一次,时间短则半小时,长则一两小时,分别听取员工一年的工作体会和对企业工作的意见建议,并充分肯定每个人的优点,指出其不足和努力的方向。这样的交谈,缩短了员工和总经理的距离,大大增强了员工对企业的归属感,激发了员工更加努力上进、做好工作的内在动力。

(4)其他特殊制度

以上只是介绍了一些常见的特殊制度。企业在自己的核心价值观和经营管理理念的指导下,可以设计出更多、更有效的特殊制度。海尔公司的"日清日高"制度,也叫作"OEC法",实际上是日考核制度。这个制度与众不同,却卓有成效,它确保了高质量、高效率,集中体现了海尔"追求卓越"的企业精神,和"零缺欠"的质量理念。如今,"日清日高"制度成为海尔文化中最具特色的内容,也成为海尔核心竞争力的重要组成部分。

企业在设计特殊制度时,既要高屋建瓴,又要脚踏实地,这样才能收到实效。

3. 企业风俗设计

企业风俗是企业长期相沿、约定俗成的典礼、仪式、习惯、节日、特色活动等。由于企业风俗随企业的不同而有所不同,甚至有很大差异,因而成为区别不同企业的显著标志之一。尽管一些企业风俗并没有在企业形成明文规定,但在企业制度行为体系中占有很重要的地位,对员工和员工群体有很大的行为约束和引导作用,往往被称为"不成文的制度"。

(1)风俗的类型、特点及作用

由于分类标准的不同,可以将企业风俗划分为下列不同类型。

按照载体和表现形式可以划分为风俗习惯和风俗活动。企业风俗习惯是指企业长期坚持的、带有风俗性质的布置、器物或是约定俗成的做法。例如,有一些企业每逢年节都要在工厂门口挂上灯笼(彩灯)、贴上标语或对联、摆放花坛。风俗活动则指带有风俗色彩的群众性活动,如一年一度的团拜会、歌咏比赛、运动会、春游等。

按照是否企业特有可分为一般风俗和特殊风俗。一些企业由于行业、地域等关系而具有相同或相近的企业风俗,这些相同或相近的企业风俗就是一般风俗,如厂庆、歌咏比赛就是许多企业共有的。特殊风俗是指企业独有的风俗,如20世纪80年代郑州亚细亚商场每天早晨在商场门前小广场举行的升旗仪式及各种表演,引起了不小的轰动。

按照风俗对企业的影响可以分为良好风俗、不良习俗和不相关风俗。良好风俗指有助于企业生产经营以及员工素质提高、人际和谐的企业风俗,我们前面提到的多数企业风俗都是良好风俗。不良习俗是指对企业或员工带来不好影响的企业风俗,如个别企业赌博盛行。不相关风俗对企业的生产经营和员工没有明显的好或不好的影响。正确区分以上三种类型,对于设计企业风俗是很重要的。

企业风俗具有非强制性、习惯性、可塑性、包容性和程式性等特点。良好的企业风俗,有助于企业的发展,有助于企业文化的建设和企业形象塑造。其具体作用体现如下:

引导作用——良好的企业风俗是企业理念的重要载体。在风俗习惯造成的氛围中或参加丰富多彩的风俗活动,员工可以加深对企业理念的理解和认同,并自觉地按照企业的预期做出努力。

凝聚作用——企业风俗能够长期形成,必然受到多数员工的认同,是员工群体意识的反映,这种共性的观念意识无疑是企业凝聚力的来源之一。设计和建设企业风俗,对增强员工对企业的归属感、增强企业向心力和凝聚力有着很积极的作用。

约束作用——企业风俗鼓励和强化与其相适应的行为习惯,排斥和抵制与之不相适应的行为习惯,因此对员工的意识、言行等起着无形的约束作用。在企业风俗的外在形式背后,深层次的内在力量是员工的群体意识和共同价值观,它们更是对员工的思想、意识、观念具有超越企业风俗外在形式的巨大影响。

辐射作用——企业风俗虽然只是企业内部的行为识别活动,但却常常通过各种传播媒介(特别是员工个体的社交活动等)传播出去,其外在形式与作为支撑的内在观念意识必然会给其他企业和社会组织带来或多或少的影响。这种影响就是企业风俗辐射作用的直接反映。

认识企业风俗的性质与作用,对于正确地进行企业风俗的设计提供了基本依据。

(2) 企业风俗的影响因素分析

企业风俗在萌芽和形成的过程中,受到来自企业内外的复杂因素影响。这些因素对不同企业风俗的影响角度不一样,但都在不同程度地发挥着各自特有的作用。

① 民俗因素

是指企业所在地民间的风俗、习惯、传统等,它们在当地群众中具有广泛而深刻的影响。许多企业风俗都是来自民俗(常常要经过必要的改造),或是受到民俗的启发而形成。比如,一些北方企业有在新年到来时给办公室、车间贴窗花的风俗,显然就是来自北方老百姓剪窗花的民俗。民俗有时还能够改变企业风俗,例如企业从一个地方搬迁到另一个地方,就可能改变一些企业风俗以适应新地方的民俗。

② 组织因素

企业风俗一般限在一家企业范围内,参与者又几乎以本企业员工为主,因此企业或企业上级组织对企业风俗有决定性的影响。组织因素可以促使一个新的企业风俗形成,也可以促使改变,甚至促使其消亡。中华人民共和国成立以来,许多企业风俗都是在组织因素的作用下长期坚持而逐渐巩固,并最终形成。组织因素对企业风俗的影响,主要是企业理念的主导作用,有时也辅以行政力量的调控作用。例如,政府部门组织下属企业进行的劳动技能比武,后来就成为不少国有企业的一项风俗。

③ 个人因素

企业领导者、英雄模范人物、员工非正式团体的"领袖"等人由于在企业生活中具有特殊的地位,他们的个人意识、习惯、爱好、情趣、态度常常对企业风俗有着较大的影响。个人因素中企业领导者的影响尤为显著,领导者的提倡、支持或积极参与可以促进企业风俗的形成和发展,领导者的反对或阻止可能导致企业风俗的消失,领导者的干预则可以使得企业风俗改变。因此,企业领导不应忽视企业风俗,而要在企业中倡导良好风俗、改造不良习俗,并努力把企业理念渗透到其中。

(3) 企业风俗的设计、培育

企业风俗的设计和培育,其实包括两方面内容,一是设计和培育新的企业风俗,二是对现有风俗的改造。在一般企业里,要么还未形成比较成熟的企业风俗,要么企业风俗并无明显的优劣高下之分。在这样的情况下,企业主动地设计和培育优良风俗就显得特别重要,但也要遵循循序渐进、方向性、间接引导和适度原则。

无论何种表现形式,优良的企业风俗都应该具有一些共同的特点:

① 体现企业文化的理念层内涵。企业文化理念层是制度行为层的灵魂,符合企业最高目标、企业精神、企业宗旨、企业作风、企业道德的企业风俗往往是由比较

积极的思想观念意识作为软支撑,有助于培养员工积极向上的追求和健康高雅的情趣。例如,江苏一家以制造文化用品为主的乡镇企业,把培养高文化品位作为企业目标,于是该企业大力倡导和积极鼓励员工开展各种读书、书法画画、诗歌欣赏等活动,后来逐渐形成了一年一度的中秋文化之夜的企业风俗,企业员工及家属子女都踊跃参加。这一企业风俗就很好地反映了企业理念。

② 与企业文化制度行为层要素和谐一致。企业风俗是联系企业理念和员工意识观念行为习惯的桥梁,它和企业各种成文的制度一样,对员工起着一定的约束、规范、引导作用。这就要求企业风俗和企业的各项责任制度、工作制度、特殊制度保持和谐一致,互为补充、互相强化,以更大的合力为塑造良好企业形象发挥作用。

③ 与企业文化符号层相适应。无论企业风俗形式还是风俗活动,都必须建立在一定的物质基础之上。而企业文化符号层无疑是企业风俗最基本的物质基础,对企业风俗的形成和发展具有很大的影响。

为便于掌握,下面举例一些优良的企业风俗供参考:

月亮节——元旦时老总与职工、家属聚会联欢(河北某公司);

生日晚会——每月最后一个周末,当月过生日的职工与公司领导聚会(广东某公司);

奥林匹克运动会——一年一度的发奖大会,借用体育场举办(美国某公司);

朝会——每天早晨全体员工集会,升旗,公司领导讲话,员工背诵文化信条等(日本、韩国的一些企业)。

(4) 对现有企业风俗的改造

一般而言,当企业领导者和管理部门感受到企业风俗的存在、认识到它的作用时,企业风俗肯定已经在企业中基本形成,甚至完全形成了。业已存在的企业风俗往往有优劣高下之分,同一企业风俗中也有积极面和消极面之分;同时,由于企业风俗是企业在长期发展过程中自发形成的,其中每一种风俗都必有其萌芽和发展形成的主客观条件,当企业内外环境不断变化时,企业风俗也会随之出现从内容到形式的部分甚至全部不适应。因此,有必要主动进行企业风俗的改造,促进企业文化的建设。

改造企业风俗,首要前提是对企业风俗进行科学全面的分析。缺乏分析的改造,是盲目外加的主观意志,不但难以促使不良风俗向优良风俗转变、企业风俗的消极因素向积极因素转化,而且可能适得其反。对现有企业风俗的分析,应坚持三个结合:结合企业风俗形成历史,正确地把握企业风俗的发展趋势和未来走向;结合企业发展需要,不仅考虑企业的现实需要,而且要结合企业的长远需要;结合社会环境,从社会的宏观高度来考察和认识企业风俗的社会价值和积极的社会意义。

改造企业风俗，关键在于保持和强化优良企业风俗及其积极因素，改造不良风俗及其消极因素。根据企业风俗中积极因素和消极因素构成的不同，主要有四种不同方法：

① 扬长避短法。指采取积极的态度影响和引导企业风俗扬长避短、不断完善。这一般用于巩固和发展内外在统一、基本属于优良范围的企业风俗。

② 立竿见影法。指运用企业正式组织力量对企业风俗进行强制性的干预，使之在短期内按照企业所预期的目标转化。这种办法一般用于对内在观念积极，但外在形式有缺乏或不足的企业风俗。

③ 潜移默化法。指在企业正式组织的倡导和舆论影响下，通过非正式组织的渠道对企业风俗进行渗透式的作用，经过一段较长的时间逐步达到企业预期的目标。这种办法一般用于外在形式完善、内在观念意识不够积极但尚不致对企业发展产生明显阻碍或不良作用的企业风俗。

④ 脱胎换骨法。指运用企业的正式组织和非正式组织共同的力量，对企业风俗从外在形式到内在观念都进行彻底的改变或使之消除。这是对待给企业发展造成明显阻碍的、封建落后的不良习俗所必须采取的办法。

4. 员工行为规范设计

在同一个企业之中，所有员工应该具有一些共同的行为特点和工作习惯。这种共性的行为习惯，一部分是广大员工在长期共同工作的过程中自发形成的，一部分则是企业理念、企业制度和风俗长期作用的结果，从员工总体上看尚处于不自觉的阶段。这种共性的行为习惯越多，内部的沟通和协调越容易实现，对于增强企业内部的凝聚力、提高整个企业的工作效率都会产生非常积极的影响。一些重视管理的企业看到了共性行为习惯的重要性，有意识地提出了员工在共同工作中行为和习惯的标准——员工行为规范。

(1) 员工行为规范的主要内容

根据企业运行的基本规律并参考很多企业的实际，我们认为无论是什么类型的企业，从仪表仪容、岗位纪律、工作程序、待人接物、环卫与安全、素质修养等几个方面来对员工提出要求，大概是必不可少的。

① 仪表仪容

这是指对员工个人和群体外在形象方面的要求，它可再具体分为服装、发型、化妆、配件等几方面。从实际情况来看，新员工在企业的成长变化是一个从"形似"（符合外在要求）到"神似"（具备内在品质）的过程。而要把一名员工培养成为企业群体的一员，最基础、最易达到的要求就是仪容仪表方面的规范。因此，从企业形象的角度来看，对仪容仪表的规定往往被企业作为员工行为规范内容的第一部分。

② 岗位纪律

这里所讲的岗位纪律一般是员工个体在工作中必须遵守的一些共性的要求，其目的是保证每个工作岗位的正常运转。纪律是胜利的保证，严格合理的工作纪律是企业在严酷的市场竞争中不断取胜、发展壮大的根本保证。岗位纪律一般包括作息制度、请销假制度、保密制度、工作状态要求和特殊纪律五方面。

③ 工作程序

这是对员工与他人协调工作的程序性的行为规定，包括与上级、同事和下属的协同和配合的具体要求。工作程序是将一个个独立的工作岗位进行关系整合，使企业成为和谐团结的统一体，保证企业内部高效有序地运转。

④ 待人接物

由于现代企业越来越多地受外部环境的影响，企业对外交往活动的频率、形式和内容都因此有较大增加，对员工待人接物方面的规范性要求不仅是塑造企业形象的需要，而且也是培养高素质员工的必要途径之一。待人接物规范涉及的内容比较复杂，主要包括礼貌用语、基本礼节、电话礼仪、接待客人、登门拜访等方面。

⑤ 环境与安全

环境方面。企业在环境保护方面对员工提出一定的要求，不仅有利于营造和维护企业的良好生产、生活环境，而且对于塑造良好的企业视觉形象有直接帮助。保护环境规范主要有办公室、车间、商店、企业公共场所方面的清洁卫生以及保护水源、大气、绿化等要求，需要根据企业实际需要而定。

安全方面。根据马斯洛的需要层次理论，安全需要是员工基本的需要之一，维护企业生产安全和员工生命安全是一项重要的工作内容。因此，在这方面对员工行为提出要求，帮助大家树立安全意识也是员工行为规范应该包含的部分。针对不同企业的情况，安全规范有很大的差别。例如，交通、运输、旅游等行业一般提出安全行车要求，而化工企业则对有害化学物品的管理和有关操作程序有严格规定，电力行业则对电工操作、电气安全有相应规范。

⑥ 素质与修养

提高员工的技术水平、工作能力和全面素质，是企业的重要目标之一。企业除了采取短训班、培训班、研修班、讲座、进修等措施，建立必要的培训制度之外，必须激发广大员工内在的学习提高的积极性。因此，许多有远见的企业在员工提高自身素质与修养方面作出了相应的规定，并纳入员工行为规范之中。

对员工在这方面的要求，参加学习培训比较明确具体，其他要求则一般相对"虚"一些，应根据企业发展目标和员工实际素质作出合理的规定。

（2）员工行为规范案例分析

员工行为规范的制定，一般是由企业某个部门根据企业实际拟出初稿，在规范征求意见后加以修改并颁布试行,在试行的基础上再最后定稿,作为企业的重要制度。对员工行为规范的修改是其中一个重要的环节,这里我们举例进行分析和说明。

《××公司员工行为规范(暂行稿)》(××为企业名称)

前言

先辈世代繁荣的梦想,民族振兴的希望,时代的革命精神,我之义不容辞的责任,铸造了××人。

××人应贯彻以结果为导向的目标责任制;为达此目标的双向沟通应不拘泥形式与级别;要实行严格的工作纪律,没有纪律任何目标都难以有效实现,商场如战场,如果没有纪律,就不可能胜利;我们鼓励员工不断改进工作,不断创新,勇于尝试风险,任何经过策划的试验失败了,都不会受到指责;我们坚持干一行、爱一行,人人都要实事求是定位自己;我们看重的是工作绩效,注重工作质量,品质永远是企业的生命线;我们任何时候都是为别人服务的,工作的目的就是为了推进到下一道工序。公司的最后一道工序是客户,因此要永远尊重您的客户,虚心听取下一道工序的批评。

第一条 爱祖国,爱人民,爱公司。
- 不得在任何场合有任何有辱民族自尊的言行,遵守国家法律法规。
- 在公司内外都要注意维护公司形象。

第二条 以奉献的精神,为广大客户提供热情的咨询服务、高度的信誉、高质量的产品,要不断主动地去了解客户的需求、不满、愿望,并努力使他们满意。
- 对客人要礼貌、热情、耐心,相关工作部门要主动服务,不可有过激的言行。
- 对客人不可夸大其词、随意承诺,要言而有信。
- 售后服务要细心,对客户的合理要求要尽量满足,合理收取费用;对不能满足的要做出解释。耐心倾听客户的投诉,找出事情发生的原委,并迅速解决。

第三条 团结协作,集体奋斗。
- ××人必须奉行集体奋斗的原则,胜则举杯相庆,败则拼死相救。
- 任何个人的利益都必须服从集体的利益,将个人努力融入集体奋斗中。
- 任何科研、市场、信息的成果归集体所有,相关工作人员皆可享用。

第四条 尊重与沟通
- 尊重知识,尊重人才,尊重个人尊严。
- 与同事之间要和谐相处,不可恶言相向。
- 干部与下属要不断沟通,坦言相告。
- 不可诋毁同事的声誉,不可讥讽他人的成功。

- 对人对事应坦诚、公正、客观。

第五条　开放胸怀，博采众家之长，兼收并蓄。
- 不断学习国内外有益于××发展的经验和技术，加快××发展的步伐。
- 不搞封闭的小圈子。
- 勇于承认错误并改正。

第六条　遵守公司制定的各项规章制度。
- 各级干部以身作则。
- ××人必须同时遵守国家法规。违犯国家法律或严重违反公司规定将会受到严厉处分。
- 上班时间佩带工作卡。

第七条　品德高尚。
- 不得利用工作机会和便利谋求私利，假公济私，贪污腐化。
- 任何时候都要以公司利益和效益为重，个人服从集体。
- 外事、公关活动要严格遵守相关纪律。一切涉外活动更要审慎，严格把关。
- 对决定离职的人，可通过正常程序办理手续，不可鼓动别人一起离职而损害公司利益。
- 不得从事第二职业。
- 不应攻击同行，应在高层次上竞争。

第八条　电话礼仪。
- 接听电话要迅速、热情礼貌、语气温柔。对于打错的电话要耐心说明或转告相关人，切勿生硬回绝，影响公司形象。重要事情要用书面答复并作记录，不得在电话中答复了事。
- 电话中的言语要简练，不要长时间地占用电话而影响工作效率和下一个来话的接听。
- 打私人长途要按规定使用个人密码，不能使用密码的地方，要自己记录并扣除费用。绝不容许上班时间私人通话。一天之内接听私人电话不超过三分钟。

第九条　工作认真，一丝不苟，不断寻求高效益。
- 每天提前五分钟到达工作岗位，清洁办公桌面卫生和办公室环境，做好进入工作状态的准备，上班不许看无关书刊及报纸。
- 下午推迟五分钟下班，清理收拾好文件、办公用品，并清洁周围环境，保持良好状态。
- 领导交办的事情要认真处理，并及时进行汇报；事情发生变化或遇到困难时要尽快与领导商量，切勿因疏忽而造成重大损失。

- 对本职工作要尽职尽责。对其他部门的工作可以提出建设性的建议,但不可指手画脚、越俎代庖。
- 开会不迟到。确实不能参加会议时,应提前告诉会议召集人。
- 召集会议应提前发书面通知,说明开会时间、地点、会议议题和结束时间,并确保通知到参加者。

第十条　注意实行相关技术和文件的保密。
- 不随意向外人谈论公司机密。
- 不随处丢放公司文件、内参和机密性技术文件。
- 机密性文件的销毁要用碎纸机。

第十一条　勤俭节约,反对浪费。
- 节约从自己身边开始。
- 草稿纸可两面用,废的复印纸、打印纸皆可作为草稿纸。
- 饭菜要适量。
- 节约各种无形成本,反对浪费资源。

第十二条　保护环境卫生。
- 办公室的垃圾要自动丢入垃圾桶,保持办公室的整洁卫生,保持厕所的公共卫生。
- 不随处乱扔垃圾。
- 办公场所不得吸烟,不能喝茶。
- 饭后将餐具送回厨房,自己清洁垃圾。
- 遵守社会公德。

第十三条　不断学习,积极进取。
- 要以主人翁的态度,保持高度的热情,投入到每一项工作中去。
- ××人不但要适应现阶段的发展,更要考虑到未来的需要。
- 艰苦奋斗,勤奋好学,自强不息。
- 要勇于推荐和培养比自己强的人。

第十四条　言行得体,仪表大方。
- 个人的言行举止代表公司形象。
- 衣着整洁大方,不得在办公室场所着无袖衣、背心、超短裙,化装要淡雅,上班不穿高跟鞋。
- 相互礼让,排队就餐,上车时不为别人占座。
- 上班时间不许闲聊,交谈应去会议室。

分析《××公司员工行为规范(暂行稿)》(为叙述方便,以下均简称《规范》),可以从整体结构、内容覆盖面、针对性、可行性、可操作性、文字表述等几个方面来看,再把优点和不足分别集中归纳在一起。

该《规范》的主要优点是：①内容较为全面。根据前面的介绍,仪容仪表、岗位纪律、工作程序、待人接物、环卫与安全、素质修养等几个方面要求在《规范》的14条中均有涉及,具体的叙述也比较详尽。②比较有针对性。该公司是高技术企业,员工平均学历在大学本科以上,《规范》中强调服务意识、集体奋斗、尊重与沟通、技术保密等都是非常有针对性的。③前言提纲挈领。短短两段话高度概括了企业理念和一些基本原则,为整个《规范》奠定了很坚实的基础。④部分规范概括得较好,如"胜则举杯相庆,败则拼死相救""与同事之间要和谐相处,不可恶言相向"等。

由于是暂行稿的原因,可以看到该《规范》存在的问题似乎也不少：

① 条理不够清晰,结构较为混乱。一是条目排列缺乏逻辑顺序,全文显得杂乱无章;二是各条之间的内容不相当,如"第七条 品德高尚"与其他若干条应该不是并列的关系;三是各条规范之间有交叉,如第五条中"不搞封闭的小圈子"、第七条中"任何时候都要以公司利益和效益为重,个人服从集体"均与第三条有重复之嫌。

② 把一些不属于行为约束的公司原则列入了具体条目之中。如,"品德高尚"显然不是行为规范的内容。又如,第四条中"尊重知识,尊重人才,尊重个人尊严"及第十三条中"艰苦奋斗,勤奋好学,自强不息"当属企业理念范畴,而不应列在对行为的要求里。

③ 部分条目文不对题。例如,第八条中"打私人电话……"显然不是电话礼仪,而是工作纪律方面的要求。又如,第十一条的内容完全看不出对"勤俭"的"勤"有什么具体规定。再如,"遵守社会公德"也不适合放在"第十二条 保护环境卫生"里面。第四条、第五条、第九条、第十三条、第十四条等都存在类似问题。

④ 个别条目规定缺乏充足理由。例如,第十二条中"不能喝茶"就是很罕见的规定,不知是出于什么原因？又如,第九条规定员工"提前"和"推迟"5分钟下班,等于变相延长了劳动时间,这作为对全员的要求是不合理的。再如,第六条中"违犯国家法律……将会受到严厉处分",这种叙述是站不住脚的。

⑤ 多处在遣词造句上有待斟酌。如第五条"兼收并蓄"与博采众家之长是有很大区别的,而且学习他人也不应该兼收并蓄,而应该批判地、有选择地吸收。又如,第七条中"对决定离职的人",似乎"对"字不要为好。再如,第八条中"语气温柔"、第十二条"保持厕所的公共卫生"均属于用词或搭配不当。

⑥ 有些要求不适合普通员工。如第四条"尊重知识,尊重人才,尊重个人尊严""干部与下属要不断沟通,坦言相告",第六条中"各级干部以身作则",这内容应作为干部(管理人员)的规范。

按照扬长避短的原则,对上述"暂行稿"进行认真修改,得到一份较好的《员工行为规范》是不难的。

(3) 员工行为规范的设计原则

要成功地设计员工行为规范,下列原则是应该是被充分考虑的。

① 一致性原则

一致性是指员工行为规范必须与企业理念要素保持高度一致并充分反映企业理念,成为企业理念的有机载体;行为规范要与企业已有的各项规章制度充分保持一致,对员工行为的具体要求不得与企业制度相抵触;行为规范自身的各项要求应该和谐一致,不可出现自相矛盾之处。坚持一致性原则,是员工行为规范存在价值的根本体现。

② 针对性原则

这是指员工行为规范的各项内容及其要求的程度,必须从企业实际,特别是员工的行为实际出发,以便能够对良好的行为习惯产生激励和正强化作用,对不良的行为习惯产生约束作用和进行负强化,使得实施员工行为规范的结果能够达到企业预期的改造员工行为习惯的目的。

针对性的另一层含义是对不同的职务类型,制定不同的行为规范,如"领导干部行为规范""中层经理行为规范""生产人员行为规范""销售人员行为规范""研发人员行为规范""办公室文员行为规范"等。

③ 合理性原则

这一原则指出,员工行为规范的每一条款都必须符合国家法律、社会公德,即其存在要合情合理。研究一些企业的员工行为规范,常常可以看到个别条款或要求显得非常牵强,很难想象企业为什么会对员工提出这样不合理的要求,也就更加难以想象员工们是怎么会用这样的条款来约束自己的。坚持合理性原则,就是要对规范的内容进行认真审读,尽量避免那些看起来很重要但不合常理的要求。

④ 可操作性原则

行为规范要便于全体员工遵守和对照执行,其规定应力求详细具体,这就是所谓的可操作性原则。如果不注意坚持这一原则,规范要求中含有不少空洞的、泛泛的提倡或原则甚至口号,不仅无法遵照执行或者在执行过程中走样,而且也会影响整个规范的严肃性,最终导致整个规范成为一纸空文。

⑤ 简洁性原则

尽管对员工行为习惯的要求很多,可以列入规范的内容也很多,但每一个企业在制定员工行为规范时都不应该面面俱到,而要选择最主要的、最有针对性的内容,做到整个规范特点鲜明、文字简洁,便于员工学习、理解和对照执行。如果一味追求"大而全",连篇累牍,洋洋洒洒,反而不具实用价值。同时,在拟定文字的时候,也要用尽可能简短的语言来表达。

三、企业文化符号层设计

在企业文化的三个层次中,符号层(器物层)是最外在的层次。人们认识一个企业的企业文化,往往首先感受和了解到的是它的符号层内容。

符号层在企业文化中具有重要作用,特别是它与理念层之间存在着辩证关系。一方面,符号层是企业文化的物质载体。正是由于有符号层的物质基础作用,人们可以认识和了解企业文化的理念层、制度行为层。没有这种物质载体,企业理念就成了虚无缥缈、无法把握的东西。另一方面,符号层是企业文化的物化形态,即指从物质形态中折射出来的经营哲学、企业精神、工作作风和审美意识等企业理念,而不是具体物质形态本身。企业理念通过企业物质形态向外折射,就是企业理念的外化过程;而企业理念外化的结果,就构成了企业文化的符号层。如果没有企业文化理念层作为核心和灵魂,符号层就像没有生命的躯壳,毫无生气。正确把握两者的辩证关系,是企业文化符号层设计的重要前提。

企业文化符号层的内容非常丰富,本章将主要介绍企业标志、企业环境、企业旗帜(服装、歌曲)、企业文化体育设施和活动、企业文化用品、企业文化传播网络 6 个方面。

1. 企业标识设计

企业标识通常指企业名称、企业标志、企业标准字、企业标准色四个基本要素以及各种辅助。企业标识是企业文化符号层的核心要素,也是构成企业视觉形象的基础,应该集中体现企业文化理念层的要求,充分传达企业理念。

(1) 企业名称设计

设计企业名称,是注册新企业时的必要步骤,也是老企业进行二次创业、塑造崭新企业形象的需要。

在计划经济体制下,我国企业名称通常以地名、数字编号或两者相结合的方式来确定企业名称,例如北京市第六百货商场、国营 853 厂;也有沿用中华人民共和国成立前老字号或带有浓厚时代色彩的名称,如同仁堂集团、红星拖拉机厂、英雄金笔厂等。改革开放以后,广大企业在经营实践中意识到企业名称对于树立企业形象、增强市场竞争力的重要作用。从 20 世纪 80 年代起,不少企业改革、改制的过程中纷纷更名,用富有内涵、个性鲜明的新名称代替旧名称,有力地推动了企业新战略的实施。

企业名称设计,不仅是确定用于工商注册的名称,往往还要同时确定汉语简称、英文名称(及缩写)以及国际互联网域名等。企业名称一般应具备下列特点。

① 个性:企业名称是构成企业的基本元素,是企业重要的无形资产,是一家

企业区别于其他企业的根本标志。企业名称一旦注册,便受到法律的保护。如今的山寨手机、饮料、服饰品牌等屡见不鲜,正是以假乱真、牟取暴利的仿造行为,应予以坚决制止。

② 名实相符:企业名称应该持实事求是、名实相符的原则,不但要与企业规模、经营范围等相一致,而且必须与企业目标、企业宗旨等企业文化要素相协调,切不可好大自夸、哗众取宠。例如,2004年联想公司正式从 Legend 更名为 Lenovo,其中 Le 取自原标识 Legend,代表着秉承其一贯传统,而 novo 取自拉丁词"新",代表着联想的核心是创新精神。

③ 民族性:中国企业置身于民族文化的土壤,并从中获得继续发展的强大动力,因此,设计企业名称应充分体现民族特点。TCL 集团是我国的家电企业,但由于名称关系,开始一度被误认为是外资企业。同方股份作为清华大学创办和控股的高科技企业,其名称"同方"来源于《诗经》,意为"有志者同方",具有深邃的民族历史文化内涵。

④ 简易:简短易记是企业名称设计的另一原则。日本索尼公司原名叫"东京通信工业株式会社",其产品销往美国时,美国人很难把音调念准,公司创办人盛田昭夫从"福特"汽车简洁的名称中受到启发,于1958年将公司更名为 Sony(索尼),后成为家喻户晓的大公司。企业的中文名称应避免生僻字,英文名称则要注意便于拼读。美国的微软公司,德国的奔驰公司,日本的松下公司,中国的海尔公司、联想集团……都是很简洁、易读、易记的名称。

企业名称到底多长为宜?有关调查资料显示,4~6个字最容易记忆,而且还符合中文的句式特点和阅读习惯。当然在企业名称必须字数较多时,可以确定一个不会产生歧义的简称作为宣传之用,如同方股份有限公司简称"同方"。

(2) 企业标志设计

企业标志(Logo)是企业的文字名称、图案或文字图案相结合的一种平面设计。标志是企业整体形象的浓缩和集中表现,是企业目标、企业哲学、企业精神等的凝聚和载体。企业标志的重要功能是传达企业信息,当人们一见到某企业的企业标志时,就应该能够联想到该企业及其产品、服务、规模等有关的内容。因此,企业标志一旦经设计确定,应遵循艺术性、持久性、适应性等原则,确保企业标志相对固定。

企业标志一般被运用在企业广告、产品及其包装、旗帜、服装及各种公共关系用品中。它出现的次数和频度影响社会公众的接受程度,因此应该尽可能多地使用企业标志。企业标志的表现形式有很多种:

第一类是表音形式,即由企业名称的关键文字或某些字母组合而成。如美国商用机器公司(IBM)的标志是由公司名称中 international(国际的)、business(商业)和 machine(机器)三个英语单词的词首大写字母组成(图 5-4)。国内,有很多企业采用汉语拼音字母或者它们的缩写来构成企业标志,如春兰集团、长岭集团等。

第二类是表形形式,即由比较简明的几何图形或象形图案构成。图形本身具有一定含义,而且由于经过平面设计处理,形象感很强。例如,上海浦东发展银行的企业标志(图 5-5)。其唯一的缺陷是往往不太容易让人把这个图形与企业名称联系在一起。因此,许多设计都把图形与企业名称同时使用,以弥补其信息传达的不足。

图 5-4 美国商用机器公司标志

图 5-5 上海浦东发展银行标志

第三类是把上述两类结合起来,即音形形式。此类标志兼有前述两种类型的优点,又在一定程度上避免了它们各自的缺点,因此往往受到设计师的推荐,并被比较多的企业采用。例如,中国银行(图 5-6)、大唐集团公司(图 5-7)以及摩托罗拉公司(Motorola)等许多企业的标志都属于这种类型。

图 5-6 中国银行标志

图 5-7 大唐集团标志

设计企业标志,无论是独立进行,还是纳入 CI 策划,基本上都遵循下列步骤。
第一步,明确设计目的,提出设计预案。
第二步,拟定设计要求,落实设计任务。
第三步,进行方案评价,确定中选标志。
第四步,企业标志定稿,进行辅助设计。

设计企业标志,除依靠专业人员以外,发动企业员工和社会公众参与设计是一个很好的创意,这不但能够集中群众智慧,而且使得新标志比较容易深入人心。国家统计局发动员工和社会各界设计企业标志,最后从大家的来稿中精选出一个创意深刻、特色鲜明、线条明快的图案标志。标志以汉字的"中"字作为整体造型,发挥了标志的识别作用。同时,标志又是英文字母"C"和"S"的变形,直接明了地体现了此标志为"中国政府统计局"(China Statistics)的标志。标志的内部形状为饼形图,暗含了行业的特征。以蓝色作为主体颜色,采用了渐变的手法,稳重中具有动感,同时又象征着国家统计走过的道路(见图5-8)。

图 5-8　国家统计局标志

商标是指企业为了把自己的产品与其他生产经营者的商品区别开来而在商品外表或包装上使用的一种标记。一个企业只有一种企业标志,但却可以有多种商标,因为商标是针对某一类商品而言的,可以给每一种商品注册一个不同的商标。当然,也可以所有产品采用相同的商标,这样便于用较少的宣传费用达到扩大商品影响的目的,这种情况下也有企业采用企业标志作为商标。无论是单一商标还是多种商标,也不管是否采用企业标志作为商标,但只要是商标,在设计上就必须符合独创性、合理性、特色性以及合法性,我国《商标法》中对此有明确的规定。

(3) 企业标准字设计

标准字是指将企业名称或品牌名称经过特殊设计后确定下来的规范化的平面(乃至立体)表达形式。标准字与企业标志及商标一样,能够表达丰富的内涵。同样的企业文化理念层和制度行为层,如果借助不同形式文字的视觉识别,就可能使人产生有差别甚至完全不同的理解,即形象差异。因此标准字一旦确定,不能随意改动,企业要在各种正式场合和传播媒介中广泛使用,以树立持久鲜明的企业形象。

宋体　　楷体　　新魏碑

黑体　　隶书　　仿宋体

图 5-9　汉字常用字体

研究早已表明:内容完全相同的文字,若采用不同的字体表达,会使人产生不同的联想和感受(图5-10)。首先,字体具有时间上的含义。甲骨文、篆书(大篆、小篆)、隶书、魏碑等字体表示历史久远,而宋体、仿宋、黑体等字体则预示现代、当代,有一些美术字则给人前卫的印象,代表流行、时髦或未来。其次,不同字体的轻重感、质感等也不相同。例如,隶书、魏碑、黑宋、琥珀体等字体笔画较粗,给人以沉重、凝重的感觉;而楷体、宋体、细圆等字体则让人觉得比较轻巧。又如,甲骨文具有龟甲、骨头粗朴的质感,隶书带着羽毛、麻、竹等质感,魏碑体则有石头、岩石的冷、重的质感，行书、草书具备纸张、绢绸等轻、软的质感。此外，字形及笔画构成不同也会形成正式与不正式的印象，宋体、黑体等让人感到比较正规、正式，而草书、行书、楷书则让人感觉比较随意。字体的上述不同视觉感受甚至还导致它们不同的感情色彩。

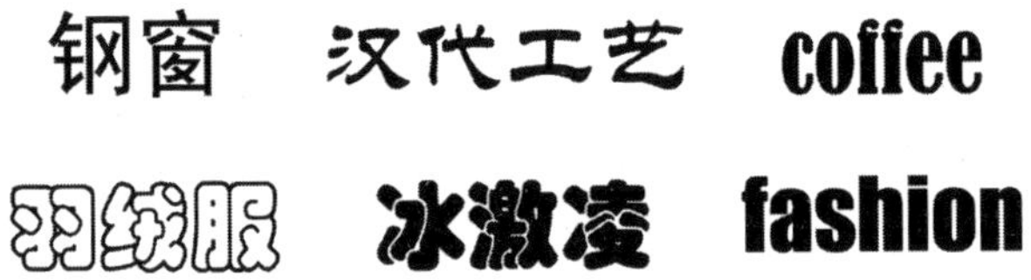
钢窗
汉代工艺
coffee
羽绒服
冰激凌
fashion

图 5-10　字体与产品印象

综合一些调查，学者发现企业名称、品牌名称等字体的不同，竟然会在公众心中留下商品种类的不同印象（见图 5-11）。例如，棱角分明、笔画粗重的字体，一般让人想到矿石、钢铁、机器以及其他重工业品；由纤细的曲线或长直线构成的字体，让人联想到香水、化妆品、时装以及纤维制品等；而笔画饱满、字形圆滑的字体，自然让人联想起糖果、糕点、玩具、香皂等儿童用品和食品。上述特征是中西文所共有的，也正是企业标准字设计时必须重视的因素。

China
unicom中国联通

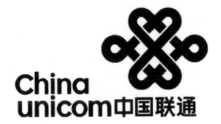

图 5-11　中国联通的标志与标准字

标准字设计，主要是确定它的书写形式。“写字”是一个看似简单的事情，但从企业形象设计的角度来讲，要“写”出反映企业特色的标准字却不是很容易的。通常要经过调查研究、征集设计方案、方案评估等阶段，而且还要注意掌握下述 4 条主要的原则。

（1）易辨性原则。字写出来就是要给人看的，如果标准字设计出来，大家都不认识或不容易看清楚，那就说明这是一个失败的设计。易辨性体现在三方面，一是要选用公众普遍看得懂的字体；二是要避免与其他企业，特别是同行业、同地区的企业具有似曾相识的标准字面孔；三是字体的结构清楚、线条明晰，放大很清楚，缩小也很清楚。

（2）艺术性原则。对视觉要素设计来说，艺术性都是很重要的，标准字也不例外。只有比例适当、结构合理、线条美观的文字,才能够让人赏心悦目。

(3) 协调性原则。标准字的字体要与它常常出现在其上的产品、包装等相适应,与企业产品或服务本身的特点相一致,也要与经常伴随出现的企业标志(或商标)等相协调。例如,中国联通的标准字与其标志配合得就比较和谐,很富有中国民族特色(见图 5-12)。

(4) 传达性原则。企业标准字是承载企业理念的载体,也是企业理念的外化,这就要求标准字设计要能够在一定程度上传达企业理念,而不能把设计工作作为一项孤立的内容,片面地追求某种形式上的东西。

(4) 企业标准色设计

企业标准色是指经过设计后被选定的代表企业形象的特定色彩。标准色一般是一种或多种颜色的组合,常常与企业标志、标准字等配合使用,被广泛应用于企业广告、包装、建筑、服饰及其他公共关系用品中。

有学者们研究发现,色彩还与人的味觉、嗅觉以及物体形状之间存在某些特殊联系(见表 5-3),这对企业文化符号层设计具有一定价值。

表 5-3 色彩与味觉、嗅觉、物体形状的关系

感觉		色彩
味觉	酸	从带黄色的绿到带绿色的黄等一系列色彩
	甜	从橘黄到带橙色的红色和从粉红到红色的系列色彩
	苦	褐色、橄榄绿、紫色、蓝色等色彩
	咸	灰色、白色、淡蓝、淡绿等色彩
嗅觉	香	紫色、淡紫、橙黄等类似香水或花卉具有的色彩
	辛香辣	橙色、绿色等
	芳香	高明度的、高纯度的色彩
	恶臭	暗的、不明朗及暧昧色彩
形状	固体、硬物	暗褐色、深蓝色、金属色等普通发暗的色彩
	液体	寒绿、青绿等色彩
	浓乳液	粉红色、乳白色等
	粉状物	黄色、土黄、浅褐色等

(资料来源:张德、吴剑平. 企业文化与 CI 策划[M]. 第四版. 北京:清华大学出版社,2013.)

由于色彩的不同感觉,它不但会使人产生各种不同的感情,而且可能影响从精神、情绪到行为的变化(见表 5-4)。

表 5-4 色彩的心理效应

色彩	感 情 倾 向
红色	生命、热烈、喜悦、兴奋、忠诚、斗争、危险、烦恼、残暴、红火
橙色	温馨、活泼、渴望、华美、成熟、自由、疑惑、妒忌、不安
黄色	新生、单纯、成熟、庄严、高贵、惊讶、和平、俗气、放荡、嫉妒
绿色	生长、胜利、和平、青春、活力、新鲜、安全、冷漠、苦涩、悲伤、环保
蓝色	希望、高远、温馨、和谐、安详、寂静、清高、深邃、孤独、神秘、阴郁
青色	神圣、理智、信仰、积极、深远、寂寞、怜惜
紫色	高贵、典雅、圣洁、温厚、诚恳、嫉妒
金色	华美、富丽、高贵、气派、收获、富足、庸俗
银色	冷静、优雅、高贵、神秘
白色	纯洁、清白、干净、和平、神圣、廉洁、朴素、光明、积极
黑色	庄重、深沉、坚毅、神秘、稳定、消极、伤感、过失、死亡、悔恨
灰色	谦逊、冷静、寂寞、失落、凄凉、烦恼

(资料来源：张德、吴剑平. 企业文化与 CI 策划[M]. 第四版. 北京：清华大学出版社，2013.)

世界上不同的国家和地区，由于受各自不同历史文化传统的影响，对色彩的象征意义有不同理解，因而喜好、禁忌也各不一样。了解、研究色彩的这种民族特性，选择有利于本企业的色彩，对于树立良好企业形象、参与国际竞争有很大好处(见表 5-5)。

表 5-5 部分国家和地区对色彩的喜爱和禁忌

国家和地区 \ 喜忌	喜 爱	禁 忌
德国	南部喜欢鲜艳的色彩	茶色、深蓝色、黑色的衬衫和红色的领带
爱尔兰	绿色及鲜明色彩	红、白、蓝色
西班牙	黑色	
意大利	绿色和黄、红砖色	
保加利亚	较沉着的绿色和茶色	鲜明色彩，鲜明绿
瑞士	彩色相间、浓淡相间色组	黑色
荷兰	橙色、蓝色	

续表

喜忌 国家和地区	喜 爱	禁 忌
法国	东部男孩爱穿蓝色服装,少女爱穿粉红色服装	墨绿色
土耳其	绯红、白色、绿色等鲜明色彩	
巴基斯坦	鲜明色、翠绿色	黄色
伊拉克	红色、蓝色	黑色、橄榄绿色
中国港澳地区	红色、绿色	群青、蓝、白色
缅甸	鲜明色彩	
泰国	鲜明色彩	黑色(表示丧色)
日本	红色、绿色	
叙利亚	青蓝、绿、红色	黄色
埃及	绿色	蓝色
巴西		紫色、黄色、暗茶色
委内瑞拉	黄色	红、绿、茶、黑、白表示五大党,不宜用于包装
古巴	鲜明色彩	
墨西哥	红、白、绿色组	
巴拉圭	明朗色彩	红、深蓝、绿等不宜用作包装
秘鲁		紫色(10月举行宗教仪式除外)

(资料来源:张德、吴剑平.企业文化与CI策划[M].第四版.北京:清华大学出版社,2013.)

了解了色彩所具有的特性基础上,企业进行标准色设计时应遵循3个原则:

① 充分反映企业理念。企业视觉形象识别的各个要素都必须围绕企业理念这个核心,充分反映企业理念的内涵,标准色也不例外。由于色彩引起的视觉效果最为敏感,因此恰当的标准色对于传达企业理念、展示企业形象具有更加突出的作用。例如,海尔集团采用蓝色作为标准色,容易使人联想到大海,进而把"海尔是海"那种阔步世界、争创国际名牌的企业目标联系起来,无疑是一个较为成功的范例。

② 具有显著的个性特点。色彩无论怎样变化,人眼可视范围无非赤、橙、黄、绿、青、蓝、紫和黑、白这么几种,因而标准色的重复率或相似率是极高的。因而,必须考虑如何体现企业的个性特点,既反映企业理念内涵,又尽量避免与同行业的重

复或混淆。可以考虑采用多种颜色作标准色,如新奥集团就是采用红、蓝二色;当然如果超过两种,就不宜都定为标准色了,而可以采用后面将提到的辅助色。

③ 符合社会公众心理。这主要是考虑色彩的感觉、心理效应、民族特性,以及公众的习惯偏好等因素。首先要避免采用禁忌色,使得公众普遍能够接受;其次是尽量选择公众比较喜爱的色彩。例如,富士胶卷采用绿色作为标准色,使人联想到生机盎然的大自然、森林、绿树等等,给人带来积极的心理感受。

(5) 企业辅助标识设计

企业标识,除企业的名称、标志、标准字、标准色等基本要素外,有些企业还往往采用一些辅助图案、辅助字、辅助色等辅助标识。

企业辅助标识的主要功能是配合基本要素,以突出和丰富企业的视觉形象。一方面,与基本要素配合使用,使企业标识基本要素在辅助标识的衬托下更加突出,例如有的企业在设计产品包装时,用辅助图案、辅助字构成以辅助色为基调的平面背景,在中心位置放置具有标准色的企业标志和标准字,既强调了基本要素,容易给人留下深刻的印象,又避免了构图的单调,使企业形象更加饱满。另一方面,辅助标识在某些场合单独使用,作为企业识别要素含蓄地传播企业形象。企业标志、标准字、标准色等一般用于很正式的场合,如果不顾环境气氛到处滥用企业标识的基本要素,有时反而有失庄重。因此,在一些非正式的、轻松的工余场合(如员工的休闲服、运动服、公文包、手袋、工具包等)或公共关系用品(如名片夹、名片册、手袋、公文包、领带等),有必要单独使用辅助标识,这样既能够起到宣传企业文化、塑造企业形象的作用,又与环境相协调。

由此可见,企业辅助标识一般用在休闲服饰、产品外包装、公共关系纪念品、宣传画(或海报)上。

在遵循企业标志和商标设计原则的同时,辅助图案设计还应注意与企业标志、商标图案和标准字等的搭配,并力求简洁,不致喧宾夺主。辅助字则可选择一些轻快的美术字体,笔画要稍细一点。辅助色在彩度、明度、饱和度等方面要低于标准色,这样才能既衬托出标准色,又不致产生太强烈的反差。

2. 企业环境设计

良好的企业物质环境,不但能够给置身其中的员工以美的享受,使他们心情舒畅地投入工作,而且能够充分反映企业的文化品位。因此,对企业物质环境的设计和改造,是企业文化符号层设计中不可忽视的内容。物质环境设计包括:企业所处的自然环境,建筑布局和建筑风格,厂房(车间、办公楼、商店)的装修和布置,建筑雕塑,等等。

(1) 企业自然环境与建筑布局设计

企业的自然环境与建筑的布局总是紧密地联系在一起的,企业建筑布局既是对自然环境的适应和利用，又对企业自然环境的影响和改造起着很明显的作用。

在企业内部，应该有一个与人类生理和心理需要相一致的环境，实现人与自然的和谐。创造这样的和谐环境，就是企业自然环境和建筑布局设计的根本目标。在此基础上，还要兼顾安全、经济、美化、生态与文化的诉求，因此企业环境设计应力求符合下列原则。

① 功能分区原则。把厂区按功能划分为若干不同区域，将用途和功能相同或相近的建筑集中在同一个区域内。如厂区与生活区，厂区中的办公区、工区，办公楼内的办公室、接待室、会议室，等等。在厂区与生活区的规划上，要注意平面布局的方位，在化工、炼油、冶金等企业中一定要把生活区放在上风口，以减少厂区烟尘对生活区的污染。

② 经济高效原则。建筑布局设计要尽量考虑工作环节的科学性和系统性，以提高生产效率、减少不必要的中间费用。例如，上下道工序的两个车间应该尽量靠近，这样可以有效降低中间产品在两个车间之间的搬运费用。

③ 整体协调原则。一方面是不同建筑之间、建筑与企业自然环境之间的协调，另一方面也要考虑企业的整个建筑与企业外部环境的协调。

④ 风格传播原则。建筑布局应力求体现企业的自身特点和风格，要努力避免照搬照抄其他企业或与其他企业雷同。这种特点和风格，反映了独具特色的企业文化。

(2) 厂房环境设计

厂房是指工业企业的生产车间及其辅助用房。这里的厂房设计，主要不是从建筑工程和结构工程的角度，而是从文化的角度来进行分析和介绍。生产力的主体是人，只有从文化的角度来进行厂房设计，才能促使人的主体与外在客体在心理上的和谐统一，促使管理学与美学有机结合，充分调动员工的劳动热情、激发其内在的创造能力。

① 厂房的布局设计

企业厂房在整个企业中的布局要符合前面已经讲过的目标和原则，以下重点介绍厂房的内部布局设计要求。一要符合技术和工艺特点。大到整个车间的布局，小到机器设备的安置，零部件、原材料的堆放，都必须有利于生产要素的结合，即符合科学技术和工艺过程的要求。二要符合员工的生理要求。在企业生产的人—机(器)系统中，人自始至终都处在核心的地位，这个系统应是以人为出发点的，通过改变劳动者与生产资料的相对位置来改善工作条件。三要符合员工的心理特征。必须重视厂房空间布局与员工心理需要的协调。总之，劳动对于员工而言不只是谋生的手段，而且是自我实现的手段，符合科学规律和人的生理、心理需要的厂房布局，可以体现一种和谐的理性美，还有利于工艺流程、提高生产效率。

② 厂房的色彩设计

不同色彩对人具有不同的生理和心理上的暗示,色彩协调的厂房空间会给员工带来美的享受,有助于激发他们的内在积极性、主动性和创造性。

工作空间色彩：首先要考虑光源,由于自然光最柔和,对人的视觉刺激最小,又有利于人体健康,因此厂房应尽可能双侧面(甚至多个立面)开窗及顶部开窗,以太阳光作为厂房的主要光源。其次要考虑色彩的反射性,一般来说厂房内部环境应采用反射性好、不易引起视觉疲劳的白色、绿色、黄绿色、蓝绿色等,而不宜选用红色、紫色、橙色等颜色。当然,根据工作性质、工厂地理位置、空间大小等不同,色彩的选择也会有一些不同要求。例如,东北地区的厂房、宽敞的车间应以暖色调为主,而南方的厂房、冶炼车间、狭小的空间则宜采用冷色调。

机器设备的色彩：与厂房内环境一样,机器设备是员工在工作中接触最多的,因而在色彩上其一要考虑人体生理和心理因素,许多工厂机器设备的主体颜色都是绿色、蓝绿色或蓝色等冷色调,以减轻员工的视觉疲劳和稳定其心理状态。当然,一些庞大的机器设备,可以适当提高色彩明度,以减轻压抑感和粗笨感。其二,机器设备的色彩要与整个空间环境的色彩相协调,如果车间四壁的颜色是浅绿色,机器外壳则宜为蓝绿色或深蓝色,这样既与工作环境相和谐,又给员工以沉稳感。其三,要突出机器设备上关键部位的颜色,开关、按钮、把手、操纵杆等宜采用与机器主体颜色有一定对比度的色彩,安全警示标志则要采用很醒目的黄色、红色、橙色等与环境色彩对比度很高的颜色。其四,机器设备工作面的色彩要求低明度、低反射率,色彩对比上要有利于提高对细微零件的分辨率,避免错觉带来的误操作。

③ 厂房的声学设计

声音是空气振动通过听觉器官作用于人的结果。声音通常分为噪音和乐音两类,乐音对人的生理、心理产生积极的影响,而噪音则会给人带来烦恼,甚至危害人的身心健康。因此,厂房的声学设计主要是控制和减少噪音污染,利用和发挥乐音的调节功能。

噪音控制。厂房里马达轰鸣、机床上金属切削铣磨发出的尖锐声音等,都是人们不希望听到的噪音,长期在这样的噪音环境中工作会引起听力下降、失聪等生理问题和焦虑不安等心理反应,因此控制和消除噪音是厂房声学设计的首要任务。根据声学原理,一般从控制生源和声音传播途径两个环节想办法。例如,改进机器设备本身以减少噪音的发生或强度,或在机器周围的墙上安装吸音材料以吸收噪音、减少反射。

音乐调节。在有些厂房内,适当播放音乐,可以使员工精神振奋、情绪昂扬、产生愉悦,使人敏感和灵活,既享受到劳动的快乐,又有助于提高工作效率。有实验证明,播放悦耳的音乐,白班、夜班的工作效率可分别提高6%和18%。当然,不是所有的厂房都适合于播放音乐,而且即使播放,在乐曲的选择和音量的掌握上都必须经过认真的研究。同是餐厅,麦当劳等快餐馆的音乐节奏较快,而仿膳等的音乐则比较悠缓。

④ 厂房的空气设计

厂房空气设计主要是从通风、温度和湿度三方面来考虑。保持良好的通风和适宜的温度、湿度,不但是为了保证产品质量等生产性要求,也是保护员工身心健康的需要。在化工厂、冶炼厂、炼油厂、纺织厂等企业,要减少和避免空气中有害物质对员工身体健康的威胁,保持厂房的良好通风是非常重要的;而在一些精密仪器、生物化学、制药等企业则对厂房内的空气温度、湿度有一些特殊的要求。

(3) 办公室环境设计

对于企业管理人员、行政人员、技术人员而言,办公室是主要的工作场所。办公室的环境如何、布置得怎样,对置身其中的工作人员从生理到心理都有一定的影响,并在某种程度上直接影响企业决策、管理的效果和工作效率。办公室设计主要包括办公用房的规划、装修,室内色彩灯光音响的设计,办公用品及装饰品的配备和摆设等内容。无论哪方面内容,都要确保经济适用、美观大方和独具品味的目标。根据目标组合,无论是哪类人员的办公室,在设计上不仅要符合企业实际与行业特点,还要符合使用要求与工作性质。

在任何企业里,办公室布置都因其使用人员的岗位职责、工作性质、使用要求等不同而应该有所区别。对于企业决策层的董事长、执行董事,或正副厂长(总经理)、党委书记等主要领导,由于他们的工作对企业的生存发展有着重大作用,因此,他们的办公室在设计时要做到相对封闭、相对宽敞、特色鲜明且方便工作,通过良好的日常办公环境确保决策效果、管理水平质量,也能反映企业形象。对于一般管理人员和行政人员,许多现代化的企业常采用大办公室、集中办公的方式,其目的是增加沟通、节省空间、便于监督、提高效率。

会议室、接待室(会客室)、资料室等作为办公的配套用房,也会因其不同的设计而对企业效率、员工心理带来不同的影响,企业也应酌情考虑。

(4) 商店环境设计

对各类综合性商场、仓储式超市、专营店(专卖店)等商业企业来说,商店设计的主要目的是为顾客创造一个良好的购物环境,使广大消费者不但能够在这里买到满意的商品,而且能够享受到购物的乐趣。商店设计必须坚持以顾客为中心的原则,处处尊重顾客、方便顾客、满足顾客。商店设计的目标、原则要符合安全、方便、舒适、美观四方面的要求。

3. 企业旗帜、服装、歌曲设计

企业旗帜、服装、歌曲等是企业文化符号层中最能引起人们感官注意,也最能够给人留下鲜明深刻印象的部分。重视企业旗帜、服装、歌曲等的设计，是建设独具特色的企业文化不可缺少的内容。

（1）企业旗帜设计

企业旗帜，通常指一家企业专用的旗帜，又俗称厂旗、公司旗。就像国旗是一个国家的象征，企业旗帜也是企业象征。

企业旗帜一般用于企业参加对外活动或者内部会议、集会、活动时，作为引导、展示、宣传，这是最主要的一个用途。作为企业的象征，用于企业广场、大门等重要场所每天悬挂，或者在公司内部的重要场所、办公室日常悬挂。也可印在企业员工的工作衣帽上，或其他一些需要的场合。

企业旗帜设计属于平面设计，关键是要突出企业文化的个性。设计时必须考虑下列内容：

① 企业旗帜的平面形状设计；

② 企业旗帜的图案和文字布局。

最简单的办法，就是把企业的标志或者名称的标准字，或者同时把两者按一定比例放在旗帜几何形状的适当位置。如果企业的标志比较复杂，或者名称字数较多，则不宜采用这种做法；否则，要么标志与名称较小看不清楚，要么在旗帜平面上占据的位置太大而不符合审美习惯。也有采用其他图案、线条配合企业名称字样或者企业标志的。

图案和文字的大小比例应当适中，至于是横向还是纵向布局则视具体情况而定。

③ 企业旗帜的色彩设计

一般而言，企业旗帜的色彩应尽量考虑采用标准色以及辅助色。例如，清华紫光就把清华大学的校色紫、白两色作为标准色，其旗帜有两种常用的色彩搭配：紫色的底色衬以白色的名称标准字，白色的底色衬以紫色的标准字。这种紫、白的搭配，不仅干净和谐，而且十分醒目。

④ 企业旗帜的规格和用料设计

企业旗帜的规格设计，就是平常说的确定尺寸大小。对任何企业而言，往往不是只有一种规格的旗帜，而是由很多种规格（尺寸）构成一个或者多个系列。这些规格一旦确定就往往固定下来，而不再随意变动。

企业旗帜的用料设计，就是确定旗帜使用何种材料来制作，也就是俗话说的确定旗帜的质地。过去通常使用棉布、化纤布（如的确良）、丝绸作为制作旗帜的材料，现在随着纺织技术的进步，有许多新型的化纤布料可以用来印制旗帜。

⑤ 企业旗帜悬挂方式的设计

作为企业的重要象征物，对企业旗帜的尊重也是对企业的尊重，因此除了设计和制作之外,对企业旗帜的悬挂方式作规定也是其设计全过程中不可缺少的环节。

企业旗帜的悬挂虽然不像国旗的悬挂规定那么严格,但通常也需要对悬挂和使用的场合、悬挂的方式、旗帜的规格提出必要的要求。

(2) 企业之歌设计

国有国歌,军有军歌,奥运会有会歌,不少企业也有自己的企业之歌。

企业之歌,又俗称厂歌、司歌,指一个企业专有的,反映企业目标、追求、精神、作风等的歌曲。企业之歌是企业文化个性的另一个鲜明体现。它通常都是合唱歌曲,通过很多员工集体歌唱,不但能够增强员工对企业的自豪感和归属感,从而增强企业的凝聚力和向心力,而且往往能够激发员工的责任感和自豪感,鼓舞他们积极进取,开拓创新。

企业之歌设计通常的做法是先确定歌词,再请人谱曲。也可以先有曲,如选择社会上广为流传的某段音乐(或者某首歌的曲调),再填词。不管何种方法,都要符合一些基本原则:

① 反映企业文化。企业之歌通常应该充分反映企业的目标、追求、精神、作风等企业文化的主要内容。这种反映虽然不要求面面俱到,但应该突出企业的核心价值观。如有一家企业以牛作为吉祥物,就把《耕牛之歌》作为企业之歌,借此颂扬吃苦耐劳、默默奉献的企业精神。

② 易学易唱。这是企业之歌的生命力所在。只有在广泛的反复的歌唱中企业之歌才能真正被广大员工所掌握和喜爱,成为企业文化的一道亮丽风景。如果广大员工不能很快学会,不能准确记住歌词,再好的歌词,再优美的旋律,也不会有什么价值。因此,歌词简洁的进行曲,是企业之歌最常见的形式。

③ 昂扬向上。无论歌词内容,还是音乐旋律,企业之歌都应该渲染一种积极健康、奋发向上的情绪。个别企业由于不注意这一点,请人写的企业之歌就像一些通俗歌曲一样,过于软绵绵,甚至有无病呻吟的味道,引起了员工和社会的反感。

2006年2月在中央电视台举办的首届形象歌曲音乐电视展播活动中,陕西法士特集团公司《法士特之歌》荣获最佳作词、最佳作曲、最佳企业形象三项大奖。《法士特之歌》的歌词如下:

"迎着明媚的阳光/我们法士特人豪情满怀歌声嘹亮/团结 务实 顽强 开拓/披荆斩棘我们由弱到强/挺立时代潮头/搏击时常风浪/高速旋转的法士特齿轮啊/传递给我们/做大做强的力量;

怀着远大的志向/我们法士特人昂首阔步奔向前方/团结 务实 顽强 开拓/改革发展我们百炼成钢/敢争世界一流/再创新的辉煌/飞速运转的法士特齿轮啊/承载着我们/振兴民族工业/振兴民族工业的希望;

敢争世界一流/再创新的辉煌/飞速运转的法士特齿轮啊/承载着我们/振兴民

族工业/振兴民族工业的希望。"

(3) 企业服装设计

企业服装,指企业为员工配发的服装。与过去单一的工作服(如传统的卡克式工作服、白大褂等)相比,如今的企业服装除传统的劳保和福利的功能外,还增加了许多功能,如礼服(如西服套装、中山装)、休闲服(如运动服、T恤衫)等,特别是企业文化和企业形象的功能日益受到重视。这就使得企业服装的设计被明确纳入了企业文化的符号层设计之中。

作为企业文化的一个重要载体,企业服装的设计应从反映企业文化特色的角度来进行决策,即应把它作为企业文化部门统筹下的后勤、行政部门工作,而不是仅仅作为后勤行政部门的工作。正如不少具有强大企业文化的企业,企业文化部门是负责企业服装设计的职能部门。

企业服装设计,满足工作需要为第一原则,特别要满足安全需要和劳动保护的要求。第二要把企业文化作为重要因素全面加以考虑,企业标志、标准字等符号层的内容容易反映,但企业理念、价值观却不太容易。例如,高科技企业 B 公司以创新作为公司文化的核心理念,为此在服装设计时努力突出宽松、自由的原则。最后还要以美观大方作为基本要求,做到有层次、有品位,才能发挥企业"形象名片"的功效。

企业服装设计包含以下几个层次的设计工作:

① 总体设计。确定企业服装的性质、功能、分类和设计的总体原则。为此,企业往往需要做一些必要的资料调研和市场调研。例如,M 企业规定,企业服装分工作服、休闲服、礼服三类,工作服每年发放两次(秋季长袖、夏季短袖),休闲服每两年发放一次,礼服每五年发放一次。

② 方案设计。根据总体设计,确定企业服装的序列、规格、款式、价格范围及预算、管理规定和发放的具体原则。仍以 M 企业为例,确定工作服为 2 个序列(长袖、短袖)、5 种规格型号,采用传统的卡克式。

③ 款式设计。款式设计除确定服装的式样外,还需要确定用料(主料和辅料)、做工及详细价格预算。很多企业往往根据在服装批发市场的调研,直接选择已有的款式并进行订购,省去了款式设计这一环节。

(4) 企业之花设计

这里所说的企业之花,是与企业旗帜、歌曲、吉祥物等一样正式被确定为企业象征物的专门花卉。企业之花,不仅是因为它的色香味形受到多数员工喜爱,而且因为它代表某种象征意义而在心理感情上引起了广大员工的共鸣,从而起到传达企业理念、增强企业认同感和凝聚力的作用。例如,梅花的傲雪立霜,百合的典雅高贵,荷花的出淤泥而不染,等等。由于每个企业所选择的花卉不同,其象征意义也不同(表 5-6),因此企业之花成为反映企业文化个性的一个生动载体。

表 5-6 部分花卉的象征意义

花卉名称	象征意义	花卉名称	象征意义
牡丹	富贵,繁荣	菊花	高洁,长寿
梅花	不怕困难,坚毅,顽强	迎春	希望,春天,光明
水仙	高雅,清逸	桃花	避邪,爱情
茉莉花	优美,清雅	向日葵	光明,活力,忠诚
紫荆	团结,向上,高贵	荷花	纯洁,高尚
康乃馨	伟大、神圣、慈祥	郁金香	真挚的情感
红玫瑰	热恋,真心实意	红月季	爱情,真挚纯洁的爱
百合	神圣、圣洁纯洁与友谊	黑色月季	有个性和创意
勿忘我	浓情厚谊,永恒的友谊	白月季	尊敬和崇高
风信子	胜利	绿白色月季	纯真、俭朴或赤子之心
非洲菊	有毅力、不畏艰难	剑兰	用心、坚固
波斯菊	永远快乐	紫罗兰	永恒的美或青春永驻
白山茶	真情	黄栌	真情不变
火鹤	薪火相传	石斛兰	慈爱,祝福,喜悦
金鱼草	有金有余,繁荣昌盛	红掌	热情豪放、地久天长
南天竹	长寿	长寿花	长寿
天堂鸟	自由、幸福	一串红	离愁别绪

(资料来源:潍坊芝兰花府网站 http://www.zhilanhuafu.com/hy1.htm,笔者作个别补充)

根据有关调查,企业之花经常表达或者代表企业精神。东北某国有企业在由计划经济向市场经济转轨的过程中遇到很大困难,步履维艰。当时正值早春,很多花草树木都还没有发出绿芽,但一丛丛迎春花却在企业里到处绽放。从迎春花中,企业负责人和全体员工看到了生机和希望,齐心协力,锐意改革,艰苦奋斗,终于成功地实现了二次创业。于是,该公司决定把迎春花作为企业之花,并由总经理在新员工教育时讲述企业当年的这段故事,使得迎春花所代表的不怕困难、团结奋斗、艰苦创业、开拓进取的公司精神深深地扎根在新员工心中。还有"美化生活,服务社会"的芙蓉精神、"见缝插针"的蒲公英精神等。

确定企业之花,有多种方法。一种常见的方法是从企业内部和周边的自然环境中发掘某种能够借以表达企业理念的花卉,并经过反复的宣传后得到多数员工的认同。另一种常见的方法则是组织员工推荐,并把推荐较多的几种花卉让大家投票评选决定。推选活动不但使企业之花的确立成为一个自下而上的过程,而且使员工在亲身参与中增强对企业之花所代表的企业理念的认同。

与企业之花类似,有些企业把某种树、草或者灌木作为企业的象征物,借以表达企业文化理念层的某个方面,与企业之花属于异曲同工。例如,我国西北地区有些企业分别把白杨、胡桃、柳树等作为企业之树,就是借助它们表达一种扎根西部、不怕艰苦、拼搏奋进的精神。

4. 企业文化体育设施与活动设计

文化体育设施是企业工余文体活动的载体,通过参与这样的活动,既可以促进群众性文化体育活动的开展,促进员工身心素质和文化修养的提高,又可以帮助他们加深对企业文化理念层要素的理解,增强对企业的认同感、归属感和自豪感。因此,企业的文化体育设施是企业文化理念层的物化载体,是企业文化符号层的重要组成部分。也正因此,许多有一定规模的企业都努力创造条件,建设良好的文化体育设施。

(1) 企业的文化设施设计

文化设施指企业组织员工开展文化活动的场所和设备。企业的展览室、阅览室、咖啡厅、游戏室、演讲厅、影院、剧场等都是常见的文化设施。还有一些企业组建了街舞协会、书画协会、摄影协会、户外协会、单身协会等职工业余文化组织,并为其开展活动提供必要的场所和设备,这都属于企业的文化设施。

文化设施设计,通常应遵循的主要原则如下:

首先,有利于提高员工素质,促进企业文化建设。文化设施的利用,要能够体现先进社会文化对员工的引导作用,提高员工的文化品位,从而促进企业文化与时俱进。为此,这些文化设施还要努力做到大众化,还应尽量保持福利性质。例如,一些企业为适应知识经济环境和建立学习型组织,开辟了企业阅览室,购置了大量书籍报刊供员工阅读。

其次,要从企业实际出发,量力而行。上述各种文化设施,并非每个企业都必需,而应视企业的规模、经济实力和员工的集中情况、文化素质和共同爱好而定。

第三,要尽量多功能,提高使用率。例如,很多大企业的多功能厅,既能召开大型企业会议,又能举办文艺演出、放映电影,一举多得。

第四,美观、创新和个性化。作为企业文化的物质载体,企业的文化设施应该和设计企业文化符号层的其他元素一样,不但要美观大方,与周围环境和谐一致,而且要力求设计的创新,充分体现企业的个性。德国汉尼尔公司为了提高公司的文化品位,购买了大量名画作品,把公司的走廊和办公室布置得像精品画廊,受到一致好评。

（2）企业的体育设施设计

体育设施指企业开展群众性体育活动的场地、建筑和房间。

企业中常见的体育设施一般有田径运动场、篮球场（馆）、排球场（馆）、羽毛球场（馆）、乒乓球室、台球室、健身房、游泳池（馆）、棋牌室等。体育设施的配备情况，也在一定程度上反映了企业文化的品位。

体育设施的设计与文化设施设计的原则大体相同，要从企业实际出发，尽量做到多功能、群众性，提高其使用效率。一些规模较小的企业，虽不必设计和建设专门的场馆，但可以考虑配备一些小型的体育器械，如羽毛球、跳绳、排球等。像一些技术含量较高的小企业，考虑员工年轻、文化程度高、善于接受新鲜事物的特点，或者在走廊、办公室一角挂一个飞镖靶，或者放几件健身器具，都是很不错的创意。

（3）企业业余文化体育活动的设计

企业业余文化体育活动，是指利用工余时间组织员工开展的群众性文化活动和体育锻炼活动。实践证明，有组织地开展群众性文化体育活动，不仅是丰富员工业余生活的主要手段，而且通过集体活动有利于增强员工对群体的认同，使企业精神、企业作风在喜闻乐见的形式中传承和弘扬，起到增强对企业的认同感和归属感的作用。因此，业余文体活动是企业文化理念层的重要载体，也是进行企业文化建设的重要途径。

业余文体活动，按照不同的分类依据，通常可以分为强制性和非强制性、经常性和偶发性、定期和不定期、娱乐性和竞赛性、参与性和观赏性等许多类别。娱乐性的活动重在参与，寓教于乐；竞赛性的活动则往往以下属机构集体为单位，突出团队精神和集体荣誉感。演讲比赛、知识竞赛、歌咏比赛（卡拉 OK 比赛）、文艺会演、交谊舞会、书画/摄影比赛（或者展览）、游园活动、运动会、登山比赛、球类比赛、棋牌比赛等都是较为常见的文体活动形式。

设计业余文化体育活动，必须坚持下述主要原则。

① 有益员工身心健康。这是企业设计业余文体活动始终不能背离的原则。例如，沙漠穿越、江河漂流、攀登雪山等较危险的活动，最好不要组织；而带有赌博色彩的活动、内容低俗的影视片，则应予禁止。

② 有利企业经营管理。为此，企业在设计业余活动时，要从实际出发，一方面不要过于频繁，以免员工在这些业余活动上花费太多精力而影响和干扰正常工作和经营管理；另一方面，在考虑员工爱好的同时，最好选择一些与企业工作相关性较大的活动，如促进团队建设的集体项目、促进员工学习提高的知识竞赛等。

③ 有助企业文化建设。即作为企业文化符号层一个组成部分的业余文化体育活动，要有利于促进员工对企业文化理念层、制度行为层和符号层其他部分的理

解、认同和贯彻，使整个企业文化成为一个和谐的系统。

5．企业文化用品设计

企业文化用品主要指对外公务活动中经常使用的办公用品。企业名片、信签、信封、画册、纪念品等，都是常见的文化用品。它们是企业文化向外界辐射的渠道，是符号层中非常重要的一部分。

（1）企业名片设计

名片是现代社交场合必备的用品，互换名片是职场基本礼仪。名片设计不仅是员工的个人行为，而是反映企业品位和层次的事情，是企业文化设计的要素之一。

持有者的姓名、持有者的身份、联系方式，是名片不可缺少的三要素。

当然，也要注意名片的规格、材质、色彩、文字、布局等细节。

可以有附加内容。可在名片上印制公司的目标、价值观、宗旨等企业文化内容，也可以有企业业务范围等内容。这些内容一般在背面（或者折叠名片的内侧），切忌把名片完全变成公司业务广告。

（2）企业信签、信封设计

注意形象的企业，通常都设计印制本企业专用的信签（传真用纸）和信封，以在对外信函（传真）等业务联系时使用。

① 企业信签设计

企业信签一般采用 A4 或者 16 开规格的纸张印制，通常信签上应注有公司标志、标准字以及联系方式，并与其他企业文化符号层用品的设计风格一致，以反映统一的企业形象。

② 企业信封设计

企业封信除参考国家对信封印制的一般要求外，其内容与设计风格均与信签相似。

（3）企业画册设计

企业画册是专门印制的介绍企业情况的画册。企业画册一般以图文并茂的形式全面展示企业的情况，是企业文化的基本载体之一，在企业对外交往和各种公共关系活动中具有十分重要的作用，因此企业画册又经常被称为企业宣传册。

企业画册一般由主要负责人致辞、企业简况以及历史沿革、企业文化（理念层）表述、企业发展战略、企业的组织情况、企业的业务领域、企业的主要产品和服务项目等内容组成。设计企业画册，上述内容可根据企业实际情况进行增减，但设计步骤都是一样的。首先根据画册的目的、用途，进行方案策划，确定思路和主要内容；其次进行详细的内容设计，确定内容的表达方式以及具体文字、照片和图表；第三进行美术设计，确定版式以及装帧，选定印刷方案以及纸张；第四制作小样，进行反复推敲和修改；最后完成设计并定稿。

(4) 企业纪念品设计

企业纪念品是具有一定使用价值和纪念意义的企业公共关系用品。设计与企业文化符号层的其他内容相一致的纪念品，充分发挥企业文化的辐射作用，有助于对外传达企业理念，塑造统一的企业形象。纪念品的设计应力求美观大方，纪念性与实用性结合。

常见的企业纪念品有纪念章、领带和领带夹、纪念笔、钥匙扣、T恤、手表、手提袋、纪念牌等。

纪念品或礼品的设计，应能体现企业的核心价值观，突出企业的个性，传达企业的宗旨。其形式应简约、精致，特别是要选择工艺水平较高的制造商制作，切勿一味追求廉价。

(5) 企业日常用品的设计

企业日常用品主要有工作证、文件夹、档案(文件)袋、记事本、及时贴、标签、灯箱、指示牌、路牌等。设计和制作与企业文化符号层基本要素相具有相同风格的上述办公和工作用品，有利于促进员工在日常工作中不断增强对企业的认同感。

6. 企业文化传播网络设计

企业文化符号层中，文化传播网络与企业文化的其他载体相比，具有更突出的传播功能。企业价值观、目标、精神、道德等理念要素主要是通过这一渠道传达到企业的全体员工，并辐射到企业范围以外。

在通常情况下，企业文化传播网络存在两种形式：一种是正式网络，如企业创办的刊物、报纸、闭路电视、有线广播、宣传栏、内部局域网、微博等；另一种是非正式网络，如企业内部非正式团体的交流、小道消息。全面的企业文化传播网络设计，包括对前者的建立和维护，以及对后者的调控和引导。这里，主要介绍企业文化正式传播网络的设计要求和方法。

(1) 企业报刊设计

企业报刊又称厂报、厂刊，是企业自行创办的内部报纸或刊物。企业报刊一般不是公开出版物，发行范围主要限于本企业内部，少数也发送到公共关系者(如顾客、合作者、政府、新闻界)。企业报刊既是企业文化内部传播的主要载体，又兼具向外界辐射的渠道功能。

企业报刊按照报刊形式可分为企业刊物和企业报纸两种类型，如华为技术有限公司的《华为文摘》和《华为人报》就分属这两类。按照内容可分为综合性报刊和专门性报刊，如河北衡水电机厂的《猛牛周报》为前者，而联想集团的刊物《超越》是企业文化为主的刊物，属于后者。按照出版时间可分为定期报刊和不定期报刊，定期的报刊具有固定编印发行周期，按周期长短又可继续分为日刊、周刊、半月刊、月刊、双月刊、季刊等。按照批准创办的机关不同而分为内部正式报刊和非正式报刊，正式报刊是经过新闻主管机关批准、有内部报刊准印证的企业刊物或报纸，如《华为人报》；而非正式报刊是指未经新闻主管机关批准、无内部报刊准印证的企业报刊，如《华为文摘》。

文以载道。企业报刊的类型、形式、出版周期、印刷质量等固然重要，但其内容更加重要。内容是企业报刊的质量，特色是企业报刊的生命。报刊的内容应坚持：①符合党和国家的各项路线、方针、政策，遵守国家和地方的法律法规，体现"二为"方向和"双百"方针；②充分反映企业理念的要求，努力服从和服务于企业经营管理这一中心工作，体现企业的个性和特色；③坚持群众办报办刊的原则，立足广大员工，照顾不同员工的素质和需要，做到引导员工与满足员工相统一。为此，企业报刊的编辑人员除了要熟悉办报办刊的业务外，一方面要选拔素质好、能力强、肯钻研的骨干参与进来，另一方面可以吸收普通员工担任通讯员，扩大稿源。

报纸与刊物在内容组织上有不同特点：报纸及时性强但容量小，因此文章应短小精悍；而刊物虽然周期较长，但容量大，适合刊登一些有深度的文章。综合性报刊通常包含以下内容：①企业生产经营管理方面的重大事件，企业重要政策、方针、决定，以及企业主要领导的重要讲话；②企业各方面、各部门工作的报道和介绍；③企业人物报道和专访；④企业内外的各种信息及有关经验、资料；⑤企业员工的工作体会、心得及作品；⑥企业的公共关系活动消息。

还应重视版式设计，充分反映企业的审美水平，对企业报刊也有很大的影响。

(2) 企业广播电视设计

企业的广播电视指按照有关规定或经上级主管部门批准，企业自行开办的有线广播、闭路电视节目。企业广播、电视是企业正式文化传播网络的重要渠道之一，它们与报刊相比，信息传播及时、内容更加丰富生动，但办好节目的难度也较大，因此一般适用于规模较大的企业。

① 有线广播和闭路电视的技术特点

企业广播按照信号传输方式可以分为有线广播和无线广播。有线广播技术要求低、投入少、见效快。按照节目制作方式，企业广播可分为录播和直播两类。录播是指播音人员事先将节目录制好，再播出录音带；直播则是不经录音而直接现场播音，直播对设备和播音人员的要求均较高。按照播出时间，还可分为定时和不定时广播，等等。

企业电视目前都是闭路有限电视节目，尚未出现无线方式。开办电视节目，从技术设备、编播制作人员、经费投入等方面都远远大于其他文化网络类型，而且办出优秀节目十分不易。

② 有线广播和闭路电视的内容设计

企业广播、电视的节目一般分为两大板块。一大板块是娱乐节目,例如厂广播站在员工休息时间播出的音乐,闭路电视播放的影视剧录像。另一板块是新闻板块,主要是报道、播发企业内外的新闻、人物介绍、事件追踪等。从企业文化和企业形象的角度来看,新闻板块是直接的文化传播途径,而娱乐节目是企业文化的间接传播途径。无论是什么节目内容,企业在开办有线广播和闭路电视的时候,都必须坚持以高尚的精神鼓舞人、以科学的理论武装人、以正确的舆论引导人、以优秀的典型鼓舞人。

(3) 企业员工手册设计

员工手册是由企业印制的、员工人手必备的日常工作资料。一般来说,员工手册的内容主要有企业概况、企业文化、员工行为规范,以及与员工有关的其他各项政策、制度和规定四个方面。员工手册设计的要求包括:

① 反映企业文化。一名员工是否真正融入了企业,关键看他是否融入了该企业的企业文化。因此,必须把企业文化作为员工手册最重要的内容之一,让每一名员工从中了解和理解企业文化,并使之最终达到自觉用企业文化指导自己行为的目的。从这种意义上讲,员工手册就是一本企业文化手册。

② 内容充实详细。员工手册可以说是广大员工在企业工作生活的指南,因此凡是涉及全体员工的,与他们的言行、利益密切相关的情况、规定和要求,都应该尽可能收录到其中。员工与企业之间的关系是双向的,充实详细的员工手册也是尊重员工知情权的表现。

③ 要方便查阅。这有两层含义,一是指内容方面,要求编排结构清晰、叙述清楚简明、文字准确易懂;二是指形式方便,要求版式设计合理、装帧美观大方、印刷字迹清楚。这两个层次加起来,就是内容与形式相统一。有的企业用小开本(如32开)来制作员工手册,方便员工随身携带和查阅,这是在设计时下了一番功夫的。

④ 及时补充和更新。任何企业的员工手册,编印工作都不可能一劳永逸。随着企业的发展,需要员工了解的内容和企业对他们的要求也将会不断有新的变化。及时将新的内容增加进去,将有变化的内容进行修改和调整,是十分必要的。

有的企业专门印发了《企业文化手册》,对文化的传播具有更直接的作用。

(4) 企业网站设计

企业网站,就是企业的局域网。它可以只供内部使用,又可以面向企业外部的所有网络用户。随着计算机网络技术的发展,企业网站不但可以分别实现企业报刊、广播、电视、宣传栏、广告牌等传统的企业文化传播网络的全部功能,而且可以克服上述形式的各种缺陷、综合它们的几乎全部优点。企业网站具有信息传播速度快、不受时空限制、信息容量和传输量大、交互式、节省纸张等显著优点,因而有越来越多的中国企业开始建设这一新的企业文化传播形式,以代替部分或全部的传统传播形式。企业网站的开通,无疑已经促使企业文化的传播方式发生质的变化。

设计企业网站,通常分为两个环节,首先是内容层面的设计,其次才是技术层面的设计。相比之下,网站内容层面的设计则更为关键,往往需要企业主要领导者亲自参与和拍板。网站内容设计的主要做法:

第一,明确网站的主要功能和内容。网站主要针对外部网络用户,企业内部用户,还是两者兼顾?以纯粹的企业宣传和形象展示为主要目的,还是以介绍产品和服务为主要目的,抑或以员工交流沟通为主要目的?只有首先确定了网站的主要功能和对象,才能够进一步确定其主要内容。

第二,设计网站的系统结构。企业网站通常都不是只有一个计算机界面的内容(不排除个别企业),而是有很多内容要通过网站来反映。要让网络用户能够清楚地进行浏览,就必须使复杂的内容在网站上得到有条不紊地表达——这就要求确定系统结构。设计网站的系统结构,就像画树状图一样绘制网络结构图,并把不同的内容定位在相应的层级,确定它们之间的逻辑联系,使网络工程师可以清楚地进行制作。

第三,确定网站的具体内容。通常各个部分的内容由相关部门先提交草稿,并由企业领导层及其授权的部门和人员逐一审查定稿。健康合法,当然是对网站内容的基本要求。同时还应做到图文并茂,切忌全是密密麻麻的文字。

第四,提出制作要求。这是网络工程师进行技术设计和制作的重要依据,也是网站内容设计的最后一道工序。例如安全要求、链接要求、维护要求、动画要求等,如果不事先加以明确,待到整个网站制作完成以后,再进行修改既费时又费工,就不太方便了。

在设计制作面向互联网公众的企业网站时,必须高度重视网络安全问题,避免愈演愈烈的网络病毒、黑客对网站的破坏。另外,在网络维护方面,企业要指定专门的部门和专人进行网络维护、及时更新,以提高网站存在的价值。

(5) 企业微博设计

微博,即微博客(MicroBlog)的简称,是一个基于用户关系的分享、传播以及获取信息的平台,新浪、搜狐、腾讯都开设自己的微博业务。随着互联网不断深入发展,"织围脖"越来越受到人们的欢迎,而微博日益成为企业新兴的传播渠道。

微博的"及时性、开放性、便捷性"的特点也受到很多企业、院校的青睐,如上海汽车、中国移动、清华大学等。据微博官方数据统计,2018 年 Q1 财报显示微博月活跃用户数达 4.11 亿,日活跃用户达到 1.84 亿。新浪微博与 CIC 联合发布的

《2012企业微博白皮书》显示，已有超过13万家的企业开通新浪微博，其中29%的世界500强企业和41%的中国500强企业均已入驻，进行基于微博平台的社会化营销。

作为新兴的传播渠道，企业在使用微博时要做到如下两点：一是明确开设微博的目的。企业微博是作为宣传的手段还是作为与用户互动的平台，抑或两者兼而有之？如果只作为传播企业的相关消息或动态，就可关闭私信甚至评论的功能。只有确定了微博的用途，才能有效发挥微博的作用。二是要有专门的部门和人员负责微博。由于微博具有非常强的及时性，企业在利用微博进行宣传时，必须要对发布的内容、用词、时间等进行严格的管理和规定，还要对专人进行严格培训，不得乱发微博或评论他人的微博，避免网络口水战的发生，否则就会适得其反。可见，微博是一把双刃剑，使用不当，就会严重影响企业形象，带来负面效果；使用得当，则会强化企业在公众的形象，起到事半功倍的效果。

复习题

1. 企业文化设计的原则主要有哪些？
2. 如何理解企业文化对传统文化的扬弃？
3. 企业文化理念层通常都包括哪些要素？
4. 企业目标、企业精神、企业道德、企业作风设计分别有哪些主要步骤？
5. 设计企业文化制度行为层，应坚持哪些主要的原则？
6. 企业责任制度有哪三个要素？设计企业责任制度时，为什么要处理好责、权、利三者的关系？
7. 企业为什么要设计和制订员工的行为规范？员工行为规范通常包括哪几部分内容？
8. 企业文化符号层包含哪些内容？分别都有哪些设计原则和要求？

思考题

1. 你认为企业文化设计的关键是什么？
2. 如果你负责为即将成立的一家高科技企业设计企业文化，你认为它的理念层应该具有哪些特点？
3. 对于一家企业来说，建立现代企业制度，你认为最必不可少的是要建立和健全哪些制度？
4. 哪家企业的标志给你留下的印象最深？该企业标志的主要特点是什么？

案例分析　正德厚生　臻于至善

中国移动通信集团公司于2000年4月20日成立,注册资本518亿元,目前资产规模超过万亿元,拥有全球第一的网络和客户规模。2010年列《财富》杂志全球500强第77位,品牌价值位列全球电信品牌前列,成为全球最具创新力企业50强。中国移动的成长,离不开其成熟的企业文化体系,由核心价值观、使命、愿景三部分构成(如下图所示)。

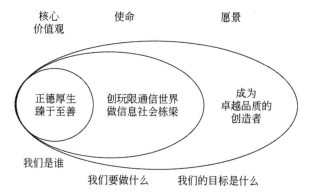

中国移动的核心价值观是"正德厚生　臻于至善"。在中华民族源远流长的文化长河中,"坤厚载物"的责任感,"健行不息"的自强心,一直是浸染在中国这片土地上最深层的人文精神,并成为中华民族上下五千年生生不息的源泉和强劲动力。

"正德厚生　臻于至善"的价值理念成于千年、相辅相生。"正德厚生　臻于至善"表达言简而意赅,寓意深远而旷达,既传承了中华悠久历史当中"身、国、天下"的深厚文化底蕴,凝聚着中华民族沉积的文明,又彰显了中国移动追求卓越、勇担责任的社会时代精神;既体现了中国移动的独有特质,反映了文化体系的特色核心内涵,又阐释了中国移动的远大信仰,表达了中国移动人的理想和胸襟,融合了中国移动人的现代发展理念,是中国移动胸中神圣责任感的承载和追求卓越情结的传述。

"正德厚生"语出《尚书·大禹谟》:"德惟善政,政在养民。水、火、金、木、土、谷维修,正德、利用、厚生,惟和,九功惟叙,九叙惟歌",是一种在中华大地上传承千年的人文精神,是一种以"责任"为核心要义的道德情操。

"德"指对个体品性、修养、行为的要求和标准,"正德"是谓"正身之德",指人们的行为要符合道德要求,承担各自的责任和义务,表达了个体对自我的最高要求,充盈着人对自身严格的责任意识。

"生"指社会民生,甚至一切生命,"厚生"则谓"厚民之生",指要尊重、关爱、厚待社会民生及一切生命体,体现的是一种关爱民生、兼济天下的济世情怀。

"正德"强调个体责任和对自我的约束,"厚生"强调社会责任和对社会的奉献。"正德厚生"集成了中国传统文化与中国移动现代的企业精神,从精神层面上体现了中国移动人渴望担负重任的自我定位和选择。

"正德厚生"是中国移动的行为责任规范。中国移动的员工要以"责任"为安身立命的根本。中国移动在全集团倡导承担责任的自觉意识,鼓励承担责任的自觉行为。中国移动将本着负责任的态度处理好自身与用户、政府、合作伙伴、竞争对手、供应商和员工等各利益相关者的关系。这是中国移动作为一个企业通过承担责任对自身价值的彰显。

"臻于至善"源自《大学》:"大学之道,在明明德,在亲民,在止于至善。"是一种古已有之,奉行者甚众的事业理念,是一种以"卓越"为核心要义的境界追求。

"止"是"到达"的意思。"臻"也是"到达"的意思,同时"臻"还有"不断趋向、不断接近"的意思,用"臻"取代"止"表达了一种不断进取,不断超越,永不停息的精神。"至善",即最完善、完美的"理想境界"。"臻于至善"昭示的是一种永不止息、创新超越的"进取"心态,是一种对完善、完美的境界孜孜不倦追求的崇高精神,宣示了中国移动争取成为公认成功典范的自我定位。

"臻于至善"是一种状态,是一种不断完善、不断超越的状态。中国移动"臻于至善"的进程,是一个不断进取、上下求索、开拓创新、自我超越的持续提升过程,最终将引领中国移动成为其他企业学习和追赶的标杆。

"正德厚生 臻于至善"是在中国移动企业发展历程中形成的特色文化的核心,它体现了中国移动"先天下之忧而忧,后天下之乐而乐"的宽阔胸襟和责任意识,和"天行健,君子以自强不息"的进取斗志和卓越精神,是中国移动的灵魂。

中国移动的企业使命"创无限通信世界 做信息社会栋梁"。"创无限通信世界"体现了中国移动通过追求卓越,争做行业先锋的强烈使命感;"做信息社会栋梁"则体现了中国移动在未来的产业发展中将承担发挥行业优势、勇为社会发展中流砥柱的任务。

创无限通信世界。及时、充分而有效的沟通是人类实现资源共享、社会实现集约快速发展的必要条件。通信业的发展,帮助人类逐渐打破沟通的时空障碍,使人与人之间的沟通更为快捷有效。"无限通信"的世界是我们每个人的梦想乐园,在没有任何沟通限制和障碍的世界,在能够"随时""随地""随意""沟通无极限"的世界,人类能够自由共享所有知识,自由传达所有情感。中国移动凭借卓越的技术和才能,把创造和实现人类共同的梦想"创无限通信世界"作为自己无上的企业使命。

做信息社会栋梁。信息化是当今经济和社会发展不可逆转的大趋势,它在一定程度上,甚至已成为衡量一个国家和地区国际竞争力、现代化程度和经济成长能力的重要尺度。这证明,世界已进入以信息产业为主导的新经济时代。从宏观上看，基于信息技术的知识的积累和运用，将提高人类所支配的资源的质量，为经济发展带来新的动力；从微观上看，信息技术的广泛应用减少了时间和空间给社会发展带来的限制，将极大地提高劳动生产率，成为经济发展的"加速器"。与此同时，信息技术创造了知识广泛共享的基础，使人类文明的大规模共享成为可能。由当前信息技术令人震惊的发展速度，我们可以预见，信息化将成为未来相当长一段时期内世界发展的主旋律，信息产业将始终具有对社会发展的重要影响力。

大市场孕育大企业，大使命成就大事业。中国移动注定要承担起"创无限通信世界，做信息社会栋梁"的历史使命，这是中国移动责无旁贷的历史选择。

中国移动的愿景"成为卓越品质的创造者"是中国移动内企业品性的自在要求。中国移动选择了"正德厚生，臻于至善"的信仰，注定了我们不仅要追求数量的超越，更必须成就品质的铸炼。关注品质、追求品质是我们对社会负责、追求卓越的最佳体现方式，中国移动只有通过为社会创造卓越品质而践行自己的价值观。中国移动肩负着"创无限通信世界、做信息社会栋梁"的使命，意味着我们必将永恒保持对网络、服务、业务的高品质追求，这是"无限通信"的基础，也是"无限通信"固有的内涵；同时唯有以追求高品质的信念和实践，引领行业的健康发展，促进信息社会的蓬勃繁荣，才能无愧为整个信息社会中坚力量和榜样，无愧为"社会栋梁"。

成为卓越品质的创造者，其核心就在于，以客户需求的洞察、挖掘和满足为目标，以企业价值链各环节的持续改善为策略，以人、组织、运营体系的系统结合为基点，从领先的网络质量、精准的计费系统、深入的客户理解、满意的客户服务、创新的业务产品、值得信赖的品牌等多个方面塑造中国移动服务的卓越品质。

中国移动将致力于以我们高品质的创造与奉献，消除人类沟通的障碍，丰富人们的生活，提高社会生产效率，促进人类生活和社会文明的提升，促使人们充分享有一个自由沟通、自在生活的新世界。

讨论题：

1. 中国移动的核心价值观体现了哪些传统文化？
2. 结合案例说明企业文化的提炼如何彰显企业个性。
3. 看了本案例后，你认为企业文化应如何提炼？是否要体现传统文化特色？怎样把传统文化与时代精神、企业特性相融合？

第六章　企业文化实施

1. 了解企业文化建设的领导体制
2. 了解企业文化建设的组织系统和职能部门
3. 掌握企业文化建设计划的编制方法
4. 掌握企业文化建设的主要措施
5. 掌握企业文化建设考核与奖励的方法
6. 掌握企业文化的实施艺术

企业文化的实施,简单说就是《孙子兵法》讲的"令民与上同意"。企业文化管理与实施是企业文化建设的核心内容,主要可分为 7 个部分:构建领导体制、设置组织机构、人员配置、计划、组织、考核和奖惩(见图 6-1)。

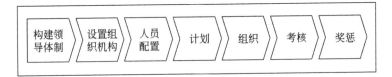

图 6-1　企业文化的管理与实施

第一节　企业文化建设的领导体制

在企业文化的实施阶段,领导体制是必不可少的。领导体制的作用主要是从思想、组织、氛围上为企业文化的变革进行充分的铺垫,具体说就是在思想上吹响文化变革的冲锋号,在组织上建立文化变革的团队,同时在企业中营造一个适合文化变革的氛围。建立强有力的领导体制,通过广泛宣传和有效培训,让企业内部的所有成员认识到变革的来临,引发组织成员的思考,才能使企业文化变革顺利进行。

作为变革的发起者（通常是企业最高领导者），最主要的工作就是要组建文化变革的领导团队。这个团队在刚开始可能只有几个人，随着变革工作的展开，领导者要有意识地对其进行充实，除了最高领导决策群体外，还应包括企业中层主要管理干部。

一般来讲，企业文化领导小组的主要成员和职责如下：

（1）领导小组成员：组长（总经理或书记）、副组长（副书记或副总）。

（2）领导小组职责：计划、指挥、组织和协调人、财、物、时间、信息等资源，对企业文化的设计、实施进行全方位、全过程的领导和管理。

企业文化建设是一个长期渐进、动态完善的过程，领导小组作为一个决策和协调机构，无法承担其具体实施的职能。因此，还应设立企业文化的常设执行机构。这个机构可以由总经理办公室、战略规划部或人力资源部兼做，在国有企业，还可以改组和加强党委宣传处，或单独组建企业文化处，作为领导小组的常设执行机构，担当企业文化建设的职能重任。可以采取"一套人马、两块牌子"的做法，即在党委体系中它是宣传处，承担思想政治宣传工作；同时在行政体系中又是企业文化处，协调与实施新文化变革。这样设置既保证了党委对企业文化工作的核心领导地位，又可避免重复设立机构，导致组织臃肿。不过在企业文化处的人员配置上，除了现有的宣传人才外，还应该增加一些熟悉企业生产经营和工作流程的人才。因为企业文化的变革不仅要触动人们思想意识的转变，它更多的是引发企业在经营理念、管理模式、管理制度和行为规范等方面的变革。

对于已经建立现代企业制度的股份公司，可以设立"企业文化中心"或"企业文化部"，承担企业文化建设的专业职能。

企业文化涉及企业的各个方面，没有其他职能部门和各直线部门的配合和参与，企业文化建设也就无法实施。所以，在领导小组的指挥下，由企业文化处（部）牵头，工会、行政、后勤、人事、生产、财务等部门密切配合、分工合作，才能推进企业文化建设的整个进程。其中，尤其要提到的就是工会，它具有维护职工权益，实现员工民主参与的职责，是企业文化建设的重要组成部分，应将其纳入企业文化建设体制中。工会要在企业文化领导小组统一领导下进行，紧密配合，大力协同，培养员工的主人翁责任感，丰富员工的业余文化体育活动，着力提高企业的凝聚力、向心力。

尤其重要的是，各个直线部门——各分公司、事业部、车间的主要领导者，都应该承担起本部门企业文化建设的领导责任。这是搞好企业文化建设的关键环节。

综上所述，只有充分调动各部门的力量和积极性，明确彼此的分工与合作，众志成城，齐抓共管，才能把企业文化的氛围搞得浓浓的，达到"随风潜入夜，润物细无声"的境界。

第二节 企业文化建设的组织支持

一、建立传播网络

企业文化建设的组织支持,除了上一节讲到的领导体制外,还需要利用可能的媒介,建立起企业文化的传播网络。通过这个网络把企业价值观、愿景、精神、道德等理念层要素传达到企业的全体员工,辐射到整个企业。

企业文化传播网络建设既包括正式传播网络,又涉及非正式网络。既要保证自上而下的信息畅通,还要保证自下而上和横向的信息畅通。这些渠道包括黑板报、宣传栏、闭路电视、局域网、企业报刊、员工座谈会、总经理信箱等多种形式,可根据企业的情况和条件选择使用。建立起传播网络后,便可以在企业中宣传文化变革。宣传内容主要以介绍和引导为主,包括企业文化的内容、变革意义和变革步骤等,其目的就是培育员工危机感,激发企业内生的变革原动力。

一般而言,可以建立以下传播网络:

(1) 加强公司报刊宣传,其内容可以包括:企业生产经营管理方面的重大事件和重要政策、方针、决定及企业主要领导的讲话;企业各方面、各部门工作的报道和介绍;企业人物专访和报道;来自市场和用户的各种信息;企业员工的工作体会、心得及作品;企业的公共关系活动消息;不同观点的争鸣;典型案例的剖析等。

(2) 企业和车间宣传栏、广告牌,这是一种传统而有效的传播媒介,应发挥其制作容易、成本低、时效性强、员工参与度高等优点,在员工日常工作环境中营造良好企业文化氛围。

(3) 集中企业文化的精髓,编制《企业文化手册》,分发给每一位员工,作为员工日常学习和实施企业文化的依据。

(4) 利用一些特殊节日或庆典,汇总出版企业文化书籍和画册,举办企业文化展览,开展与企业文化有关的讲演比赛、知识竞赛、歌咏比赛等,进行系统的宣传。

(5) 有些公司建立了局域网,可充分利用其信息传播速度快、不受时空限制、信息容量和传输量大、交互式、节省纸张等优点,加强企业文化的传播力度。

企业非正式传播渠道,也有助于建设优良的企业文化。通过全方位地引导,潜移默化地影响员工,改变他们的思维和行为习惯。

在实施阶段,要充分利用企业文化传播网络,大张旗鼓地宣传新文化,对内形成良好的学习氛围和变革态势,对外发出企业进行新文化建设的信号。

二、设立专项基金

企业文化建设涉及面广、周期长,需要企业领导和员工进行长期的努力。为了能够将这项工作顺利开展,有必要设立企业文化建设专项基金,专款专用,保证企业文化顺利实施。

具体的财务预算由企业根据实际情况制定,下面仅列出一些参考项目:

(1) 宣传费用:形象设计、公关费用,公益广告牌费用,新闻发布会费用,各种宣传手册、标语、条幅制作等费用。

(2) 文化活动费用:关于文化建设的活动,如演讲比赛、知识竞赛、歌咏比赛、征文、晚会、研讨会、团队建设、文体比赛等所需的费用和奖品。

(3) 培训费用:培训教材费用、外请专家讲座费用、参观学习等费用。

(4) 部门建设费用:人员配备、办公设备购买等费用。

三、营造文化氛围

在企业中进行文化建设,首先要营造一种积极向上的文化气氛。企业文化建设,是一个在思想上吐故纳新的过程,在制度行为上进行变革的过程。如果一个企业长期以来畏惧变化、害怕新鲜事物,那么文化建设的阻力就很大。因此,我们首先要在企业中达成一个共识,就是要鼓励变革,鼓励创新。

如何营造这种变革文化氛围呢?可以从以下环节入手:

1. 营造创新氛围

要完善现有的创新激励制度,以一种积极的心态对待创新尝试和创新失败。对于员工创新要以鼓励为主,不要过多地批评。有意识地把员工的创新热情,从技术创新扩展到组织创新、文化创新、制度创新和管理创新,自然就会产生内在动力。

2. 营造民主氛围

完善合理化建议制度,鼓励员工对文化变革的具体问题提出意见和建议。领导层要虚心听取员工的意见,广纳良言、净言。对员工提出的问题要及时处理,及时反馈,从而营造出公开、坦诚的民主氛围,对提高企业文化的认同度十分有益。

3. 营造学习氛围

提倡学习风气,鼓励员工主动学习,不断提高自身素质。为员工提供机会和条件,如设立助学金和奖学会制度,激发员工的学习热情。培养企业组织学习的能力,鼓励员工以车间、科室、生产小组等为单位组织学习,特别要认真学习企业的愿景、核心价值观、管理理念、经营理念、企业精神、企业作风。员工认识提高了,企业文化变革就会被大家所认同,这种自我学习的效果要胜过他人说教百倍。

4. 营造竞争氛围

要通过引入竞争机制,打破员工的平均主义思想和老好人思想。领导者要树立变革的信心和决心,一方面,加强自身修养,带头转变观念和遵守行为规范,另一方面,对违反企业价值观与行为规范的不良行为给予坚决处罚。在全体员工面前展示领导者对企业文化建设的决心,树立优胜劣汰的思想。

第三节 企业文化建设的人员保证

一、人事政策

罗宾斯认为,企业文化一般要历经多年才能形成,它植根于企业员工的深层价值观中。它是一些相对稳定的要素,这些要素维系着原有文化的运作,主要包括:关于组织宗旨和经营理念的书面文件;组织的领导风格;员工甄选标准;过去的晋升制度;固定的组织形式;关于公司主要人物和事件的故事;组织常用的绩效评估标准;组织正式的结构;等等。因此,领导者要进行文化变革比较困难。

其中,员工甄选和晋升制度会影响企业文化的变革。员工与企业的结合,往往是一种价值观的相互认同。当他们习惯了企业已有的环境,就会反对任何破坏这种平衡的力量。企业在选拔管理者时,会选择那些能够继承现有文化的人。可见,内部提升机制增强了企业的稳定性,减少了不确定性,同时,也强化了旧文化的顽固性,增加了文化变革难度。要想保证企业文化的连续性,就要选择认同现有文化的接班人。同理,要想变革文化,也要从组织层面和人员层面入手。

对人事政策的调整和配置新人是企业文化建设的关键一步。主要考虑三个方面:一是根据需要配置变革型人才;二是调整考核指标;三是理顺选拔机制。根据企业文化变革的难度和规模,在企业文化处配置相应人员,力保他们成为文化变革的中坚力量。

二、统一认识

要在原有考核标准中,加入是否认同企业价值观,是否拥护企业文化变革,是否在行动上率先示范、以身作则等内容,做不到这些,不予提拔。

在企业文化实施阶段,领导者可能遇到两个问题:没有足够的同盟者和无法与员工达成共识。领导者首先要从自身找原因,原因之一可能是领导者过于自信,以为自己可以一呼百应,不需要寻求别人的帮助;原因之二可能是领导者受传统思想的影响,认为企业文化是高层次的变革,普通员工根本不懂;原因之三可能是领导者在宣传上投入不足。

同时,员工在认识上可能会有一些不到位。主要表现在以下几方面:第一,员工对未知文化心存疑虑,对变革前景难以做出精确的描述和判断,容易产生对文化变革的消极观望心态;第二,员工的选择性信息加工,使其只听自己想听的,忽视对自己构成挑战的信息,从维护自己利益的角度去感知变革,按照自己的心理感受去接收和传播信息,会导致片面理解环境的变化或歪曲事实,很难接受新的价值观。

以上两个原因将导致价值观的群体化过程受阻,领导者缺少帮助和支持,备感挫折。最终,大大降低了员工的工作热情和积极性,使文化实施进展缓慢,甚至被完全放弃。

为使全体员工达成共识,可通过以下几方面来努力:第一,在实施开始前做好筹划,配置好满足变革需要的核心人才;第二,在实施过程中,积极寻找合作伙伴,尽可能扩大文化变革的领导团队;第三,充分认识到企业文化变革绝不是一两个人可以实现的,它必须要靠团队力量来完成;第四,加大对企业员工全员培训的力度,充分利用企业文化传播网络,通过演讲、授课、座谈、辩论等形式传播自己的变革理念;第五,领导者要带头遵守价值观和各项行为规范,以自己的实际行动来推动价值观的群体化进程,与更多的员工形成共识,争取更多的志同道合者。

三、确保企业文化职能部门的人员配备

鉴于企业文化处(部)是企业文化建设的职能部门,具体负责企业文化的建设和变革,必须为其配备精干、专业的人员。他们应该具备如下素质:

(1) 对企业文化建设和变革不仅拥护,而且有深刻的认同。

(2) 带头践行企业的核心价值观,严格自律,率先示范。

(3) 具有相关的专业知识和技能,如哲学、文学、传媒学、文化学、管理学知识和素养。

(4) 具有从事宣传、报刊编辑、员工业余文化体育活动、员工激励、员工培训等两年以上工作经历。

对于大型企业,可在集团总部和分公司或事业部均设立企业文化的职能部门,都要配备得力的人员。

第四节 企业文化建设的计划与流程

企业文化建设需要有组织地实施,每一个阶段都需要调控,因此,计划性的强弱是企业文化建设的关键。

企业文化建设是一场特殊的变革,其特殊性在于它要改变的不是有形的物,而是无形的思想,是一场思想的变革。所以,企业文化建设既有企业变革的共性,又有不同之处。掌握企业文化建设的内在规律,对安排每一步的工作十分重要。

计划自然是不可缺少的一步,它的功效在于减少不必要的弯路,使企业文化建设能够基本按照规划进行,克服盲目性。

一、明确实施流程

制订企业文化建设计划,首先要确定企业文化的实施流程,了解企业文化实施的主要步骤。一般而言,企业文化实施过程应包括对现有文化的分析与诊断、文化设计、文化导入、实施变革、制度化、评估与反思、进一步深入等关键环节(见图 6-2)。

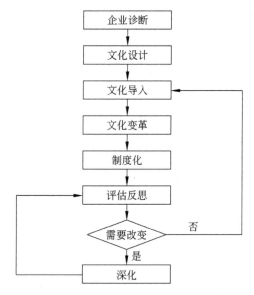

图 6-2 企业文化实施流程

企业可以根据自己的实际情况,增加或减少相关步骤,制定自己的实施流程图,作为制订计划的一份蓝图。有了这样一个实施框图,我们就可以拟订具体实施计划了。

二、确定实施原则

在计划中,不仅要说明计划的具体步骤和工作安排,更为重要的是确定企业文化的实施原则,以便对日后工作进行指导。因为任何计划都难免或多或少地脱离实际,为了保证企业文化建设的一致性和连贯性,需要在制订实施计划时,确定一些指导性原则。

1. 系统性原则

企业文化建设的组织实施是一个系统工程,这代表两层含义:一是企业文化与企业战略、组织结构、人力资源政策等诸多方面共同构成企业管理体系;二是企业文化内部也是一个完整的系统,包括理念层、制度行为层和符号层。可见,企业文化的实施要有一个系统思考的原则,否则,就很难顺利推进。

我们在计划制订中,要充分认识到系统性原则。在安排实施时,考虑各方面的条件和影响因素,才能使企业文化融入整个管理之中。在企业文化建设受阻时,这一原则会引导我们进行系统分析,寻找原因和对策。

2. 辩证性原则

企业文化建设是一种艺术,通过辩证性思考,可以把不利的因素转化为有利因素,把阻力转化成动力。因此,辩证性原则是企业文化实施的重要原则。领导者更要学会辩证思考,客观冷静地面对文化变革,从容应对各种意想不到的情况。

有些时候,这种辩证性的思考,要求我们灵活变通。企业文化不是一蹴而就的,尤其需要变通,完全按既定方案推行,不见得是件好事。通过实践来校正企业文化的设计,是一种常见现象。

3. 团队领导原则

彼得·圣吉在《变革之舞》中提出,领导是指塑造未来的能力,特别是持续不断地进行必要变革的能力。他还指出,我们应该更关注领导者群体而非单个英雄式的领导人。企业任何重大变革,开始时总是一两个主要领导者操作,但要取得成功就必须成立一个领导联盟,并随着时间的扩大而不断壮大。企业文化的建设更是这样,它需要全体员工共同参与。因此,在制订企业文化建设计划时,需要研究如何使领导团队不断壮大,如何形成领导联盟,为企业文化实施造势。

4. 全员参与原则

员工在企业文化建设过程中,既是被改变的客体,也是变革的主体。领导团队要激发员工的主动性,变"要我改"为"我要改",才能取得变革成功。这是企业文化建设的核心部分,是指导每一步工作的重要原则。在制订企业文化实施计划时,一定要强调这条原则,并且时时处处加以运用,这是企业文化建设不同于其他改革措施的地方,没有员工主动参与的企业文化建设是没有生命力的,也是不可能成功的。

三、兼顾长期短期

企业文化建设是一个长期性工作,它的形成周期要长于一般企业改革,这一点上要有充分的思想准备。总览世界各大公司企业文化变革的所用时间(见表6-1)可以看出,即使是中型企业也需要4年的时间。这就要求我们制订一个长期计划,来指导短期工作。

表6-1 企业文化变革所用时间表

公司名称	企业规模	重大变革经历时间
通用电气公司	超大型	10年,目前仍继续
帝国化学工业公司		6年
尼桑公司		6年,目前仍继续
施乐公司		7年
银行信托投资公司	大型	8年
芝加哥第一银行		10年
英国航空公司		4年
斯堪的纳维亚航空公司	中型	4年
康纳格拉公司		4年

(资料来源:刘光明.企业文化[M].第3版.北京:经济管理出版社,2002.)

长期计划的主要内容是规划企业文化发展的主要阶段,以及每个主要阶段的工作策略和目标。比如,规划导入期的时间长度,变革期的主要策略,控制期的有力措施等,这些指导性的原则,需要得到领导团队的认可,才能更好地开展工作,保证政策的持续性和连贯性。

同时,为了更好地工作,企业文化建设还要有短期计划。每一个主要阶段都要有明确的工作计划,把一些可能发生的情况都考虑到,以免出现问题无所适从。在导入期,主要考虑如何组建领导团队,如何使大家了解企业文化建设的内容和步骤,利用什么传播渠道,采取什么措施来宣传企业文化。在实施阶段,计划的内容主要是如何搭建组织机构、修改相应制度,如何配备企业文化管理人才,如何制定文化建设的考核奖惩机制,如何组织运作,等等。在控制阶段,要计划如何监督控制,如何保持企业文化。企业可以根据实际情况,制订较为详细的工作计划,及早向领导者汇报,得到主要领导者的支持,以便进一步开展工作。

制订计划不仅是为了指导工作,而且要与员工充分沟通,把进度安排告诉管理者和员工,让他们心中有数。

第五节　企业文化建设的组织运作

实施阶段是企业文化建设的关键,该阶段要全面建设企业文化理念层、制度行为层、符号层,进行由上而下的观念更新,健全企业的一般制度和特殊制度,养成企业风俗,做好企业文化符号层的设计与应用,可以归纳为"四大工程",即"价值观工程""行为工程""凝聚力工程"和"企业形象工程"。它们相互联系、相互作用,其组织运作模式各有侧重。

一、价值观工程

价值观工程引导员工反省企业的价值观以及经营理念、管理方式和行为模式。从企业发展战略要求出发,理解企业提倡的价值理念,最终自觉地拥护。这需要一个过程,可从以下三方面着手:

1. 愿景与核心价值观

通过开展演讲比赛、研讨会、征文比赛、领导宣讲等方式,让全体员工明确企业愿景目标、企业哲学、企业核心价值观和企业精神。

2. 经营理念和管理理念

通过召开企业经营理念、管理理念研讨会、辩论会、专家演讲等活动,引导员工以新的经营理念和管理理念,检查现有工作,进行重新思考。与企业倡导文化不相符的,要坚决予以纠正,与企业倡导文化相适应的要予以加强。在企业内逐渐养成以企业倡导的经营理念、管理理念,作为一切工作的判断和取舍标准。引导员工,特别是中层以上管理者,从新的经营理念、管理理念出发,探讨如何改进现有管理体系、降低管理成本,如何提高服务意识、加强自律,提升经营业绩。

3. 道德与作风

员工道德观与作风的建设,是一个漫长的过程。可以通过一些活动和典型人物事迹的宣传,弘扬优秀道德与作风。同时,针对企业的一些不良作风和道德问题,发动员工对正反两方面的案例进行讨论或辩论,加强整改。工作作风与道德观不是一天两天形成的,也不是一天两天可以改变的,需要常抓不懈。

在进行以上三方面工作时,要务实而不浮躁。组织全体员工进行讨论和剖析,引导员工抛弃落后观念,接纳先进思想,尽量使价值观工程具体化和形象化,不要流于形式。

二、行为工程

价值观要通过行为来表现,行为反过来影响价值观。"行为工程"就是通过强化外在行为规范(《员工行为规范》等各种规范),使价值观外化为员工的工作作风和行为,巩固观念更新的成果。

在实施阶段,常常会遇到部分员工,特别是中高层管理者的公开反对或消极对待,他们会找出一堆的理由说明文化变革没有必要,根本不需要改变。这么做很大程度上是源于他们的保守观念和念旧心理。

人们常常会有一种"叶公好龙"的奇怪心态:积极地希望改善自己的现状,但同时还有强烈的求稳心态,不喜欢有太多变化,害怕变革带来的不确定性。尤其是知道变革将给自己带来什么时,会有一种强烈的惰性。正所谓"人们并不害怕改变,只是害怕自己被改变"。这种保守观念会使他们不自觉地抵制变革。

企业文化的实施过程则是对企业历史和经验的再认识,那些不适合企业发展的文化将被抛弃。现有企业文化是长期形成的,凝聚着公司创业者和元老们的心血。企业存在时间越长,旧文化的沉淀就越深,员工对文化变革的阻力就越大。不管一项变革有多少优点,要员工忘掉这些沉淀总是有难度的。这也是为什么老企业比新企业面临的变革阻力更大,资历长的管理人员比年轻的管理人员更容易反对文化变革。一般来讲,最大的阻力往往来自于中高层的管理者,而不是基层员工。因为他们曾经努力营造过现有企业文化,排斥文化变革也在情理之中。

为解决这个问题,我们要注意以下问题:第一,说明建立文化变革与企业实际经营的相关性,让员工感到文化变革对提高企业绩效、提高个人收益都有帮助。虽然企业文化的实施不可能短期奏效,甚至在变革期还可能有短暂的负面影响,需要领导者对企业文化建设的意义做出有说服力的解释。第二,领导团队特别是基层领导者有责任向员工耐心解释企业文化建设的意义。要想让员工对文化建设有所贡献,就必须要让他们认识到工作的意义,否则,只会口头允诺,不会真心投入。第三,要加强沟通,增加决策透明度,让员工了解更多的信息,领导团队要利用各种机会,坦率地和员工探讨企业文化建设的内容和方式。第四,领导者要率先示范,以自己的模范行为,掀起一股层层效法的热潮,从而使新行为成为主流。

三、凝聚力工程

企业文化建设只有领导的重视是不够的,它需要全体员工的积极参与。只有在参与过程中,员工才能自觉地去接纳新的文化。员工通过积极参与,感到新企业文化是来自他们内心的需求和愿望,才能真正达到汇聚人心、增强凝聚力之目的。因此,在企业文化实施过程中,一定不要把员工看作被动接受的客体,而是企业文化建设的积极主体,通过各种形式吸引、组织员工参与到企业文化建设中去。

凝聚力工程是实施企业文化的重要环节,主要包括:

(1) 健全员工民主参与机制,广泛深入群众、发动群众。进行调查了解,听取员工的心声。

(2) 开展丰富多彩的文化活动,活跃员工业余生活。

(3) 领导以身作则,廉洁自律,采取有效的奖惩措施,约束领导的不良行为,推动领导作风和工作作风的改进。

(4) 通过员工对新价值体系的认同,使大家"心往一处想,劲往一处使",形成众志成城、团结奋斗的局面。

(5) 积极在员工中发现、宣传模范人物。通过宣传模范人物的先进事迹,实现企业文化的人格化,使得员工可以通过感性的方式来认识企业文化,理解企业所追求的价值观和经营理念。

企业文化建设必将引发其他方面的变革,如经营模式的改变、组织机构调整、工作流程重组、薪酬体系改革等,这些都会打破现有的利益分配格局,导致权力和利益的重新分配。因此,都会影响到既得利益者的安全,给既得利益者带来不安,他们担心现有的地位、权势、收入和福利等方面的好处会受到损害,容易产生恐慌和抗拒心理。

企业文化建设本质就是破旧立新,在否定旧价值观、打破原有管理体制的同时,必然会要使少部分人的利益受损,否则就不称其为变革了。只要我们坚信我们所实施的企业文化是顺应历史发展趋势,符合企业长远利益和全体员工根本利益的,就要坚定不移地执行。

当然,我们也不能漠视利益受损者,还要以积极、稳妥的方法来处理。具体操作时,要注意以下几点:第一,先从小事做起,逐步深入,积小胜为大胜,不要过于急躁,一下子就触及大多数人的利益,制造障碍,要分而治之;第二,领导者要通过沟通让员工清楚企业文化建设的设想,培养员工的长远眼光,让他们理解到短期的阵痛是为了企业未来更好地发展;第三,领导层在涉及现有利益调整时,要秉着"公开、公平、公正"的原则,"对事不对人",防止有人借此机会打击报复;第四,领导者要带头与员工进行充分交流,鼓励对企业文化建设的公开讨论,消除员工的疑虑,增进彼此信任;第五,为了保证实施进程,对某些关键岗位的员工有时还要适当妥协,在政策上作一些必要的调整,或者分步实施,尽量减少利益受损的人员比例和损失程度,给他们一点缓冲时间。

四、企业形象工程

企业文化建设还有一个重要功能就是外塑形象。

企业形象包括领导者形象、员工现象、产品形象、服务形象、环境形象等。企业形象的这些组成部分是相互关联、密不可分的,它们从不同角度给外界一个知觉冲击,形成多层次、全方位的企业形象。任何一部分的失误都会对企业的整体形象造成损失。因此,要有计划、有步骤地开展对外宣传和公关活动,让外界了解企业形象,提高企业的知名度和美誉度,增强企业的整体竞争能力。

但是,我们也应该看到,企业文化建设不可避免地要涉及一些社会问题。比如,股东、消费者会对企业文化有所评价,公众和社会舆论也会有不同的理解,还有来源于上级公司的干扰,等等。

为了解决外部干预,我们可以做以下几方面努力:①在企业文化建设的始终,都要通过文化传播网络积极向外界,特别是上级公司宣传文化建设的意义、目的和动态,获得他们的理解和认同。②用自身文化建设的阶段性成果,去积极游说和推动上级认同和支持公司的企业文化建设,进而推动上级公司的文化变革。如果能够从下而上引发上级公司的文化变革,阻力自然会消失。③培养先进的典型,用实际效果来说话,控制有利的宣传导向。

第六节 企业文化建设的考核

一、考核的必要性

在企业文化的实施阶段,人们常常发现一些员工,甚至企业领导者的实际行动与企业倡导的价值观相背离。有些领导者口口声声说要引进民主管理的企业文化,加强员工参与,可一到做决策时就大搞"一言堂"。这种言行不一的做法将会严重损害企业文化领导团队的威信。

员工在思想和行为方面做好变革准备是不够的,实施企业文化建设关键要看领导者和领导团队。如果领导团队的信念模糊、言行不一,或者内部思想不统一,自然不会赢得员工的信任,也不会建立起真正的新型文化。尤其是在企业文化实施还没有取得成效之前,领导者的威信和决心是员工决心的主要来源。如果领导团队被员工认为是"言行不一",员工会从内心放弃变革。

多数领导者在变革初期出现的言行不一,主要还是行为惰性问题。面对复杂的现实,人们往往会用习惯性思维来应对,这一点十分正常。但作为企业文化建设而言,领导者则要率先改变自己的行为规范、思维模式,而习惯不是一天两天形成的,自然也不是一天两天可以改变的,对此我们一定要有心理准备。

因此,有必要通过硬性措施来推进,考核就是手段之一。通过一些考核措施,可以达到约束行为、规范理念的作用,主要体现在以下几个方面:

(1) 通过考核可以让员工尽快改变。观念的转变可能需要一段时间,但一些行为的改变是可以具体考核的。尤其是对各单位主要负责人的考核,可以考查他们落实企业文化建设的力度和效果,并及时发现问题、解决问题,从而起到一定的督促作用。

(2) 通过考核可以明确奖惩对象。没有比较,就没有鉴别。企业文化建设也是如此,没有考核,就很难及时发现先进典型。通过考核,奖励企业内符合企业文化要求的先进员工,对企业文化建设具有极大的促进作用。

(3) 通过考核可以表明企业变革的决心。制定考核制度本身就是向员工表明,企业进行企业文化建设的巨大决心,考核越严厉,表明企业越重视。当然考核目的重在鼓励,不要给员工制造恐惧感。

(4) 通过考核可以塑造长期行为。企业文化具有长期性,如果没有形成制度,很难使一种新理念得到认同并长期存在。因此,考核制度作为企业文化实施的重要一步,应当被很好地应用。

二、考核的制度化

随着企业文化实施的不断深化,它将由突击性工作转变成日常工作,企业文化处的工作也将从宣导、推动转变成组织与监控。企业文化实际上进入了一个制度的阶段,这些制度主要包括企业文化测评与考核制度、企业文化先进单位先进个人的表彰制度、企业文化传播制度、企业文化建设预算制度等,需要我们通盘考虑。

把企业文化考核制度化,需要做好如下几点:

(1) 目标具体。把相关考核内容进行目标细化,比如把企业文化宣传落实到培训次数、培训评估后达到什么效果等,便于执行和考核,也可以把看似虚的工作落到实处。

(2) 指标科学。企业文化的考核有一个难点——文化是无形的,很难量化,其指标体系很难建立。它的基础是企业文化的测评。世界上有许多文化学者、管理学者作了大量研究,创造了不少测评工具。我们可以借鉴这些工具构建企业文化的考核指标体系和考核问卷。

(3) **联系实际**。考核实施时要保证部门之间的平衡,同时,还要注意各部门和单位的实际情况,以及各自的不同特点,使考核落在实处。

(4) **重在提高**。考核不仅仅是分出优劣高下,进行公平赏罚,更重要的是通过考核,肯定成绩,发现问题,找出不足。因此,企业文化处应该成为内部咨询部门,对下属各单位进行具体的指导和帮助,使每考核一次,在企业文化建设上都会再上一层楼。

(5) **常抓不懈**。考核工作可以直接由企业文化处来执行,使考核成为企业文化职能部门推动工作的一个杠杆。

总之,通过企业文化考核的制度化,巩固企业文化建设得到的成果,使之融入企业的生命,并形成新的文化沉淀。

三、考核的全员化

通过企业文化的实施,企业将初步建立起新的企业文化体系。企业文化理念层的精神要素基本得到认同;企业特殊制度和风俗基本成型,成为企业行为的一部分;企业文化符号层也已设计完成,企业开始以全新的形象展现在员工、客户、社会面前。这时,企业文化建设就进入了巩固阶段,主要工作是总结企业文化建设的经验和教训,将成熟的做法通过一定的制度加以巩固。固化工作最有效方法,就是将企业文化纳入全员考核体系。

如上面所述,企业文化处对下属部门要进行企业文化的专项考核,推动各部门把企业文化落到实处。为了引起全体干部和员工的重视,并长期维持下去,我们可以根据企业的实际情况,把各部门和每个员工贯彻企业文化的情况,纳入综合考核体系,给予一定的权重(如 10%~20%)。通过月考核、季度考核、年度考核等日常的考评来提醒、督促员工遵守企业文化,奖励先进、督促落后,处罚个别严重违反企业核心价值观的行为。

企业文化体系建立以后,企业原有的传统观念和习惯势力不会很快消失。如果不加重视,企业文化会随着制度执行的松懈而失去控制力,新文化体系将会逐渐被旧文化所腐蚀,最终导致前功尽弃。同时,社会上一些不良思潮和不良风气对员工也会产生影响。所以,对全员进行考核的同时,还有必要建立企业文化的监督机制。这项工作可以由企业文化处来承担,定期对企业文化的情况进行监测(如每年进行一次企业文化问卷调查),发现偏差及时纠正。企业文化建设是个长期不懈、动态完善的过程,贯穿于企业整个生命周期的始终。在企业发展的不同阶段,受外界环境和内部条件的约束与影响,企业的文化也表现出不同的内涵与外延。随着企业的发展,企业所处的外部环境和自身条件将发生变化。这意味着现有企业文化设计时所依据的前提条件和基本假设也将随之发生改变,今天成功的经验可能成为明天失败的源头,目前先进的企业文化到时可能会表现出历史的局限性,成为阻碍企业继续前进的绊脚石。我们通过制定相应制度把文化变革的成果固化下来,但绝不是要使之僵化。我们的固化应该是相对的,而不是绝对的。

第七节 企业文化建设的奖惩

当我们将所取得的成果,通过相应制度固化下来之后,还没有万事大吉。企业文化建设成果真正意义上的固化,不仅是制度上的,更重要的是全体员工内在精神和心智模式的固化。改变人们的核心价值观、心智模式以及行为,毕竟不是一朝一夕可以解决的,它需要一个相当长的时间,中间还不免要有反复。这时,就需要我们从外界给予一定的强化,制定奖惩制度,就是要提醒和督促员工遵循企业文化。让企业文化建设进入考核指标,进入奖惩条例,使"软管理"硬化,使各级管理者把企业文化建设看成本职工作的一部分,其工作绩效同样会影响考核成绩,影响薪酬和奖罚,从而使其重视企业文化建设工作。

一、奖惩制度

在制定奖惩制度时,需要注意一些基本原则:①制度透明、规范严格;②奖惩分明、以奖为主;③长期执行、重在引导;④形式隆重、公正公平。建立一套奖惩制度要涉及以下几方面的内容,需要领导者通盘考虑,保持活动的合理间断,提高刺激频率。

1. 与企业文化考核制度结合,建立奖惩制度

将企业文化考核指标纳入全员考核体系,使之与员工的薪酬和激励挂钩,奖励先进,鞭策落后。奖惩制度是考核结果的运用,可以与考核制度一起设计和执行。要控制好优良中差的比例数,既确保足够的激励强度,又避免造成员工的不安心理,给企业文化建设带来负面影响。

2. 设立年度奖项,表彰先进分子

在企业已有奖项中,加入企业文化方面的奖励,既要有先进个人,也要有先进集体,在企业年度大会上进行表彰。评比要控制好一定比例,尤其是开始要保证评比效果,名额不宜过多,随着企业文化建设的进一步深入,再逐步加大名额。

3. 设立专项基金,保持奖励的持续性

奖惩制度里可以设立专项基金,用于支持企业文化建设,特别是奖励先进单位和个人。除去定期考核后的奖励外,还可以根据企业文化建设的需要,进行不定期奖励,重要的是控制过程,而非结果。

4. 设立特殊荣誉称号,鼓励先进集体和个人

根据企业实际,设立一些有意义的荣誉称号是奖励的一种好形式。这不仅可以给予员工奖励,还可以带来一种特殊感受。比如,微软公司设立的"盖茨总裁奖",会给获奖者带来一种特殊的受重视感;四通公司的最高集体奖叫"优秀四通团队奖",最高个人奖叫"优秀四通人奖",其标准不仅有经济指标,而且有文化指标——做到"三高",即高效率、高效益、高境界。

二、适时奖励

我们应当认识到,企业文化系统有其固有稳定机制,当对其进行变革时,结构惯性就会成为一股反作用力。这种文化惯性是企业长期形成的,一个企业的过去越是成功,它的习惯认识就会越根深蒂固,难以改变。这种新旧文化之间的拉锯战将是长期、艰巨的,是一场"持久战"。正如列宁所说的:"千百万人的习惯势力是最可怕的势力。"

企业文化建设的长期性往往表现为一种阶段性,这就要求我们针对每个特定的阶段采取不同的措施。作为奖惩制度,也应适应这种阶段性的特点,在内容和时间上多加考虑。

首先,企业文化变革是一场理念上的变革,是一次思想教育,因此,多使用正面激励效果会好一些。奖励就是一种正面激励,而惩罚是一种负强化,它只适用于那些严重违反企业核心价值观的行为。奖惩制度要以奖为主是企业文化建设的特点,通过正面激励来培养企业文化,更能使企业理念深得人心。

其次,实施奖惩的时间要有统一安排,即在不同阶段形成重点和亮点,又要保持一种连贯性,不能一段时间特别热,一段时间特别凉。奖惩制度是为了强化和保持企业文化的建设成果,因此,要把各项奖励活动进行统一安排,保持比较稳定的强化频率,不能太松,亦不能太紧。

最后,在一定阶段,可以组织大规模的活动,扩大奖励制度的影响面。例如,当企业文化建设初战告捷时,举办"企业文化活动周",进行企业文化建设先进集体和先进个人的评比和表彰,大范围宣传先进事迹,有组织地开展学习活动。这时,可以给小部分持怀疑态度的人一次很好的说服,让大家心悦诚服,会进一步扩大企业

文化建设的战果。

三、树立典型

人的行为改变往往来自模仿,因此,榜样的力量是无穷的。企业文化建设更是如此,先进个人的行为具有很强的示范作用,可以成为员工学习的榜样。企业可以定期评选一些执行企业文化的先进集体和个人,给予精神和物质奖励。还可以选择群众基础好的企业文化代表人物,进行有意的培养和塑造,不断总结先进事迹,在时机成熟后推而广之。这些优秀人物会对企业文化建设起到很强的促进作用,是一个不可忽视的力量源。

中国平安保险公司把自己的企业使命叙述为:"对客户负责:服务至上,诚信保障;对员工负责:生涯规划,安家乐业;对股东负责:稳定回报,资产增值;对社会负责:回馈社会,建设国家。"由此提出企业核心价值观为"诚实、信任、进取、成就"。那么,如何锻造平安精英文化呢?平安要求各级管理者首先成为精英。公司设立了"平安勋章""合理化建议奖",鼓励文化精英。每年他们都组织一次全系统的寿险高峰会,表彰文化精英,让业绩最佳的营销人员担任会议的"会长",主持这场自我教育、自我激励的活动。平安公司还成立了平安产险"明星俱乐部",鼓励产险业务员争当明星。

再如,北京公交行业的售票员李素丽,不仅是公交行业的标兵,而且成为全国学习的劳动模范。许多公司员工都争先恐后地前去学习,由于车上公司员工太多,公司只好规定不得在工作时间上车学习。这种自发的学习精神,是行为改变的最好形式。如果企业本身就是崇尚先进的风气,那么,塑造典型的做法就更不能缺少了。

还要注意,在评选先进典型时切忌名不副实。员工之间最相互了解,来不得半点虚假,不能为了塑造典型而刻意拔高,否则适得其反。

第八节 企业文化的实施艺术

目前,企业文化建设流于表面化是很多企业普遍存在的问题。多数企业满足于喊出几句口号,既没有对员工的教育普及,也不注意通过加强制度建设把企业文化建设落到实处。更多的企业是不知怎样有效实施企业文化,还不掌握企业文化的实施艺术。

一、软管理的"硬"化

企业文化是企业管理的软件,许多活动是"务虚",容易受忽视,因此,怎样使企业文化建设这个"软管理"硬起来,便成为实施艺术的关键。

1. 制度要"硬"

科学管理主要依靠硬管理,而文化管理则要求刚柔并济、软硬结合。用中国企业习惯的语言来说,就是要把管理工作与思想工作有机结合起来,变两张皮为一张皮。企业文化建设正是把软、硬管理两者结合起来的最佳方式。

在建设企业文化时,可以采取一些"硬"的制度,作为辅助手段,帮助确立和巩固新型企业文化体系。群体价值观、规章制度都是企业文化的组成部分。制度和纪律是强制性的、硬的,但它们靠企业精神、靠共同价值观得到自觉的执行和遵守;企业精神、企业道德、企业风气是非强制性的、软的,但其形成的群体压力和心理环境对员工的推动力又是不可抗拒的、硬的。特别是这种软环境的建立和维持,一点也离不开通过执行制度、进行奖惩等来强化。

世界零售业王国沃尔玛公司,就是一家把企业文化落到实处的公司。创始人山姆·沃尔顿提出"员工是合伙人"的企业口号,鼓励杰出员工,让他们成为企业真正的"合伙人",是沃尔玛公司成为世界顶级公司的法宝。但山姆·沃尔顿并没有把这一观点作为宣传用语,而是把它落到了实处。他把"员工是合伙人"这一概念具体化为三大机制,即利润分享机制、雇员购股机制和损耗奖励机制。正是将这三大机制严格落实到实际行动中,才使沃尔玛提高效率、降低损耗,成为超市行业的巨人。

2. 领导要"硬"

在企业文化变革过程中,会遇到很大的阻力,因此需要有力的推动。首先,要组建稳定的、有足够权威的领导团队,推动企业文化变革。领导团队是企业文化建设成功的最有力的保证,应该由企业的最主要领导人亲自挂帅,也就是人们常说的"一把手工程"。

3. 推动要"硬"

组建长期实施企业文化管理的职能部门,作为企业文化领导小组的办事机构,由一批专业人才组成,负责企业文化的实施,遇到问题及时反映并解决。有了这样一个部门,企业文化推动工作才能真正"硬"起来。最后,为了有效地推动企业文化建设,还应该将企业文化建设工作列入考核和奖励体系:对于企业文化建设工作出色的部门和个人,其绩效评价较高,得到的薪酬也高,并且还会获得各种荣誉和奖赏。反之亦然。这就使得企业文化建设"硬"起来,必然收到事半功倍的效果。

二、"虚功"实做

由于企业文化是"虚"的,容易流于形式,真正变成"虚"而不实,难以落地。解决的办法,就是将"虚功"实做。

1. 制度落实

企业的内部管理制度,对员工来讲是外加的行为规范,它与内在的思想和道德规范——群体价值观是否一致,可以说明企业是否真正走上了企业文化建设的正轨。有一些企业之所以搞不好,思想观念和企业制度之间不统一无疑是个突出的问题。从1980年到1984年,IBM进行了为期4年的文化变革。从第一阶段的"风险组织"试点,到第二阶段的全面调整与总公司领导组织的变革,形成新的领导体制,最后阶段对子公司的领导体制的调整。每一次制度的变革,都伴随着企业文化的变革。可见一切制度建设都是围绕企业核心价值观进行的,只有制度上的充分落实,才能保证IBM的三信条具有较强的生命力,否则,企业理念便无法实现。

2. 工作落实

企业文化建设是由许多具体工作组成的,而每一项具体工作都应该认真去抓,抓出效果。正如韩非子所讲:"天下之难事必作于易,天下之大事必作于细。"企业文化建设尤其如此,必须从小事做起,积小胜为大胜,长期坚持,终成正果。

万向集团有一则故事,总经理要部门经理把员工的生日蛋糕亲手送给员工,但他嫌太麻烦,就给员工一张票,让员工自己去领。老总得知后,开除了这位部门经理,因为他没有理解和落实老总的企业理念。可见,企业领导者对企业理念的培养何等重视,而企业文化正是从一点一滴的小事体现出来的,如果具体工作不能落实,只去喊几句空洞口号,在企业文化建设上行不通。

3. 人员落实

企业文化建设是一项长期而艰巨的任务,需要自上而下的人员配合。如果人员不能到位,推行企业文化建设就会"有心无力"。所谓人员落实主要包括三个层面:一是主要领导者要扛大旗;二是领导团队要统一思想,齐抓共管努力推;三是职能机构要人才精干,稳扎稳打长期抓。

三、企业文化的人格化

企业价值观、企业理念都很抽象,难以准确把握。怎样使这些抽象的概念具象化呢？一个重要的方法是"人格化"。

1. 坚持以人为本

人是企业文化建设的主体。这是说，企业文化建设要依靠人，不仅依靠企业领导，更要依靠广大职工。我们要看到企业的领导者在企业文化建设中的重要作用，但同时也要注意：职工并不是被动的接受者，他们不仅是企业文化的创造者，而且是企业文化的建设者、发展者。企业领导者应使企业文化建设成为职工的自觉行动，不仅身体力行、认真贯彻，而且积极参与、献计献策。这样就能够集中企业全体职工的能量和智慧，把企业文化建设好。

人是企业文化建设的客体。这是说，企业文化建设不仅要为了人、关心人，更要塑造人、培养人。企业文化是一种氛围，它的理念层和符号层无时无刻不在感染、引导着职工；企业文化又是一种机制，其制度行为层具体规定了职工的权利和义务。企业要通过充实企业文化的理念层和符号层，在潜移默化中帮助职工树立正确的价值观和对企业的责任感，引导职工加强品德修养，提高思想觉悟。

2. 发掘典型故事

企业文化的一些抽象理念怎样正确理解？怎样把它外化为行动？答案往往在广大员工那里。他们在实施文化中创造了许许多多生动的事迹，这些企业中流传的"故事"，就是企业理念的最好注释。以海尔为代表的许多企业，正是充分发挥了"故事"的神奇作用，使企业理念深入人心。

3. 培养典型人格

企业文化建设，实际上是一个观念建设的过程，它的作用通过每个员工表现出来。塑造高尚的企业文化氛围，对培养员工崇高的人格十分有益。

从企业中选择、培养具有典型人格的企业文化的代表人物，是实施企业文化的有效手段之一。但要注意这些先进人物的选择一定要有群众基础，有号召力，不能人为拔高，那样会适得其反。企业价值观、道德观最终要体现在企业领导者和员工的行为当中，因此，必然要涌现出许许多多符合企业文化要求的典型人物和事迹，在企业文化实施当中，凭借这些突出人物的事例，比空洞的说教更加形象，更容易被人接受。

四、领导者的示范艺术

由于企业领导者是企业文化的倡导者，应该使自己成为企业文化的人格化代表。因此，领导者的个人学习、修养和率先示范就变得十分重要。

1. 巧妙引导

一个好的表达,会使领导者的理念更好地被员工所接受。GE 的 CEO 韦尔奇在解释三大理念之一的"速度"时,用了两个形象的比喻——"光速"和"子弹列车",这也是他很爱用的词。他坚信,只有速度足够快的企业才能生存。当这两个词被员工广泛传播的时候,韦尔奇的一种观点便被大家所接受了,那就是"世界正变得越来越不可预测,而唯一可以肯定的就是,我们必须加快来适应环境"。于是,大家行动起来了,使信息流传达得更快,产品设计得更易打入市场,组织的调整则更便于快速决策。这一切成果与他对理念的巧妙解释不无关系。

2. 以身作则

文化的变革需要领导者用示范来加以引导,尤其在新文化确立之初,更需要领导者以身作则。在芯片制造上,日本公司给英特尔带来了很大的竞争压力,为了实现公司质量至上的信念,英特尔公司总裁巴雷特不停地向购买芯片的大客户询问,听他们在日本供应商处的见闻,他还亲自到英特尔公司的日本合作伙伴进行调查。他研究每一条有关竞争者如何设计、管理业务的各种信息,公开的和学术上的不同渠道都会给他带来灵感,同所有员工一起,从头到尾改进了英特尔的制造流程,保证了技术制造上的领先。这就是领导示范的作用。

3. 行动巨人

领导者不能只做言辞巨人,还要做行动巨人。尤其要重视细节方面,只说不练没有效果,在企业文化方面同样是"行胜于言"。再以韦尔奇为例,他坚信:简单意味着"头脑清晰"和"意志坚定",其内涵是什么呢? 一是思维集中,二是流程明晰。韦尔奇不仅自己头脑清晰和意志坚定,而且手把手地教会部下怎样做到头脑清晰和意志坚定,所以通用电器的企业文化才会层层落实。因此,领导者需要就一些行动做出示范,自身先表现出言行合一,员工才能心服口服,正所谓"上行下效"。

五、情境强化的艺术

企业文化建设还要利用情境强化来实现,即通过营造一定的情境,让员工自觉体会其中隐含的理念,从而达到自觉自悟的效果。

1. 巧用情境感染力

为了形成质量第一的重要意识,张瑞敏当着工人的面把不合格的 76 台冰箱砸烂,这是海尔著名的张瑞敏"砸冰箱"的故事。张瑞敏这一举动,就是利用情境的视觉冲击力,达到了触及灵魂的目的。企业理念是抽象的,不易把握,更不易入脑入心。怎样克服这一企业文化建设的"瓶颈"呢?"情境强化"是一把金钥匙。如果情境设计得巧妙,就可以发挥其视觉冲击力大、印象深刻等特点,有效地把企业理念渗透到员工的内心。"情境强化"艺术,关键在于情境的设计。应该针对不同的理念,不同的对象,选择不同的环境,不同的参加者,营造不同的氛围,展现不同的场景,以充分发挥这一特定场景的视觉冲击力和心灵震撼力,收到振聋发聩的效果。

2. 鼓励全员在参与中"同化"

统一认识最好的办法就是在参与中同化。最能让员工感觉到顺乎情、合乎理的事,员工最能够接受。但是,对任何新事物的接受总有一个过程,在一个企业当中,对于企业文化理念的接受也是一个少数带动多数的过程。让员工参与企业文化建设,对员工理念的转变很有好处。需要注意的是,这种参与往往不是在决策的时候,更多的是在执行当中,也就是说,领导者在进行了变革决策之后,为了推动变革而组织的参与活动。很多企业的实践经验表明,越是大范围的员工参与,宣传鼓动效果越明显,同时,员工的行为由于可以相互模仿和影响,改变就会越加迅速,这是借用"从众心理"的原理,推广企业文化的有效手段。

3. 寓教于乐

企业文化建设很重要的一条就是贴近员工,符合企业实际,一些空洞的口号对员工来讲便是过眼烟云。尤其是员工行为规范和员工训条,一定要联系员工的实际工作,看得见摸得着,使员工在日常情境中,可以随时想起企业提倡的理念,以便真正起到对员工行为的指导。"四海之内,心手相连,选择平安是你我的心愿……"身居祖国四面八方的17万平安人,每天清晨于同一时间,高唱这支司歌——《平安颂》。在不经意之间,温馨的旋律化为滴滴甘露,滋润着每一位员工的心田,就连平安的保户也产生一种温暖亲切的感觉。这是音乐情境的巧妙设计。

学不如好,好不如乐。企业文化的终极目标,就是要让员工沉浸在企业大家庭的温暖之中,沉醉于创造性工作的快乐之中。企业领导者可以运用企业风俗,营造一种融洽快乐的工作氛围,感染和陶怡员工的心灵,使企业理念不知不觉中深入人心。

六、观念、故事、规范三部曲

企业文化建设的艺术之一是用真实的故事来说明问题,故事越真实,教育意义就越大。这就是著名的"观念——故事——规范"三部曲。所谓观念,就是领导者清晰阐明的企业理念;所谓故事,就是最能体现这一理念的典型故事;所谓规范,就是由观念外化设计的各种行为规范。通过讲故事,使抽象的理念具象化,推动理念"内化于心";通过制定行为规范,使理念与行为挂上钩,推动员工将理念"外化于行"。

我们不妨以海尔公司的企业文化强化故事为例,观察其中奥妙之处。

自从海尔提出"对用户忠诚到永远"这个服务理念,引起员工普遍关注。但是,怎么理解这句话?怎么做才算达到了"对用户忠诚到永远"?很抽象,很难准确把握。海尔公司收集了许多故事,这些故事形象地阐释了"对用户忠诚到永远"。例如,在 2002 年春节前几天,北京石景山区有海尔的一个用户,他买的一台海尔彩电坏了,很着急。海尔北京分公司经理亲自上门维修,在双方约定的下午 8 点到达,但这个用户不在,门上了锁,灯却亮着。怎么办?等!一直等到第 2 天早晨 6 点,用户回来时,才进门维修。他和他的助手整整在门外冻了一夜,邻居们请他们进门休息,也被他们婉拒。这件事深深地感动了那位用户和他的邻居们,也充分地体现出海尔"对用户忠诚到永远"的最佳服务精神。诸如此类的故事,把这个抽象的服务理念具体化、形象化,变成可感受的、易把握的东西。

总之,企业的理念是抽象的,不易把握,更不易入脑入心。怎么克服这一企业文化建设的"瓶颈"呢?"典型故事"是一把金钥匙。

有了故事,知道朝哪个方向努力,但还缺少具体的标准和行动的规范。因此,海尔又制定了一系列的服务规范,如"5 个一""5 不准"等,这就使广大的海尔服务人员清晰地了解服务文化的底线,久而久之,普遍达到了很高的服务水平,从整体上做到了"对用户忠诚到永远"。

"观念—故事—规范"三部曲,是一个文化落地的成功经验,值得借鉴。

复习题

1. 企业文化的实施包括哪些具体步骤?
2. 应该如何配置企业文化建设的人员?企业文化实施应该遵循哪些原则?
3. 如何进行企业文化建设的规划?主要原则是什么?
4. 什么是企业价值观工程?
5. 何为企业形象?何为企业形象工程?
6. 如何组织企业文化建设工作?结合自身情况谈谈如何完成"价值观工程"。
7. 如何运用考核工具帮助建设企业文化?是否可以利用惩罚制度?如何用?
8. 如何将"软"管理变成"硬"约束?如何落实企业文化建设?
9. 在实施企业文化当中,领导者要注意什么?有何技巧?

思考题

1. 你认为企业文化建设是否应该建立奖惩制度?为什么?
2. 如果让你制定企业文化建设考核体系,你会如何做?

3. 你对"理念-故事-规范"三部曲怎么看?为什么说它具有普遍意义?

案例分析 沃尔玛的企业文化

沃尔玛百货有限公司由美国零售业的传奇人物山姆·沃尔顿于1962年在阿肯色州成立,经过50余年的发展,已经成为世界首屈一指的零售业霸主。目前沃尔玛已拥有2133家沃尔玛商店,469家山姆会员商店和248家沃尔玛购物广场,分布在美国、中国、墨西哥、加拿大、英国、波多黎各、巴西、阿根廷、南非、哥斯达黎加、危地马拉、洪都拉斯、萨尔瓦多、尼加拉瓜14个国家。截至2010年,员工总人数210万,是世界上雇员最多的企业,全球年销售额达到4082.14亿美元。沃尔玛能够在短短的几十年内创造出这样一个零售业的奇迹,很大一部分原因在于其独特的企业文化。

"山姆可以称得上是本世纪最伟大的企业家。他所建立起来的沃尔玛企业文化是其成功的关键,是无人可以比拟的。"美国凯玛特连锁店创始人哈里·康宁汉这样评论他的竞争对手。在世界各地的任何一家沃尔玛连锁店中,人们都会感受到一种强烈的"与众不同",这就是沃尔玛长期以来形成的企业文化。

(一)沃尔玛的核心价值观

沃尔玛是在山姆·沃尔顿所倡导的原则上建立起来的。这些原则体现在员工每天的辛勤工作及待客服务中。沃尔玛企业文化的核心价值观可以用其倡导的三个基本信仰来表述:

(1)为顾客服务,顾客才是真正的老板。每一个沃尔玛的员工都知道,顾客才是真正的老板,每个商场都在明显的地方写着沃尔玛顾客服务信条:第一条,顾客永远是对的;第二条,如有疑义,请参照第一条。我在第一次走进大同沃尔玛时就强烈地感受到了这一点。在店内最醒目的地方挂着沃尔玛的标志性语言。

(2)天天平价。在世界各地的沃尔玛商场,大门口的招牌两边必定张贴着醒目的几个字:"天天平价,保证满意。"这是沃尔玛企业的经营宗旨,也是对顾客的承诺。在经营中,沃尔玛坚持每种商品都要比其他商店便宜,并提倡"低成本,低费用结构,低价格,让利给消费者"的经营思想。遗憾的是笔者在对大同沃尔玛店及其邻近的其他商场如华林超市作了部分商品价格对比后,却发现沃尔玛并没能实现其一贯标榜的"天天平价,保证满意"。

(3)保证满意。沃尔玛的最低价原则并不意味着商品质量或服务上存在任何偷工减料的情况。它认为顾客应当从沃尔玛获得低价高质的服务,这是沃尔玛创立与发展之本。三米原则,使顾客感觉到他们很受欢迎。微笑,看着顾客的眼睛,向三米范围以内的顾客打招呼。通过为顾客提供盛情服务,超出顾客的期望,沃尔玛赢得众多忠实的顾客。

（二）以人为本的文化

山姆·沃尔顿曾总结出其事业成功的"十大法则"：忠诚你的事业；与同人建立合伙关系；激励你的同人；凡事与同人沟通；感激同人对公司的贡献；成功要大力庆祝，失败亦保持乐观；倾听同人的意见；超越顾客的期望；控制成本，低于竞争对手；逆流而上，放弃传统观念。这"十大法则"中有七条与员工有关，由此可见，沃尔玛把员工关系放到了多么重要的位置。

山姆·沃尔顿曾有句名言："对员工要像对待花园中的花草树木，需要用精神上的鼓励、职务晋升和优厚的待遇来浇灌他们，适时移植以保证最佳的搭配，必要时还要细心除去园内的杂草以利于他们的成长。"这段话道出了沃尔玛企业文化中以人为本的精髓。

（1）在沃尔玛，员工有一个著名的称谓——"合伙人"。沃尔玛一方面把公司领导称为公仆，而另一方面又把员工称为合伙人，这与许多企业强调管理者的领导地位迥然不同。把员工当作沃尔玛的合伙人，正是沃尔玛留住人、发展人、吸引人的指针。沃尔玛的工资一直被认为在同行业不是最高的，但公司的员工却以在沃尔玛工作为快乐，因为他们在沃尔玛是合伙人。零售业是一个非常重视服务细节的行业，它要求每一个员工在工作中都能充分体现自己的主人翁精神，因为没有主人翁精神，要做到细节化的管理根本不可能。所以公司强调员工就是沃尔玛的合伙人，强调沃尔玛是所有员工的沃尔玛。

（2）在沃尔玛有一个理念，把公司领导称作"公仆领导"。公仆领导，也就是领导和员工之间是一个"倒金字塔"的组织关系，领导在整个支架的最基层，员工是中间的基石，顾客永远放在第一位。领导为员工服务，员工为顾客服务。在沃尔玛，领导者只是员工的服务者。因为员工整天为"顾客"服务，谁来服务员工呢？在沃尔玛，就是公司领导。员工的工资和待遇不是从总经理那儿获得的，而是来自他们的"老板"——顾客。只有把"老板"伺候好了，员工的口袋里才会有更多的钞票。员工作为直接与"老板"接触的人，其工作精神状态至关重要。因此，领导的工作，就是指导、支持、关心、服务员工。员工心情舒畅，有了自豪感，就会更好地服务于顾客。在沃尔玛，任何一个员工佩带的工牌上除了名字外，没有标明职务，包括最高总裁。公司内部没有上下级之分，见面就直呼其名，从而营造了一个上下平等的气氛。

（3）与员工平等沟通。最能体现员工在实际工作中合伙人地位的是公司的"门户开放政策"。门户开放是指任何时间、地点，任何员工都有机会发言，都可以口头或书面形式与管理人员乃至总裁进行沟通，提出自己的建议和关心的事情，包括对不公平待遇的投诉。这一点在大同店体现非常明显，在店内显眼的位置有这样的标识。门户开放政策保证有机会讨论他们的意见,对于可行的建议,公司会积极采纳。在沃尔玛,经常有一些各地的基层员工来到总部要求见董事长。董事长沃尔顿先生总是耐心地接待他们,并做到将他们要说的话讲完。如果员工是正确的,他就会认真地解决有关的问题。他要求公司每一位经理人员认真贯彻公司的这一思想,把员工当成合作伙伴,而不要只做表面文章。这一点对于我们国内企业尤为重要,这也正是我们缺乏的,即公司内部从上到下的有效沟通。

(4)与员工分享快乐。按山姆的理论,他认为每个人的工作都非常辛苦,如果整天绷着脸,一副表情严肃、心事重重的样子,那就更加劳累了。所以,必须尽量用轻松愉快的方式,来应付相关的工作、生活。这样不仅可以减少自己身心的负担,也可以提高工作的效率。这就是山姆所谓的"工作时吹口哨"的哲学,令人身心愉悦,效率反而更高。

由以上分析可见,沃尔玛在短短四十几年的时间里成长为一家规模巨大的跨国公司是有其秘密武器的,那就是沃尔玛独具特色的企业文化。

(原载于《现代商业》)

讨论题:

1. 沃尔玛的核心价值观有什么特点?
2. 沃尔玛的企业文化建设内容是什么?如何实现的?
3. 你对沃尔玛公司的成功有哪些看法?你认为沃尔玛的后续企业文化建设应如何推进?

第七章 企业文化变革

1. 了解企业文化变革的原因
2. 掌握企业文化变革的内容
3. 了解企业文化制度和风俗的变革
4. 掌握企业文化的变革原则
5. 了解企业文化变革过程和应注意的问题

在前面章节中,我们已经知道企业文化的性质之一就是相对稳定性,只有保持稳定,才会发挥作用,但相对的限定又说明企业文化是会发生变化的,是随着企业自身的成长和外部经营环境的变化而产生变化,虽然频率并不高。在刚开始对企业文化进行研究时,很少有著作谈及企业文化的变革问题,有的只是提出一些简单的企业文化变革模式,而在企业的管理实践中,企业文化的变革一直是摆在管理者面前的难题。艾伦·威尔金斯曾经列举了22家试图进行企业文化改革的公司案例,而其中16家公司经理自己承认没有成功的案例。因此本章就将结合企业的管理实践来研究企业文化变革的问题。

第一节 企业文化变革的原因

与其他组织变革的发生相似,任何企业的文化变革也有其产生的原因,按照变革动力的来源可以分为内因和外因。

企业文化变革的内因是企业文化本身产生的冲突。只要存在文化,随着文化的发展,一定会产生冲突,但企业文化冲突不像人类社会文化冲突那样复杂、剧烈,因为企业文化的时间跨度、空间跨度、民族与国家跨度及文化冲突的动因都是有限的。企业文化冲突可能通过矛盾的缓和、转化而直接得到解决,但也可能引发一场文化危机,结果就会产生企业文化的变革。以福特汽车公司为例,亨利·福特从

1905年白手起家开始，15年后建立了世界上最大、盈利最多的制造企业，在20世纪初的美国汽车市场上处于近似垄断的地位，福特汽车公司主要依靠公司利润而进行的公司积累，达到了10亿美元（这个数字在当时是相当大的）。但到了1927年，福特汽车公司却落到了摇摇欲坠，失去市场领先地位的地步，接着的20年，几乎每年都亏损，直到第二次世界大战。1944年，亨利26岁的孙子福特二世在没有任何经验的情况下接管了公司，两年后，又将他的爷爷从管理最高宝座上赶了下去，引进了一套全新的管理班子拯救了公司。这次管理革命，实际上是公司文化的一次重大变革，通过这次变革，福特汽车公司摒弃了落伍陈旧的文化传统。用德鲁克的话讲："老福特之所以失败是由于他坚信一个企业无需管理人员和管理，他认为，他需要的只是所有者兼企业家，以及他的一些助手。福特与他同时代的美国和国外企业界绝大多数人士不同之处在于，正如他所做的每一件事那样，他毫不妥协地坚持其信念，他实现其信念的方式是，他的任何一个助手，如果敢于像一个管理人员那样行事、做决定或者没有福特的命令而采取行动，那么无论这个人多么能干，他都要把这个人开除。"从这段描述中可以看出福特汽车公司原有文化的根深蒂固，以及福特汽车衰落的原因：其文化的核心价值观无法适应市场竞争加剧的外部环境。这是一个文化冲突的例子。那么具体来讲，哪些因素可能带来企业文化的冲突进而引发企业文化的变革呢？

1. 企业经营危机

企业经营危机使企业文化往往成为危机根源的候选对象，因为企业陷入重大危机除个别由不可抗力或偶然的重大决策失误造成的以外，多半都有深刻的根源，这种根源就与企业的旧文化联系起来，并使管理者认识到，危机是文化冲突的结果。而且企业的经营危机的结果使企业的所有人都受到心灵的震撼，危机的直接、可怕甚至灾难性的结果使企业的全体成员认识到企业文化与企业和个人前途命运的密切相关性，为新文化的形成提供了心理基础。

2. 企业主文化与亚文化的冲突

所谓主文化是指居于企业核心地位的文化、正统的文化以及整体的文化。而亚文化是指处于非核心地位、非正统的文化或局部的文化。如果企业目前的主文化是落后的、病态的，适应内外部环境的亚文化在发展的过程中就会受到主文化的打压和限制，这种冲突就如福特汽车公司的例子表现出来的，最终会带来文化的变革。当然，更常见的文化冲突则是由企业整体和部门之间的利益矛盾与失衡、认知差异造成的。

3. 群体文化与个体文化的冲突

企业文化虽然是企业成员共同遵守的价值观和行为规范，但企业文化作为群体文化并不是个体文化的简单叠加,因此个体文化与群体文化的冲突是普遍存在的。比如中国很多在外企工作的员工在加入公司的时候,都会有些不适应,对公司所提倡的某些价值观也有不理解的地方,这就是由于社会文化传统和社会制度不同带来的文化冲突。企业成员在尚未熟悉企业文化,没有认同企业文化的情况下,也会产生这种文化冲突。在同一个组织内,由于不同的利益要求或者不同的观念认知,也能带来个体文化与企业文化之间的冲突,最极端的情况则是,个体对企业的不满与反感所引起的个体文化与企业文化之间的强烈冲突。上述情况产生的群体文化与个体文化的冲突如果广泛发生且激烈到一定程度,就会引发企业文化的变革。

除了上面提到的,由于企业文化内在的原因引发企业文化的变革外,企业主动对外部环境适应,做出的经营管理的变革,都要求企业文化变革相配合,也就是企业在进行其他变革时都要求企业文化也随之发生改变。这类企业组织变革包括战略变革和结构变革等。今天的企业所面临的经营环境是瞬息万变的,既没有所谓的常胜将军,也没有所谓的万能战略。企业在竞争日益激烈的情况下会主动地进行战略调整,从结构调整到规模调整,而伴随结构调整和规模变化的往往都有文化的转变、冲突和融合问题。而按照企业生命周期理论,随着企业的成长,会面临不同的危机,解决这些危机的手段就是组织结构的调整。还有一个重要的外因是企业的并购及其引发的高层管理者的更迭。众所周知,企业文化与高层管理者有密切的关系,因此高管人员的更迭是可能引发企业文化变革的另一因素。下节我们以惠普公司的发展历程来综合分析企业文化变革的各种原因。

第二节 企业文化变革的实证案例

一、宝钢文化的今昔

乘着改革开放的春风,宝钢集团有限公司(以下简称宝钢)从1978年12月23日在上海长江口破土动工至今,已经走过了近40年的历程。目前,宝钢是中国最具竞争力的钢铁企业,2007年,宝钢第三次进入美国《财富》杂志的"全球最受尊敬的公司"榜单;自2003年至2008年,宝钢连续6年进入世界500强;2008年,宝钢以销售收入2 277亿元在中国企业500强中排名第12位。

宝钢钢铁主业立足于生产高技术含量、高附加值的钢铁精品,年产钢能力3 000万吨左右,赢利水平居世界领先地位,产品畅销国内外市场。目前已形成普碳钢、不锈钢、特钢三大产品系列,产品集聚在汽车(尤其是高级轿车)用钢、家电用钢、石油管线钢、钻杆、油井管、高压锅炉管、冷轧硅钢、不锈钢、高合金品种钢和高等级建筑用钢,产品实物质量堪与国际同类产品相比。除钢铁主业外,近年来,宝钢战略性相关业务重点围绕钢铁供应链、技术链、资源利用链,加大内外部资源的整合力度,提高竞争力,提高行业地位,已初步形成了六大板块的业务结构:钢铁主业、资源开发业、钢材延伸加工业、技术服务业、金融业、生产服务业。

2007年,宝钢提出了2007—2012年新一轮六年发展规划,宝钢规划期发展的基本战略思想,可以归纳为:"一条主线""两个转变""一个落脚点"。即:围绕"规模扩张"这一未来发展的主线,实现从"精品战略"到"精品+规模"战略的转变;规模扩张实现从"新建为主"到"兼并重组与新建相结合"的扩张方式转变;大力提升宝钢综合竞争力,引领中国钢铁行业发展。战略目标是:成为拥有自主知识产权和强大综合竞争力、备受社会尊重的、"一业特强、适度相关多元化"发展的世界一流的国际公众化公司;成为世界500强中的优秀企业。规划期目标是:钢铁主业综合竞争力成为全球前三强;进入世界500强200名以内。

在宝钢的40年历程中,企业文化始终被作为企业管理工作的重要内容,并且随着企业的发展而不断变革和发展。从1978年建厂至今,围绕"建设世界一流清洁钢铁企业"的目标,宝钢企业文化主要经历了以下四个发展阶段。

创业期(1978—1985年):创业期文化。围绕宝钢一期工程的建设、生产准备和投产等工作,在引进日本新日铁"集中一贯"管理模式的基础上,提出了"高质量、高效率、高效益,建设世界一流钢铁企业"的文化理念,注重"光荣感、责任感、紧迫感"的教育,提出了"确保85.9投产万无一失"的口号,成为当时宝钢员工和各路建设大军强大的精神动力,可以说"85.9精神"鼓舞并且锤炼了第一代宝钢人,是宝钢文化的源头。

发展和转轨期(1985—1998年):发展和转轨期文化。宝钢从缩小与国外先进钢铁企业现实差距出发,在消化、吸收引进的日本的先进管理的基础上,提出了"建设一流的队伍、培养一流的做法、掌握一流的技术、实行一流的管理、生产一流的产品"的争创一流文化理念。针对质量、按合同交货、售前售后服务等观念问题,确立了宝钢的市场意识。与此同时,还开展了宝钢精神的大讨论,建立了量化可考的职业道德规范。率先在全国普及用户满意理念、实施了CS战略,提出了全方位满意管理的运作模式,逐步形成了具有宝钢特色的用户满意文化。

整合期(1998—2003年):整合期文化。1998年底,宝钢成功实现与上钢、梅山钢铁的大联合,为实现从"成功联合"到"联合成功"的转变,宝钢走了一条文化逐步融合与创新的道路,通过"六统一"管理,从向上钢、梅山选派干部,输出管理、技术改造等方面入手,逐步实现宝钢管理模式向上钢、梅山移植及宝钢与上钢、梅山的文化融合。

新一轮发展期(2003年至今):新一轮发展期文化。2003年下半年,宝钢集中精力对企业文化建设的历史进行了回顾总结,对企业文化创新进行了比较深入的研究,2004年1月8日,正式提出宝钢企业文化的主线和基本价值观(图7-1)。

图7-1 宝钢文化的主线和基本价值观

宝钢文化的主线和宝钢的基本价值观是对宝钢文化的历史性、概括性的深刻总结,覆盖和继承了宝钢的优秀文化传统,并使宝钢文化达到一个新高度,进入一个新境界。无论是创业期文化、发展和转轨期文化,还是整合期文化、新一轮发展期文化,都体现出宝钢文化的基本特征:

（1）宝钢文化是管理之魂,宝钢管理是文化之载体。宝钢文化与宝钢的发展水平相对称,与宝钢所面临的环境相适应,与宝钢所追求的目标一致。宝钢的发展离不开先进文化的支撑,先进文化的培育离不开先进管理的保证。只有融合进企业管理实践的文化,才是有生命力的文化,才是有竞争力的文化。

（2）宝钢文化的发展,既保持核心内涵的延续性,又体现具体内容的与时俱进。宝钢文化的核心内涵始终围绕"严格苛求的精神、学习创新的道路、争创一流的目标"这条主线。虽然核心内涵没有变化,但其具体内容却随着时间和空间的变化而不断加以丰富和完善(图7-2)。

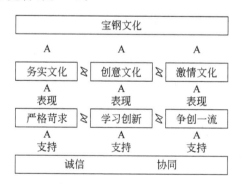

图7-2 宝钢文化发展模式

在宝钢文化中,严格苛求是基础,学习创新是关键,争创一流是目标。"严格苛求"是企业发展的基础,是一种实干和从严的文化,是一种讲认真、讲敬业、讲忠诚、讲诚信的精神,是企业文化极为重要的基础;"学习创新"是企业发展的关键,是一种对外开放、崇尚科学、自主发展的文化,是充满活力的学习型组织;"争创一流"是企业发展的动力,是一种面向全球,为民族复兴而追求卓越的文化,是一种高层次的目标激励文化,是企业文化发展的不竭动力。

宝钢人认为,以"严格苛求的精神、学习创新的道路、争创一流的目标"为主线,以"诚信、协同"为基本价值观的宝钢文化,是宝钢最宝贵的精神财富,是宝钢新一轮发展的原动力。坚持与弘扬宝钢文化,是宝钢基业长青的根本保证,也是宝钢人实现自身全面发展的根本保证。

二、惠普的战略变革

惠普公司在20世纪70年代,经历了自从创立以来最大的变革:公司进行了战略性转移,从原电子仪器设备生产转产计算机设备,计算机设备的销售额占到总销售额的三分之二,公司的创始人也逐渐淡出,公司由一个中型企业成长为一家大型集团公司。公司发生的每一次变动都伴随着公司企业文化的某些变革。比如进入计算机制造业,导致了一种新的部门文化的产生,这种部门文化更注重从较高层次来制订生产经营策略,富有西部开拓精神的牛仔式企业家的作用越来越小,创始人的纷纷退休使个人决断大为减少,但公司决策却更为集中统一。这些变化,有时会受到很多抵触和非议,但持续相当长的一段时间,多数员工还是认同变革后的新型企业文化,它的确是对市场经营新环境的合理反馈。在这次变革中,可以看到战略、结构变革、高管更迭以及群体文化与部门文化冲突等因素在发挥作用。

到90年代末期,惠普高层再次意识到经营危机的严重性,在1998年夏天召开的全球总经理大会上,全球300多位总经理通过先进的电子技术,在每一议题汇报后,将自己的意见敲进摆在眼前的笔记本电脑,系统很快汇总意见给总裁,短暂休息后,一位高层经理就会回答大家的建议并答复问题,特别用心倾听大家对改革的意见。1999年3月2日,惠普正式宣布分家,把电子测量仪器部、化学分析仪器部、医疗仪器部以及半导体事业部等占销售额17%的创业领域分离出来,成立安捷伦科技有限公司。此举主要考虑到该四部门所生产的产品与惠普其他IT类产品性质截然不同,导致市场营销策略差异过大。这说明惠普公司决定专心致力于信息技术市场的开拓。新成立的安捷伦科技将专注于电子通信与生命科学两大领域。1999年11月18日,安捷伦科技公司在纽约证券交易所挂牌上市,21亿美元股票初始发行创下了硅谷的历史性纪录,惠普公司股票也大幅攀升至每股120美元左右。独立后的安捷伦科技公司在其主要业务领域都占据领先的市场份额。它分布在40多个国家,拥有41 000名员工,客户遍及全球120多个国家。

这次拆分,实际上也是一次复杂的战略变革,拆分后的安捷伦英文名称为AGILENT,其中包含AGILE字根,其意思是敏捷、迅速。剥离后,安捷伦依然奉行使惠普公司成功的价值观,包括致力于创新和贡献,信任、尊重和团队精神,以及正直诚实。直到今天,我们在安捷伦中国公司办公室入口处的标识下,还可以看见这样一句在拆分后被多次提起的话：INNOVATING HP WAY(创新惠普之道)。除此之外,还加上了速度、专注和责任。"速度,因为我们想要以更快的速度做任何事情,对我们的客户更为敏感,在寻求商机上更有闯劲；专注,因为我们想在安捷伦内更专注于我们的客户以及业务；勇于负责,因为你是一家独立的公司,我们想让每个人都要考虑给予承诺,兑现承诺,不管是对客户、股东还是自己。"① 按照安捷伦 CEO 纳德的说法,他的目标就是"做到三个方面的完美平衡：专注用户,提升工作效率和创造公司文化"。② 为了做到这些,纳德首先大谈与 HP 的不同之处,速度、专注和勇于负责很快在安捷伦传开,但几个月后,CEO 得到的反馈却是,对传统价值谈得不够。人们说："我不是因为速度、专注和勇于负责才加入惠普的,我是因为创新、人性管理、信任、尊重和协作等价值观而来到惠普的。"在 HP 待了 34 年的纳德终于明白,"传统价值观是公司赖以建立的基础,我们必须向人们说明这个事实,使大家明白我们将仅仅在这些基础上去建造我们的新价值观。"所以在分家后很长一段时间,都可以看到在安捷伦的标识下有一句话"INNOVATING HP WAY",虽然按照美国有关法律,拆分一年后就不可以再出现原来公司的名字,安捷伦也更改为梦想成真。但在安捷伦中国的入口处,仍可以看到那句创新惠普之道,显示着对传统的继承和执着。

在经历拆分后三年的发展黄金期后,受全球经济环境的影响,除化学分析仪器外,安捷伦的其他业务领域销售额持续下滑。其间,公司宣布在全世界范围内裁减 4 000 名员工,在职员工的薪金降低 10%,并推迟一切奖励计划以降低成本。2000 年 11 月,安捷伦还做出一项重要决策,即进一步剥离医疗仪器事业部。剥离后的医疗仪器部将与飞利浦公司相关部门合并。这主要是由于在美国医疗保健市场,规模大、产品种类多的厂商更受医疗部门青睐,而公司董事会在比较了所需投资和预计的回报后认为,剥离该业务部门对客户、股东、员工更有利。虽然经历了减薪裁员等一系列的冲击,安捷伦的员工却比较平静,在 2002 年 3 月,CEO 纳德到上海时,一位因为全球重组而上了"黑名单"的中国员工写了一幅"梦想成真"的书法作品送给他,这位叫王为人的员工在老惠普和安捷伦工作了 11 年,很喜欢惠普的文化,舍不得离开,但即使离开也没有怨言。这个故事的美国版本,则是一位被裁掉的员工在离开公司的前一天,在电话里告诉他的妻子,他可能很晚才能回来。他默默工作到深夜,关灯后才消失在茫茫夜色中。这些故事的背后仍是惠普的价值观在发挥作用。

---

① 中华企业内刊网,仲进,《安捷伦：超越惠普》中纳德自述。
② 《北京晨报》2002 年 4 月 4 日。

惠普的另一次战略变革则发生在2001年9月4日,惠普公司正式宣布将与康柏公司实施并购,并购涉及金额约250亿美元。根据协议,惠普股东将以0.6325股换取康柏1股,康柏约溢价19%,惠普将持有新公司64%股权,康柏只持有36%的股权。如果成功,惠普康柏并购案交易金额超过200亿美元,堪称美国高科技史上最大的一次交易。合并后的公司将成为全球最大的计算机和打印机制造商,同时也是全球第三大技术服务供应商。两家公司合并之后的年营业收入将超过870亿美元,其规模仅次于国际商业机器公司(IBM)。因其巨大的行业影响力,欧盟和美国联邦贸易委员会,对其进行了行业垄断和反托拉斯调查。全球并购研究中心等几家研究机构按并购规模、行业影响力、社会影响力、并购技术运用和并购竞争程度等方面综合评分,将惠普康柏并购案评为2001年全球十大并购事件之首。

惠普的高级管理层在实现业务剥离后,努力将惠普人带回到惠普创业时的状态。菲奥里纳对惠普核心价值观和车库法则给予了高度评价和肯定,并且采取了几方面的措施力求把惠普从原来保守、内向、技术导向的文化,转变成行动导向、对市场需求反应敏捷的文化。①作为新上任的最高领导人的菲奥里纳成为文化转型的典范,她的言行和风格无时无刻不在影响着其他的惠普人。②公司选拔、提升、支持那些愿意学习新观点并以新的行为方式去工作的员工;而那些不能或不愿这样做的员工,则不得不自愿或非自愿地退出组织,或者在公司内扮演次要的角色。③对员工业绩测评标准和奖励办法的调整,使员工的收益与公司的市场业绩联系更加紧密。加上公司制定的增长目标都极富挑战性,从管理层到普通员工都能感受到巨大压力。财务指标衡量的周期从原来的每半年缩短至每季度,乃至每个月。④为重新占据世界IT舞台上的领先地位,惠普公司管理层不断强调要有强烈的取胜欲望。中国惠普有限公司总裁孙振耀就经常举骆驼与狮子的例子,以此说明由于市场竞争的加剧,企业需要的不只是像骆驼一样能够适应恶劣环境,而是像狮子一样具有强烈取胜欲望。孙还提出了新HP的三大特色:开放、敏捷和规模。开放是指新公司继续保持产品的开放性,同时也体现在HP与商业合作伙伴之间密切的合作关系,给客户提供更多选择,更多灵活性、自由度;敏捷则是指新的组织结构更敏捷,既保持大公司的规模优势,又具有小公司的灵活性。

古老的惠普之道能包容下COMPAQ这个后起之秀吗?企业文化不兼容,在历史上的确是很多兼并失败的根源。在现实生活中,许多惠普的管理者讲,很不适应突然在办公室的对面进来了康柏的人,而且谁看谁都不顺眼。这种冲突是文化融合遇到的最大障碍(见图7-3)。

在这两次战略变革中,安捷伦为新的文化特征的建立,和培养适合新文化特征的管理者,投入了大量的资源,包括参加最佳雇主的评选等活动,结果是在较短的

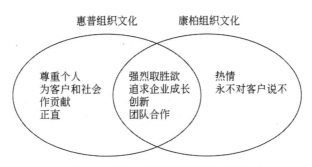

图 7-3 惠普与康柏组织文化比较图

时间内,赢得了各方对安捷伦核心价值观的认同;而新惠普在合并后对文化的差异是有认识的,不过在双方文化的融合和新文化特征的建立上,力度明显不够。用某些惠普员工的话讲,"已经不像原来的惠普了",但新的是什么样,员工不清楚,常常流露出不喜欢的情绪。在对惠普(中国)员工的访谈中,一个有意思的现象是:在合并中幸存下的原康柏员工在新惠普的感觉很好,"这里的人很 NICE(友好),与原来康柏的 TOUGH(严苛)不同",而感觉别扭的恰恰是原来惠普的员工,有很强的失落感。这个现象也反映了文化融合的问题。世纪之交时惠普的变革是由经营危机、战略、结构、高管更迭所驱动的,而惠普并购后的文化冲突则反映出两种企业文化之间的冲突,以及在两种文化融合过程中,另类企业文化与个人文化之间的冲突。

第三节 企业文化变革的内容

企业文化的变革应该是企业所有变革中最深层次的变革,因为它涉及对企业成员从认知到行为两个层次上的改变。具体来讲,主要包括以下这些方面。

一、企业价值观的变革

这种变革既涉及对企业整体的深层把握,也涉及对企业环境变化的重新认识。在企业价值观中,管理哲学与管理思想往往随着企业的成长和对外部环境的不断适应发生变化。以海尔为例,在全面推行其国际化战略后,海尔的价值观中,创新或者说持续不断创新成为最主要的经营哲学,在海尔的宣传中,也可以看到以"HAIER AND HIGHER"(海尔永创新高)代替了海尔发展早期的"真诚到永远"。

二、企业制度和风俗的变革

企业制度和风俗变革包括员工和管理者行为规范的调整,企业一些特殊制度和风俗的设立与取消。比如有些企业在建立学习型组织的过程中,制定了从员工到管理层的学习制度。当然,这些变化都是为了体现核心价值观的变化,是核心价值观的行为载体。

三、企业标识等符号层的变化

企业标识等符号层的变化多数是为了建立企业文化的统一形象,并树立个性鲜明的企业形象和品牌形象而进行的。比如早在1998年,当时的北京日化二厂就对企业"金鱼"系列产品的包装和标识进行了重新的设计,使原来混乱的品牌标识得到了统一。2003年春,联想公司对沿用多年的标识"LEGEND"进行了调整,改为"LENOVO",以强调创新的内涵。所以符号层的变化也是为了配合核心价值观的调整。

总的来讲,企业文化变革的核心是理念层的改变,包括核心价值观、经营哲学和经营思想的变革,制度行为层和符号层的变化是配合理念层的改变的,是理念层变革的外在表现。这是在实施企业文化变革中需要特别注意的地方。

第四节 企业文化变革的原则

在规划和实施企业文化变革中,管理者必须遵守下列原则:

一、审慎原则

企业文化不同于一般的管理制度,可以采取摸着石头过河、实验的方式来进行调整。它反映了企业的基本哲学态度,起到基本行动指南的作用,而且企业文化对企业成员行为的导向作用也不容忽视。企业文化总要在相对较长时期内保持稳定,因此,企业文化的变革必须审慎地进行。对哪些东西要变,如何变化,都要进行充分的思考,并要具有一定的前瞻性,这样才不会出现改来改去,让人无所适从的现象。反复频繁地对企业文化进行改变,只能反映出企业仍没有形成统一的思想体系,以及管理者的能力欠缺和思路不清。这将会使企业文化的作用大打折扣,企业的经营也会受到影响。因此,企业文化的变革要审慎进行。

二、持续原则

企业文化的变革都不会轻易迅速地产生,在大企业中所需的是时间更长。即使是具有非凡领导能力的管理者,也需要其他人的配合来实施变革。在约翰·科特研究的10家企业实施文化变革的案例中,所需时间最少为4年,最长为10年,且仍在继续,并没有结束。因此企业管理者不要期望企业文化的变革可以很快完成,相反要有打持久战的思想准备,这样,才不至于低估企业文化变革的难度,甚至在实施过程中因为缺乏毅力而半途而废。正是因为企业文化变革的持久性,必须作出持续不断的努力,才能使新的企业文化落地生根,并开花结果。

三、系统原则

任何的组织变革都是一个系统的过程,企业文化的变革也不例外。在进行企业文化变革的时候,一定要注意其他相关制度的相应调整与配合,其中用人制度和薪酬考核制度是最直接反映企业的价值导向的制度,因此必须做出调整。如果一面强调创新,一面又不愿提拔任用勇于开拓的干部,不愿改变原来强调资历的工资制度,而且决策原则仍然是强调规避风险,那么这种价值观的改变是不可能成功的。所以企业的管理者在进行企业文化变革时,一定要对整个企业管理和经营的系统进行重新审视,并用新的价值观决定取舍,才能保证企业文化变革的最终成功。

第五节 企业文化变革的过程

企业文化变革的主要实现方式,是利用行为科学的理论结合组织发展的技术来实现。美国学者蒂奇(N. M. Tichy)就认为,企业文化是一个战略变量,管理人员能够利用角色模式、圈内术语、传奇、仪式及人力资源的挑选、培训、评价和奖惩,来变革企业的文化。日本学者河野丰弘教授则认为,企业文化变革可以通过下列6种手段实现:①高层管理人员的替换,尤其是最高经营者的替换;②经营理念与目标的变化;③经营阶层政策决定的变化;④产品市场战略的变化;⑤组织与人事制度的变化;⑥组织成员的替换等。但这些更像是企业文化变革的可选时机,并不能保证企业文化的变革必然实现。

美国学者兰德伯格教授提出的,通过组织学习来变革组织文化的模型,则是一个相对动态的过程。他认为,文化变革的组织学习是一个循环过程,它的起点是一系列现存的文化价值观和基本假定,并把组织成员的注意力集中到一些特定事情上,对一些现象(如困境)的注意就可以形成一种经验,当有足够的关注时,经验可以捕捉意外情况,进而形成探询,探询牵涉到发现,即发现先前没注意到的各个层次的现象,从文化的符号层到基本假定。在适当情况下,这种发现会导致文化价值观和基本假定的重新建立,从而完成组织学习的文化变革。这一过程描述虽然有些令人费解,但更具体的文化变革的组织学习循环图可以用图 7-4 表示。

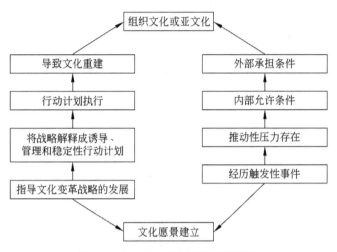

图 7-4　文化变革的组织学习循环图

从企业文化变革发生的原因和内容来看,企业文化变革是打破原有企业文化并建立新文化的过程,这是一个动态的、系统的过程,它要打破现有企业文化的结构,剔除那些不适应企业发展和竞争环境要求的内容,通过一定的途径建立与企业内外环境相适应的新结构,赋予企业文化新的内容,并通过一定方式将其固定下来,形成一种新的稳定的企业文化。这一过程可以分成三个基本阶段:破除、涵化与定格。

破除意味着审视与反思现有企业文化的符号与意义,挖掘出深层的基本假定,并与企业目前的内外环境加以比较,对不适应发展的内容予以确认并剔除。在这一阶段,特别需要注意的,就是建立起员工对变革必要性的一致认识。因为对原有文化的熟悉,可能造成企业成员的惰性心理,从而使企业文化的变革受到抵触。所以找出原有企业文化过时的内容,并对它已经或者可能造成的企业经营上的危机进行充分的评估,并反馈给所有企业成员,才可能使文化的变革继续下去。

涵化是按照企业发展的要求,创立新的企业文化内容,确定新的企业文化的符号和意义。这一步骤是复杂而困难的,是企业文化变革的核心步骤。在这一过程中,管理者一定要注意坚持合适的才是最好的。千万不能脱离企业发展的实际和员工的成熟度而盲目设计和宣扬文化,这样就显得不匹配。一味地追求企业文化的高深和先进,而不考虑企业的现状,只会阻碍公司的长远发展。例如海尔集团,一开始的文化并没有今天这么完善,在1984年订立的"十三条",其中有不许在车间内大小便的规定。那是根据员工当时的成熟度和企业发展的阶段而定的。如果当时的张瑞敏就制定非常先进的规章制度,未必能促进企业的快速发展。而有些公司的企业文化大而全,是时髦词汇的堆砌,员工既不理解也无法接受。这就反映出一种不适应。

另外,在涵化阶段,管理者需要提出的是符合企业个性的企业文化内容。如果我们检视最优秀公司所推崇的核心价值观,的确可以发现一些共同的东西,比如诚实和正直,我们可以在惠普和波音的价值观中见到。又如尊重创造力,尊重个体,讲求团队合作,但不能因此就得出企业文化大同小异的判断,因为往往每个公司最为人称道的价值观是具有独特个性的。如IBM的顾客服务和迪士尼的"把欢乐带给大家",波音的"在航空的世界中吃饭、呼吸、睡觉",等等。而国内的企业文化建设,最大的问题就是个性不突出。全国恐怕有成千上万家企业有着"团结、高效、求实、进取"的企业精神,但我们记住的又有几个呢?所以,涵化阶段,是结合企业实际和内外部环境,对新企业文化的创造过程,对企业个性的重新塑造过程。

定格阶段是将涵化的结果固定下来,它通过企业的大量宣传和企业成员之间的广泛沟通和学习等社会方式,特别是通过相应的制度安排,使新的企业文化能为企业成员认可和接受,真正成为企业成员共享的价值观和行为准则。在这一阶段,企业成员的认知和行为方式发生转变,从而形成一种稳定的企业新文化。当然这种定格是相对的,在企业发展到一定阶段后,还会面临新的破除。定格阶段也是新企业文化的实施阶段,新的企业文化能否发挥作用,实施阶段非常重要。

第六节 企业文化变革中需要注意的其他问题

在企业文化变革的过程中,企业内外的众多利益相关者都会受到不同程度的影响,那么我们就从受到影响最大的几个角色入手,来研究他们在变革中的作用。

第一个角色是企业的员工。多数情况下,在企业文化变革的过程中,员工对企业文化的理解与管理者的理解是不同的,尤其是对核心价值观的理解。而且企业文化变革往往是由高层管理者推动的,新企业文化的主要倡导者一般是公司最高领导者,因此,企业文化一般会带有浓重的个人色彩,经常被称为"老板文化"。但如果因此就认为企业文化变革只是高层管理者的工作,与企业其他人无关,就差之千里了。企业的普通员工,在企业文化建设中扮演着双重的角色:他们既是企业文化建设的主体,是推动者和参与者;也是企业文化建设的客体,是接受者和被改变者。离开了全体的员工,就失去了推行企业文化建设的根本意义。因此必须要与员工进行充分的沟通,得到员工的理解与支持,激发员工的主动性与积极性,由"要我改"变成"我要改",真正发挥主体作用,成为企业文化变革的支持者与实践者。只有这样才能使企业文化建设落到实处,取得良好的效果。企业文化变革的过程,自始至终都需要员工的共识与参与,从对现有文化的总结与反思,对未来所倡导的价值观的讨论和斟酌,一直到负载这样价值观的行为规范和制度的制定,都需要员工积极地参与,这样才能保证实施过程的顺利。也只有员工的全程参与,才能使企业上下全面准确地理解企业文化中的价值观,上下同欲。因此应该改变企业员工在企业文化变革中的被动地位,从变革开始就使他们主动地参与到变革过程中来,尊重理解他们的想法,通过沟通、培训建立共识,这是企业文化变革顺利进行的关键。

第二个角色是企业的领导者。领导者(或领导群体)在企业文化建设中的作用举足轻重,不仅在发起和设计时起领导作用,而且在实施过程中要积极地组织和推动,起主导作用。企业文化作为一种上层建筑的表现形式,应该从上到下贯彻实施,首先要达到领导层对这一问题的共识,领导层充分认识到企业文化建设的重要性,是使企业文化建设得以顺利进行的前提。有能力的领导者不仅要善于选择与企业文化一致的人作为自己的员工,更要善于使与企业文化不一致的员工改变初衷,转而与组织文化协调,这一过程就需要高级、中级管理层的推动。所以,要充分发挥企业高级、中级管理层对企业文化的推动与示范作用,领导的亲自参与推行至关重要。在企业文化变革中,管理者需要做好下列工作:①管理者需要让员工明确企业所面对的威胁,理解文化变革的必然性,并指出变革是可能实现的;②管理者需要提出新的基本假定和价值导向,并成为新文化的角色模范;③选拔与新企业文化适应的人到企业的关键岗位上;④对认同新企业文化的行为予以奖励,反之则给予惩罚;⑤引导企业员工采取符合新企业文化价值观的行为;⑥对旧文化价值观进行深入批判和彻底清除;⑦创造符合新价值观的管理体系。

在企业文化变革的过程中,虽然价值观是变革的主要内容,但企业文化的价值观需要物质层面的载体来加以推动和实现。也就是说,企业文化绝对不可以通过精心的设计而快速地形成,而需要长期的倡导和实践,并将理念层面的内容落实到制度和物质的层面,唯有如此,企业文化的变革才能落到实处。企业文化建设过程中最大的危险就是流于形式,搞花架子。如果只是走走过场,那么还不如不做。要让企业文化深深地扎根于每个员工的心中,使他在日常的工作当中潜移默化地向企业文化靠拢。所以在实施企业文化的过程当中,要认认真真地去做,不做表面文章,并在执行的过程中及时地收集反馈信息,发现问题,解决问题,保证企业文化的实施效果。

企业文化在许多企业家的眼中,是很"虚"的东西。因此出现两种倾向:一种倾向于将企业文化"实"起来,注重企业文化的符号层面,将之与企业形象联系起来,在企业标识、企业纪念品等上颇下功夫,做得非常漂亮堂皇,但却忽视了企业文化最核心的理念层面——企业价值观。中国企业文化建设初期的CIS(企业识别系统)战略就多数犯这样的错误,只重视VI(视觉识别),而轻视MI(观念识别)和BI(行为识别),这样的结果自然使企业文化成为水中浮萍,毫无根基可言。另一种倾向就是"虚"下去,对企业文化不重视,不关心,不投入,只关心企业的经营业务,关心市场占有率,认为企业文化与经营没有关系。

对于中国企业而言,企业文化的变革具有更为重要的意义。40年的改革开放,使企业的外部环境发生了天翻地覆的巨大变化,从计划体制走向市场体制,企业的经营管理模式发生了根本的变化,相应的,企业的核心价值、经营管理理念和员工的精神风貌也都发生了根本性的变革。可以说,改革开放的时代,就是企业文化变革和更新的时代。现代中国企业的企业文化建设,在不同程度上都是企业文化的变革。

在企业文化变革的过程中,我们一定要充分认识到更新后的文化实施的长期性和艰巨性。实际上,从战略的高度来考虑新企业文化的实施,本质上是提高企业的竞争力,是为企业的战略服务的。一个企业建设企业文化是一个长期、渐进、艰苦的过程,一个优秀的企业文化的形成往往需要几年,甚至十几年的积累与沉淀,需要企业上下几代人的共同努力。新的企业文化的实施一定会在原有组织内部兴起一场变革,有时甚至是革命性的,它必然会影响到现有人员的既得利益,遭到一定的阻碍,甚至是反抗。所以管理者应该树立长期渐进的观点,并且要有克服各种阻力和困难的心理准备,有计划、分阶段地完成企业文化的再造。

企业文化是一个企业最真实的镜子,通过企业文化的变革,可以使这面镜子成为聚焦的镜子,可以代表企业所有成员的愿景和价值,可以凝聚所有成员的力量和智慧,可以成为最具有竞争力的武器,确保企业在愈来愈激烈的市场竞争中一马当先,立于不败之地。

复习题

1. 企业文化变革的原因和内容是什么?
2. 结合你的经历来看,企业文化变革过程中最困难的是什么?
3. 什么是企业价值观的变革?
4. 如何正确理解企业文化变革的原则?
5. 什么是审慎原则?如何使变革成果更加持久?
6. 新企业文化实施中需要注意哪些问题?

7. 简述企业文化变革的过程。
8. 企业文化变革应当注意哪些问题？

思考题
1. 你认为企业文化变革和企业组织变革有何异同？
2. 结合你所在企业的情况，谈谈企业文化变革最大的阻力是什么？

案例分析　海尔的 SBU

张瑞敏正在做这样的探索：他把一个海尔变成 3 万个海尔。如同本来就神通广大的孙悟空，刹那间又会变出无数个"小悟空"一样。前人的无限遐想正在变成海尔的商业传奇。

张永劭就是这样一个"小悟空"。按海尔独创的管理理论，他是海尔 3 万名员工组成的 3 万个 SBU 策略事业单位中的一个。20 岁出头的张永劭加盟海尔不过两三年，然而，海尔物流系统里的钢板采购业务却是他一人"独掌大权"，一年下来，海尔钢板采购业务涉及金额数亿。去年，全球钢板价格上扬，张不但保证了集团的生产需要，而且在同行业中仍具备很大的价格优势。今年，他又自主雇了两个人，形成"三人帮"。

2003 年 12 月 26 日，海尔度过了自己的 18 岁生日。和 18 年前相比，海尔的营业规模增长了 2 万倍，达到年营业额 723 亿元人民币。在 5 年前的 1998 年，海尔的年营业额接近 200 亿元的时候，张瑞敏就在思考这样一个问题：如何推倒企业内部的"墙"，让每一个员工都像他一样充分感受到市场的压力。那一年，张瑞敏引用一句很著名的话"战战兢兢，如履薄冰"。

1998 年 9 月 8 日，张瑞敏开始在海尔内部推行"内部模拟市场"，让上道工序与下道工序之间进行商业结算，下道工序变成上道工序的市场。他打破原来的管理框架，至 2002 年年底，他先后调整组织结构竟达 40 余次。2000 年，张瑞敏将"内部模拟市场"的概念探索成为"SBU 理论"。他的企业管理理想是至 2008 年把每一名员工都变成一个合格的"小老板"——就让这些"老板"们亲身感受市场的压力吧。

最近两年，张瑞敏先后应邀登上瑞士洛桑国际管理学院、美国沃顿商学院、日本"亚洲的未来"论坛、日本生产革新综合大会等一流商学院或顶级经济论坛讲解"SBU 理论"。虽然这些西方的专家和企业家可能在心里并不认为海尔与这些西方的企业并驾齐驱，但他们确实认为张瑞敏的管理理论是一种新的探索，因此都表现出浓厚的兴趣。沃顿商学院教授马歇尔·迈尔说："如果海尔能够成功，在全世界将是独一无二的。"日本率能协会高地先生说："海尔如果能将 SBU 经营好，不仅对海尔,对整个人类都将做出巨大贡献。"

全世界的企业目前都面临着"流程再造"的困境,而张瑞敏的SBU理论等于给"流程再造"提供了一个很好的路径。目前洛桑国际管理学院、沃顿商学院都把海尔的SBU列为典型管理案例。上述这些虽并不能证明海尔在管理方面做到了领先,但是,如果海尔获得了成功并迅速跻身世界500强,SBU或许就会成为一种方向,带动管理上的巨大革命。张瑞敏所有管理变革的原动力都来自于市场。市场的风云变幻使他坚信"不管信息时代多么发达,都代替不了领导者的御驾亲征"。张瑞敏认为自己在海尔的地位就是一个"大SBU"。其实,海尔的战略基础也是市场,包括他们的名牌战略和国际化战略等。

(截选于2003年3月24日《经济观察报》"再选海尔——访海尔集团首席执行官张瑞敏")

讨论题:
1. 你认为海尔推行SBU是企业文化的变革吗?
2. 在推行SBU的过程中,需要什么样的企业价值观的支持?
3. 海尔原有的企业文化可以完成这个任务吗?

第八章 企业伦理与社会责任

学习目标

1. 了解企业伦理的概念和内涵
2. 了解企业社会责任的概念、内涵和重要性
3. 掌握企业伦理管理的原则和方法
4. 了解企业伦理决策的理论和模型
5. 了解和掌握绿色 GDP 对中国企业伦理建设的要求

企业伦理是现代西方企业管理中产生的概念。随着市场竞争的日益激烈,企业伦理问题,特别是企业社会责任问题,越来越多地受到广大企业和社会各界的关注。本章将介绍企业伦理及企业社会责任的有关知识。

第一节 企业伦理

一、企业伦理的概念

在考察企业伦理之前,有必要先了解一下伦理(ethies)的概念。《辞海》对"伦理"的解释是:处理人们相互关系所应遵循的道理和准则。伦理也被认为是人与人相处所应遵循的道理,并可以根据人与人关系的不同而分成家庭伦理与社会伦理两类。

企业伦理(business ethies)是蕴涵在企业生产、经营、管理等各种活动中的伦理关系、伦理意识、伦理准则的总和。

(1) 伦理关系包括企业与投资人(股东)、员工、顾客、合作者、竞争者、媒体等的关系。

(2) 伦理意识包括企业的道德风气、道德传统、道德心理、道德信念等。

(3) 伦理准则包括企业的生产和服务伦理准则、营销伦理准则、研究与开发伦

理准则、信息伦理准则等。

企业伦理表明一个企业为什么要存在,将会以什么方式和途径来体现和实现存在。从某种意义上说,企业伦理是企业竞争力的最初发源地。企业伦理是企业内部的微观道德规范,属于企业道德的范畴。众所周知,道德、艺术和真理之间是互相渗透的。所谓真理即是非问题和真伪问题,所谓道德即善恶问题(正义与非正义的问题),所谓艺术即美丑问题。真、善、美是相通的。企业文化包括了真、善、美三方面的内容。企业伦理主要反映"善与恶"的价值判断,是企业文化的一个重要组成部分。

企业伦理不同于商业伦理。商业伦理是指与社会经济中生产、交换、分配和消费四大环节相应的交换伦理或流通伦理,它是经济伦理的重要组成部分,属于宏观伦理的范畴,而企业伦理属于微观伦理的范畴。企业伦理比商业伦理涵盖内容还要宽一些,不仅包括企业对外的伦理行为,而且包括企业内部的道德观念。

二、企业伦理的内容

企业伦理涉及企业行为的方方面面。有学者结合企业的经营管理活动,将企业伦理划分为企业科技伦理、企业生态伦理、企业经济伦理和企业管理伦理等类型。根据我国企业的实际情况,可以看到企业伦理主要包括以下3方面内容。

1. 企业的社会责任与义务

企业的社会责任与义务,就是企业的社会道德责任感,是指企业自觉承担社会责任的主动意识,这其中既有企业法人按法律规定应尽的社会责任,也有企业应当负担的社会义务。在企业伦理匮乏和监督机制不健全的情况下,经营者一味追求经济利益,不仅会给社会带来混乱,而且可能损害整个国家和民族的声誉。美国认证协会主席立洛·葛若认为:"中国商业运作并不符合世界商业标准。在中国的商业伦理中,通常意识不到诸如产权、知识等概念。"

有一项"中国企业经营者成长与发展问题"的调查,对于"您对企业家精神如何理解"这一问题的回答,排在第一位的是"追求利润最大化"(35.4%)。这条西方经济学的准则,对中国企业家来讲,可能是一个最大的误导。尽管经济学家哈耶克认为,企业家就是"推动财富生产并得以增长的人",而更为合理和有益的说法是米塞斯提出的"企业家应是推动市场有序变化的人"。对于一个成功企业来说,它不仅要实现经济目标,还要能完成社会使命,这也正是管理学家德鲁克提出"企业家精神"的深层含义。

2. 经营管理的道德规范

企业经营管理的道德规范是指企业处理义与利、经济效益与社会效益等关系时的一系列准则。自古以来,中国人讲究"商德",奉行"贾而儒行"的儒商精神,正如明代思想家王阳明在《大学问》中所说:"商贾虽终日作买卖,不害其为圣贤。"现代企业有一些秉承了优良传统,提出诸如"童叟无欺""公平交易""诚信为本""竭诚服务"等经营理念。

但是目前,企业家对企业伦理的认识却令人担忧。零点公司一项"中国企业家的商业伦理指南"的调查显示,企业经营者只有15%能全面理解商业伦理的概念。一项"企业经营者对非道德行为采取态度"的调查显示,很多企业家对非道德行为采取了高度容忍的态度(见表8-1)。这验证了伯德(Bird)"经理人道德缄默"的观点:尽管经理人能意识到道德问题,但他们不愿意把其作为道德问题表达出来。这一问题必须引起足够重视。

表8-1 企业经营者对非道德行为的容忍度

非道德行为	容忍度	道德模糊	非道德行为	容忍度	道德模糊
行贿受贿	79.0	3.7%	不实广告	55.0	0.3%
贿赂客户	71.3	6.3%	偷税漏税	18.7	2.7%
缺斤少两	55.4	0.7%	环境污染	3.3	2.3%

(资料来源:何清涟. 现代化的陷阱:当代中国的经济社会问题[M].北京:今日中国出版社,1998.)

3. 调节人际关系的行为准则

中国人强调和谐的人际关系,一直以来是我们的处事原则,正如《礼记·礼运》所讲:"大道之行也,天下为公。选贤与能,讲信修睦。"如何协调企业内的人际关系是企业伦理的重要内容,企业常用一些行为准则来指导大家处理人际关系,不少企业提出"和为贵""仁爱""忠恕""诚实""正直""谦虚""团结""友爱""礼貌"等行为规范,追求和谐的人际关系。具体讲,湘财证券提出"团结求和",联通进出口公司以"诚信、和谐、严谨、创新"为公司理念,中国人寿保险公司把"成己成人"作为企业核心价值观,这些都体现出企业伦理对人际关系的调节作用。

三、企业的伦理模式

从企业伦理学角度来看,企业经营一般可能采取两种伦理模式:伦理经营和非伦理经营。而伦理经营又有两种对待道德的态度:道德的经营与不道德的经营。所以,据美国企业伦理学家阿奇·卡罗尔(Archie B. Carroll)所确定的伦理标准、动机、目标、法律导向和策略5个指标,可以把企业经营的伦理模式细化为三种:不道德经营模式、道德经营模式、非道德经营模式。

1. 不道德经营模式

不道德经营模式可以理解为有害于企业利益相关者的经营行为模式,采取这种经营模式的企业对伦理道德价值观念持一种积极的反对态度,其经营行为是不符合伦理道德原则或规范的。支配这种经营模式的动机是企业的自私,其目的只是盈利,其特点是为了本企业的利益,会不惜一切手段。企业经营人员做出这种行为选择是有意识的,他们不希望利益相关者被合乎道德地对待。该模式的经营策略主要集中于利用一切机会来获取本企业的利益,在任何时候和任何地方,只要有利可图,企业就会采取走捷径的不道德方式。指导企业的经营观念是:"无论采取什么行动,这个决定或行为能让我们赚钱吗?"其隐含的意思是除了能赚钱,其他东西都是微不足道的。

2. 道德经营模式

道德经营模式是指有利于企业利益相关者的经营行为模式,它与不道德经营模式相对立。采取这种经营模式的企业把相关的法律和道德规范作为经营标准,对法律和道德规范持积极的赞同态度。支配该模式的动机是各种道德标准,如公平、诚信、责任等,其目的也是盈利,但是它们是在法律和道德标准规定的范围内追求利润。为了获得成功,它们会考虑手段的合伦理性,而不以破坏伦理价值标准为代价。它们把法律和道德都纳入伦理的框架内进行思考,认为法律是最低限度的伦理标准,道德是高于法律、对守法经营进行境界提升的伦理标准。该模式的经营策略集中于合理的道德标准,强调在道德行为的范围内追求经济利益。指导企业的经营观念是:"我们的决定或行为能让我们成功,但是道德的吗?"其意思是希望自身的经营能够义利双赢。

3. 非道德经营模式

非道德经营模式是指不具有道德意义,也不能从道德上进行善恶评判的经营行为模式。对这种经营模式不能从企业伦理学的角度进行分析,而应从其他学科范式进行分析。非道德经营模式不能简单地与不道德经营模式等同,它既可以转化为不道德经营模式,也可以转化为道德经营模式。非道德经营一般可以分为两类:有意的非道德经营与无意的非道德经营,前者是指经营者没有把道德关怀纳入其经营决策之中,认为经营活动不同于其他活动,不属于道德评判的范围,因而在经营活动中运用的标准应该与其他活动中运用的标准有别;后者是指经营者在道德上相对迟钝,没有顾及其经营行为给利益相关者带来的影响,他们只专注于自己的事情,而没有考虑经营行为的伦理含义。非道德经营把利润作为唯一追求的目标,没有考虑到利润追求会涉及道德问题。支配经营者的动机是法律,在利润追求中,经营者认为合法就行。

非道德经营模式的经营策略集中于法律,对于道德,经营者保持一种中立的心态。指导企业的经营观念是:"我们的决定或行为能赚钱吗?是合法的吗?"赢利是经营者考虑的重要问题,但不是唯一的问题,他们还考虑经营行为的合法性。

四、企业伦理的发展阶段

企业必须拥有自己的文化品位和伦理道德准则,这一点在 R. E. Reidenbach 和 D. P. Robin 的《跨文化管理》中有详细论述(见表 8-2)。由表中可见,任何一家企业在自己的发展历程中,都会在企业伦理方面日益提高追求,否则企业将无法持续繁荣。在同一时间,各个企业处在不同的伦理道德阶段。企业家的责任是沿着非道德组织—法制型组织—反应型组织—初级道德型组织—道德型组织的方向,不断地推动企业进入更高的伦理道德境界。

表 8-2 企业伦理发展阶段

商业伦理的发展阶段	管理层的态度的手段	组织文化中商业伦理的内容	人为规定的内容	定义组织行为
第一阶段:非道德型组织	做所有能做到的事,只要不被抓,就是道德的,而如果被抓就是商业成本	"超脱"于法律的文化;顽强而快速生存;谴责风险;只要有利可得就敢于冒风险	没有成体系的道德准则或其他的文件;贪婪是最大的价值观	大量的小证券公司
第二阶段:法制型组织	在法律允许的范围内行事;与经济收益的变化做斗争;当社会问题出现时利用公关手段来进行损失控制;组织对于社会问题的直接反应是损失	合法就行;在灰色区域行事;保护漏洞,不经过斗争绝不投降;经济利益决定评价标准和回报	如果道德准则存在,也只是组织内部的文档;"不要做对组织不利的事情",做一个好雇员	福特 Pinto;火石 500;雀巢;Infant Fomula;R. L. 雷诺;Morris
第三阶段:反应型组织	管理层明白不要在法律问题上独断独行,即使他们相信自己可赢;管理者仍然有反应性心理状态;利润和伦理道德之间一个增长型权衡,虽然一个基本的假设仍然可能是一个玩世不恭的"道德支付";管理者开始从更多地反应行为中检验和学习	为利益相关者和其他组织考虑更多了;组织也有了做一个"负责任公民"的态度	行动准则更多地考虑组织外部;其他的道德工具还没有被开发	宝洁公司(Rely tampons) About 实验室;Borden

续表

商业伦理的发展阶段	管理层的态度的手段	组织文化中商业伦理的内容	人为规定的内容	定义组织行为
第四阶段：道德型组织的初级阶段	开始主动把道德作为考虑问题的一方面；"我们希望做应该做的事"；高层管理者的价值观成为组织的价值观；有关道德的考虑欠缺秩序和长远规则；用成功和失败给道德管理定性	道德价值观成为文化的一部分；在一些问题中起到指导作用，但在另一些方面却遇到麻烦；当遇到公共关系方面的问题时态度显得更为主动	道德规范成为行动条款；这些规范项目反映了一个组织的核心价值观；有时候使用手册、政策声明和稽查官员	波音；通用面粉公司；强生公司；通用动力公司；卡特彼勒（Caterpillar）；李维斯（Levi's）
第五阶段：道德型组织	权衡利润和道德；发展战略和计划中，道德分析是不可或缺的一部分；利用SWOT分析解决问题并分析可能的结果	一个完整的道德准则，有着精心挑选的核心价值观，这些价值观反映了那些指导了公司文化的准则；道德地计划和管理公司文化；招聘、培训、解雇及奖励都反映了道德准则	组织中所有的文件都聚焦于道德行动准则和核心价值观；组织中的所有段落都反映了它们	

（资料来源：R. E. Reidenbach & D. P. Robin《跨文化管理》）

五、丧失企业伦理的代价

在市场经济中人们逐步认识到，企业行为不仅要具有经济上的可行性、法律上的合法性，而且还应该具有伦理道德上的行为正当性。从企业角度来看，企业伦理在为企业及个人利益服务的同时，通过是否为社会所认同的判断，对利益关系发挥着很大的约束和引导作用，使企业及个人在追求利益最大化的过程中或多或少、自觉不自觉地渗入了社会共同利益的成分。从社会角度来看，企业伦理有助于营造公平、诚信的社会经济交往环境，有助于维护正当的财产权利、契约关系和交换活动，大大降低交易成本，直接或间接地促进效率的改进和提高。

丧失企业伦理，企业往往会付出巨大代价。震惊中外的安然事件，使一家在2002年还在500强中居第6位的安然公司灰飞烟灭。无独有偶，世界通信（worldcom）虚报38亿美元利润，引发股票崩盘。2003年2月，世界上最大的食品批发商和第三大零售超市荷兰皇家阿霍德公司（Royal Ahold）因虚报利润5亿美元，导致公司股价随即下跌了超过60％,几乎是一年前的十分之一,公司市值也缩水50亿美元,被标准普尔公司将其长期债券的评级降至垃圾债券一类。全球电信巨头、加拿大北电网络2006年被披露在此前三年里虚报了3.78亿美元的利润,导致公司发展急转直下,面对债台高筑和现金流日益萎缩的不利局面,2008世界金融危机爆发后不得不选择申请破产保护。隐藏在这些会计丑闻之下的,是企业伦理的全面危机。由这些企业的悲惨经历,不难描出一幅企业衰败的路线图(图8-1)。可见,一个企业如果丧失企业伦理,必将被淘汰出局。

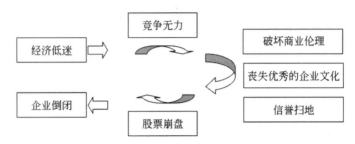

图 8-1　丧失企业伦理的必然结局

在我国,以南京冠生园月饼事件、石家庄三鹿奶粉事件、问题明胶事件等为代表,企业伦理问题日渐凸显。我国消费者投诉案始终居高不下,质量问题最为突出,2007年全国各地消协就受理了消费者投诉65万多件。这些数字还不包括消费者受到损害而不予投诉的事件,约有51.7％的消费者会采取容忍态度。2008年发生的婴幼儿奶粉受三聚氰胺污染事件,导致数以万计的婴幼儿泌尿系统结石病例,在国内外造成极为恶劣的影响。根据国家卫生部统计,截至2008年9月21日,全国因食用问题奶粉接受门诊治疗咨询并已基本康复的婴幼儿累计39 965人,正在住院接受治疗的婴幼儿共有12 892人,三鹿集团也因此破产倒闭,蒙牛、伊利、光明液态奶等被国家质检总局撤销中国名牌产品称号。近几年来,服务投诉也呈逐年增长的趋势。有网友戏称:"中国人在食品中完成了化学扫盲:从大米里我们认识了石蜡;从火腿里我们认识了敌敌畏;从咸鸭蛋、辣椒酱里我们认识了苏丹红;从火锅里我们认识了福尔马林;从银耳、蜜枣里我们认识了硫黄;从木耳中我们认识了硫酸铜;今天三鹿又让同胞知道了三聚氰胺的化学作用。"据全国各级消协组织统计汇总,2011年共受理消费者投诉60多万件,食品的投诉居于投诉量排名榜中的第四名,前五名分别是服装鞋帽、移动电话、电信、食品和销售。同时,我国企业虚报利润、欺骗投资者和公众的事件近年来也屡屡发生。厦门海洋实业股份有限公司1996—1998年虚报利润1亿多元,严重损害了股东利益,原正副董事长双双入狱。科龙集团2002—2004年编造虚假财务报告,3年合计虚增利润3.87亿元。财政部有关公告显示,2005年对39户房地产开发企业的检查中,共查出资产不实93亿元,收入不实84亿元,利润不实33亿元;39户企业会计报表反映的平均销售利润率仅为12.22%,而实际利润率高达26.79%,隐瞒利润超过一半。中国近年来每年订立的合同约40亿份,而履约率只有50%,经济合同失效问题同样严重。此外,到2006年第一季度,全国银行不良贷款余额仍高达13 124.7亿元。可见,不良的企业伦理,不仅是企业经营问题,更是社会问题,其对社会造成的损失和影响是巨大的。

对于危机产生的原因,有人归结为对传统义利观的背弃,有人认为是中国文化缺乏西方的契约精神。众所周知,中国是文明古国,中国民族有着悠久的伦理传统和高尚的道德水平。古人讲:"人有三不朽,太上为立德,其次为立功,再次为立信。"其中,伦理道德是处世第一准则。对于我国企业伦理的不尽人意,不能不引起高度的关注。

第二节 企业社会责任

关于企业社会责任的思考始于20世纪20年代的西方国家,原因是当时资本不断扩张引起了贫富差距、劳资冲突等一系列社会问题。1924年,美国的谢尔顿首次提出了企业社会责任(corporate social responsibility,CSR)的概念。此后,企业社会责任问题受到人们的日益关注,并成为企业伦理的重要内容。

一、企业社会责任的内涵

对于企业社会责任(CSR)的定义,目前尚未完全形成一致的看法。诺贝尔经济学奖获得者米尔顿·弗里德曼1970年在《纽约时代杂志》上把CSR定义为:"一个企业的社会责任是指依照所有者或股东的期望管理公司事务,在遵守社会基本规则,即法律和道德规范的前提下,创造尽可能多的利润。"目前,国际上普遍认同的CSR理念是:企业在创造利润、对股东利益负责的同时,还要承担对员工、对社会和环境的责任,包括遵守商业道德、生产安全、职业健康、保护劳动者合法权益及资源等。

除了雇主和雇员方面的责任外,企业应尽的社会责任主要有公众责任、社区责任、环境责任等。切实履行社会责任,企业要树立诚信、守法、公正的企业形象,要向社会提供物质产品和服务,依法纳税和交纳各项基金,维护产品消费者的合法权益,为社会积累财富,按照科学发展观和循环经济的要求组织生产,主动承担对自然环境、对社会各利益相关者的义务,支持和赞助社会公益事业,扶贫济困,救助灾害,帮助残疾人和社会弱势群体(王茂林,2005)。同时,企业要选择有效的发展模式,例如循环经济模式、产业带动模式、技术创新模式、污染防治模式、产品(服务)责任模式等,以缓解与不同利益群体的冲突,减少对经济发展的负面影响(杨少华等,2006)。据统计,至2012年1月,我国手机用户已逼近10亿户,居世界第一,每年废弃手机1亿部。这些电子废弃物对生态环境具有持久的负面影响,因此手机生产厂商应承担废弃手机及配件的回收责任。摩托罗拉公司发起"绿色中国、绿色服务"的环保项目,其产品责任意识为我国企业树立了榜样。

1999年1月,在瑞士达沃斯世界经济论坛上,联合国时任秘书长安南提出了"全球协议",并于2000年7月在联合国总部正式启动。该协议号召公司遵守在人权、劳工标准和环境方面的九项基本原则,其内容是:①企业应支持并尊重国际公认的各项人权;②绝不参与任何漠视和践踏人权的行为;③企业应支持结社自由,承认劳资双方就工资等问题谈判的权利;④消除各种形式的强制性劳动;⑤有效禁止童工;⑥杜绝任何在用工和行业方面的歧视行为;⑦企业应对环境挑战未雨绸缪;⑧主动增加对环保所承担的责任;⑨鼓励无害环境科技的发展与推广。以上也可以看作国际社会对企业社会责任内涵的一种共识。

现在,国际上兴起了一个新的贸易门槛——SA8000,即"社会责任标准"。这是全球首个道德规范国际标准,它的宗旨是确保供应商所供应的产品皆符合社会责任标准的要求。其起因是美欧发达国家为遏制发展中国家提高竞争力的手段和途径,特别是防止廉价的劳动密集型产品制造国将其大量廉价产品冲击发达国家国内市场,在政府的首肯和支持下由民间组织提出,并出现了由民间壁垒走向政府壁垒的趋势。SA8000标准的要求包括:①童工;②强迫性劳工;③健康与安全;④组织工会的自由与集体谈判的权利;⑤歧视;⑥惩戒性措施;⑦工作时间;⑧工资;⑨管理体系。要应对SA8000标准等国际贸易壁垒的挑战,只能依靠企业增强和切实履行社会责任。

二、企业不是纯粹的经济组织

企业社会责任的提出,反映了人们对企业的本质和存在的社会性的深化认识。

企业是社会经济组织,首先具有经济属性,必须通过生产产品或提供社会服务取得利润,求得自身发展,毫无疑问企业首先肩负着经济责任。但同时,企业是社会组织,社会是企业的发展空间和利润来源,企业必须承担自身的经济活动所导致的社会后果,即在以营利为目的的生产经营活动中,履行回报社会、支持公益、救助贫困等多种社会责任。企业经济责任是企业社会责任的基础和前提,企业社会责任是经济责任的延伸和保障,二者是一种辩证的互动关系,二者和谐统一才能使企业得到最大的发展。一方面,企业的经济责任和社会责任是一种互相包含的关系,因为单从生产力的角度来看,企业履行经济责任也等于履行了重要的社会责任,因为企业为社会、为民众、为消费者提供了产品和服务。松下幸之助在《松下经营哲学》一书中曾指出:"企业从社会中获得的合理利润,正是该企业完成社会使命,对社会做了贡献而得到的报酬。"另一方面,从生产力和生产关系双重角度看,经济责任所代表的这部分社会责任还不够完整。必须承认,企业的社会责任和经济责任之间存在着一定的矛盾,特别是经济利益的冲突。这是因为营利是企业的目的,追求利益最大化是许多企业发展的原动力,在企业发展中往往会出现片面追求自身经济利益而忽视或损害社会利益的状况。韩国现代集团的创办人郑周永也说过:"企业的根本是什么?是在竞争中取胜。只有那些比同行生产出更好更便宜的产品供给国民的企业,才有存在的价值。为国民提供满意的产品,为国家提供应该负担的税金,这是企业的社会责任。只有很好地尽到这一责任的企业才有资格发展壮大。那些垄断市场,生产高于国际市场价格产品的企业,不管你广告说得如何漂亮,都不能掩盖你掠夺国民的实质。这样的企业获得发展,就是国民的灾难。"

如果企业在履行经济责任的同时不能特别重视社会责任,把两者有机地统一起来,往往就会出现片面追求经济利益而损害社会利益的现象。这样做的结果往往事与愿违,最终损害到企业自身的利益。美国学者对《商业伦理》杂志评出的100家"最佳企业公民"与"标准普尔500强"中其他企业的财务业绩进行比较,得出结论:"最佳企业公民"的财务状况要远远优于"标准普尔500强"中的其他企业,前者的平均得分要比后者的平均值高出10%。2003年美国一家机构所做的一项互动式调查结果显示:当美国人了解到一个企业在社会责任方面有消极举动时,高达91%的人会考虑购买另一家公司的产品或服务,85%的人会把这一信息告诉他的家人、朋友,83%的人会拒绝投资这个企业,80%的人会拒绝在这家企业工作。2008年由美国次贷危机引起的世界性金融危机,一定程度上折射出一些西方企业特别是金融企业在承担和履行社会责任方面的缺陷。

因此,企业要明确自己作为社会的一个细胞,并不是纯粹的经济组织,必须在履行经济责任的同时,履行相应的社会责任,把履行两种责任有机统一起来,既实现企业自身的发展,又推动社会的和谐发展。企业管理者必须认识到,只有坚持自觉履行经济责任和社会责任,并更加看重社会责任的企业才有发展前途,这是一种真正的科学的企业发展观。

三、西方企业社会责任的实践

1. 企业社会责任的法律与规章制度

立法对于推动企业承担社会责任,无疑具有不可替代的积极意义。美国是较早颁布法律、法令、条例等强制性手段对企业社会责任行为进行规范的国家。到20世纪70年代,美国已有48个州通过了法案"明确支持注册公司可不通过特别的章程条款来资助慈善事业"。80年代后,为减少恶意收购浪潮对公司相关者利益的侵害,美国29个州相继修改了公司法,要求经理人员对各利益相关者负责,而不仅仅是对股东负责,从而给予经理拒绝恶意收购的法律依据。1990年美国政府编制的《美国工商界的伦理政策与规程》中制订了一些与"决策伦理"密切相关的"检测项目"。1991年美国颁布的《联邦判决指南》允许法官按照一企业所采取的社会责任方面的道德措施状况,酌情减少对其经理人员的罚款和监禁时间。21世纪初,安然等公司丑闻事件后,美国政府又颁布了一系列严肃公司道德准则的法案,加大了对忽视社会责任、侵害相关者利益的企业的处罚力度。在美国影响下,法国、英国、德国、荷兰等也在各自的立法中确立了倾向于就业、工资、工作条件等劳动问题的企业社会责任。

国际社会,1999年世界经合组织(OECD)公布的《公司治理结构原则》也明确指出,"公司治理结构的框架应当确认利益相关者的合法权利""公司的竞争力和最终成功是集体力量的结果,体现各类资源所作出的贡献,包括投资者、雇员、债权人和供应商"。2004版的《OECD公司治理准则》大大扩展了对"利益相关者"的定义范围和重视程度。

2. 企业界履行社会责任的实践

西方发达国家对于企业履行社会责任问题日益重视,到20世纪90年代中期,美国约有60%、欧洲约有一半的大公司设有专门的伦理机构和伦理主管,负责处理各种利益相关者对企业发生的不正当经营行为所提出的质疑。而现在,西方企业的社会责任已远远超过慈善阶段,有正式的社会责任履行计划、系统的项目设计、科学的决策机制和完善的执行程序与控制系统。社会责任已成为企业的行为准则与企业形象诉求,成为旨在塑造品牌形象的非价格竞争手段。1981年,由美国200家最大企业的领导人参加的企业圆桌会议在其"企业责任报告"中指出,追求利润和承担社会责任并不矛盾。《财富》杂志在对1000家公司的调查中发现,95%的被调查者坚信在今后的几年中,他们将必须采用更具有社会责任感的企业行为以维持他们的竞争优势。企业的长期生存有赖于其对社会的责任,而社会的福利又有赖于企业的盈利和责任心。2002年召开的世界经济峰会上,36位CEO呼吁公司履行其社会责任,宣扬公司社会责任是公司核心业务与运作最重要的一部分。

由传统企业向新的"社会责任企业"转变的企业革命,正在全球悄然兴起。2003年,世界经济论坛中关于"企业公民"的标准包括四个方面:①好的公司治理和道德价值;②对人的责任,包括员工安全计划、就业机会、反对歧视、薪酬公平等等;③对环境的责任,包括维护环境质量,使用清洁能源,共同应对气候变化和保护生物多样性等;④对社会和经济福利的广义的贡献,如传播国际标准、解决贫困问题等。当很多企业努力将这些要求修改到企业宣言中的时候,领先的企业已经将企业社会责任整合到企业运作的各个层次中去,按照优秀"企业公民"的标准打造长青基业了。

3. 企业社会责任审计的实践

在理论发展的基础上,西方各国企业社会责任审计的实践也逐渐展开。社会责任审计是评价与报告那些在传统的企业财务报告中没有涉及方面的企业成果及影响,旨在全面、广泛地了解和掌握企业社会责任的履行情况,督促各方面的工作,保护各企业相关者的利益。在美国,来自企业外部的对社会责任审计机构,主要是投资基金组织和如环境保护协会、消费者权益保护协会等社会公共利益监督机构。前者审计的目的首先是确保资金投向那些有较高社会责任感的企业;其次是敦促接受投资的企业遵守投资者的要求。后者审计的目的是为消费者、投资者、政策制定者、雇员等企业的利益相关者更好地作出经济决定提供信息,同时也对公司起到监督作用。企业内部进行的社会责任审计目的是了解自身履行社会责任的状况。企业社会责任审计的数据来源一是公司内部各种文件、记录,各种审计数据和新闻报纸、商业期刊、公司报告等公共记录,二是对员工、经理、供应商、经销商、顾客、投资商、专家、新闻记者等的访谈和问卷调查。

企业社会责任审计的内容是企业在相关的经济与社会问题上的活动绩效。这些问题可能随产业不同而体现不同的侧重点,但一般都体现利益相关者的要求和伦理的导向。1986年企业伦理中心在美国所做的一项研究表明,《财富》500强企业的43%都在不同领域作过内部的企业社会责任审计,所涉及的领域包括工作中的平等机会(89%)、遵守法律和社会规定(81%)、参与当地社区建设(67%)、工作场所安全(65%)、产品和服务质量(57%)、环境保护(55%)、遵守国外的法律(50%)、产品和服务安全(44%)等。欧洲财经会计联合会在1987年的专门研究报告中建议,公司的社会责任报告应反映雇佣标准、工作条件、健康与安全、教育与培训、劳资关系、工资及福利、增值分配、环境影响、与外部集团的关系等方面的问题。

大量事实证明,企业社会责任实践的前景是广阔的。随着维护经济社会的可持续发展成为全世界的共识,政府、行业和公众都要求公司遵守伦理经营的原则,将自身利益与顾客利益、社会利益和生态环境利益协调统一起来,更使得公司履行社会责任的紧迫性日益加大。各种敦促公司履行社会责任的论证和呼吁时常见诸报刊的头条,公司声望调查、最佳公司排名等都显示出使用社会责任标准评价公司的大趋势。从时代发展的角度来看,信息社会大大增强了舆论的监督力度,公众已经开始抵制那些不负社会责任的企业提供的产品和服务,越来越多的投资者在选择投资对象时,也都希望挑选有社会责任感的公司。

对企业来说,承担社会责任增加的并不仅仅是成本,而是未来的收益。接受社会责任观念并转化为自觉行动,使社会责任目标与利润目标协调,必将带来长期的回报,实现经济和社会可持续发展。

第三节 企业伦理的管理

一、企业伦理建设的基本原则

企业伦理要求企业按照3个基本准则行事,那就是关心消费者、关心环境、关心员工(见表8-3)。企业家只有给予社会和环境以关切,才能得到社会的认可与回报;只有关怀员工、关心消费者,才能赢得用户和员工的忠诚。

表8-3 基本企业伦理

对象	目标	内容要求
关心消费者	消费者满意	为消费者提供使用方便
	消费者安全	安全设计、使用说明
关心环境	输出导向的环境保护	废物处理的规范
	限制有害垃圾	逐步处理项目
		过滤器具的应用
		拆装设计
	输入导向的环境保护	减少废物项目
	减少自然资源消耗	再循环
关心员工	最低劳动条件	没有折磨
		不雇佣童工
		最低安全和卫生标准
	公正的赏罚标准	明确界定工资和奖励制度

(资料来源:[美]P.普拉利. 商业伦理[M]. 北京:中信出版社,1999.)

我国塑造企业伦理的良好环境正在形成。1996年中宣部、国家工商局、国家技术监督局、内贸部在全国提出"以真诚赢得信誉,用信誉保证效益"的口号;1997年又推出了企业承诺活动,这些都为企业家弘扬企业伦理提供了良好的外部环境。一些企业从内部着手,建设优秀企业文化,自觉塑造良好的企业伦理。1999年7

月,新希望集团董事长刘永好和40多位民营企业家发起了"信誉宣言",2001年9月,中国信誉同盟成立并发表了"中国信誉宣言"。海尔集团在企业文化中明确提出,企业的营销理念是"先卖信誉,后卖产品"。温家宝前总理在视察时曾多次提到:"企业要认真贯彻国家政策,关心社会,承担必要的社会责任。企业家不仅要懂经营、会管理,企业家的身上还应该流着道德的血液。"2007—2011年这五年,中国企业社会责任实践平均得分率从50.81%增长到60.90%。2011年,中国共发布了898份社会责任报告,比2010年增长了18.2%,可见,中国企业已经逐步认识到社会责任的重要性和必要性。

二、依托企业文化塑造企业伦理

企业文化是企业之魂,企业核心价值观是企业文化之根,而企业伦理是企业文化的重要组成部分。企业家要在经营管理中,不断培养企业伦理,使其成为全体员工的行为准则。塑造企业伦理,可以从三个渠道入手,即理念、制度和行为(表8-4)。

表8-4 塑造企业伦理的三个渠道

角 度	内 容
理念引导	以德经商、诚信为本、以义取利、正直公正、敬业报国
制度规范	流程制度、督导制度、奖惩制度、考核制度、民主参与制度
行为约束	领导者行为规范、员工行为规范、服务规范、礼仪规范

1. 理念引导

国外学者尤里其(Ulrich)和蒂勒曼(Thieleman)做过一个商业伦理的调查,询问经理人如何看待商业伦理的作用,85%的人都认为"健康的伦理观,从长远来看,就是良好的商业"。企业经营者的价值观导向,直接决定着企业的伦理观念。企业家在描述企业核心价值观时,是否以国家兴旺、社会繁荣为己任,反映出企业家的精神境界和企业的伦理水平。成功的例子如四川长虹提出的"以产业报国,以中华民族繁荣昌盛为己任",既塑造了品牌形象,又反映了企业对社会所担负的光荣义务,成为凝聚员工斗志的强大精神力量。

成功的企业家都把企业伦理放在企业文化的重要地位,比如以德经商、诚信为本、以义取利等。北京西单商场以"引领消费、回报社会"为宗旨;张瑞敏提出"顾客永远是对的""对顾客忠诚到永远";中国农业银行以"诚信立业"为核心理念;中国移动"以天下之至诚而尽己之性、尽人之性、尽物之性"的企业责任观。这些企业理念都凸显了企业伦理在该企业文化中的重要地位。

2. 制度规范

是否具有符合企业伦理的规范流程,也是检查企业伦理建设的好标准。作为守法组织,应把法律条款内化为企业行为准则,用严格的规章消灭不法行为。例如,《招标法》的条款可以转化为一套相互监督的招标工作流程,《环境保护法》的规定可以转化为生产作业规范。

企业可以建立一套企业伦理督导制度,比如,成立督查小组,定期和不定期督查,甚至引进外援为企业严格把关。同时,对相关问题进行明确规定,什么情况算是利用职权接受馈赠以及如何惩罚,主管不得以未直接参与为由推卸责任,主管督导不利处以连带责任,等等。通过职代会等民主参与制度,可以进一步强化对企业伦理的监督和控制。道德规则的履行需要正反两方面的强化,一套科学、公正的考核制度和惩恶扬善的奖惩制度是必不可少的。作为企业伦理的强化手段,考核奖惩制度不仅是事后强化措施,它还是所有员工的行动指南。人们信奉的道德标准会因为对模范执行者的奖励和对违背者的打击而得以强化。因此,在伦理道德方面的奖惩措施,具有积极的倡导和警示作用。

3. 行为约束

心理学研究发现,评价一个人的受信任程度,可以有五个维度:正直、忠实、一贯性、能力和开放,其中最重要的是正直。成功的企业家往往能够运用正确的观念,引导员工正确的行为。世界500强企业的创始人和领导者们,大都强调员工的正直和诚实。通用公司的领袖韦尔奇,明确提出全体员工要以正义为师,他在选拔管理人员时,第一个条件就是要正直。如此重视员工的道德水平,是因为只有员工在道德上有了卓越的表现,企业才会走向辉煌。

企业经营者可以从制定行为规范入手,将企业伦理外化为员工的伦理行为。包括制定领导者行为规范、员工行为规范、服务规范、礼仪规范、人际关系规范等方面,约束员工的伦理行为。在世界500强企业的公司条例中,就有许多关于个人行为的规定,比如对有伤风化者、胁迫行为者要给予重罚。美国约80%的大公司制定了正规的伦理规则,其中44%的公司还为员工提供道德培训。企业家还要对个人行为进行连续性反馈,发现违背企业伦理的行为要及时纠正。一旦员工发生不符合企业伦理的行为,其损害远不只是利润,很可能使多年积累的企业形象,一夜之间化为乌有。

第四节 绿色 GDP——中国企业伦理视角

根据可持续发展战略,"绿色GDP"已经被提上中国经济发展的主要议程,它将成为指导中国经济的科学发展思路。过去片面追逐GDP,结果牺牲了环境,农产品因被污染而出口受阻,资源因过度开采而导致经济后劲不足。"绿色 GDP"倡导人与自然的和谐,呼吁健康的经济增长方式。它要求在追求 GDP 增长的同时,一定要考虑到由此付出的环境代价,切莫以牺牲环境换取短期的"经济效益"。

一、中国企业伦理的现状

在我国,伦理思想是传统文化的重要组成部分。如"道之以德,齐之以礼"的儒家管理思想,就充满着管理与伦理相结合的思想。但是,近年来一些违背伦理规则的严重事件引起了社会各界的关注,中国企业的伦理缺失现象值得重视。

1. 只顾眼前利益而违背企业伦理

许多管理者在决策中没有考虑伦理因素。有一些产品利润高,但是污染严重、对员工的身体健康危害大。有的企业不但没有重视对员工安全防护方面的教育,甚至利用员工不了解情况,不添置必需的防护设备、不进行污染处理。在企业的决策中并不考虑环保等伦理要素的评价,以致让企业最终为此付出沉重的代价。

2. 怀疑企业伦理的价值,追求短期行为

讲究伦理道德对利润的积极影响往往需要较长时间才能体现出来。从短期来看,在影响利润的诸多因素中,难以分离出有多少利润是因为讲究道德引起的。短期行为可以说是企业伦理意识的最大敌人,但不讲伦理对企业的危害也不一定马上显现出来。这就使得有些中国企业对追求伦理带给企业的价值持怀疑态度,为其追求短期行为做辩解。

3. 管理者觉得力不从心

有些管理者已经认识到企业伦理的重要性,但是觉得仅靠自己或少数企业的力量也改变不了中国企业的伦理现状,于是也就放弃了。心理学家发现,很多时候,几乎所有的人都在没有外界的强制下受到他人的影响。"大家都这样"就成了不讲伦理的理由。更有一些个人和企业通过不法行为获得了不少"好处",让大家觉得"讲伦理,就是吃亏",当然也就不愿意成为建设中国企业伦理的先驱。然而,要想在中国形成一个良好的企业伦理环境,其前期一定要付出巨大的代价,更需要一些优秀的企业带头做好。

应该看到,当一个企业达到一定规模时,就已不再是企业老总或某个人的企业,而是整个社会的企业。这就意味着企业应该按社会要求的模式来运作。那么,目前社会对企业要求的模式是什么呢?中国的企业肩负的责任是什么?富有社会责任感的企业家一定要深入思考这些问题。

二、企业伦理缺失的宏观与微观分析

目前,我国企业伦理缺失的深层次原因值得研究。

1. 宏观层面分析

(1) 法律体系不健全、制度不完善。法律是伦理的底线,法律对企业的要求远远低于伦理对企业的要求。企业伦理环境的建立最初一定要用法律来开路。其最初是按照法律制度规定下来的,然后逐步渗透,表现为大家自觉遵守,并逐步内化为主体的道德。我国的法律体系还不够完善,无论是立法的数量还是质量,与市场经济的要求差距还很大。例如,美国的火车无人售票,却没有人敢逃票,因为逃票的代价很高。

(2) 执行力和整合力不够。可以说,各级政府、企业联合会、高校和许多社会人士都开始认识到企业伦理的重要性和紧迫性。但是,这些力量都过于分散,没有整合起来。整个社会对伦理的宣传不多、倡导不够,从而导致建设企业伦理的呼声不高,整个社会的伦理文化薄弱。

(3) 地方保护主义的存在。在我国,一些地方的走私、造假等违反伦理的行为受到当地政府的纵容、庇护而逃脱法律的制裁。这样的政府行为无疑助长了不道德行为,同时又挫伤了讲究伦理道德的企业的积极性。

2. 微观层面分析

(1) 企业对伦理道德的认识不足。有些企业认为遵守法律就是企业伦理,这种观点大大降低了伦理的标准,甚至很多企业钻法律的空子。人们往往容易看到不讲道德带来的利益或讲道德造成的损失,而不容易看到讲道德可能带来的利益或不讲道德可能带来的损失。因为前者是眼前的、清晰的;后者是长远的、难以定量的。有的甚至认为讲不讲道德只是一件小事情。如,曾在一次讲座中,北京某大厦的董事长强调了企业重视伦理、诚信的重要性。但当笔者问他"贵公司将场地租给那些不开发票就可以给客户优惠的商户,算不算违反企业伦理"时,这位董事长认为:"虽然是逃税行为,但是商户是把那部分钱返给了消费者,所以还可以容忍。"

(2) 伦理型企业文化的缺失。企业文化的核心是价值观,而价值观的核心是企业伦理。伦理型企业文化不仅要求企业员工有共同的、符合伦理的价值观,而且要将价值观背后所蕴含的伦理假设内化到员工心中。许多中国企业表现出伦理缺位,并不是其企业文化中缺乏伦理内涵,而是在企业文化建设中,极少从伦理道德角度去思考,当然也就不会有伦理道德的行为了。例如,"诚信"是大多数企业的文化中都见诸文字的,但是往往停留在文字里,并没有真正内化为员工的信念,更不能外化为员工的行为了。

(3) 伦理领导的缺位。领导者是企业伦理的倡导者,他们的率先示范作用对企业至关重要。企业道德水准的提高首先是管理者自身道德素质的提高。中国企业的管理者在遵守伦理规范方面,表率作用不足。有的企业领导者甚至还暗示下属做违反企业伦理的事情。企业领导个人的伦理素质受到社会伦理文化不足的影响,反过来又会对企业伦理文化的形成起消极阻滞作用。

(4) 从心理学角度看,领导者可以为违背伦理的行为找到合理的解释。根据认知失调理论,一个人在做一件错事时,通常要为自己找个解释和借口,以寻求心理的平衡。如果找不到,内心就会自我谴责、内疚或者不去做。如果找到了,就会心理平衡而且大胆去做一件不合理的事情。一般来说,企业的经营者都比较注重个人的道德修养。比如,不欺骗,保护环境等,因为不这样做就会受到社会和别人的指责。但是,当企业经营者以企业名义污染环境、不愿尽社会责任、不做公益捐助时,通常会认为,他是为企业好,为员工着想,又不是个人捞好处。这么一想,就没有自责了。然而,真正的问题应该是,对企业短期好,还是长远好?是真为员工好,还是个人想保住职位或提升个人的业绩以求晋升呢?

(5) 从经济学角度,"经济人(理性人)"假设,以及相应的"追求利润最大化"的企业定位,是目前中国企业伦理文化薄弱的深层原因。企业伦理要求,企业要平衡利益相关者的利益,不能做伤害消费者、员工、环境的事情。但是,"追求利润的最大化",恰恰是只对股东的利益负责,其行为必然会忽视甚至损害消费者、员工、环境的利益。从经济学的角度来说没有"君子",经济学面对的都是"小人",因为有"小人"所以才有利益动机问题,才有契约社会问题,如果都是君子哪来的这些问题?这实际上指出了中国企业家必须摆脱"企业是纯粹的经济组织,目的是追求利润的最大化"的束缚,树立"企业是经济组织,又是社会成员,既要追求合理利润,又要负起社会责任"的新观念。

三、中国企业要重视企业伦理

中国企业重视企业伦理的理由很多,主要可以归纳成三点:

1. 企业追求伦理促进财务业绩和影响力的提高

研究表明,企业追求伦理、社会责任与企业的财务业绩是正相关的。道德和利润是可以兼得的,高尚的伦理可以转化为卓越的经营,从而做到"德财兼备""以德生财"。零点研究集团2004年的"社会公益与跨国公司影响力的获得"统计数据显示,企业社会公益得分较高的企业,其综合影响力的得分也相对较高。也就是说,企业通过追求伦理,参与社会公益,能给企业带来实实在在的影响力。在中国,严格遵循诚信原则的企业,如同仁堂集团、海尔集团等,其社会评价较高,品牌价值随之升高,他们已经享受到伦理道德带来的持久收益。

2. 国际环境的要求

在国际合作中,西方国家可能会利用发展中国家在 SA8000 方面的不足而阻止其产品进入本地市场。泰国工业部工业促进处贸易发展办公室主任 Vithoon Simachokedi 在接受《国家》杂志采访时指出:美国贸易伙伴在为自己的工厂外购产品时,要求生产厂家在一年内符合 SA8000 的要求。这种要求的时间十分紧迫,那些已经在企业伦理方面做得好的企业并不害怕 SA8000。相反,对其他伦理方面做得不够好的公司,SA8000 就可能成为贸易壁垒,削弱其竞争力。"你不讲伦理我就不与你合作"使得不追求伦理与追求伦理带来的差异就非常明显了,而且这种差异在短期内能够凸显。2012 年,"3·15"晚会上曝光了郑州家乐福某店将每天剩下的鸡胗、羊肉卷等鲜肉产品重新包装后,修改包装日期再上架销售。另外,原本同一出身的三黄鸡,经过人为摆设变成了柴鸡,价格也变成了一倍。最终这家超市被工商执法部门查处。

3. 应对外国企业双重标准的要求

有些跨国公司在国际营销中实行双重标准,这实际上是违背良心和伦理道德的。厉以宁教授称其为"内道德标准"和"外道德标准",即对自己国家采取一套标准,对别的国家采取另一套标准。因此,我国政府应帮助到国外投资和经营的中国公司,不断提高伦理道德的自觉,应对驻在国双重标准的挑战;同时,我国应尽快形成自己的伦理标准和社会责任规范,以此来规范到中国投资的跨国公司的行为,也推动中国公司伦理道德水平的提高。

四、中国企业加强伦理管理的途径

目前,企业不追求伦理带来的损失还不能普遍地凸显出来,但是,中国企业要有危机意识,未雨绸缪、居安思危,顺应企业伦理方面全社会的要求,从以下几方面加强企业伦理建设和管理。

1. 商业主体道德培养与企业伦理文化的形成

企业伦理的形成,离不开个体成员和企业整体文化的伦理培育。一位贤明的国王挑选一名义子继承王位。他给每个孩子发了一粒种子,看谁培育的花最漂亮就选谁。有一个孩子回家认真培育,可那种子就是不发芽。到了观花的日子,别的孩子都捧着盛开的花,等国王来选拔。但就这个孩子端着一个空的花盆,掉眼泪。

国王抱起这个孩子说:"我找的就是你,我发的种子都是煮过的,根本不发芽。"可见,诚信是人的处世根本。办企业也是如此,只有秉承诚信的美德,才能给人以信赖感,才能赢得发展的机会。如果企业的形象能够让人感到真诚地"为他人着想""注重人道""回馈社会""热心公益",则其经营也会更加成功。这种成功需要企业以形成企业共同伦理价值观为目标,培育伦理型企业文化。

2. 推动企业绿色文化的建设

企业要实现可持续发展,并为推动社会的可持续发展起到积极的作用,关键是要建设绿色文化,即社会责任和诚信导向的文化。

作为社会公民,企业一定要承担起自己的社会责任,这也是应对国际贸易新门槛 SA8000 的根本选择。当前,尤其要重视这样几方面:

(1) 保护环境。认真贯彻国家的环保政策和法律法规,严格执行节能减排的标准,积极采用低碳技术,大力发展低碳经济;加强污染治理,实行清洁生产,减少和杜绝"三废"排放。

(2) 节约资源。节约的对象包括企业可以利用的人力、物力、财力等一切资源。既要尽量节省各种资源,特别是稀缺的自然资源,杜绝浪费;又要优化资源配置,努力提高资源利用率。同时,企业要顺应国家走新型工业化道路的要求,尽可能调整产品结构或进行产品、产业升级,提升产品和服务的附加值,这也是一种更高层次的节约资源。多年来,中国移动一直致力于"绿色行动计划"。据统计,2010年中国移动单位业务量耗电量较 2009 年下降 14.8%,较 2005 年下降 50%,超额完成 2007 年提出的"绿色行动计划"中"到 2010 年单位业务量耗电量较 2005 年下降 40%"的预定目标。

(3) 善待顾客。只有满足顾客的需要,企业才有存在的社会意义。只有善待顾客,努力让顾客满意,而不是坑蒙拐骗、伤害顾客,才能实现企业和顾客的双赢,提高顾客的忠诚度,建立起稳定的、可持续的商业关系。否则,最终受损失的一定是企业。

(4) 善待员工。这是企业履行社会责任的一项基本要求。有一家国外公司多年前就提出"照顾好你的顾客,照顾好你的员工,市场就会对你倍加照顾",这可以说就是办好一个企业的基本原则。切实把尊重员工、关心员工、激励员工、满足员工、发展员工落到实处,才是企业可持续发展的康庄大道。善待员工,绝不是只有优厚的薪水。世界金融危机中的美国 AIG 公司等金融机构在受到政府救助的情况下,仍大肆给高管分红和发高额奖金,理所当然地受到社会各界的批评。

(5) 扶危济困。这是每个有良知和正义感的人应该做的,也是一个有社会责任感的企业应该做的。通过扶贫帮农、捐助社会福利和慈善事业、赞助社会公益事业等善举,促进社会公平正义、维护社会和谐稳定,并树立企业良好的社会形象、提高企业的社会声誉,最终有利于企业长远发展。2008年四川汶川特大地震后,很多企业慷慨赈灾而广受赞誉,个别企业冷酷无情、漠然视之而大受舆论批评,形成鲜明的反差。

3. 弘扬先义后利、义利并举的义利观

义利关系是伦理中重要的关系。在我国,儒家"重义轻利"的思想长期占支配地位。孔子主张"见利思义""义而后取",他并非完全排斥利,他反对的是不正当的利益。笔者提倡在义利一致的情况下,企业要"义利并举"。当义利出现冲突时,企业应该"先义后利"。

4. 政府部门要加大行动力度

政府可以有针对性地制订相应策略促使企业承担相关的社会责任;社会责任的激励机制和成本补偿方面,政府部门应该有一些相关文件的体现,使得企业在承担社会责任的同时得到相应的补偿;对现有企业经营者考核体系引入"绿色GDP"考核指标,以加速我国企业伦理的形成和可持续发展战略的实施。

5. 考虑社会改革的成本问题

中国企业伦理环境还不成熟,必然出现有些讲伦理的企业要付出较大的代价,甚至影响企业自身发展的现象。任志强曾指出:在改革的动荡的过程中、在浑水摸鱼的过程中我们没有法律来界定企业的"第一桶金"对不对。中国香港是一个榜样,它是目前世界上廉政做得最好的地区之一。在20世纪70年代的时候,中国香港成立廉政公署之初,接受此前所有的腐败,但是以后再有问题,廉政公署就将公务员立罪。这是一个社会改革的成本问题,把以前的腐败都承认了,反而让交易成本变成最低。这是一个企业家的声音,他指出了在中国现实条件下,如何建设中国的企业伦理,同时又能考虑社会改革的成本问题。这表明,中国是一个转型经济,应该采用渐进式转型的途径,不要"一刀切",要具体问题具体对待。

6. 注重校园伦理教育和实践

教育机构是向企业输送人才的重要环节,通过学校教育,让伦理成为企业各级管理人员和员工的一种技能、经验和素质。目前,在中国只有少数的学校开设企业伦理(或商业伦理)的课程,应该在各级各类学校教育,特别是高等教育中加大伦理教育的力度。

复习题

1. 企业伦理的概念是什么?企业伦理包括哪些内容?
2. 企业社会责任的内涵是什么?
3. 企业为什么要重视社会责任?

4. 企业是不是一个纯粹的经济组织？为什么？
5. 企业伦理经历了哪些发展阶段？各有什么特点？
6. 企业伦理如何建设？从何处入手？
7. 企业伦理建设的基本原则是什么？
8. 企业伦理建设的三个渠道是什么？

思考题

1. 谈谈你对我国企业伦理现状的看法。
2. 西方企业重视企业伦理的实践对你有哪些启示？
3. 你认为企业伦理可以通过哪些方法来塑造？

案例分析 科尔－麦克基公司的经营理念

靠别人施舍的两万美元，美国科尔－麦克基公司一度光彩耀人，不仅在老本行石油工业界出人头地，还定下了雄心勃勃的全能源公司规划，涉足于煤炭、木材及崭新的核能工业。但是，就像一个人的精力是有限的一样，一家企业的实力也有一定的限度。如果硬要超越这个限度去追求大而全的目标，企业必然会陷于泥潭。

詹姆斯·安德森和罗伯特·科尔的钻探公司诞生于20世纪大萧条时期的俄克拉何马城，它最初的财富是两台蒸汽钻塔和三只炼油炉。安德森有一只石油鼻，善于花更少的钱采到更多的石油，他负责钻探的设备；科尔则是个敛财能手，挖空心思寻觅钻探合同。科尔还是无名小辈的时候曾去见菲利浦公司的总裁——大名鼎鼎的弗兰克·菲利浦，想承揽菲利浦石油公司的一份钻井工程。经过死缠硬磨，科尔终于让菲利浦点了头，长期担任科尔助手的莱克斯·豪克士在《能源革新》一书中提到这个细节：

科尔要走了，却回过身来说："顺便提一句，菲利浦先生，有一个细节我几乎给忘了。"

"是什么？"

"我需要两万美金才能开挖油井。"

菲利浦大感惊讶，咒骂了一通说："你一直在争取这个合同，却连施工的老本都来借！"科尔只好一个劲地哼哼哈哈，最后，菲利浦叫进秘书说："给这个家伙两万美元好让他借鸡生蛋。"

科尔就是凭着这种出奇大胆的作风，以及对自己、对公司无限的信任，使自己的公司在宏观经济极不景气、竞争白热化的时期里得以生存下来并有所发展，而无数比它资金雄厚的公司却被淘汰。度过大萧条后，当公司有了明显进步时，公司创办人安德森觉得公司的发展超过了他经营的能力,于是卖掉了他的股份,退出了公司。而科尔也于1945年离开了公司总裁的位置,圆了自己多年的从政梦。那年,他当选了俄克拉何马州州长,后来官运亨通,成为参议员。不过,他仍是公司董事会里的积极分子。

科尔从政后,公司从菲利浦公司聘请的迪安·麦克基成了公司的灵魂人物。麦克基原来是菲利浦公司的主任地质学家,在他的领导下,公司第一次有了重大发现,即发现了阿肯色州的麦格洛里亚油田,投产后的利润提供了继续扩大再生产的急需资金。1946年公司改称科尔-麦克基石油工业公司,麦克基升任公司总裁。第二次世界大战后,美国对能源的需求惊人地增长,一年的消耗量相当于战前全世界的年消耗量。公司顺应了这种趋势,在开发能源方面创下了很多个第一,其中它在路易斯安那州海域离岸18公里处创建了世界第一座海上商业性油田,标志着全美海上钻探业的兴起。随着冷战的升级,政府对生产原子弹的原料——铀矿的需求大增。科尔—麦克基公司买下亚利桑那州纳瓦胡采矿厂,成为最早投身采铀业的石油公司。同时,公司还进入粉碎机生产领域,后来生产出全国最大的铀矿石粉碎机。此外,它还进军林业、化工业。

在向全能源公司目标迈进之时,公司始终重视其基本产业石油业务的发展。它先后收购了深岩石油公司、卡托石油及润滑液公司和三角形炼油厂等一系列拥有相当实力的产销公司。为了处理国内及海外钻探业务,公司还成立了环球钻探有限公司。不过,公司能在竞争异常激烈的能源工业中屹立不倒,很大程度上靠的是石油产品的革新。公司于1959年研制的旋转式钻头钻出了全国最深的垂直式油井;第二年它又建成了世界最大的海底钻探系统;第三年在俄克拉何马州建造了新的科研中心,使更高水准的技术突破从那里起步。

不久,石油工业出现重大变故,石油输出国组织将原油价格提高了许多倍,美国公众被迫接受能源价格暴涨的现实。这给能源公司提供了很好的机遇。尽管石油产品利润增高,政府又鼓励勘探石油,科尔—麦克基公司却不断滑向其他领域,不再是海上勘探石油的旗手。公司的关键性部门即石油勘探、开采企业逐渐不景气。当时不少大公司竞相提高科学家的薪水以吸引人才,而科尔—麦克基公司付给科技人员的薪水缺乏吸引力,这导致了人才外流。摩根·斯坦利公司估计科尔—麦克基公司每生产一桶石油的成本高达13美元,而它的竞争者只需花7.35美元。

除此之外,公司在核污染问题方面,被频繁曝光。特别是1974年的家喻户晓的"卡伦·锡尔克伍德案",更暴露公司在进行核能生产时的疏忽草率,公司的信誉受到严重的损害。锡尔克伍德当时28岁,是公司锡马龙核能厂的实验技师,是石油、化工及原子能工人联合会的积极分子。此人受到了核放射污染的侵害,而公对造成侵害的一系列事故不做任何解释,锡尔克伍德在去会见原子能委员会负责人和《纽约时报》记者的途中被车撞死。她的惨死引起公众的怀疑,认为是科尔－麦克基公司的人耍的花招。联邦政府调查了此事,但没有公开结果。公司的劳保与安全状况也受到调查：锡马龙厂因国家公共广播电台的报告而关闭,俄克拉何马的高尔工厂也受到核能管理委员会的调查。最让公司头痛的是,它的一座六氟化铀发生器因过载运转而爆炸,散发出剧毒的辐射性氟化酸雾致使一人死亡,110人被送进医院治疗。频繁的事故激怒了公众,他们大声疾呼严惩事故责任者。尖锐的矛盾,使公司的领导阶层头昏脑涨,穷于应付。

（马　力）

讨论题：
1. 科尔－麦克基公司前期成功的原因是什么？
2. 科尔－麦克基公司后期倒退的原因是什么？
3. 在处理锡尔克伍德的事宜上,公司的表现有哪些不当之处,为什么？

第九章 领导者与企业文化建设

1. 了解领导者如何缔造企业文化
2. 了解领导者如何决定企业文化的基调
3. 掌握领导者的示范作用
4. 了解和掌握领导者如何推动企业文化建设
5. 了解领导者如何提高自身素质

要建设强有力的企业文化,首要的因素是企业家。作为企业的领导人,企业家在企业文化建设中起着至关重要的作用。但凡成功的企业都有优秀的企业文化,而企业家是其最主要的缔造者。他缔造、倡导、管理企业文化,他的价值观决定了企业文化的基调,他的观念创新带动企业文化的更新,他素质的不断完善将促进优秀企业文化的形成,一个人扮演着多个角色(见图9-1)。

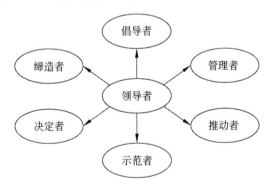

图9-1 领导者在企业文化建设中的角色

第一节　领导者是企业文化的缔造者、倡导者和管理者

一、领导者是企业文化的缔造者

企业家在企业中所处的地位显要,不仅对企业的经营管理起主导作用,相应地,对企业的经营哲学、企业精神、企业价值观等也都能施加较大的影响。企业文化要形成体系,就更离不开企业家指导下的总结、归纳和加工,离不开企业家的聪明才智及对企业文化建设的高度重视。很多企业的企业文化的内容,甚至都是直接来自企业家的思想和主张。所以,美国企业文化专家斯坦雷·M.戴维斯在其著作《企业文化的评估与管理》中指出:"不论是企业的缔造者本人最先提出主导信念,还是现任总经理被授权重新解释主导信念或提出新的信念,企业领导者总是文化的活水源头。如果领导者是个有作为的人,他就会把充满生气的新观念注入企业文化之中。如果领导者是个平庸之辈,那么企业的主导信念很可能会逐步退化,变得毫无生气"。

《公司文化》的作者迪尔和肯尼迪指出:"是不是每个公司都能有强烈的文化?我们想是能够的,但要做到这一点,最高层管理者首先必须识别公司已经有了什么类型的文化,哪怕是很微弱的。总经理的最终成功在很大程度上取决于是否能精确地辨认公司文化并琢磨它、塑造它以适应市场不断转移的需要。"

我们不妨来看看通用电气前后两位总裁是如何缔造企业文化的。1956年通用电气总裁克迪纳创立了克顿维尔管理发展中心,它被塑造成一个命令中心和幕僚学院,用来传播当时通用电气的核心策略和分权理念。新总裁韦尔奇上任后,就"以克顿维尔式的学习过程在通用电气掀起了一场文化革命"。他专门投入4500万美元用于该中心的建设,每月至少去一次,发表演讲或回答问题,还承担了四门课的教学。就是通过这样的方式,韦尔奇快速将其企业文化变革倡导起来,为以后的改革创造了良好的环境。

二、奥利拉与他创造的"芬兰神话"

奥利拉刚进入诺基亚时,担任过财务总管,1990年负责移动电话公司的业务,当时的公司已经进入了亏本的死角,发货量经常是用"十"为单位计算的。1991年,苏联解体,芬兰经济掉入低谷,诺基亚的老业务不再有市场,其最大股东试图将它卖给爱立信,但遭到拒绝。当时的手机业务陷入瘫痪,公司一片混乱。1992年,诺基亚公司任命41岁的奥利拉担任公司首席执行官,从那时起,奥利拉开始引导

诺基亚走上了辉煌之路。

奥利拉提出著名的"科技以人为本"作为公司核心理念,采取芬兰式的温和管理,强调芬兰人的民族性与员工团结。1995年,诺基亚由于快速发展,管理上出现了一些混乱,造成股票暴跌,解雇经理的呼声很高,但奥利拉还是顶住了压力,没有解雇经理,而是与他们一道,用了几个月时间,终于解决了问题,使公司恢复了正常。从这件事中,我们不难发现,团结是企业致胜的法宝。

奥利拉还认为,需要树立诺基亚员工的危机意识,于是,他采用了轮换制管理。1998年,他让四位主要部门负责人对换了工作,负责基础设施部的经理去负责手机销售,手机产品部经理负责新项目开发部,总之,除了奥利拉本人外,所有高层管理人员都做好了从事新工作的准备。从常理上看,这种做法是毫无道理的,但奥利拉却认为:"把经理们从舒适的位子上赶走,是激发他们工作积极性的有效方式。"他认为,一个人如果长期从事一项工作,多多少少会有一些定式,换一个全新的工作,会增强员工的危机感,有利于其创造性的发挥。奥利拉就是用这种独特的方式,来激发诺基亚管理者的危机感,并转化为巨大的动力。

奥利拉在诺基亚这个跨国公司的建设中,特别注意文化差异,注重以人为本,尊重当地公司员工原有文化习惯及价值观,使其成为公司文化中的一部分。在中国,2001年诺基亚成为出口额最高的外商投资公司,超过了摩托罗拉公司,拥有中国员工超过5 000人,其中95%以上是本地员工。

三、领导者是企业文化的倡导者和管理者

企业家对企业文化的管理,贯穿在企业发展的全过程中,他所做的一切,就是要在企业中形成预期的文化。为此,他要使员工明白企业提倡什么、反对什么,要及时处理推行新文化的过程中产生的矛盾和问题,必要时,还要对企业文化进行修正和补充……通过管理企业文化,企业家就能有效地管理企业,在《公司文化》一书中,这类企业家被称为"象征性的管理者"。

2001年末,美国《时代》周刊评选的25位最卓越的商界领袖中,排第14位的是联想集团董事局主席柳传志。因为15年来,他已经把联想从一个20万元起家的企业,发展成为中国一流的国际知名公司,控制着30%的计算机市场份额。柳传志是联想集团及其文化的缔造者和管理者。用他自己的话来说,就是管联想的意识形态。

柳传志最喜欢"求实创新"这四个字,这四个字始终写在联想集团的大门上。他说,没有创新不行,但没有求实精神也不行。因此,这种创新精神体现在反思、求变上,柳传志是一个喜欢反思自己的人。他认为,如果缺乏反思,就会出现一个看

上去欣欣向荣的企业突然垮掉的现象。正是在这样一种理念指导下,柳传志塑造了联想集团,培育出了联想文化。

在联想招聘人的时候,首先要求"血型要对",柳传志称为"入模子"。但是,面对网络时代的到来,柳传志也在调整着自己的企业文化,不断改进企业的这个"模子"。现在对新人已经不再要求能够完全融入"企业模子"了,而是学着容纳各类"天才"。在联想研究院,管理者正在塑造一种自由轻松的科研气氛。可见,柳传志正在根据企业的不断发展和时代的需要,对联想文化进行微调。

企业家作为企业文化的塑造者,一方面要对企业已有的文化进行总结和提炼,保留其积极成分,去除其消极因素;另一方面又要对提炼后的文化进行加工,加入自己的信念和主张,再通过一系列活动,将其内化为职工的价值观,外化为职工的行动。这就对企业家的素质提出了很高的要求,企业家的品格、智慧、胆识在很大程度上决定了企业文化的水准。

第二节 领导者的价值观决定了企业文化的基调

如果说企业文化是一首动听的乐曲,那么,唯一可以给这首曲子定调的就是企业主要领导者了。领导者的价值观仿佛是企业文化建设的灵魂,从企业文化的设计到企业文化的建设,无不受其左右,听其指挥。应该说,企业领导者如果抓住了核心价值观,企业文化建设就会"纲举目张"。

一、价值观是企业文化的核心

在价值观与企业文化关系上,国内外管理学界和企业界形成了比较一致的看法:企业价值观是企业文化的核心。20世纪50年代,A.克鲁伯提出现代意义的文化概念有五个方面内涵,认为"历史形成的价值观念是文化的核心,不同质的文化可依据价值观念的不同加以区分"。《日本企业的管理艺术》指出:在结构、战略、体制、人员、作风、技巧、共有的价值观7个S中,共同的价值观处于中心地位,成为决定企业命运的关键性要素(帕斯卡、阿索斯,1981)。

美国管理学家埃德加·H.沙因甚至说:"领导者所要做的唯一重要的事情就是创造和管理文化,领导者最重要的才能就是影响文化的能力。"企业家的这种影响力,主要是对企业核心价值观的影响。美国有篇文章分析了美国一些百年老公司为什么能够长寿,主要是这些公司上百年来的价值观没有变,这些企业的主要领导者的价值取向没有变。

二、优秀企业的核心价值观不尽相同

《企业不败》的作者指出,虽然许多目光远大的公司的核心价值观,都包括某些主题,如贡献、正直、尊重员工、为顾客服务、不断创新等,但是他们的侧重是完全不同的。所谓"唯一正确"的核心价值观是不存在的。威廉·大内在《Z理论》中指出:"传统和气氛构成一个企业的文化,同时,文化意味着一个企业的价值观,如进取、保守或灵活,这些价值观成为企业员工活动、建议和行为的规范。"由于不同公司有着不同的企业文化,因此,其核心价值观也必然不尽相同。

一些公司把顾客摆在了价值观的第一位,如强生公司就提出"顾客第一,员工第二,社会第三,股东第四",指出公司存在的目的就是为顾客"解除病痛"。但另一些公司则不是这样,比如,福特公司的核心价值观为"产品是我们努力的最终目的",同时提出"人是力量的源泉";索尼的核心价值观为"弘扬日本文化,提高国家地位,做开拓者——不模仿别人,努力做看似不可能的事情"。我们不难看出其中还是有一定差异的。

一些公司把关心员工摆在价值观的首位,比如IBM公司的汤姆·沃森从老沃森手中接过公司时,只有38岁。他提出了IBM的三大价值观:尊重员工、用户至上和追求卓越。IBM的管理原则第一条就是尊重人,汤姆·沃森认为:"公司最伟大的财富就是人。"和他父亲一样,他主张公司内彼此相互关心。有一段时间,白领员工调动比较频繁,大家戏称IBM代表着I've been moved(我被调走了)。当汤姆·沃森听到这种说法后,意识到这样会影响员工的家庭生活。他做出决定:"如果不能大幅度增加员工的薪水,就不要异地调动。"通过这样一件小事,我们不难看出,汤姆·沃森在塑造IBM这个"蓝色巨人"的时候,首先进行的是核心价值观的建设,只有在正确的价值观指导下,企业才能实现可持续发展。

还有一些公司,把产品或服务摆在核心价值观的首要位置;有些公司把冒险精神摆在第一位,如波音公司;有些公司把创新精神摆在第一位,如3M公司,等等。下面列举一些世界知名公司的核心价值观,以便比较。

1. 国际商用机器公司(IBM)

充分考虑每个雇员的个性;

花大量的时间令顾客满意;

尽最大的努力把事情做对;

谋求在我们从事的各个领域取得领先地位。

2. 3M公司

创新——"不应该扼杀一种新的产品设想";

绝对正直；

尊重个人进取心和个人发展；

容忍诚实的错误。

3. 沃尔玛公司

"我们存在的目的是为顾客提供等价商品"——通过降低价格和扩大选择来改善他们的生活，其他事情都是次要的；

逆流而上，向传统观点挑战；

与雇员成为伙伴；

满腔热情地工作，把全身心都投入进去；

不断追求更高的目标。

4. 波音公司

保持航空技术的领先地位，不断开拓；

迎接挑战，迎接风险；

产品的安全与质量；

正直：讲究职业道德。

5. 美国运通公司

"我们的真正工作是解决问题"；

不惜一切为顾客服务；

使我们的服务享誉世界；

鼓励个人进取。

6. 福特公司

人是力量的源泉；

产品是"我们努力的最终目的"；

利润是必要的工具；

衡量我们成就的尺度是起码的诚实与正直。

7. 强生公司

公司存在的目的是"解除病痛"；

"我们把义务和责任分成等级：顾客第一，雇员第二，整个社会第三，股东第四"；

视贡献不同，个人机遇和所得报酬不同；

权力下放＝创造力＝生产率。

8. 摩托罗拉公司

本公司存在的目的是"光荣地为社会服务,以公平的价格提供高质量的产品和服务";

不断自我更新;

开发"我们潜在的创造力";

不断改进公司各项工作,包括产品设计、质量和顾客满意程度;

尊重每一位雇员的个性;

诚实、正直、讲究职业道德。

9. 索尼公司

享受有益于公众的技术进步、技术应用和技术革新带来的真正乐趣;

弘扬日本文化,提高国家地位;

做开拓者——不模仿别人,努力做看似不可能的事情;

尊重和鼓励每个人的才能和创造力。

三、领导者的价值观决定了企业文化的基调

企业家所倡导或设计的企业文化是企业的目标文化,它源于现实企业文化,又高于现实企业文化。培育这样一个企业文化的过程,是发扬现实企业文化中的适用部分,纠正现实企业文化中的非适用部分的过程,是微观文化的净化和更新的过程。在这个过程中塑造核心价值观是最为关键和基础的一步。

在塑造企业核心价值观的过程中,企业家始终居于领导地位。因此,企业家本人的价值取向、理想追求、文化品位,对企业价值观的影响是决定性的。有人形象地说:企业价值观是企业家价值观的群体化。事实上,企业主要领导者的价值观,的确可以决定企业文化的基调。小沃森对于IBM,韦尔奇对于GE,张瑞敏对于海尔,柳传志对于联想,都证明了这一点。

1980年,刚满45岁的韦尔奇正式接替琼斯,成为GE近百年历史中最为年轻的董事长兼首席执行官。他上任后最重要的一大贡献就是重塑了GE的企业文化,他引入了"群策群力""没有边界"等价值观。他指出:"毫无保留地发表意见"是通用电气公司企业文化的重要内容,每年有数万名职工参加"大家出主意"会议,员工坦陈己见。

韦尔奇还在GE实行"全员决策"制度,平时少有机会彼此交流的同事,坐在一起讨论工作。总公司鼓励各分部管理人员在集体讨论中做决策,不必事事上报,把问题推给上级。随着"全员决策"制度的实施,公司的官僚主义遭到了重创,更为重

要的是,对员工因此产生了良好的心理影响,增强了他们对公司经营的参与意识,打破了旧有的观念和办事风格,促进了不同层次之间的交流,韦尔奇本人也经常深入一线了解情况。在公司中,所有人都直呼其名,亲切地叫他"杰克"。

在GE,认同企业价值观被看成头等大事,甚至新员工参加培训后决定是否录用,主要就是看能否接受公司的价值观。对此,杰克·韦尔奇的观点就是:"如果你不能认同该价值观,那么你就不属于通用电气。"在这一方面,许多知名企业的老总都有同样的感慨。HP公司总裁路易斯·普莱特说:"我花了大量的时间宣传价值观念,而不是制订公司发展战略,谈论价值观与单纯管理的效果是完全不同的。企业文化管理才是至关重要的一步。明确了这一点,其他事情就迎刃而解了。"

第三节 领导者的示范作用关系到企业文化建设的成败

人的行为大半是通过模仿学来的,要想让员工表现出企业预期的行为,领导者的示范作用自然少不了。儒家强调人性关怀,所谓"己所不欲,勿施于人",如果领导者不以实际行动带头履行企业文化准则,员工会认为只要求他们没道理,抵触情绪一旦产生,再好的企业文化设计也要搁浅。

企业家在企业文化建设中要起示范和表率作用。新的企业文化的形成是一个学习的过程,在这一过程中,企业家的一言一行,都将为职工群众有意或无意地效仿,这时,其言行就不再只是个人的言行,而具有了示范性、引导性。

正如《成功之路》一书所说,企业家是"以身教而不是言教来向职工们直接灌输价值观"的,他们"坚持不懈地把自己的见解身体力行,化为行动,必须做到众所瞩目,尽人皆知才行",必须"躬亲实践他想要培植的那些价值观,堂而皇之地、持之以恒地献身于这些价值观",这样,"价值观在职工中便可以扎根发芽了"。中国的儒家很早就提出了"知不若行"的观点,指的是一种实干精神,身为企业的领导者,既然已经设计了企业文化,达到了"知"的一步,何不体验一下"知行合一"的快乐呢?

需要注意的是,领导者如果进行的是错误示范,将会给企业文化带来巨大的灾难。

1993年姬长孔来到秦池担任经营厂长,第二年,销售额突破1亿元。1995年,姬长孔竞标中央电视台黄金标版成为第二届标王,当年销售额达2.3亿元,第二年销售额猛增至9.5亿元,被评为中国明星企业。姬长孔再次来到中央电视台招标会上,他也不曾想到这是他最后一次为秦池竞标。姬长孔以3.212 118亿元的天价夺得标王,比第二位竞标者高出1亿元。当记者问及这个数字是如何算出来的时,姬长孔回答:"这是我的手机号码。"这种决策模式的示范作用相当可怕,必然会给企业带来厄运。1998年,秦池经营失败,姬长孔怅然离去。可谓"醉卧沙场君莫笑,古来征战几人回"。

孔子在《论语·子路》中说:"其身正,不令而行;其身不正,虽令不从。"通过无数成败企业的案例,我们也不难发现,企业领导者的言行对企业文化起着决定性的作用,正所谓"上梁不正下梁歪"。

2001年,《财富》杂志公布的美国500强中,零售业巨头沃尔玛以2 189亿美元的销售收入位居榜首,这也是服务业公司首次居美国500强公司榜首。2000年排第一的埃克森-美孚公司以1915亿美元的营业收入屈居第二。为什么在2001年美国经济不景气的大环境下,这个不被专家看好的"旧经济"的代表会成为美国的龙头企业呢?这与沃尔玛的创始人山姆·沃尔顿是分不开的。

山姆·沃尔顿出生于1918年,小时候家境不富裕使他养成了一种节俭的习惯,由己及人,他把"低价销售、保证满意"作为企业经营宗旨,并写在了沃尔玛招牌的两边。为了达到这一宗旨,创业之初,山姆·沃尔顿就带领员工研究降低费用的最佳方法,把最初的30%的利润率,降到22%,而当时的竞争对手维持在45%左右。早在20世纪80年代,山姆·沃尔顿就直接向制造商订货,将采购成本降低了2%~6%,并且采取统一配送策略,到2001年已经拥有了10万平方米的配送中心。这些成功举措来源于正确的经营理念的指导。山姆·沃尔顿始终珍视每一美元的价值,为顾客珍惜每一美元,他说:"我们的存在是为顾客提供价值,这意味着除了提供优质服务之外,我们还必须为他们省钱。如果我们愚蠢地浪费一美元,都将出自顾客的钱包。"

山姆·沃尔顿的节俭价值取向一直保持着,当他退休之后,这位亿万富翁继续开着那辆旧货车,依旧光顾只要5美元的小理发店。在他的影响下,儿子罗伯逊和他一样节俭,在继任沃尔玛董事长之后,依然住在不起眼的老房子中。沃尔顿家族就是用这样一种作风,经营着"沃尔玛帝国",这个家族中的5个人由于持有沃尔玛38%的股票,包揽了全球富豪榜的第六位到第十位。

沃尔玛的董事长,山姆·沃尔顿的儿子罗伯逊认为:沃尔玛取得成功,与独特的企业文化密不可分。在不同国家中,沃尔玛的店员会用不同的语言高喊"谁是第一?顾客",这是山姆·沃尔顿提出的口号,用它说明沃尔玛"让顾客满意"的经营目标,这是沃尔玛服务文化的核心内容。山姆还有句名言:"请对顾客露出你的八颗牙。"在山姆看来,这才称得上是"微笑服务"。他还教导员工,要在顾客走到10英尺时,温和地看着顾客的眼睛,鼓励他向你求助,这一条称之为"十英尺态度",成为员工的行为准则。正是这种企业文化,作为一股无形的力量,推动着这家拥有100万名员工的巨型公司。

山姆·沃尔顿一直致力于"让商店保持轻松愉快的气氛",他在沃尔玛建立起了一种轻松、活跃的企业文化,并希望通过这种文化来激发员工的活力与激情。山姆·沃尔顿把每周的业务会定在星期六早晨7：30召开,他认为"星期六晨会是沃尔玛文化的核心"。在晨会上,主管人员和员工自由发表意见,他把星期六晨会作为"探讨和辩论经营思想和管理战略的地方"。如此重要的会议,却一直保持着愉快的形式,山姆·沃尔顿会安排一些娱乐来激发大家的兴趣。有一次,有人提出公司税前利润将超过8%时,山姆·沃尔顿表示不相信,于是打赌谁输了要在华尔街上跳草裙舞,结果山姆输了,他果真在华尔街上跳起了草裙舞,这一举动轰动全国,也使沃尔玛文化为大众所熟悉。1991年,因为山姆·沃尔顿卓越的企业家精神——创业精神、冒险精神和辛勤劳动,被布什总统授予"总统自由勋章",这是美国的最高荣誉。

第四节　领导者的观念创新推动企业文化的更新

由于企业的内外部环境在不断变化着,企业文化也不是静止的、永恒不变的,在必要的时候,也需要对企业文化进行变革,以适应新的形势。这种变革必须依靠企业家自上而下地进行,离开了企业家的领导,企业文化的发展就势必陷入一种混乱、无序的状态,新的良性的企业文化就不可能形成。

企业家只有不断提升自己的观念,才能创造出适合企业发展的企业文化。一个思想僵化和闭塞的企业家是无法缔造优秀企业文化的。

海尔文化的缔造者——张瑞敏以他独有的思维构想出海尔的战略和企业文化,可谓中国企业家的成功代表。张瑞敏借鉴了老子《道德经》中的两点思想:其一是"无胜于有",天下万物生于有,有生于无,这个"无"在企业中就是企业文化;其二是柔胜于刚,重在转化。张瑞敏认为,美无关乎大小,真正的美是由小变大的过程。因此,他坚信,海尔的任何产品都可以被模仿,唯独海尔文化是无法模仿的,它是一种哲学、一种品味、一种境界。

如上所述,张瑞敏从传统文化中,吸收思想营养,成为独具特色的海尔文化的历史源泉。张瑞敏还努力向世界著名跨国公司学习,洋为中用,这是海尔文化的又一思想源泉。张瑞敏借鉴松下的经验,打造了"敬业报国,追求卓越"的企业精神,他又从通用电气的企业文化中受到启发,提出了"零缺欠"的质量管理方针,等等。

创建于1986年的成都恩威集团,是由著名科技实业家、佛道高足薛永新先生抱着"服务社会,造福人类"的宗旨创建的,企业的经营理念是"愿众生幸福,社会吉祥"。从一家仅有几十名员工的小型乡镇化工企业开始,经过20多年的努力,发展为如今集科研、生产、贸易为一体,以制药为主体的高科技跨国集团企业。

薛永新总结多年的经验,提出以"文化导向"来规范恩威公司的运作方式,他提出了恩威的企业愿景,即"建立世界最大的中草药研究中心、开发中心和第一流的中草药生产基地,实现跨国性的集团企业,以医学为先导,弘扬传统文化,劝救世界和平"。在这个愿景的指导下,逐步形成了独特的恩威文化。

薛永新把恩威精神概括为:"清静无为,守中抱一。"他认为有了"清静无为"的思想,才能从顾客角度出发,为顾客考虑,设计顾客需要的产品,而不是急于谋利,急于向社会索取。恩威开拓市场时,运用道家学说的"以无事取天下"。"无事"即不争,不把人力、物力、财力投到彼此的争斗中,而是要基于奉献。恩威从一开始的产品定位上,就选择了"无事"。薛永新曾说过,如果我们开发生产"洁尔阴"之前,市场上就已经有了相同产品的话,那我们就绝对不再生产。已经有了,我们又去搞,这就是争,就取不了市场。"以无事取天下"的道理,促使恩威从产品到市场一直采取"寻找空白"的战略,避开激烈的市场竞争。恩威公司创出的新产品"洁尔阴",为妇女带来了福音,"难言之隐,一洗了之",产品覆盖全国市场、远销海外。薛永新作为民营企业家,培育了独具特色的企业文化,关键在于他眼光独具,思想开放,兼收并蓄。他的新思路、新理念,都化作恩威文化的活水源头。

第五节　领导者素质的不断完善促进优秀企业文化的形成

在企业文化建设中,企业家要缔造出优秀的、高品位的文化,要发挥好示范、表率作用,就需要具备企业家的优秀素质,包括完善而先进的价值观、高尚的道德品质、创新精神、管理才能、决策水平、技术业务能力、人际关系能力等,尤其是要有良好的道德品质和深厚的文化底蕴。只有如此,企业家才会自觉地以身作则,才会真正信任、尊重职工,而不是凌驾于职工之上,把职工看成自己的工具;职工也才会敬重和支持企业家,心甘情愿地接受企业家的领导,并且自觉地以企业家为榜样,齐心协力共同建设企业文化。

孔子有一句名言:"为政以德,譬如北辰,居其所,而众星拱之。"讲的是领导者的品德和素质,应该成为部下的榜样,就像天上的北斗星,自然有凝聚力,"众星拱之"可以理解为部下对企业文化的认同。

领导者应该具备怎样的素质呢?孙子兵法提出的"军人五德",值得借鉴。"军人五德"包括智、信、仁、勇、严。

智——指大智慧,高瞻远瞩,运筹帷幄,善于作出正确的决策;

信——指大信用,诚实守信,正直可信,善于建立公共关系;

仁——指大胸怀,海纳百川,仁者爱人,善于团结队伍、凝聚人心;

勇——指大勇敢,挑战风险,当机立断,善于驾驭风浪、渡过难关;

严——指大魄力,严谨务实,严格管理,善于统率指挥、夺取胜利。

中国的企业家和各类领导者,都可以把"五德"当作一面镜子,不断提高自己的素质,最终成为本单位的"北斗星"。诸如海尔的张瑞敏、联想的柳传志、中兴通讯的侯为贵、华为的任正非、海信的周厚健、奥康的王振滔等企业家,都是大体上具备五德的素质很高的领导者。

西方的企业家同样重视领导者的价值取向和品德修养。也许,瑞典宜家的创始人英格瓦·坎普拉德的故事,对大家会有启迪。

在宜家刚步入家具业的最初几年里,创始人英格瓦·坎普拉德就开始把他的经营理念付诸行动。他亲自撰写产品说明,并提炼出极为务实的"大众家居"思想,创建了所谓的"平民风格"。他把公司的发展目标确立为"为大众创造更美好的日常生活,提供种类繁多、美观实用、老百姓买得起的家居用品"。这后来形成宜家经营哲学最重要的组成部分。

他曾经在很多年前创造了宜家的圣经——《一个家具商的誓约》,他在其中强调:"公司就是家,家就是公司。"秉承这一理念,他展示了与众不同的领导艺术,那就是互相帮助、彼此忠诚、团结一致及朴素生活。最早进入宜家的那些雇员,都与坎普拉德融入了这种亲密关系之中。目前宜家集团已拥有7万多名员工,宜家的价值观,亦被不断地传输给每一个新加入宜家的人。

坎普拉德从来都缺乏光鲜的外表。他没有时髦的服饰、昂贵的手表和豪华的轿车,出门旅行总是坐经济舱。如果公司为他预订了昂贵的东西,他会非常恼火。在宜家总部吃工作午餐,他会从自己的钱包里掏出钞票付账。他喜欢喝酒,但不一定要贵重,一瓶廉价的威士忌能让他更加愉快。不过,就如为坎普拉德著书立传的人们所言:正是由于坎普拉德坚守着这些习惯,宜家王国的成本体系才不会崩溃。坎普拉德的孩子们与他在很多地方也是相同的。他们都继承了坎普拉德家族的节俭,他们同样严肃认真,并小心谨慎地保持低姿态。

复习题
1. 领导者在企业文化建设当中的重要角色是什么?
2. 为什么说企业领导者是企业文化的缔造者?
3. 领导者如何影响企业文化的价值观?
4. 领导者示范在企业文化建设中的意义何在?
5. 优秀企业的核心价值观是否相同?为什么?
6. 领导者如何塑造创新精神?
7. 领导者如何推动企业文化建设?

思考题
1. 你认为企业领导者与全体员工在企业文化建设中的作用有何区别?

2. 如果你是一家公司的总经理,你将如何建设企业文化?

案例分析　黑松林:劳动关系的一片绿洲
——*兼评刘鹏凯的"心力管理"*

因工作关系,我经常去企业。在大多数企业,老板和员工的身份差异是明显的。在一家私营企业,董事长无论走到哪里,哪里的员工都要立即起立,而无论你的年龄有多大,职位有多高,也不管你手中的工作是否方便起立,这是该董事长引以为自豪的地方:"你看,我的员工对我多么尊敬!"在更多的企业,当老板宴请客人时,司机是不准同席的。但最近我去了一家私营企业,在老板宴请我时,司机不仅同席,而且毫不拘谨。我听说,在这家企业员工同老板在一起大口喝酒、大块吃肉,老板往员工碗里夹菜、往员工嘴里塞肉,也是常有的事。随着我看到和听到的故事越来越多,我越发相信:这家企业与众不同。在劳动纠纷越来越多,劳动关系日趋紧张的今天,可以说,这是劳动关系中的一片绿洲。这家企业就是江苏黑松林粘合剂厂有限公司,它的老板名叫刘鹏凯。在去黑松林参观之前,我已拜读过刘鹏凯的两本著作——《黑松林,我的太阳》和《心力管理》。通过这次现场参观,我体会到他独创的心力管理,正是缔造和谐劳动关系的关键和根源。

刘鹏凯写道:"北宋欧阳修有句名言:万事以心为本,未有心至,而力不能至者。人有无限潜能,关键是要激发出来,靠什么激发,靠的是我以我心,真心换真心,激发出来的是觉悟,这就是心力。"可见,心力管理是靠心去管理,而且要管到人的心里。它可以分解为三个方面:攻心,聚心,塑心。

一、我的工作是你的,你的生活是我的——将心比心,攻心为上

自古以来,"得人心者得天下"的道理似乎人人皆懂,但能够做到的人凤毛麟角。为什么? 因为他们不知道怎样去"得人心"。用权力去征服? 结果是"口服心不服"。用金钱去收买? 结果是"有奶就是娘"。它只能靠"换",用自己的心去与人交换。人心又是看不见的,需要长期的考察,所谓"路遥知马力,日久见人心"。具体怎样做呢? 刘鹏凯说:"你是管理者时,你把被管理者当人,你是被管理者时,把自己当人,这样同等为人就是心心相通,事事相通,上下左右相融了,就没有解决不了的问题。"这是从内心深处把员工当作平等的人看待。他又说:"管理就是'管心'。心是世界上最难管的对象,管人是世界上最难的事,因为人心看不见,摸不着,像天上的云,是变化的,只有当事人自己知道。你把别人关爱好了,关键的时候别人就会帮助你,这是用钱买不到的。"这里的关键是"你把别人关爱好了"。

怎样去关爱员工? 刘鹏凯摸索了十几年。1997年,江苏黑松林粘合剂厂有限公司作为黄桥镇第一家改制企业试点,真正拥有了"产权明晰、自主管理、自负盈亏、自我发展"的自主权。那个时候,受大气候的影响,一些企业拖欠员工工资的现象严重,"工钱工钱,做了工何时拿到钱"顺口溜很是流行,无形中挫伤了员工的积极性。改制后的路如何走？如何改变原有管理模式,注入文化,转化体制优势,学会走新路？刘鹏凯不讲大道理,不呼空口号,换位换心,站在员工的角度,设身处地考虑员工的工作动机、劳动的艰辛程度,以及给企业发展创造的价值,寻找原动力。

　　站在员工的角度想：我为企业从早到晚努力干活,是为了工资,为了养家糊口,一个月下来拿不到工资,何以能安心工作？站在中层干部的角度想：我为老板打工尽职负责,卖命卖心去得罪人,老板能否知道,我的付出能得到多少回报？"始知结衣裳,不如结心肠。"一个企业的持续发展,不单纯是靠理论、规划、政策,重要的是人的行为之源,需要的是人的积极性的基础原动力。

　　刘鹏凯想员工所想,拿起改制后兑现的自主权,首当其冲选择工资作为突破口,端出暖人心的"滋补药膳火锅",确立"不同岗位、不同薪金、不同考核"的"双工资制"新模式,在员工中推行"双周工资制",在中层管理者中推行"双薪工资制",一方面让员工做了工就能拿到钱,一个月发两次工资,看得见、摸得着,解除了员工后顾之忧；另一方面让管理者坐什么位置拿什么责任钱,采取双倍以上工资,不管是谁,高薪必须高效、高责、高能,只要你付出总能得到回报。

　　以后,他进一步提出"我的工作是你的,你的生活是我的",时时刻刻把员工的生活放在心上。一天,他在成都参加全国胶粘剂标准化会议,习惯性地将手机关闭,会休时开机,一条来自司炉工小石的短信跳了出来："老板,你好！冒昧打扰,我在新疆的大哥十多年未回来,明天想借小车到南京接一下站。"发送时间是两小时前。刘鹏凯想：员工只要有点办法不会向老板开口,小石并不知道我正在开会要关闭手机,短信发出两个小时未见回音,他定会想得很多很多。他心里一阵不安,赶紧将这条短信转发给厂办,要求安排,并嘱咐代他送上一束鲜花,祝福他们一家团聚。

　　有一年清明节之前一阵子,厂里的外贸生产任务压得很重,掰着指头算下来,中途不出错,也只能紧巴巴地提前一天完成。4月4号下午,快下班的时候,刘鹏凯来到车间察看生产情况,老远就听到一阵争吵声。走近了,女工小印正扫机关枪似的嚷着："不准假我就息,一点人情味都没有。""不是我不批假,是任务压得这么重,你怎么息得下来的！"车间的严主任摊着双手,一脸苦笑。质检员小朱也过来劝和,一把拉着小印："别吵,别吵,厂长来了,尽量克服。""厂长怎么啦,厂长也有父母！明天不和家人一同去扫墓,我这个儿媳妇怎么做人呀！"小印越说越激动,声音似响雷。"哦,原来是这回事,咱们的小印是个好媳妇,真孝顺,明天放你半天假去扫墓,我特批。"听到这些话,小印的眼睛湿润了。打那以后,工厂依据中国传统节假日,除了国家规定的假期之外,清明节、端午节、中秋节、冬至等中国传统节气,也作为特定假日全厂休息。

像这样的故事越积累越多,久而久之,刘鹏凯"以心换心"结出了硕果,员工们果真把企业的事当成自己的事,处处表现出主人翁精神。有一次,台风"麦莎"犹如怒吼的雄狮,咆哮了一夜。第二天一早,许多员工提前上班,自动地投入抢险工作中来:有人在清理被风刮跑的空塑料桶,有人在拣四处吹来的垃圾袋,还有人在用木棍支撑着吹歪的树木。在车间楼顶的天台上,车间主任小丁正和两个年轻小伙子一起,用绳子将吹鼓了的大喷绘广告牌拉紧、固定,这场面如果用相机定格,就是一幅群情激昂的《战台风》。

二、员工是兄弟,企业是家——按需激励,聚心为宝

凝聚人心是企业管理的永恒主题,攻心之后要聚心,才能真正构建企业持续发展的基础。靠什么去凝聚人心?马斯洛的需求层次论指出:人有生存、安全、社交、自尊、自我实现五个层次的需要。生存、安全属于物质需要,靠工资福利去满足;社交、自尊、自我实现属精神需要,靠优秀的企业文化去满足。刘鹏凯正是这样做的。他除了解决好薪酬问题外,还着意培养一种充满亲情的家文化。

有一次,一位当医生的老同学从外地来黄桥镇看望他,久别重逢分外亲。在与老友聊天时,他问道:"老同学,你对皮肤病这块精通不精通?""怎么啦,老同学,你有皮肤病?让我看看。""哈哈,不是我,是我工厂一个员工,双手脱皮开裂,已两个多月了,老是治不好,明天他想请假去外地看一下,我就顺便问问啦!""没关系,我最早就是干的皮肤科,你让他过来看看!""哟,咱们的员工真是有福分,名医送上门,那我今天晚上一定代我的员工多敬你两杯酒喽!"这是一位老板对下属员工的真诚关心。

一天早上,天下着毛毛细雨,营销员小张未穿雨衣,骑着他那辆新车,飞一般地朝工厂驶来。见刘厂长在厂门口,小张一个急刹,忙从车上跳了下来,笑嘻嘻地推着摩托车进了厂门。看着他满面春风的笑脸,刘鹏凯的心里直打鼓:年轻人少不更事,雨虽不大,可路滑易出事啊!它让行政科长买了顶头盔送给小张,并带给他两句话:保持冷静头脑,家人盼你早归。小张接过头盔,动情地说:"厂长把我们当儿女一样看待,比亲生父母想得还周到。"自此,但凡厂里员工买了摩托车,行政科总要送上一顶头盔,另加上述两句话。这个规矩已延续了好多年。

凡是有子女上学的黑松林员工,每年都可以从财务科领到一笔数额不等的钱,这是企业每年发放一次的员工子女助学津贴,具体发放标准为:从幼儿园、小学、初中、高中,到大学毕业,分别按不同的级别,享受100元至500元的助学金。这项津贴已经连续发放了十多年。

刘鹏凯就是这样,通过各个管理细节、小事,将人文关怀传递给员工,把企业办成大家庭。一个企业,当员工感到企业就是我的家时,就不会是"飞鸽牌",他们就会把企业的利益看作自己的利益,努力工作,在所不惜。刘鹏凯说:家不是放钱的地方,是让员工放心的地方。心力管理就是人心工程,人心里有无穷无尽的宝藏,把企业办成员工之家,让他们安心、放心,就会激发出他们对企业的忠心、恒心。

三、母爱的细腻,父爱的严格——以文化人,塑心为本

要办成一流企业,只有员工的忠心是远远不够的。一流的产品和服务,要求员工有一流的技术、一流的作风、一流的品德,这就要求发挥企业文化的最重要功能——塑心功能。

刘鹏凯重视通过细节入手,使员工自省、自律,养成黑松林要求的价值观、作风、品德和习惯。

作为一家化工企业,清洁生产是文明生产的重要组成部分。黑松林的烧煤锅炉房可以说是一尘不染,被一家世界五百强企业的老总称赞为"世界上最干净的粘合剂厂"。为此,刘鹏凯花费了大量心血。一次,他出差近一个月回来,一大早去查看车间。

"清洁生产坚持得不错!"看到车间地面干净,产品堆放整齐,工具定置更是井井有条,他情不自禁地赞叹。"大家也习惯了。"车间主任小丁很朴实地回答。在二车间门口,他停住了:一口刚吐的浓痰在灰色的水泥路面上显得特别刺眼!"丁主任,你来看看。""厂长,是我的工作做得不细,对一些不良行为没有从根上去抓细抓实,我知道怎么做了。"当他转了一圈再次回到二车间门口时,那口痰已经变成了一块湿漉漉的水迹了。

暴雨后的一天早晨,车间门口,几个早到的工人,有的在用拖把拖积水,有的在搬移被雨淋过的堆物,忽然,一阵哗哗的水声响起,寻声望去,只见新入厂的大学生小顾没有跟大家一道打扫车间,而是迫不及待地去冲脚。她像一只丹顶鹤,一只脚立在地上,另一只脚翘在水池上,正用自来水冲着脚,刘鹏凯静静地站在她身后,用眼睛录下这洗脚的全过程,两眼不时与拖地、搬物的老工人目光碰撞。水声停了,小顾的脚洗好了,她甩手转身,看见了站在一边的刘厂长,头低得像个成熟了的稻穗。刘鹏凯一句话没说就走了。只听见身后小顾怯怯的声音:"厂长看见了吗?""厂长在门口一直看着你呢……"一位工人轻轻地应答。事后,刘鹏凯收到小顾的一条短信:厂长,很抱歉。你宰相肚里好撑船,你爱心和耐心教我如何做人做事,谢谢你。

这样的小事经常发生,恰如春风化雨,润物细无声。久而久之,员工们形成了比较一致的理念、追求、作风和习惯,形成了上下同欲、众志成城的局面。今年恰逢刘鹏凯60岁生日,员工纷纷送来红包、礼物,他将一个个红包原封不动退回:"红包就免了,把工作做好,就是送给我的最大的礼包。"说者无心,听者有意。生日的当天,他真的收获到一份意外惊喜:那天正巧是周日,员工们倡议,自发到岗义务加班一天,为他祝寿,让他有一种无法言表的幸福与感动。

过完春节上班后不久,一天晚上,快十点多了,刘鹏凯正在看央视的晚间新闻。突然手机响起,电话那头传来杭州高老板急促的声音,"刘总,打扰了,我们傍晚刚从贵公司装回的一车货,在离泰兴不远的地方侧翻了,能不能派几个人前来帮助!"他平静地听着高总的求助电话,这可是新客户的第一笔订单啊!"没问题,我现在就派人前往!"第二天,工厂宣传栏里就贴出一则表扬:"何明生等七位同志深夜为帮助客户装卸倾倒的产品,通宵达旦,不顾休息……"其中,老项,50岁的人了,属牛的,确实像头老黄牛,什么苦活、累活抢着干,从无怨言;小吕,刚上任不久的市场部部长,刘厂长让她在家遥控指挥,她硬是丢下3岁多的女儿,跟大伙一起赶到现场指挥……

"一个企业需要一种流淌在骨子里的精神,而这种精神就是文化,用这种自己独有的文化构筑起来的城墙,就是支撑企业健康发展的铜墙铁壁!"刘鹏凯的这几句话真可谓"掷地有声"。

经过十几年的攻心、聚心和塑心,心力管理硕果累累:黑松林成为江苏省的名牌,黑松林粘合剂厂荣获"中国企业文化先进单位",这家小企业与四家世界500强企业建立了合作关系,更重要的是,黑松林成为劳动关系的一片绿洲。笔者认为,心力管理是中国中小企业的成功范式,值得在更大范围内推广。

(作者:张德,原载《中外企业文化》2011年第8期)

讨论题:

1. 黑松林的企业文化有何特点?
2. 黑松林的掌门人刘鹏凯是怎样塑造企业文化的?
3. 黑松林的企业文化与刘鹏凯的个人修炼、价值取向有什么内在联系?
4. 为什么说刘鹏凯的心力管理具有普遍意义?

第十章　互联网和人工智能时代的企业文化

1. 了解互联网和人工智能时代的趋势和特点
2. 了解互联网和人工智能对经济社会的影响
3. 了解在互联网和人工智能时代如何建设企业文化

第一节　互联网与人工智能时代的趋势和特点

20世纪90年代,美国经济一枝独秀,出现了连续123个月的高速增长。1996年12月30日,美国《商业周刊》指出,美国已进入一个新经济时代。所谓新经济,是在经济全球化的背景下,信息技术革命及由信息技术革命带动的以高新科技产业为龙头的经济。从那以后,源于美国的新经济浪潮席卷了全球,互联网、人工智能、物联网、云计算、大数据、VR等都是新经济时代的产物。

作为一种全新的经济组织方式,互联网产业在新经济时代如雨后春笋般快速崛起并席卷全球。众所周知,"快速"是互联网产业的最主要特点,也是互联网企业的生存之道。面对日新月异的信息时代,谁获取信息越快、分析需求越准、做出响应越快,谁就占有先机,否则机会稍纵即逝,甚至面临倒闭的风险,这也是互联网公司一批批涌现,又一批批倒下的原因之一。其次,社群化以及由此产生的圈子经济、粉丝经济是互联网时代的产物。成立于2010年4月的小米公司,于2011年8月发布了它的第一款手机,当年出货30万台,营业额5.5亿元。值得一提的是,小米创造了几乎"零投入"的营销模式,通过论坛、微博、微信等社会化营销模式,凝聚起粉丝的力量,让小米在众多的手机品牌中异军突起。短短6年后,2017年出货达9 141万台,营业额1 000亿元。类似的案例很多,雕爷牛腩、三只松鼠、黄太吉等等。可以说,置身于互联网时代,不管你了解不了解,喜欢不喜欢,都难以回避它的影响。滴滴打车、共享单车在影响我们的出行方式,支付宝、微信支付在改变我们的消费习惯,互联网无时无刻、无所不在地冲击传统的商业模式和我们固有的思维方式。

科大讯飞是一家自创立伊始便投身语音合成、语音识别等领域的公司,它的一个"超脑小组"的团队,将人工智能中的语音智能做成了"全球无敌"。它能把东北方言"干啥呢"、河南方言"咦(第四声),您弄啥呢"准确地翻译成"what are you doing",翻译准确率达到了90%以上。2017年5月,世界围棋第一人、我国围棋职业九段棋手柯洁与人工智能阿尔法狗(AlphaGo)进行了围棋巅峰对决。无论结果如何,都传递了一种信号,那就是人工智能的发展势不可当。除了人工智能翻译,无人驾驶、智能家居、AI医学影像产品、机器人等人工智能相关的产品越来越多,应用越来越广泛,陆续进入各行各业及人们日常生活,甚至有人越来越害怕机器人的兴起会抢走大量的工作。笔者认为,随着人工智能的兴起与发展,能否解决好"人机关系",或者说人机能否很好地协同与融合是人工智能时代需要重点关注的一个新问题。

第二节 互联网与人工智能对经济社会的影响

一、互联网与人工智能对产业和就业的影响

互联网与人工智能是经济社会发展的产物,反过来,互联网与人工智能已经深入经济与社会的方方面面,并对经济发展尤其是产业结构产生深刻的、难以估计的影响。追根溯源,互联网诞生于20世纪60年代,发展于20世纪90年代,"We Are Social"和"Hootsuite"披露的2018年全球数字报告显示,全球互联网用户数已经突破了40亿大关,证实了全球有一半的人口"触网"[1]。互联网对经济发展的影响也很显著,互联网产业已然成了全球经济发展的引擎。波士顿咨询公司2010年发布的《网络连接世界》报告指出,2010年互联网经济对英国整体GDP的贡献率最大,其互联网经济规模在英国GDP中所占比重达8.3%,排名第二的韩国互联网经济规模占到GDP的7.3%,中国则以占到GDP5.5%的数字排在全球第三位。在中国,人民网早在2015年就曾报道:"以互联网为代表的信息产业成为我国发展速度最快的行业之一,经济规模跃居全国工业之首,成为国民经济的支柱性和先导性产业,互联网已成为我国国民经济的新平台,2008年,我国互联网产业规模达到6500亿元人民币。中国信息产业年均增速超过26.6%,占国内生产总值10%左右。"可见,如火如荼的互联网产业给中国经济也打开了一扇新的大门。

---

[1] 新浪科技 http://tech.sina.com.cn/roll/2018-01-30/doc-ifyqyesy4182612.shtml。

互联网与人工智能不仅创造了新的经济模式，同时还促进了产业结构的转变。网上购物、扫码支付、一键叫车、人脸识别、智能客服、无人商店……互联网与人工智能越来越多地融入人们生活的各个场景，进而改变人们的消费理念、生活观念，最终衍生出许多新兴产业，包括共享经济产业（如滴滴出行、摩拜单车等）、移动支付产业（如支付宝、微信等）、手机游戏产业（如腾讯、盛大、网易、巨人等）、娱乐产业（如人人网、优酷网、土豆网等）、在线电子商务（如天猫、淘宝、京东商城等）、生活信息服务产业（如携程网、口碑网、大众点评网等）、新兴传媒产业（如新浪、搜狐、腾讯等）……

互联网与人工智能正在对传统产业进行着渗透和革新。传统行业在经历了面对互联网与人工智能带来的阵痛后，从抵触排斥开始逐步走向接受与合作。银行开始大力推广网上银行、各种APP和在线机器人客服等，书籍报刊等纸媒开始大力推广自己的电子版本……越来越多的传统产业意识到，唯有张开双臂拥抱互联网，企业才可以更形象地、低成本、有针对性地向自己的客户展示企业的新产品、新业务和新服务。这就是"互联网＋"与"人工智能＋"的创造力与生产力。

除了对产业的影响，互联网与人工智能对就业的影响也不容忽视，可以说是一把"双刃剑"。一方面，随着互联网与人工智能技术的普及，整个社会的劳动生产率得到快速提升，最直接影响就是部分企业尤其是劳动密集型企业会减少用人需求，一些岗位、职业逐渐消失，导致一部分劳动者面临重新择业的困境。另一方面，因为有了互联网与人工智能，新的产品和服务层出不穷，进而催生新的工作机会，如网红、在线客服。2018年年初，中国人民大学劳动人事学院课题组发布了《阿里巴巴零售电商平台就业吸纳与带动能力研究（2017年度）》报告，数据显示：2017年阿里巴巴零售生态创造就业机会总数达3681万，同比增长300多万。专家认为：新实体经济对就业的创造效应显著，新就业形态层出不穷，不仅促进交易型就业机会增加，更扩大了支撑型和衍生型的就业机会，带动了相关行业、上下游环节的就业。

麦肯锡全球研究院对4 800家中小企业的调研显示，每失去1个岗位，就会创造出2.6个新的工作机会。到2025年，互联网新应用带来的生产力提升可减少1.3%～4.0%的用人需求，相当于1 000万到3 100万个岗位，如果有效利用资源，最多可以创造4 600万个新的工作机会。因为有了互联网与人工智能，传统行业也迎来了更广阔的市场空间，如共享单车的兴起让逐渐没落的自行车行业焕发了生机，网络购物盘活了传统的个人快递市场业务，让快递员这一职业一夜间成了香饽饽。同时，作为信息技术革命的产物，互联网与人工智能产业对高科技和专业人才的需求日益增强，机器人饲养员、训机师、数据标签工、算法工程师、APP开发、互联网运营等这些互联网和人工智能时代应运而生的职位，都需要政府、企业加大、加快对劳动者教育培训的投入,从而提升劳动者技能,重塑劳动力结构,促进整个就业市场的结构调整,最终实现与人才需求相匹配。

二、互联网与人工智能对信息传播与沟通的影响

如今的社会是一个信息爆炸、是非难辨的时代。过去,人们只能通过报刊、电视等单一、传统的方式获取信息,而如今,随着互联网与人工智能的发展,不用你主动去了解,每天自然就会有很多信息从四面八方涌向你,哪怕是"井底之蛙"也能看到"外面的世界",只要拥有网络和一部智能手机。面对如此大量鱼龙混杂的信息,有的人甚至得了"选择恐惧症"。可以说,人们获取信息以及信息传播的渠道发生了翻天覆地的变化,彼此之间的沟通方式也有了质的改变。

2009年8月,新浪微博上线,此后2～3年时间内,它以暴风般的速度席卷整个互联网,微博成为第一舆论阵地,其信息传播发酵的能力和重大事件的影响力没有任何一个传统媒体可以与之抗衡。李开复曾说过:"微博将可能改变一切。"这句话在那个时期内一度成了几乎所有互联网界的共识。2011年1月,腾讯公司推出微信,2012年,微信先后推出了朋友圈和微信公众号,加上"微信群"等即时多人互动等功能,微信成为互联网界的新宠。微博、微信、论坛等社交媒体,已形成逐渐取代报刊、电视等传统媒体之势,更使得组织与用户、人与人之间的沟通更为便捷、即时、零距离,而产生的价值却倍增。

随着互联网与人工智能的发展,作者认为,其对信息传播和沟通行为的影响主要有以下三点:

1. 效率更高。互联网的存在,让传播渠道和沟通方式层出不穷,而智能手机的出现,让互联网的威力发挥到了极致。想看2018年平昌冬季奥运会开幕式而此时你又正在赶回家的路上,没关系,打开手机看直播;想出去旅游,打开手机看各种攻略,路线、机票、酒店一键搞定……移动互联网的发展与普及使多样化的传播和沟通变得更加实时,速度和效率也大大提高。

2. 空间更近。在传统的沟通方式下,你很难想象在同一时刻与不同地域的许多人一起讨论一个话题、玩一个游戏、看一场演出,还能立即知道其他人的感受和反应。体现你的足迹不再是"某某到此一游",而是你的朋友圈、你的微博、你的评论。只要手指一点,你就可以走出家门、走出国门,用不了几分钟,你已经神游到了地球的另一端,甚至是外太空。可以说,互联网和人工智能打破了人与人、人与物在地域和空间上的限制,让沟通的范围更广阔、距离更近。

3. 成本更低。对硬件来说,互联网的传播与沟通,需要的是电脑/手机和网络,网络建成后的每一次信息交流相比传统沟通方式都更为便捷和成本低廉。对

组织而言,互联网与人工智能让视频会议、即时通信变得轻而易举,这无疑会降低组织沟通与管理的成本。

值得一提的是,每个硬币都有两面。随着5G时代的到来,WIFI的普及,绝大多数手机用户如果愿意都可以永远在线,所以人们得到各种信息的速度加快,时效性更强,信息量更是盈千累万。面对如此海量的信息,一方面,组织需要花大量的时间收集、处理和分析信息,这就会影响组织作出决策的效率,有时候收集信息等所花费的成本甚至超过了信息本身的价值。另一方面,互联网言论自由的特点导致信息真伪难辨,水军、黑客的存在更是加大了识别难度。虚假、无用的信息容易掩盖事实的本质,增加组织利用信息的难度。

三、互联网与人工智能对人们价值取向的影响

如前所述,互联网与人工智能时代,人们获取信息的渠道不再单一,而且是开放和自由的,任何人都可以自由、自主地在网络上发表意见和信息,并且各种各样的信息自由地相互渗透。多元化的网络和传播渠道,导致人们的价值取向趋于多元化。每种渠道或是信息,其背后都代表了不同地域、民族、背景中的各种文化、人生观、价值观和世界观,针对同一个问题,有时候甚至会出现完全相左的结论或意见。因此,渠道越丰富,信息量越大,所传递的立场、理念、价值观也就变得越来越多样化。通过网络,人们不仅可以获取无限的信息量,而且可以平等地共享这些信息。然而,面对网上纷繁复杂的各类信息,容易让人眼花缭乱,影响我们做出准确的判断,因此,很多人的看法或者行为往往都是从众心理所致,尤其是价值观还没有完全形成的青少年,更容易被左右。

案例: 2017年"两会"期间,全国人大代表、广东唯美陶瓷有限公司(马可波罗瓷砖)董事长黄建平公开表示"目前淘宝网上搜索关键词'马可波罗瓷砖''马可波罗卫浴',搜索结果居然足足有五百多家,但是其中经过集团授权的经销商才两家",认为"互联网虚拟经济破坏实体经济,网店假冒伪劣产品居多"。面对这样的"危机",阿里迅速反应,在微博、微信上同步发布了《对人大代表马可·波罗瓷砖董事长黄建平三点议题的商榷》的回应。紧接着,马云亲自在微博上进行了第二波回应。

有人说,把自己的想法装到别人的脑袋里是世上最难的事情之一,然而互联网却在某种程度上实现了这个目标。通过上述案例我们可以看到,马云及他的公司借助微博等互联网工具成功地将自己的立场、想法和价值观及时传递给大众,并博得了认同,将"危机"扼杀在摇篮中,转危为安。可见,互联网与人工智能对人们价

值取向的影响同样是把"双刃剑"。用好了,它是一座"金山",成为企业挖掘客户、培育客户和留住客户的利器,影响员工思想、凝聚员工共识、提高员工素质的法宝,带给企业无限的价值和成长空间。否则,互联网也有可能成为阻碍企业发展的"绊脚石"。

互联网与人工智能时代,人们的价值取向主要呈现出两个特点:

(1) 平等分享,弘扬个性,倾向个人主义。互联网时代到来前的现代社会,价值观的形成是单向的,主要靠父母、老师、兄长和组织领导者的言传身教,而且稳定性较强。双向或多向互动的互联网时代却截然不同。人际交往的空间范围可以扩展到世界任何一个角落,每个人可以更加平等地获取各种信息和资源,更加自由地发表个人看法,彰显自己个性。过去,只有极少数的知识分子和社会精英才能进行价值观的创造,而现在,任何个体和组织均可以便捷地越过知识和文化等级,比较自由地阐述自己的价值观,甚至直接参与到价值观的创造中。比如,上述案例中提到像马云一类的公众人物,以及一些网络大V,正迅速成为舆论领袖。在实现平等的前提下,促进了个人与个人之间、组织与组织之间、个人与组织之间的共享,随之而来的便是"分享主义",比如,更讲求个体和独立性的"80后""90后"喜欢晒美食、晒心情、晒恩爱、晒娃等,从最初信息和内容的无偿分享,发展为育儿公众号、美食专栏等自媒体,还有像摩拜、Airbnb这样的共享经济。不管哪种形式,都是通过互联网自媒体进行个性化展示,平等竞争、共享合作,以此传递个人的感受和想法,获得他人的认可与赞同。从价值取向来看,倾向于个人主义。

(2) 接受新知,独立思考,倾向自由主义。正因为接受了多元化的信息和价值观,现在的年轻一代学习能力更强,更愿意接受新知识、新事物和新观念,在思想和行为上更加追求自由,不会拘泥于传统价值观,也会更多进行独立思考,而不是盲从于父辈前辈,倾向于展现个人才华的同时,追求更高的生活品质,注重工作与家庭、健康、娱乐之间的平衡。或许正如"领教工坊联合创始人"肖知兴所说的那样:互联网给中国带来的最大改变,也许是价值观的变化,中国传统的集体主义、威权主义价值观就此让位于以"平等、参与、分享"为核心的个体主义、自由主义价值观。

第三节 互联网与人工智能时代的企业文化建设

一、企业内"网络非正式群体"的形成与对策

美国心理学家E.梅奥通过著名的"霍桑实验"指出,在企业中,除了正式组织外,实际上还存在着各种形式的非正式组织。他认为,所谓非正式组织是指企业成员之间由于共同的价值标准而自然形成的无固定形式的社会组织。顾名思义,网

络非正式群体是指通过互联网工具或平台建立的非正式组织或群体,是互联网时代的必然产物。

网络非正式群体除了具备传统非正式组织既有的特点,还有其独有的特性,即"多样化、虚拟化和无边界化"。

(1)多样化,是指网络非正式群体的沟通渠道、存在范畴及影响的多样化。随着移动互联网的发展,传统的校友、战友、老乡等组织内非正式群体的交流与互动变得异常活跃,除了电话、邮件,微博、微信等即时通信平台很快成为他们信息传播、沟通的主要渠道,不管是与工作有关无关的消息,只要手指轻轻一点,很快得到扩散和了解,而且互动性更强。不仅如此,网络非正式群体的范畴不再局限于校友、战友、老乡,而是迅速扩展到吃货群、瑜伽群、团购群、学习小组等各种内容、各种范畴的圈子,不管认识不认识,都有可能因为某个群而发生关联。这些网络非正式群体不仅对工作内容存在影响,还会影响群体成员的职业选择、人生看法等方方面面。

(2)虚拟化,是指网络非正式群体依靠互联网这一虚拟的纽带建立,多数都是线上组织,并没有线下实体机构,很多网络非正式群体的成员彼此都不熟悉。这一特性也使得网络非正式群体成员之间的关系更加松散,群体本身也更加不稳定。

(3)无边界化,是指网络非正式群体没有确定的边界,组织内的个体可以同时存在于多个网络非正式群体,加入或退出群体更加便捷和随意;甚至可以跨越组织边界,建立多个组织间网络非正式群体的联系与互动。

面对组织内网络非正式群体的发展,作为组织管理者,需要做到"两要"。一要正视网络非正式群体的存在。应该看到网络非正式群体是互联网发展的必然趋势,在行为上重视网络非正式群体,适当参与到相应的网络非正式群体,将正式组织和非正式组织进行有效结合,并加以引导。二要加强对网络非正式群体的引导。年轻的企业员工等级观念不强,不会为职务级别而尊重自己的领导,有时甚至会蔑视权威。这里讲一个小故事。一个国有企业的管理者制定了中午错峰就餐的规定,"70后""80后"的员工都接受并按照此规定执行,而一些"90后"却反问:吃饭是个人时间,为何要被约束?面对这种情况,如果只是简单地强制,就会适得其反;如果通过企业内的某个网络非正式群体,例如"90后"的某个群,开展安抚引导工作,或许是一个不错的解决方法。因此,不能妄图通过传统的权威对网络非正式群体进行干预或者压制,但也不能任其随意发展,而是顺势而为,通过开展非正式群体网络文化建设对其加以积极引导,充分调动这些群体的积极性,为企业发展所用。

二、企业内沟通渠道的复杂化与创新

在互联网与人工智能时代,沟通效率显得日益重要,沟通方式也越来越多元化和复杂化,传统的会议、电话模式已经远不能满足瞬息万变的信息时代的需要,使得越来越多的企业打破传统办公沟通方式,彻底颠覆低效、重复的会议和电话沟通,在沟通传播渠道上进行创新。

案例:某做移动 APP 的企业,在自己公众平台上,策划并推广了一次企业文化落地"一站到底"手游大赛活动,有十道关于文化理念基础知识的选择题。员工可通过手机客户端参与答题,每答对一道就可以进入下一题,每答错,就会出现正确答案,加深记忆,每人一天只有一次机会,第二天才可重新答题。如全部答对,便可进入到"大转盘"的闯关抽奖环节,有丰厚的奖项设置。并且答题成绩会记录到每周积分排行榜上,"显示您当前积分多少、排名多少,击败了百分之多少的对手,加油!",并可看到排名在 TOP10 上的优胜选手。

上述案例的成功之处不仅是将企业文化建设通过娱乐的方式进行推广落地,更是搭建了企业与员工之间有效的、新型的沟通传播平台。移动互联网时代下,企业内部沟通渠道的创新元素趋于移动化、社交化、娱乐化和人性化。

(1) 移动化。互联网时代的更高境界便是移动互联网,人们不再受传统计算机所束缚,可以通过各种碎片化时间随时获取想要的资讯,移动端成为企业与内外联系的主渠道。在企业内部沟通渠道中,办公 OA、移动学堂等手机 APP 应运而生,让员工更多地利用碎片化时间,随时随地处理工作事务,从办公桌上解脱出来,提高沟通效率,进而提升企业价值。因此,永远移动、随时在线成为越来越多企业内沟通推崇的方式。

(2) 社交化。随着社交网络的兴起,朋友圈、Facebook 等这种以现实社交为基础的网络社交正逐步代替传统社交,也有不少企业逐渐将其引入企业的经营管理中。通过社交网络,可以打开管理层办公室的大门,实现员工与管理层、员工与员工之间的零距离交流,领导者与员工之间除了上下级关系,还可能是朋友、群友关系,彼此之间可以随时随地分享并讨论工作、生活的话题。对于公司管理者而言,则可以无死角地了解公司所有动态,打破了内部的管理层级以及部门壁垒,实现无边界沟通。

(3) 娱乐化。现代企业以"80 后""90 后"为主流人群,独立自主、崇尚自由、爱玩是生活在互联网时代这一群体的特性,传统的沟通方式已不足以吸引他们的眼球,更别提效果了。许多企业在内部开始采用互联网的沟通方式,包括手机 APP、社交网络等,并在其中增加了诸多娱乐的元素,如案例中提到的抽奖、积分、排名等。这种寓教于乐的沟通方式,恰好满足了"80 后""90 后"的需求,提高员工的参与度,同时也能更好地激发他们的积极性和潜能。

(4) 人性化。以人为本是互联网特点之一,更是企业管理和文化建设所追求的境界之一，不管是企业内的各种手机 APP、社交网络，还是娱乐化的沟通渠道，都体现了人性化的特点，如微信多方通话而不再是正襟危坐的会议，即时通信讨论并收集信息或在线投票，不再是死板的行政流程。总之，人性化的沟通渠道可以让员工轻松快乐地工作，帮助管理者高效管理，全面提升企业执行力。

三、价值观多元化下的企业核心价值观塑造

开放的互联网与人工智能时代强化了多元的社会、多元的信息、多元的价值观，企业边界也被打破，企业文化尤其是企业的核心价值观受外界影响越来越大，企业管理者的影响力下降，如何把握互联网与人工智能时代条件下企业文化建设的特点，有效地塑造企业核心价值观，成为有关学者和企业管理者最为关注和思考的问题。

案例一：阿里巴巴通过武侠的形式包装其文化理念。公司每个部门名称旁会挂着另一个牌子，上书"武当派"或"华山派"等字样。"桃花岛""星宿海"指的是会议室，而看到"光明顶"就应该想到这是最高决策之地。大部分员工桌面上的名牌都印着两个名字，一个是真名，另一个是昵称，后者大多取自武侠人物。"郭靖""一刀"这样的称呼使用的频率远远高于员工的真名，甚至连公司核心价值观的名称也被归纳为《天龙八部》中多情公子段誉使用的"六脉神剑"——客户第一、团队合作、拥抱变化、诚信、激情和敬业。

案例二：友商网是传统软件企业领头羊之一金蝶公司布局互联网业务的重要棋子，一种与金蝶企业文化表象有很大不同的类谷歌文化开始在友商网蔓延：讲求速度的工作方法、当面PK的交流方式、最有个性的办公位置评选、最富创意的会议室命名，甚至以往被视为"炒作"的营销花样，员工的个性和能量被充分地发掘出来并受到公司层面的尊重。无须打卡但员工遵循自己8小时的工作规律，可以下午来晚上回，什么时间段是自己的高效工作时间由自己来掌控，考核的指标看重的是工作的质量。一些在谷歌被传扬的自由创意时间，办公室的温馨和关怀文化，那些在百度被羡慕的不打卡自由工作时间，李彦宏热衷的办公室起名文化都一一在友商网出现。

案例三：小米从创立之初就将文化理念定义为"为发烧而生"，其目标人群定位为爱追赶时尚、对新事物接受能力强、对新科技感兴趣的年轻消费者。这一清晰明确的受众定位不仅推动了小米企业战略的制定和实施，也使小米塑造出了极具个性的"粉丝文化"。从米聊的免费推广到公司高管、员工与"米粉"的频频互动，从社区论坛和官方微博的口碑营销到小米官网一轮轮"饥饿营销"的限时抢购，从线上利用社区和贴吧等与"米粉"互动到线下定期组织"爆米花"见面会，从为"老米

粉"提供新品试用特权到让用户参与新品研发,为"米粉"设计米鞋、米皮带等专用品……小米利用多元化渠道满足"米粉"参与感和成就感,进而形成了强大的舆论效益,在固化"老米粉"的同时吸引着越来越多的"新米粉"加入。

通过上面三个小案例可以看出,面对员工价值观的多元化,企业塑造核心价值观需要做到如下四点:

第一,构建高赋能组织。高赋能组织管理模式指通过帮助员工建立使命感,授予干工作的自主权,增强员工的能力,充分调动员工工作内在积极性的组织管理模式。根据智联招聘发布的2016年中国年度最佳雇主百强榜单,和往年相比,入围企业的评选标准发生了明显变化,从前些年看重薪酬待遇,到今年吸引人的企业文化成为公众认为最佳雇主首要具备的特征。智联招聘发现,获得最佳雇主提名的企业拥有三个明显的社群化特征,分别是价值观趋同、伙伴化关系及赋能组织。作为现代企业里的生力军,生长于互联网时代的"80后""90后"中大多数是自主意识较强、追求自由平等、学历层次较高、自我实现需求较强的一代人,企业核心价值观的塑造必须大胆革新、突破固有规则,与这一代人与生俱来的特点相匹配,才能跟得上时代变化与企业发展的步伐。通过构建高赋能组织,打破企业传统的层级管理模式,建立一个使命驱动、开放透明的语言体系和文化,赋予团队及员工更多的自主性,从而让员工能力不断得到提升,企业全体员工对企业核心价值观的黏性不断增强,形成一个良性互动的企业文化建设循环。

第二,发挥"粉丝"效应。粉丝在互联网时代的含义是指崇拜者、追随者、支持者,比如苹果的粉丝叫"果粉"、小米的粉丝叫"米粉"等,粉丝也出现在微博、百度空间等多种网络空间里。粉丝营销是指企业利用优秀的产品或企业知名度拉拢庞大的消费者群体作为粉丝,利用粉丝相互传导的方式,达到营销目的的商业理念。"得粉丝者得天下。"在塑造企业核心价值观的过程中,如果能把内外部用户,即员工和客户发展成为企业的粉丝,让他们参与企业文化建设,则会达到事半功倍的效果,案例三就是充分利用粉丝效应,为自己赢得众多"米粉"的同时,也成功地塑造了企业核心价值观并将其有效传递给员工和消费者。换句话说,企业发挥粉丝效应就是要将传统的企业文化建设路径由"自上而下"为主调整为"自下而上"为主,即发挥"粉丝"群体的传播效应,让广大员工以及消费者成为企业核心价值观的重要传播渠道,实现网上互动、口口相传,效果更直接、黏性更高、更深入人心。

第三,夯实配套机制。作为企业文化的理念层,核心价值观的塑造需要制度行为层进行强化。无论是招聘甄选、培训发展、薪酬福利、绩效管理、激励机制、员工关系等人力资源制度,还是会议管理、审批流程、沟通方式等行政管理制度,大到公司最高层经营决策机制,小到员工办公环境,都要围绕企业核心价值观进行设计、实施和管理。案例一和案例二中的做法可谓如出一辙,两个企业都通过办公室名称、弹性工作时间等配套制度,让员工在轻松的环境和方式中感受并理解企业文化,其核心价值观的塑造与传递的效果如虎添翼。可见,核心价值观需要通过企业配套机制进行宣传和落地,融入企业管理和员工的日常言行中,如影随形;相应地,也只有完善的配套机制才能为企业核心价值观的塑造提供坚实的基础。

第四,实现多元传播。当前,互联网已然成为企业文化传播的主要渠道之一。传统的单调传播方式,显然不符合互联网多中心、无层级、同步快速的信息传递特点,企业应该以开放、多元化的思维,为员工提供发声、交流、分享、互动的机会,创造员工与管理者直接对话的平台,也就为核心价值观塑造提供了一个多元化的宣传、推广以及落地的平台。小米手机就是运用互联网传播的成功典型,从案例三可以看出,小米通过论坛、微博、微信,线上和线下有机结合的多元化传播渠道,满足"米粉"的参与感和成就感,同时也将企业核心价值观有效地渗透到员工和消费者之中,让自己独特的核心价值观如空气般无处不在,"润物细无声"。

四、员工激励的创新与企业凝聚力的培育

面对日新月异的信息时代,企业凝聚力的培育受到前所未有的考验。为什么这么说?一方面,企业的主要构成人群是"80后""90后",他们伴随互联网成长起来,穿衣打扮、投资理财、学习择业,甚至是寻找男女朋友等方方面面,都深受互联网的影响。可以说,互联网正在实实在在地影响着这一代人的审美观、是非观、婚恋观、择业观、人生观等。对于企业而言,正因为员工受到外界的影响更为深刻和全面,更容易随外面的舆论而摇摆,也更容易接受新鲜事物,思想也变得更加活跃,导致他们对企业或某份职业的忠诚度下降,一旦他们的才能得不到充分发挥,他们往往会选择离开组织,全然一副"此处不留爷自有留爷处"的潇洒态度。由爱招聘发布的《2017年上半年互联网求职调查报告》中指出,与2016年同期比较,2017年员工离职率上升了3%,整体为14.5%。同时该报告还指出,人的跳槽观念也在发生改变,对"工作不满"和对"平台不满"已经超过对"薪酬"的不满意,跃居离职原因榜首。另一方面,组织的边界变得模糊,组织形态越来越虚拟化,导致员工对组织的向心力随之降低,也就加大了企业凝聚力培育的难度。

解决上述困境,提高企业凝聚力,行之有效的方法便是加强企业文化建设,强化手段中堪称刀斧的便是激励机制。互联网与人工智能时代下,薪酬或者职位这种单一的传统的激励方式收效不佳,那么,员工的激励机制需要进行怎样的创新,才能达到预期的效果呢?腾讯公司作为中国最大的互联网综合服务提供商之一,它的人才培养有三个特点:

第一,不会要求员工完成何种培训,完全靠自我培养。腾讯内部倡导的是:在

快速发展的时代里,学习和发展掌握在员工自己手中。公司为员工提供所有资源,但是否参加是看个人的需求。

第二,员工有所属的委员会,会自己去提炼和完成所要学习的课程。腾讯内部的大部分培训及课程案例,都是公司内部研发的课程。每个同事在不同的通道上或者职业发展路径上,都有义务和责任去与他人进行分享。

当然,如果员工一旦走上管理层,将必须要经历两个时间点的培养:一个是潜能项目,这要求管理者在基层管理部门就要开始去做;另一个就是飞龙项目,就是中层管理干部的培训。

第三,员工发展的通道。在专业路径上,怎么能够对员工形成很好的激励?怎么能将大批的有创意性的,但可能不适合走管理路径的人激发起来,并产生很好的成就感?这是腾讯面临的课题。

腾讯公司在人才培养上煞费苦心,为的就是满足每个员工自我成长的需求,有效激励人才,同时,也将个人成长与企业发展密切联系,凝聚了人心。

在互联网与人工智能时代,要实现激励机制的创新,建立学习型组织是必然趋势。作为学习型组织理论的鼻祖,彼得·圣吉在他的代表作《第五项修炼》中指出,企业通过学习提升整体运作"群体智力"和持续的创新能力,成为不断创造未来的组织,笔者认为这恰恰与知识经济和互联网时代的特性不谋而合。发现、纠错、成长的自我学习的能力越来越成为企业生命的源泉,要想在瞬息万变的互联网时代赢得一杯羹,要想在企业核心技术、激励机制方面有所创新,唯有注重知识体系的分享与传承,建设学习型组织,为企业创新创造良好的氛围,才能吸引人才、留住人才、凝聚人心,实现个人与组织一起成长。

激励机制的创新还要重视员工的参与感、尊重感以及成就感。谷歌的 OKR(objective key result)目标自驱动模式,员工可以自己设计挑战性的目标,自我驱动。谷歌的"20%时间"工作方式,允许工程师拿出 20%的时间来研究自己喜欢的项目。语音服务(Google Now)、谷歌新闻(Google News)、谷歌地图(Google Map)上的交通信息等,全都是 20%时间的产物。无独有偶,百度公司会不定期举办小型 Summer Party,主要是为了奖励小型团队创新,获奖的团队会得到李彦宏亲自到现场颁发的 100 万美元"百度最高奖"作为鼓励。"百度最高奖"是由李彦宏于 2010 年 7 月提出创设,并已经成为百度公司最高级别的奖项,主要针对公司总监级别以下的基层员工。上述激励方式的创新,形式固然多样,但初衷只有一个,那就是鼓励员工积极参与的同时充分体现了企业对员工的尊重。这种自下而上、全员参与的激励方式,最终换来的势必是员工参与感、尊重感和成就感的提升,对企业一致性、向心力和凝聚力的影响也就不言而喻。

五、新时代、新挑战、新机遇

显然,互联网与人工智能,无论是对经济社会还是人们日常生活都带来了翻天覆地的变化,在一个言必称互联网与人工智能的时代,因为连接、交互、协作、智能会让"只有想不到,没有做不到"变成现实,机会遍地,更不乏挑战。

挑战一:微博、微信等互联网沟通方式为企业文化的宣传、落地提供了多元化的渠道,同时,沟通渠道的复杂化增加了企业核心价值观塑造和培育的难度,如何更有效地推广和培育企业核心价值观成为互联网时代企业文化建设的新难点。

挑战二:企业员工价值观多元化影响了企业凝聚力,更影响企业员工行为一致性,给企业各级管理带来困难,同时也对领导者提出了更高的要求。企业领导者如何成为一名高赋能领导,给与员工足够的授权,帮助员工和自己在工作中不断学习、修炼和成长,已成为新课题。

挑战三:互联网与人工智能时代,企业文化建设成为企业核心竞争力越来越重要的部分,如何改进思想政治工作,使之适应时代变迁的需要,成为企业文化建设的又一新难点。

挑战四:人工智能在改变人们的生活的同时,也同样在影响和改变着公司的管理方式,不仅仅是企业的生产过程,还包括决策系统、管理模式和沟通方式。当企业管理的员工不全是有血有肉的人类,还有冰冷的机器人时,人机如何和谐相处、高效协作成为企业需要思考的新课题。

挑战五:伴随人工智能、大数据、云计算等新兴高科技技术的发展,专业技能人才越来越稀缺,谁拥有这些专业人才,谁就拥有话语权,导致组织之间抢夺人才日益白热化,谷歌、脸书、苹果等IT巨头在顶级学术人才的争夺上不遗余力。谷歌聘用了深度学习开山立派的多伦多大学教授GEoffrey Hinton;脸书成立了人工智能研究部门FAIR,聘用纽约大学教授Yann Lecun为主管;苹果聘用了卡内基梅隆大学的Ruslan Salakhutdinov为首任人工智能总监;斯坦福大学的吴恩达则在谷歌和百度都开展过人工智能的研究。如何吸引人才、培训员工、发展企业人才队伍,日益成为企业赢得竞争的关键。

不忘初心,方得始终。不管是机遇,还是挑战,企业文化建设必须跟上时代变化和发展的脚步。掌握互联网与人工智能时代的特点,运用移动互联网等信息传播工具,顺势而为,大胆创新,企业文化建设才能与时俱进,帮助企业实现基业长青。

复习题

1. 互联网与人工智能时代有哪些趋势和特点？
2. 互联网与人工智能如何影响产业和就业？
3. 互联网与人工智能如何影响信息传播与沟通？
4. 互联网与人工智能如何影响人们的价值取向？
5. 试说明企业内"网络非正式群体"的形成与对策。
6. 在价值观多元化背景下如何塑造企业的核心价值观？
7. 在互联网与人工智能时代如何创新员工激励机制，提高企业凝聚力？

思考题

1. 试举例说明组织内"网络非正式群体"的形成与作用。
2. 你认为互联网与人工智能时代的最大挑战是什么？
3. 你认为互联网与人工智能时代的新机遇有哪些？

案例分析 新居网的"爱心银行"

2013年年初，尚品宅配网上商城新居网麾下的一支电商营销团队，人员从2012年的70多人快速扩充至100多人，团队95%以上的成员均是"85后"，其中"90后"成员的比例就超过70%，他们的普遍特点是爱玩、不太爱学习、个性鲜明、崇尚自由。团队快速扩张的结果，一方面是管理难度加大，原有的管理模式逐渐失效，为系统化标准化所付出的管理成本加大。最明显的例子是一个标准化的动作执行过程中很容易出现各种失误。另一方面，新人的不断涌入，小团队及成员之间的默契配合度下降、团队凝聚力下滑，士气较低迷。此外，长期以来自上而下的垂直化管理模式造成了团队成员过度依赖主管，工作缺乏主动性，自我管理能力偏弱，在人数激增的情况下更是弊端重重。

在这个时候，企业文化建设的意义就凸显出来了。它是组织保持价值观统一性、提升组织战斗力的最好武器，是组织非常重要的资产。因此，我们希望通过企业文化建设实现诉求，即提升团队的学习氛围、促进团队及成员之间的融合、提升团队成员的自我管理能力。

此时，我们早已有了全面系统的CIS体系，如何在大框架下创新是部门管理成员的核心命题。传统的企业文化建设之路早已失效，对于这些"90后"，他们需要的不是填鸭式的文化洗脑，他们需要的是互联网时代的参与感、尊重、荣誉感和归属感。3月底，一个全新的项目在部门诞生了——推广爱心银行，一个颠覆了传统玩法用互联网视野架构的新项目。通过这个项目，彻底激活了团队的企业文化建设参与热情，也激活了团队管理的新思路。

爱心银行有点类似于现实版的Second Life游戏，团队所有成员都是爱心银行的成员，爱心银行的最高权力机构是"央行"，它负责虚拟币（我们称为"心币"）的发行、结算、流通工作。"心币"是部门内部的法定结算流通工具。央行会给每位成员开设账户，发放爱心存折，所有涉及团队及个人互助协作的项目都会被折算成心币存入自己的爱心账户。如果需要别人的帮助，可以从银行支取心币进行消费。

心币是实现爱心银行生态闭环的核心。我们首先制造了很多赚取心币的应用场景。包括给新人赠送礼品、帮助别人清理办公桌面、浇花、做心理辅导、学习课程等。当然，光赚心币如果没有消费的通路也无法使项目持续，消费心币的应用场景也很多，包括用心币兑换零食、参加各类培训课程、让人帮忙点餐、收快递等。此外，还定期开展跳蚤市场等，每位成员都可以在活动当天通过赚取或消费心币进行实物交易。

与心币相对应的是，我们依据爱心币数量的多少对内部QQ群里每一位成员的昵称做了升级机制，由低到高分别是乞丐、小二、掌柜、商人、衙役、知县、通判、知府、总督、巡抚、丞相、主将、统帅、将军、诸侯、帝王。通过等级的划分，满足了成员在项目升级中的优越感和成就感，玩过网络游戏的都知道升级打怪的奥秘所在。

爱心银行项目初期开展得非常顺利，但随着时间线的延长，团队成员疲劳度上升，两个月后团队管理人员慢慢发现大家的激情开始下降。他们分析了主要的原因有两点，一是心币的赚取路径太少，基本都是由爱心银行央行发布的爱心任务来获得，在团队成员不断增加的情况下，每个人能赚取的心币数量极其有限，因而制约了大家的参与热情；二是所有心币消费的应用场景都是在团队成员个体间自由消费，缺少组织去整合消费项目，团队成员消费的沟通成本较高，消费通路并不顺畅。例如，成员A如果需要消费10心币让别人帮忙设计PPT，他并不知道谁更适合去做，又是否有时间帮忙。

找到问题的症结后，我们在深度挖掘了团队成员的刚性需求后开设了七家虚拟爱心企业。分别包括24hours连锁酒店、杨柳娱乐城、快客物流、clean博士、云创社、诚品书店、博大教育。他们分别负责的业务是协助点餐点外卖、按摩心理辅导、帮人收快递（部门活动场地布置等）、清洁桌面及环保午餐、帮人设计创意稿件、电子书及图书借阅、课程销售及培训业务。每一家爱心企业都设有CEO、财务、人事、销售、服务员等众多岗位，我们规定每位成员只能在其中一家爱心企业任职赚取心币，团队化的运作既解决了成员赚心币难的问题也解决了心币消费难的困扰。

爱心银行在促进团队及成员之间融合、加强团队成员的自我管理能力方面起到了决定性作用。但前文提到的提升团队的学习氛围却仍然是个难题。为此，管理者成立了独立于爱心银行的社团——华南电商研究院（SER）。这是一个公益性的电商学习组织,单是看口号"忠于理想,干掉平凡"就已经足够吸引人了。

在成立这个社团之前,我们调研并拜访过多家互联网公司,发现几乎所有的公司社团或协会参与热情并不高的主要原因,是这些社团并没有挖掘员工在企业的核心痛点——基于岗位技能兴趣的学习,目的是提升职业竞争力,这远比打羽毛球、篮球等活动更能激发员工的参与热情。光挖掘痛点找定位还不行,如何让参与者珍惜进入社团的机会也非常重要,而传统的企业社团组织因为都是免费没有准入门槛,所以参与者并不珍惜。我们的做法是先给自己较高端的定位:成为华南电商人才交流学习电商营销知识的平台。除此之外,我们还设置了很高的准入门槛,入会需要经过不少于 3 轮面试,每个季度要交 300 元会费。每个季度选拔一期新会员,每次不超过 10 个入会名额,通过设置多重障碍来提升会员的荣誉感和参与感。对于社团运作我们也做了创新,每周采取闭门会议+外聘讲师+外出参加活动+视频学习等多种方式提升会员的电商营销能力。

社团成立后,SER 便和上文提到的爱心企业博大教育进行了深度合作,形成学习闭环。SER 负责电商课程开发和知识输出,而博大教育负责培训课程的销售,所有课程因为都是跟电商有关的,而且请的都是电商行业权威人士,每次参加课程学习的人数很多,成为心币消费的重要通路。通过 SER 的电商课程学习,彻底激发了团队的学习氛围,解决了原来团队学习氛围不强的难题。

一年的爱心银行和 SER 项目运营下来,团队成员进步很快,企业文化建设在团队管理的提升上发挥了重要作用。而且,依托爱心银行,部门的业绩 PK 竞赛、工作绩效提升等日常管理项目都融合打包进了爱心银行。

(原文题目为《传统企业文化建设该歇歇了,互联网时代应该这么玩》,作者:电商老兵斗牛士,2014 年 2 月 25 日载于 https://www.huxiu.com/article/28480/1.html,经潘文君修改)

讨论题:
1. 分析一下"爱心银行"能持续推进并取得效果的原因。
2. 在互联网时代下,企业文化建设的关键是什么?
3. 如果由你来负责新居网的企业文化建设,将在哪些方面寻求改进?

第十一章 中国的企业文化建设

1. 中国传统文化的特色
2. 中国深化改革与价值观念更新
3. 中国企业文化建设的一般模式
4. 中国第二次企业文化建设热潮
5. 新时代有中国特色的社会主义思想与中国第三次企业文化建设热潮

第一节 中国传统文化特色

企业文化是有民族特色的,中华民族的优良传统在中国企业中比比皆是,这是一种重视伦理、追求和谐、含蓄深沉的文化,集中体现了五千年文明的沉淀,是我们进行企业文化建设取之不尽的思想宝库。

许多学者进行中西文化的比较研究,有一种形象的比喻——中国文化是"云",西方文化是"剑"。

所谓"剑",是指西方推崇技术理性、法律导向、个人本位、直露表达、结构性思维、追求效率和效用;所谓"云",是指中国重视社会伦理、关系导向、集体本位、含蓄表达、整体性思维、追求宁静和和谐。恰如西洋画与国画,西方戏剧与京剧,西医与中医。

如表10-1所示,中国与美国的文化差异是根深蒂固的。2003年,张德教授与美国明尼苏达大学杨百寅副教授(现为清华大学教授)对此进行了合作研究。表10-1是张德教授对二人研究成果的补充和修正。文化差异是一个十分复杂的问题,列表只是一种简明的表达方式,比较概略,不是非常准确。但是,了解并掌握中西文化的差异,对我们建设独具特色的中国企业文化,是非常必要的。

表 10-1　中美文化的对比

文化维度	美国(西方)	中国(东方)
价值观体系		
人与自然世界的关系	主宰	和谐
人与人的关系	个人本位	集体本位
行为优先性	法律导向	关系导向
道德标准的基础	理性	感性
时间优先性	倾向于未来	倾向于现在
信念体系		
人性假设	性本恶	性本善
宗教信仰	上帝	没有超级权威
知识的本质	机械、分立的	有机、整体的
变化的本质	线性变化	回旋式变化
对人的激励	物质为主	精神为主
人的理想与归宿	个人的充分发展	社会和谐
思维方式	结构性思维	整体性思维
表达方式	直露	含蓄

第二节　中国改革开放与价值观念更新

改革开放以后,中国封闭性的经济开始面向世界,在中外经济日益密切的交流中,经历的不仅是经济上的中外合作,而且是文化上的中外沟通。这种经济—文化过程,在企业文化的变化上得到了集中的反映。

随着西方现代管理理论逐步介绍到中国,以及在与外国企业交往中的耳濡目染,中国的企业家、管理人员和职工,不同程度地开始树立或加强了质量意识、市场意识、竞争意识、营销意识、服务意识、诚信意识、效率意识、效益意识、人才流动意识、产品开发意识、技术改造和创新意识、资本运作意识、经营战略意识等,这在很大程度上促进了中国企业家和职工队伍从传统观念向现代化观念的转变。

改革开放以来,西方发达国家一些现代化企业管理制度和方法,相继传入中国,并逐渐在中国的企业中开始应用。诸如所有权与经营权适当分开的管理制度、企业的经营责任制、企业的科学管理等 18 种方法,企业的各种现代组织模式、企业职工的优化劳动组合,以及对股份制、租赁制的借鉴和试点,等等。这些适合于社会化大生产和现代市场竞争环境的管理制度和方法,是提高我国企业的素质和管理水平,使我国企业管理实现现代化的积极因素,已经和正在收到良好的效果。

企业管理方法的引进,为我国深化改革、企业转轨变型,在制度层次上创造了必要的条件。中国的改革开放历经 30 多年,艰难起步,逐步深入。这是一场革命——抛弃僵化的计划经济体制,建立具有中国特色的市场经济体制。中国企业从领导体制、运作方式,到用工制度、干部任用制度、报酬制度、财务制度等,全部转到市场经济轨道,这是制度创新的过程。

存在决定意识。改革是一场天翻地覆的制度创新,它必然引发一场意识形态的革命。

中国企业的观念更新,大体上可以总结为如下九条:

第一,破除"企业是政府附属物"的旧观念,树立"企业是自主经营主体"的新观念;

第二,破除"生产中心"的旧观念,树立"顾客至上"的新观念;

第三,破除"不求有功,但求无过"的旧观念,树立"无功便是过"的新观念;

第四,破除"大锅饭、铁饭碗、铁交椅"的旧观念,树立"岗位靠竞争,收入靠贡献"的新观念;

第五,破除"得过且过"的旧观念,树立"开拓创新"的新观念;

第六,破除"等、靠、要"的旧观念,树立"拼搏自强"的新观念;

第七,破除"态度导向""关系导向"的旧观念,树立"结果导向""追求效率和效益"的新观念;

第八,破除"小富即安"的旧观念,树立"不断进取,自我超越"的新观念;

第九,破除"有了问题找首长"的旧观念,树立"有了问题找市场"的新观念。

当然,许多企业还远远没有完成上述观念更新,因此,企业经营远远没有摆脱困境。这是摆在中国企业面前的十分紧迫的问题。

第三节　中国对外开放中的文化冲突与融合

中国的改革是与对外开放同步进行的。在对外开放过程中,西方发达国家在观念上对中国企业乃至中国社会的影响,是更广泛、更深刻,也是更为复杂的。

现代企业管理理论和方法的引进,为我国企业的转轨变型,建设具有中国特色的社会主义企业文化,创造了必要的条件。但在借鉴外国这些有益的管理理论和方法的过程中,也出现了一些消极的影响:西方管理者那种视工人为会说话的机器、忽视职工民主权利的现象也时有发生;在推行优化劳动组合过程中,一方面打破了铁饭碗,强化了按劳付酬和效率观念,另一方面也出现了职工的危机感与主人翁责任感逆向流动的问题;在借鉴泰勒的科学管理理论的同时,也受其"经济人"假设的影响,在激励方式上迷信经济杠杆,忽视企业精神的培育,造成了消极的后果;在经营思想上,片面追求利润最大化,甚至大搞假、冒、伪、劣,丢掉了诚信原则,等等。不解决这些问题,我国的对外开放及企业的现代化势必受到干扰。

这就提出了一个尖锐的问题:在改革开放的过程中,中外企业的文化冲突和文化融合,应该怎样正确对待和妥善解决?

现在的问题不是要不要吸收外来文化,而是如何正确地分析外来文化而决定弃取。就不同民族文化的比较而言,可区分为评比性文化和非评比性文化两类。

所谓评比性文化是指有好坏、高下之分的文化,一般来讲,这都是比较容易鉴别其价值的文化。例如,美国文化中先进的科学技术、严格的管理制度、优质的服务,以及观念形态方面个人的独立性、创造性、进取精神、冒险精神,这些基本上属于优性文化。而充斥美国社会的吸毒、赌博,以及作为其价值观组成部分的个人主义、金钱至上、享乐至上和颓废厌世、玩世不恭等思想,则是其文化中的糟粕,即劣性文化。再如,日本文化中的团队精神、敬业精神、职工对国家对企业的忠诚,以及坚毅、果敢、勤劳、刻苦的国民性,是日本的优性文化,而日本社会中的等级观念、盲目服从,轻视妇女和"经济动物"的贪婪,则是日本的劣性文化。

所谓非评比性文化,也叫作中性文化,是指在文化比较中没有明显的优劣、高下之分的文化,这类文化多与人们生活方式、风俗习惯相联系。例如,日本人喜欢穿和服,讲究茶道,赞赏樱花;中国人喜欢穿旗袍,用筷子,赞赏梅花、荷花;欧美人喜欢穿西服,用刀叉,赞赏玫瑰花、郁金香等。承认这些中性文化的存在,意味着承认各民族的平等和对各国文化个性的尊重。

对待外来文化,首先要分清其中的评比性文化和中性文化。对于其中的评比性文化应认真分清优劣,取其优而去其劣。对于其中的中性文化,则没有必要加以提倡或阻止,而应采取顺应自然的态度。但鉴于中性文化是民族分野的重要标志,是形成民族传统的必要因素,有助于维系社会的团结和安定,有助于增强民族的内聚力。因此,对外国的中性文化,也不宜盲目地、轻率地模仿和照搬。在对外开放中,应注意维持我国传统中性文化的连续性和稳定性,避免中性文化的轻易变迁,以及人们生活方式的剧烈变化,这有利于社会的安定团结,有利于改革开放的顺利进行。有些企业在引进全套日本技术的同时,把日本企业的厂旗、厂服也照搬过来,就大可不必。

总而言之,在对待外来文化方面,应遵循以下原则:

(1) 总体原则。即在多种性质的文化交织在一起时,应当从总体上鉴别其基本上是属于优性的、劣性的还是中性的。

(2) 利弊原则。即在吸收外来文化时，应从社会效益和经济效益上进行综合衡量，看究竟是利大于弊，还是弊大于利。

(3) 取舍原则。对外来文化的借鉴，最忌盲目照搬。文化的整体移植从来都是难以成功的。我们应该立足于中华民族的文化传统和社会主义企业的独特个性，吸收外来文化的优秀成分，舍去外来文化的劣性成分。

(4) 创新原则。即使外来文化的优秀成分，原封不动地拿到我国企业中也未必适用。成功的借鉴只能是两种文化的融合，并且以我们自己的文化为主体。把外来文化的优性成分之枝，嫁接到我国企业文化之树上，才能结出丰硕的果实。融合后的文化果实是一种创新的品种，而且充满活力和生机。我们借鉴和吸收外国企业文化的优秀成分，最终是为了创造出独具特色的充满生机与活力的中国社会主义企业文化。

国内一些优秀企业在学习西方先进管理文化的同时，不断发扬中国传统文化，建立了优秀的企业文化。海尔和联想集团就是两个很好的例子。

海尔集团借鉴了西方先进的管理文化，提出售后服务要达到"国际星级服务"的标准；在质量控制方面，坚持"精细化、零缺陷"；在产品设计方面，提出"市场细分，引导消费"的观念。但在企业核心理念上，海尔提出"敬业报国，追求卓越"，并把"中正之道"（中和、公正；大中至正）作为企业哲学，这些充分体现出中国传统文化的底蕴。

我们不难看出，中国传统文化和西方文化，对中国企业文化建设都具有一定的借鉴作用。尤其是中国传统文化，古代先哲凝练的概括，古老文明千年的沉淀，真可以说是我们企业文化建设取之不尽的思想宝库。在我们借鉴西方优秀文化的同时，千万不要忘记这一点。

第四节　中国企业文化建设的一般模式

从1984年美国的企业文化理论传到中国至今，中国企业文化建设经过30多年的发展，已经形成"百花齐放"的局面。其中的佼佼者有青岛海尔、海信，四川长虹、江苏春兰、小天鹅、北京同仁堂、联想、深圳康佳、万科、中兴通讯、华为、平安保险、招商银行，等等。回顾中国企业文化由不自觉到自觉的发展历程，的确是解放思想、实事求是、与时俱进的过程，我们可以从中总结出企业文化建设的一般模式。

一、党政齐抓共管

如果说，欧美国家的企业更像是纯粹的经济组织的话，在亚洲则有所不同，日本企业是家族主义的组织,不仅是经济共同体,还是生活共同体、命运共同体,职工的荣辱进退与企业密切相关。中国的企业更不是一种纯粹的经济组织,它有明确的社会责任,尤其是思想教育的责任。

现代企业管理经历了经验管理、科学管理、文化管理三个阶段,中国绝大多数企业正经历由经验管理向科学管理阶段的过渡,在这个过渡中,不仅应健全制度,实行"法治",而且应"软硬兼施",建设好相应的企业文化,是科学管理中国化的重要内涵。中国国有企业具有思想政治工作的优良传统和工作优势,我们充分利用这些优势,使之与企业文化建设紧密结合,党政齐抓共管,探索具有中国特色的企业文化建设模式。

文化管理是21世纪的管理,在文化管理下,企业文化建设成为企业经营管理的"牛鼻子"。国内一些优秀企业,如海尔、联想、同仁堂等企业,已率先向文化管理过渡,其重要标志是:以人为本,以文治企。它们无论在思想工作上,还是在企业文化建设上,都为众多企业指明了前进的方向。但是,许多中国企业在企业文化建设上还处在启蒙期或进入期,更加需要加强领导。

在中国,特别是国有企业中,除了经济活动以外,还有政治活动和文化活动。党组织、团组织、妇联、工会等在企业内发挥着重要作用,具有很大的影响力和号召力,是企业文化建设不可忽视的重要力量。如果能够发挥党组织的优势,企业文化建设就会取得广泛的群众基础,这就为企业文化建设奠定了成功的坚实基础。

许多企业已经形成了党政齐抓共管的格局,值得我们借鉴。一些企业把企业文化建设的主要工作交给了党委,凭借党组织的影响力,推动企业文化变革,而企业的各级经理则全力支持,使企业向着更先进的方向发展。为了党政配合得更好,企业文化建设可以由党委牵头,宣传部或企业文化处主管,或者一套班子,两块牌子。同时,在党委牵头的巨大号召力下,组织起团委和工会,使它们都成为企业文化建设的中坚力量,带动企业全体员工,投入到企业文化建设当中去。

还有一种模式——由董事长或总经理牵头,党委全力配合,人力资源部或企业文化部主管,其主要优点是企业文化建设与企业经营管理结合紧密,有效地促进企业竞争力的增强。这在股份制企业中被广泛采用。因为它更适合现代企业的需要,是一种更有前途的企业文化建设模式。

二、企业思想工作与企业文化建设的交融

在我国大中型骨干企业和事业单位中,一直都设有中国共产党的基层组织负责党的建设和思想政治工作。近年来,很多非公企业也先后按照要求设立了党组织。在实践中,许多企业提出了一个共同的问题——企业文化与企业的思想政治

工作是什么关系？

有人觉得，两者是一回事，因此抓企业文化是"画蛇添足"、多此一举，无非是给思想政治工作戴上一顶时髦的帽子而已。也有人认为它们不是一回事，文化管理是一种先进的管理思想，企业文化建设是企业管理工作的一个组成部分，而思想政治工作则是落实党的路线方针政策、保持企业的社会主义性质的客观需要。两相比较，后者的看法显然是正确的。实际上，企业文化与思想政治工作既不是相互包含，又不是完全重合的，而是你中有我、我中有你，是一种相互交叉、互为依存的关系（图10-1）。

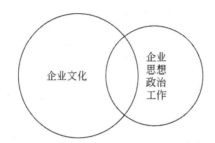

图10-1　企业文化与企业思想政治工作

企业文化与企业思想政治工作有许多共同点：目标基本一致、对象完全相同、内容有相似之处、手段大体重合。坚持以经济建设为中心，企业一切工作就都必须围绕着生产经营活动进行，完成其经营目标和长期发展战略，这就要求思想政治工作充分调动全体员工的积极性，把企业内部的各种力量凝聚在一起，为实现企业目标服务。从这个意义上讲，企业思想政治工作与企业文化建设的目标是一致的。企业文化和思想政治工作的对象都是企业全体员工，企业文化强调以人为中心、重视人的价值，思想政治工作则强调发挥员工的主人翁精神，都提倡尊重人、理解人、关心人、爱护人、激励人。同时，两者又有很大不同，企业文化本质上属于经济文化范畴，而思想政治工作属于政治文化范畴。

从企业文化的角度看，其核心层次——理念层的内容，如企业的价值观、目标、宗旨、精神、道德、风气等都属于思想政治工作的范围；其中间层次——制度行为层的形成和贯彻，也离不开思想政治工作的保证和促进作用。从思想政治工作的角度看，其大部分内容直接与企业的经营管理活动有关，而且比例日益增大，这些内容都可以划入企业文化的范畴。当然，有些思想政治工作（如计划生育、纯粹的党务工作等）则与企业文化建设没有直接关系。

由此可见，思想政治工作是确立企业核心价值观、培育企业精神、建设企业文化的主要手段，而企业文化则为思想政治工作与经营管理工作密切结合提供了一个最好的形式。加强企业文化建设，就可以使思想政治工作与企业经营管理工作更好地拧成一股绳,避免"两张皮"的现象。在企业文化建设中,要求思想政治工作紧紧围绕着业务管理工作开展,要求企业经营管理工作以人为中心,向企业成员的价值观、道德领域深入,使二者水乳交融、相得益彰。

改革开放以来,企业实行了厂长、经理负责制,这对强化企业管理、改善企业经营无疑产生了巨大的推动作用,但不可忽视党组织的政治核心作用,削弱企业的思想政治工作。不言而喻,作为企业的法人代表,处于生产经营活动中心地位的董事长、总经理,理所当然地应该成为企业文化建设的带头人;而负责企业思想政治工作、处于企业政治核心地位的企业党组织,则理应成为企业精神培育、企业文化建设的核心力量,广大共产党员应该成为企业文化建设的骨干和模范。

三、优良文化与不良文化的冲突与消长

改革开放以来,一些优良企业文化在国内产生,对企业发展起到了巨大的推动作用。但同时,一些不良文化也在企业当中滋生,如果不加以区别,企业就会受到不良文化的干扰,成为企业发展的绊脚石。

1. 个人本位与集体主义

我国在改革开放过程中,破除了计划经济体制,同时也在相当程度上削弱了企业长期存在的集体主义精神、爱厂如家的主人翁精神,特别是打破"铁饭碗"之后,职工的主人翁精神远不如从前了。另一方面,由于过多地强调竞争,使得"个人本位"的价值观空前强化,于是出现了技术上互相保密、工作上相互掣肘、成绩面前相互争功等现象。其直接后果是破坏了团队精神,破坏了真诚的协作关系,极大地破坏了企业的凝聚力,甚至重新出现"同行是冤家"的不良风气。

古典管理学派的代表人物之一、法国管理学家法约尔提出过14条管理原则,至今仍被奉作管理经典,其中有一条就是"整体利益至上",这也是我们国家的一项优良传统——国家利益高于一切,集体利益高于个人利益。如果丢掉集体利益,个人利益无从谈起,这是企业文化建设中必须强调的一点。

2. 等价交换与奉献精神

市场经济的大潮一浪高过一浪,"等价交换"的原则侵入社会的各个角落,利益杠杆似乎成为企业最有效的管理手段,而奉献精神在一些人看来已经过时了。难道奉献精神真的没有意义了吗?

台塑集团的创办人、台湾著名企业家王永庆在生前留给儿女们的一封信中写道:"财富虽然是每个人都喜欢的事物,但它并非与生俱来,同时也不是任何人可以随身带走。人经由各自努力程度之不同,在其一生当中固然可能累积或多或少

之财富,然而当生命终结,辞别人世之时,这些财富将再全数归还社会,无人可以例外。

我日益坚定地相信,人生最大的意义和价值所在,乃是借由一己力量的发挥,能够对于社会作出实质贡献,为人群创造更为美好的发展前景,同时唯有建立这样的观念和人生目标,才能在漫长一生当中持续不断自我期许勉励,永不懈怠,并且凭以缔造若干贡献与成就,而不虚此生。

基于这样的深刻体会,因此我希望所有子女也都能够充分理解生命的真义所在,并且出自内心的认同和支持,将我个人财富留给社会大众,使之继续发挥促进社会进步,增进人群福祉之功能,并使一生创办之企业能达到永续之经营,长远造福员工与社会。"

可见,在讲究"等价交换"的市场机制面前,中国的企业家应保持头脑清醒:三军可夺帅,匹夫不可夺志。为了实现高尚的目标,奉献精神永远不会过时,是用什么"价"也不可以交换的。实际上,企业在激烈的市场竞争中欲求生存和发展,需要上下同欲、艰苦卓绝的奋斗,事事讲价、利字当先是不行的,企业的领导者应该以身作则,倡导新时代的奉献精神。

3. 感情投资还是感情激励

"感情投资"这一概念曾一度传遍了大江南北,成为许多企业家的口头禅,还有人提出"无成本激励",也是利用感情沟通实现不花钱的激励。这在一定程度上不能说是坏事,但也给一些企业管理者带来了消极影响:企业领导把与职工的感情沟通,变成一种笼络人的技巧,而不是发自内心的关心和认同。所谓感情投资的技巧一般包括:员工过生日时送去贺卡;碰到员工时,采用"拍肩法"以示鼓励;每年举办一次"啤酒聚会";等等。这种感情投资目的很明确,就是为"投资者"取得回报,如果员工没有投资价值是绝不投资的。

而我们通常讲的是感情激励,是真诚的感情交流与感情投入。感情激励的要点有二:一是真诚,只有真诚才会唤起真诚,真诚是友谊的基石,虚伪是友情的大敌;二是平等,感情激励不是上级对下级的感情施舍,而是两个平等自尊的人之间的感情交流,只有这样才会收到激励的效果。

如果说"感情投资"仅仅是驭下之术,而建立在真诚的感情投入基础上的"感情激励",方为领导者的率众之道。

四、新型企业价值观体系已初见端倪

企业价值观是影响和左右企业发展的关键因素,这已经开始在管理学界和企业界形成共识。许多世界知名企业都有价值观的表述。

在改革开放的实践中,经过 30 多年的积累,我国新型的企业价值观已初见端倪。

TCL 集团总裁强调说:"我们的核心价值观是三句话:为顾客创造价值,为员工创造机会,为社会创造效益。"

联想集团确立了 4 条核心价值观:①成就客户——我们致力于每位客户的满意和成功;②创业创新——我们追求对客户和公司都至关重要的创新,同时快速而高效地推动其实现;③诚信正直——我们秉持信任、诚实和富有责任感,无论是对内部还是外部;④多元共赢——我们倡导互相理解,珍视多元性,以全球视野看待我们的文化。

又如,中兴通讯公司的核心价值观是:互相尊重,忠于中兴事业;精诚服务,凝聚顾客身上;拼搏创新,集成中兴名牌;科学管理,提高企业效益。

再如,华润集团以"诚信"作为核心价值观和"业绩导向、人文精神、团队建设、创新求变"作为企业的价值观体系。

这种新型企业价值观具有三个特点:(1)体现了中国传统文化的积淀,诸如忠诚、守信、正直、仁爱、和谐、共赢;(2)吸收了西方企业文化的营养,诸如成就客户、创业创新、业绩导向、科学管理、提高效益;(3)继承了中国企业的优良传统,诸如精诚服务、拼搏创新、互相尊重、团结奋斗等。

第五节 中国企业文化建设的发展趋势

一、改革开放以来的两次企业文化建设热潮

中国企业于 1984—1988 年期间,经历了第一次企业文化建设热潮。当时,许多中国企业对西方的企业文化理论进行热烈的研讨,并结合中国企业情况,完善了自己企业的企业精神、企业作风等。与第一次企业文化建设热潮相伴随的是第一次思想解放运动,企业初步从计划体制的羁绊中解脱出来,开始树立商品经济观念、竞争观念、追求利润的观念、效率和效益观念、开拓创新观念、市场营销观念、战略观念、人力资源开发观念等,极大地推动了中国的改革开放和企业生产力的提高。

从 2001 年以来,面对经济全球化和知识经济的挑战,特别是中国加入 WTO 的严重考验,第二次企业文化建设热潮已经展开。越来越多的企业管理者学习企业文化的理论,越来越多的企业把企业文化策划和企业文化更新列上议事日程,越来越多的学术团体和政府部门召开了丰富多彩的企业文化研讨会。这预示着中国企业的第二次思想解放运动已经开始。如果说,20 世纪 80 年代第一次思想解放

运动的主题,是由计划经济体制向市场经济体制转轨的话,那么目前开始的第二次思想解放运动的主题,则是由不规范的相对封闭的市场经济向规范的、全球化的市场经济转变。它所解决的课题是:中国企业如何走向国际化经营之路,如何面对全球化的竞争,如何与跨国公司争夺稀缺人才资源,如何应对知识经济,如何规范市场运作,如何进一步改革和完善企业经营和管理。特别是要破除对西方经营管理理论、西方文化的迷信。如果说第一次思想解放运动使"社会主义计划体制的意识形态"走下神坛,那么第二次思想解放运动应该使"西方意识形态"走下神坛。

有人会说,今天在中国人的思想层面还有"神"吗?有。它已不是传统意识形态中的那些符号,它恰恰是帮助中国社会冲破旧思想桎梏的那股力量,它就是"西方价值观"的逐渐被神化。我们应该对40年的改革开放进行必要的反思,对本企业的正反两方面的实践经验进行总结,得出一些独立的判断。笔者相信,诸如"企业是纯粹的经济组织""企业追求的是经济效益最大化"等观念将被淘汰;与文化管理相对应的崭新观念,诸如诚信是金、以人为本、以义求利、学习型组织、育才型领导、绿色经济、战略同盟、追求"双赢"等,将被更多的中国企业所接受。一个内聚人心、外塑形象的企业文化修炼热潮,推动又一批中国企业走上世界,成为中国经济的航空母舰和高效的潜水艇。

在第二次企业文化热潮中,中国企业思考和解决的重要课题有:

(1) 企业文化与企业竞争力;
(2) 经济全球化与中外企业的文化较量;
(3) 企业核心价值观与企业可持续发展;
(4) 知识经济与文化管理;
(5) 和谐社会与和谐企业、和谐文化建设;
(6) 企业文化与企业形象战略、名牌战略;
(7) 中国企业面临的思想伦理道德课题;
(8) 企业重组与文化融合;
(9) 企业改制与观念更新;
(10) 现代企业制度与现代企业文化的同步建设;
(11) 跨国并购中的文化冲突与文化融合;
(12) 企业文化与企业凝聚力;
(13) 企业经营者素质与企业核心价值观;
(14) 构建学习型组织与企业文化建设;
(15) 企业文化建设的领导体制;
(16) 网络时代对企业文化的影响;
(17) 中国企业文化建设的操作艺术;

（18）"深化改革，扩大开放"与中国企业价值取向的变革；等等。

二、习近平新时代中国特色社会主义思想与中国组织文化建设的第三次热潮

党的十九大作出一个重大政治论断：中国特色社会主义进入新时代。统领这个新时代的指导思想就是习近平新时代中国特色社会主义思想，这构成了中国组织文化建设的宏观环境，决定了中国组织文化建设的发展趋势。

习近平同志在党的十九大报告中指出：中国特色社会主义进入新时代，意味着近代以来久经磨难的中华民族迎来了从站起来、富起来到强起来的伟大飞跃，迎来了实现中华民族伟大复兴的光明前景；意味着科学社会主义在 21 世纪的中国焕发出强大生机活力，在世界上高高举起了中国特色社会主义伟大旗帜；意味着中国特色社会主义道路、理论、制度、文化不断发展，拓展了发展中国家走向现代化的途径，给世界上那些既希望加快发展又希望保持自身独立性的国家和民族提供了全新选择，为解决人类问题贡献了中国智慧和中国方案。

习近平新时代中国特色社会主义思想，是全党全国人民为实现中华民族伟大复兴而奋斗的行动指南，必须长期坚持并不断发展。中国各类组织应该深刻领会习近平新时代中国特色社会主义思想的精神实质和丰富内涵，在组织文化建设中全面准确贯彻落实。我们应该相信，一个新的企业文化建设热潮，即第三次企业文化建设热潮必将兴起。它的标志性的价值观强化内容包括以下九个方面：

（1）坚持党对一切工作的领导。党政军民学，东西南北中，党是领导一切的。必须增强政治意识、大局意识、核心意识、看齐意识，自觉维护党中央权威和集中统一领导，自觉在思想上、政治上、行动上同党中央保持高度一致。这也是对各类组织的共同要求。

（2）坚持以人民为中心。人民是历史的创造者，是决定党和国家前途命运的根本力量。必须坚持人民主体地位，坚持立党为公、执政为民，践行全心全意为人民服务的根本宗旨，把党的群众路线贯彻到治国理政全部活动之中，把人民对美好生活的向往作为奋斗目标，坚持人民当家做主，坚持在发展中保障和改善民生。坚持以人为本，确立员工的主人地位，在发展中保障和改善民生，也应该成为各类组织的共同追求。

（3）坚持全面深化改革。只有社会主义才能救中国，只有改革开放才能发展中国、发展社会主义、发展马克思主义。必须坚持和完善中国特色社会主义制度，不断推进国家治理体系和治理能力现代化，坚决破除一切不合时宜的思想观念和体制机制弊端，突破利益固化的藩篱，吸收人类文明有益成果，构建系统完备、科学规范、运行有效的制度体系，充分发挥我国社会主义制度优越性。坚持全面深化改

革,也应该成为各类组织组织文化的题中应有之义。

(4) 坚持新发展理念。发展是解决我国一切问题的基础和关键,发展必须是科学发展,必须坚定不移贯彻创新、协调、绿色、开放、共享的发展理念。这一发展理念同样应该成为各类组织追求发展的基本指导思想。

(5) 坚持全面依法治国。全面依法治国是中国特色社会主义的本质要求和重要保障。必须把党的领导贯彻落实到依法治国全过程和各方面,坚定不移走中国特色社会主义法治道路,完善以宪法为核心的中国特色社会主义法律体系,建设中国特色社会主义法治体系,建设社会主义法治国家,坚持依法治国和以德治国相结合,在企业是依法治企和以德治企相结合,通过依法治企规范全体员工的行为,通过以德治企规范全体员工的价值取向,凝聚企业的精神力量。

(6) 坚持社会主义核心价值体系。文化自信是一个国家、一个民族发展中更基本、更深沉、更持久的力量。必须坚持马克思主义,牢固树立共产主义远大理想和中国特色社会主义共同理想,培育和践行社会主义核心价值观——富强、民主、文明、和谐,自由、平等、公正、法治,爱国、敬业、诚信、友善。社会主义核心价值观是当代中国精神的集中体现,凝结着全体人民共同的价值追求。要以培养担当民族复兴大任的时代新人为着眼点,强化教育引导、实践养成、制度保障,发挥社会主义核心价值观对国民教育、精神文明创建、精神文化产品创作生产传播的引领作用,把社会主义核心价值观融入社会发展各方面,转化为人们的情感认同和行为习惯。毫无疑问,这也是我国组织文化建设的根本指导思想。

(7) 坚持思想道德建设。人民有信仰,国家有力量,民族有希望。要提高人民思想觉悟、道德水准、文明素养,提高全社会文明程度。广泛开展理想信念教育,深化中国特色社会主义和中国梦宣传教育,弘扬民族精神和时代精神,加强爱国主义、集体主义、社会主义教育,引导人们树立正确的历史观、民族观、国家观、文化观。深入实施公民道德建设工程,推进社会公德、职业道德、家庭美德、个人品德建设,激励人们向上向善、孝老爱亲、忠于祖国、忠于人民。加强和改进思想政治工作,深化群众性精神文明创建活动。弘扬科学精神,普及科学知识,开展移风易俗、弘扬时代新风行动,抵制腐朽落后文化侵蚀。推进诚信建设和志愿服务制度化,强化社会责任意识、规则意识、奉献意识。显然,这也是各类组织文化建设的基本内容。

(8) 坚持人与自然和谐共生。建设生态文明是中华民族永续发展的千年大计。必须树立和践行绿水青山就是金山银山的理念,坚持节约资源和保护环境的基本国策,像对待生命一样对待生态环境,统筹山水林田湖草系统治理,实行最严格的生态环境保护制度,形成绿色发展方式和生活方式,坚定走生产发展、生活富裕、生态良好的文明发展道路,建设美丽中国,为人民创造良好生产生活环境,为全球生态安全作出贡献。这同样应该成为各类组织的共同责任。

（9）坚持全面从严治党。勇于自我革命，从严管党治党，是我们党最鲜明的品格。必须以党章为根本遵循，把党的政治建设摆在首位，思想建党和制度治党同向发力，统筹推进党的各项建设，抓住"关键少数"，坚持"三严三实"，坚持民主集中制，严肃党内政治生活，严明党的纪律，强化党内监督，发展积极健康的党内政治文化，全面净化党内政治生态，坚决纠正各种不正之风，以零容忍态度惩治腐败，不断增强党自我净化、自我完善、自我革新、自我提高的能力，始终保持党同人民群众的血肉联系。这也应该成为各类组织的组织文化的重要内容。

中国的第三次企业文化建设热潮，要想取得实效，有赖于管理学界、企业界、政界的密切结合，有赖于中国改革开放的进一步深化，有赖于整个社会价值取向和社会风尚的进一步改善，虽然困难不少，但有了习近平新时代中国特色社会主义思想的指引，我们将满怀信心。"无边落木萧萧下，不尽长江滚滚来。"历史的车轮将推动中国企业驶向未来，成为21世纪的骄子。

三、迎接文化制胜时代

在建立社会主义市场经济体制的实践中，普遍存在着对市场经济的误解。诸如，"市场经济就是只认钱""市场经济只看效果，不论手段""心不黑，赚不来钱"，等等。似乎一搞市场经济，什么精神、信念、道德都无足轻重了，随着经济"热"起来，文化只能坐冷板凳了。

事实并非如此。在经过了漫长的发展过程之后，市场经济不仅没有排斥文化，在21世纪的今天，反而进入了一个被称作"文化制胜"的时代。

1. 商品中蕴含着文化

众所周知，商品都具有一定的使用价值——其功能可以满足人们的使用需要：衣服可御寒，面包可饱腹，汽车可行路，住房可安居。使用价值是商品存在的基础，也是用户购买的基本动力。

随着人们生活水平的提高，其对商品使用价值的要求也不断变化，对商品功能的要求也越来越高，集中表现在：人们不仅追求商品的使用价值，而且追求商品的审美价值、知识价值、社会价值，它们是商品附加值的重要组成部分。

人们买服装，不仅用来御寒，更重要的是为了美观，为了追求时尚，以及为了显示独特的个性。"文化衫"的热销，正是这种购买心理的集中表现。

人们买汽车、自行车、彩电、家具等耐用的消费品，除了考虑其性能、价格之外，还要考虑样式是否美观、大方，色彩是否悦目，品牌是否著名，等等。

某厂生产筷子，想出口到日本而不成功，后来他们把中国先哲们的名言刻印到筷子上,立刻成为日本筷子市场的俏货。这个例子说明,"文化"和"知识"可以引起顾客的购买欲望,并且增加商品的附加价值。

至于烟、酒、茶等传统消费品,则与烟文化、酒文化、茶文化密切相关。为什么"孔府家酒"曾远销海外,受到海外华人的青睐,不仅在于它的酒味香醇,更在于"孔府家酒"满足了海外华人思乡恋祖的文化需要。

日本政府在1989年3月进行了一次民意调查,有58％的日本人答称:"不想买什么东西了!"这是因为从使用价值角度,他们已经应有尽有了。唯一诱使他们购买物的因素,是商品的文化附加价值。日本学者木村尚三郎一针见血地指出,"企业不能像过去那样,光是生产东西,而要出售生活的智慧和欢乐""现在是通过商品去出售智慧、快乐和乡土生活方式的时代了"。

2. 服务中凝聚着文化

随着经济全球化速度的加快,以及信息技术的迅猛发展,先进技术和工艺普及的周期大大缩短,相应的产品质量和价格的差距比历史上任何时期都更容易缩小。比如,目前中国的彩电生产厂家,几乎都采用了日本或欧洲的技术和设备,其彩电产品在质量和价格上难分伯仲,于是服务就成为市场竞争的关键因素。谁的售前、售中和售后服务完善,谁就能赢得用户。而良好的服务质量,必须有良好的服务观念作后盾。

美国的IBM公司之所以能发展成世界第一,靠的是最佳服务。IBM的产品质量高价格也高,但其提供的服务优于其他公司。这是因为几十万IBM职工把"IBM就意味着服务""IBM靠优质服务独步全球"常记在心,并有"丧失客户联合调查制度"等制度作保障。一位美国分析家对IBM公司的服务及其文化赞不绝口,他说:"他们对企业信条的热忱可以同受过狂热教派洗脑的分子相媲美。"

日本松下公司把顾客看作"衣食父母",在经营上贯彻"服务第一、销售第二"的方针。他们的服务标准是:"以乞丐为贵客。"这是松下公司长盛不衰的重要原因。

对于服务业,服务即商品,服务质量更是竞争的决定因素。人们去餐馆,已不仅仅为了饱腹,而且要体会一种文化环境,获得精神上的享受,因此"边吃边唱"的形式大行其道,人们形象地说:"卡拉OK是道菜。"

人们去商场购物,已不仅仅要求商品货真价实,还要求受到售货员的尊重和关怀。越是商场数量多,人们越追求独到的特色服务。许多成功的商业企业,正是在这一点上赢得了顾客。北京的蓝岛大厦,居然能在开业5个月销售额达到2亿元,靠的是其独具个性的商业温情——"情意服务"。蓝色给人的感受是平静、温馨,到蓝岛,客人们处处感受到蓝色的温馨:一楼大堂的总服务台,着蓝衣蓝帽的蓝岛小组会为抱孩子的父母送上免费的母子同乐车;把您购买的礼品装进漂亮的礼品盒;为被雨困在店中的客人送上写有"雨中温情"的蓝色雨披;也为蓝岛留下建设性意见的客人送上蓝色温馨卡……蓝岛的特色服务以"顾客至上"的价值观为依托。他们的口号是:"一箱一包一片情,天涯海角随身行""买走一份商品,带回千缕情丝"。同时,又有严格的制度不断强化这种服务意识——"过失单控制法"发挥了作用,一张过失单意味着罚款 50 元。对于整个大厦,有"服务质量控制表"遥控着各个部门。蓝岛文化是一种高明的服务文化。

3. 经营管理中浸透着文化

谈到优质服务,关键是如何使全体员工牢固地树立起服务意识,形成优良的群体价值观,这就要求企业家在经营管理中具有清醒的文化意识。

欧美企业家已经认识到:"要推广微笑服务,必须首先造就快乐的员工。"人只有在快乐时才会有真诚的微笑。一个内心痛苦的人笑出来也是苦笑,一个内心麻木的人往往"皮笑肉不笑"。那么,如何拥有快乐的员工呢?唯一的办法,是在企业经营中真诚地尊重员工、关心员工,给每个人提供施展才干的舞台和合理优厚的报酬,这就是"以人为中心"的管理。

美国 IBM 公司的三个基本价值观——"尊重个人,顾客至上,追求卓越",构成了三位一体的价值观体系;美国波音飞机公司以"我们每一个人都代表公司"为信条;日本松下公司提出"造物之前先造人";瑞士劳力士手表公司则把"仁心待人,严格待事"作为座右铭。

以微笑服务闻名并多次被评为世界最佳旅馆的匈牙利布达佩斯沦坛旅馆,其总经理在回答众人追问时说:"我们成功的诀窍只有一点,那就是不把员工当机器人看待。"一语道出了他的经营理念。

一个企业有没有效率和效益,最终取决于人力资源的质量。"得人才者得天下"是市场竞争的永恒法则,人与物的区别在于人有思想,有感情。随着员工教育水平的提高和"知识型员工"比例的增加,只靠重奖重罚物质杠杆的管理方式越来越成为"明日黄花"。

在市场竞争中,如何增加企业的凝聚力?可以看到,人身上有三条纽带——物质纽带,这是基础;感情纽带,这是无形而有效的因素;思想纽带,这是根本,上下同欲才能行动一致。这三者都要求优良的企业文化做支撑。

"如何面对瞬息万变的市场竞争?"在全球化、信息化的时代更尖锐地提出这一问题。每个企业家都应对此有一个高屋建瓴的理性思考,这就是企业哲学和经营理念,企业经营者水平的高低,企业竞争战略的高下,在很大程度上取决于其哲学思考的能力。

而企业的品牌也与企业文化密切相关,品牌背后是企业形象,包括产品形象、服务形象、员工形象、企业家形象等,这种形象又是由表及里地从视觉、行为到理念层次被社会公众识别。因此,它不过是企业文化的外显。没有优秀的企业文化,就不会有美好的企业形象。

综上所述,企业哲学、经营理念、共同价值观,是把企业各类人员凝聚在一起的精神支柱,是企业把各种资源有效整合、形成强大竞争力的无形之手,它是企业之魂,是企业长盛不衰的保证,是企业在市场经济下竞争力的源泉。日本学者日下公人说,"产业革命其实就是文化的工业化现象",新的文化"可以产生下一代工业"。日本另一位学者木村尚三郎指出,"今后的企业活动,说到底,非文化活动莫属。"这些深刻的见解,揭示了同一个真理——文化制胜的时代已经到来。

4. 建立现代企业制度应与培育优良企业文化同步

面对21世纪的挑战,我国的企业在逐步建立现代企业制度。但至今,遇到很多困难,一个普遍的问题是不规范。种种不规范现象产生的原因之一,是没有实现观念的转变,没有建立起与现代企业制度相匹配的优良企业文化。

为了迎接文化制胜的时代,中国的企业家在建立现代企业制度的同时应该率先更新观念:

第一,企业的目的包括赚钱,但赚钱不是企业的唯一目的,更不是企业的最高目的,满足人民日益增长的物质和精神需要才是企业的根本目的。企业应深入挖掘自己存在的意义,并使其深入人心。日本松下公司的基本经营原则是:"鼓励进步,增进社会福利,并致力于世界文化的进一步发展。"新日铁的社训则是:"钢铁立国。"美国强生公司的使命是:"兴盛现代科学,贡献人类健康。"中国长虹公司把"产业报国"作为企业目标。这些企业的目标都高屋建瓴,将会产生强大的精神动力。

第二,市场经济不仅不排斥道德,不排斥文化,相反,它呼唤更高层次的道德和文化诞生。精神需求、道德需求、文化需求将主宰未来的市场,这是不以人们主观意志为转移的客观规律。在市场竞争中,企业的竞争力大体上由政治力、经济力和文化力三个因素构成。随着人们受教育水平和生活质量的提高,文化力将发挥越来越大的作用。

第三,文化是由人们创造的,企业家应该成为企业文化的倡导者。企业家都想圆一个梦——企业长盛不衰。人是企业之本,企业家应该以人为中心(对内以职工为中心,对外以顾客为中心)进行管理。美梦成真的关键——你能不能培养出具有熟练技能和高尚思想品德的员工队伍,能不能培育出优秀的企业文化,包括优秀的企业理念、核心价值、企业哲学、企业精神、企业道德和企业作风,相应的企业制度和物质载体,以及具有很高文化附加值的产品和服务。我们高兴地看到,诸如海尔、联想、康佳、同仁堂、中兴通讯、华为、万科等许多优秀企业,在科学管理的基础上,大力加强企业文化的建设,主动迎接文化制胜时代的到来。他们的成功经验值得更多的企业借鉴。

第四，文化制胜的时代呼唤新型的企业家。对新型企业家的描述各不相同，诸如"育才型领导人""服务型领导人""政治家型领导人"，但有一点是相同的：除去卓越的组织指挥能力之外，他们应该具有良好的道德、哲学家的头脑、战略家的眼光和政治家的胸怀，总之一句话——具有深厚的文化内涵。因此，他才有能力在企业内培育出一种优秀的文化。正如美国管理学家沙因所说："领导者所要做的唯一重要的事情就是创造和管理文化，领导者最重要的才能就是影响文化的能力。"

可以相信，适合文化制胜时代的新型企业家，将像雨后春笋一样，一批又一批地在中国产生，他们将驾驶中国的企业之船，在全球范围的竞争中乘风破浪，全速前进。

复习题

1. 简要说明对企业文化影响较大的中国传统文化有哪些。
2. 请说明中国与西方的价值观有何异同。
3. 试述改革和开放对企业价值观有何重要影响。
4. 结合改革时期的企业文化建设情况，说明以何种方式可以继承传统文化。
5. 企业文化如何做到党政齐抓共管？
6. 社会变革会给企业文化带来哪些有利影响？
7. 如何学习借鉴西方企业文化理论和实践经验？
8. 谈谈企业文化建设的可行模式。
9. 中国企业文化第二次热潮的内容有哪些？
10. 为什么说习近平新时代中国特色的社会主义思想必然会掀起中国第三次企业文化建设热潮？其标志性特点有哪些？
11. 为什么说现在世界进入了文化制胜的时代？

思考题

1. 谈谈当前企业文化建设的时代特征和发展趋势。
2. 你认为本企业应该如何面对文化制胜时代？

案例分析 "东汽精神"启示录

2008年的深冬，中国东方电气集团公司东方汽轮机有限公司（简称"东汽"）厂房机声隆隆，车间焊花闪闪。

当听说企业在震后不久就迅速恢复生产、2008年已实现年产100亿元的目标时，在这里考察的胡锦涛同志感慨地说："这些成绩来之不易。东汽广大干部职工发扬了'泰山压顶不弯腰'的精神,充分体现了工人阶级大无畏的英雄气概,你们是好样的!"

巍巍龙门山不会忘记,滔滔绵远河不会忘记——2008年5月12日四川汶川山崩地陷,特大地震突袭而至。东汽汉旺生产基地惨遭劫难,职工、家属伤亡惨重,厂房、设备严重损毁。面对灾难,不屈的东汽人"泰山压顶不弯腰",心手相握、共赴灾难,谱写了一曲感天动地的英雄壮歌。大灾之际,天地之间,"东汽精神"气贯长虹。

迎难而上震不垮　敢于胜利创新业

这一幕,永远成为东汽历史上的惨痛记忆——地震中,全厂职工和家属300余人遇难,1 000余人受伤,其中200余人重伤;5 100余户职工住房遭破坏,上百万平方米厂房倒塌或损毁;2 000余台生产设备损坏,直接经济损失近27亿元……这样一个有42年历史、产值过百亿元的重大装备企业,被大自然以极端的方式重创。

然而,人们意想不到的是,震后仅三天,东汽人竟像往常一样参加招标会——2008年5月15日,当东汽风电事业部市场部销售经理黄铮只身一人出现在北京举行的国电龙源公司项目招标会时,现场人们顿时把他团团围住。震后,国电龙源公司曾多次致电东汽,但电话不通、消息不畅、传言不断……那一刻,所有人都认为,东汽不会过来投标了。

"我到招标会现场签到时,我们公司的名字已从表格上删除了。"黄铮说。

"你们能不能按时交货？风电开工没？"

"目前还没有,我们的人都在自救!"

"那大概什么时候可以开工？"

"估计在17、18日开工!"黄铮在回答招标提问时,坚定而充满自信,让国电龙源公司吃了一颗"定心丸",也让竞争对手深表钦佩。

最终,东汽如愿拿下了"震后第一标"——价值3亿多元的33台风力发电机组的订单。在震后不到半个月内,东汽风电事业部还先后拿下了一系列大合同……

一个遭受地震重创的企业,能够拿到合同不容易,完成合同更是一段艰难坎坷的路程。

震前,甘肃大唐西固热电厂向东汽订了两台33万千瓦热电机组,原定2008年10月交货。地震后,西固电厂很着急,冬季将临,他们还要靠这两台机组向兰州市供电。东汽人更着急,他们更不想因地震灾难而失去几十年形成的东汽信誉。

从恢复生产的那一天开始,东汽人就把完成西固电厂机组当成"头号任务"。余震不断,厂房危险,工人们就用角钢把房梁加固,打上斜拉线,准备好地震救生罩;零部件不够,他们就从其他机组上拆卸,实在没有,就去外面的关联厂家借;工期太紧,工人们就连续加班,一直干到半夜12点……就这样,平时要2个月的总装,他们硬是抢在1个月内完成了。

2008年,东汽人在经历了巨大灾难之后,完成了2 320万千瓦的产品产量,是原计划的88%,完成产值108亿元,比2007年增长了13%,把地震造成的损失和时间最大限度地抢了回来……

"越是大灾大难,越能激发东汽人迎难而上、敢于胜利的勇气,这就是'东汽精神'的基石。"东汽总经理张志英说。

甘于奉献无所惧　不怕牺牲向前冲

杨峰很瘦,安静地坐在椅子上,几乎一动不动。但那薄薄的一次性纸质防护工作服里,却掩藏着一种坚强。

汶川大地震发生时,杨峰正在德阳的东汽树脂分厂上班。听说汉旺基地受灾惨重、东汽中学垮塌,杨峰19岁的儿子就在东汽中学读高二。下午6点过,杨峰随东汽第一批回援职工赶到了东汽中学的废墟上,猜测着儿子教室的位置和可能的逃生路线……用手挖,用肩顶,不断呼喊,一心想救出儿子。

当后半夜第一个孩子的尸体被挖出来上半截时,这个孩子的母亲却跪下来,抱住杨峰等人的腿,哭着求大家帮她把孩子挖出来,她要"好好地抱着他"。刹那间,杨峰的想法变了:"从那时起,我就下决心,要挖出每一个孩子,无论他是活着,还是已经死去。"

作为一名普通百姓,这一刻,是杨峰人性光辉闪耀的开始;作为一名东汽职工,这一刻,是东汽人不怕牺牲精神的迸发。此后,杨峰一直坚持在东汽中学现场实施救援,一天仅睡两三个小时。饿了,啃一口面包;渴了,喝一口矿泉水。到救援结束,杨峰和其他救援人员一起,从废墟里共挖出83个孩子,其中7人幸存下来。

17日凌晨3时许,当挖掘进行到最底层时,杨峰终于看见了自己的儿子。23个孩子挤在一起,在即将逃离大楼的一刹那,被瞬间垮塌的楼梯无情掩埋。

此后半月,杨峰一直留在汉旺参加救援,抢运机器设备,清理剧毒化工品,处理危损的大烟囱……直到现在,杨峰一直正常上班,没请过一天假。

在东汽,像杨峰一样可歌可泣的故事,俯拾皆是——

铸造事业部质量工程师王道刚,地震时本已跑出了办公楼,发现身后的同事龙燕摔倒了,就跑回去拉她。就在这时,外置楼道轰然坠落,重重地砸下。最后一刻,王道刚仍然挺起男子汉的胸膛,紧紧护住龙燕的头部。

武装部干事胥怀君,地震后被派往德阳等地求救,而此时他的女儿正被埋在叶片分厂车间的废墟下。等老胥赶回厂里,在大家帮助下把女儿抬出来时,女儿已奄奄一息,在他怀里永远地闭上了双眼。

置业公司职工陈元忠,爱人被埋在了叶片分厂废墟下,此时领导要他赶紧把吊车开到学校救人,泪流满面的陈元忠一声没吭,带着车调头就开往东汽中学。很多孩子得救了,陈元忠的妻子却永远地离开了……

灾难是无法选择的,但在灾难袭来时,生与死却是需要选择的。在生死抉择面前,在亲情与大爱面前,东汽人毫不犹豫地面对死亡,为别人打开了"生命之门"。

"5·12"大地震中,东汽共有300多名职工和家属遇难。但是,东汽人没散、心没乱,震后救援工作马上展开,1小时后抗震救灾指挥部成立,当天下午就确定了指挥部分工名单并派人口头传达到了各救灾单位。

地震发生时,东汽8000多名职工正在上班。大地震使工厂80%的建筑被严重破坏,部分厂房彻底垮塌,1000多人被埋在废墟之下,通讯中断、电力中断、供水中断……"有了指挥部领导分工的名单,大家的救援更有序、更有效了。在最宝贵的第一时间里,这就是救命的单子。"东汽党委书记何显富说。

救援队伍到来前,东汽组织了2000多人的自救队伍,当夜就把5000多名老人和妇女儿童安全转移到德阳,并从废墟里抢救出几百人。

大灾见真心,大难识英雄。在东汽最困难、最艰辛、最痛苦的时刻,勇于奉献、不怕牺牲的精神支撑着东汽人,托举起一个个生命的希望。

百折不挠齐心干　艰苦创业志弥坚

在树木葱翠的曙光山半山腰,一座巨大的"汉旺5·12"地震公墓正在紧张修建。在距公墓几百米的一片山坡上,竖立着很多墓碑,长眠在这里的东汽建设者用自己的生命和热血,记载着绵远传承、生生不息的"东汽精神"。

这片山坡被上了年纪的东汽人称为"英雄坡"。

"其实,东汽人不怕牺牲的精神,并不是地震才震出来的。"党委书记何显富说,"40多年来,不怕牺牲的精神,就像静静的绵远河水,在一代又一代东汽人的血脉里流淌着。"

20世纪60年代,东汽作为"三线"企业初建时,从哈尔滨、上海等大城市来到曙光山下的第一代创业者们,牺牲了青春和优裕的生活。曾任东汽副厂长的徐均平回忆起艰苦创业史,无比自豪:"当时,只能住草棚,一下雨,还得赶紧把图纸藏在被窝里,否则就会淋湿。后来,住宿点搬到了附近庙里,可除了灰多、老鼠多,蛇也特别多,经常一进庙门就能踩死一条蛇。"那些单身的女同志听说蛇怕烟味,虽然不吸烟,也都在枕头边放上一包香烟。

那时的汉旺,一年只有50几个晴天,其余时间全是阴雨天。洗的汗衫,挂在中殿,一个星期后还是湿乎乎的。没有澡堂,大家一年到头,只能用盆子打水擦身。

42年前,汉旺曙光山脚下,一个名叫李子林的地方,突然间冒出了一间墙面和瓦面抹着黑灰、玻璃窗全用黑布包起来的大房子。那间大房子就是东汽的一轻工车间,那群外地人就是从数千里外的哈尔滨汽轮机厂迁来的东汽"元老"。

东汽"元老"们在这片刚建的厂房中开创的奇迹,成了"东汽精神"最初的诠释。

东汽第一任厂长丁一将其归纳为"一根麻绳闹革命"精神。正是这股百折不挠、迎难而上的斗志,在随后的漫漫岁月里代代传承,鼓舞着东汽人克服了一道又一道难关,让东汽人"敢打硬仗""敢啃硬骨头"!在这种精神的感召下,一代一代的东汽人终于在这片土地上,从无到有,建成了一流的发电设备生产基地。

步入新世纪,东汽进入黄金发展时期。2000年的夏天,尤永红,一名普通的技术人员,成为又一个倒在东汽工作岗位上的无名英雄。正是这样默默奉献的第二代东汽人,让"东汽精神"继续升华。"当时,北京和济南连续有两个投标项目。尤永红连续熬了4个通宵,回到厂里,把行李直接放办公室,又泡到计算机上赶图纸。"他不知道,此时,极度的疲累已经把死神引到了身边。厂里把尤永红送到成都的华西医院检查。可这一去,他再也没能回到自己热爱的工厂。在东汽英雄谱中,为了企业发展不惜牺牲生命的事迹绝非一例。

熊世鑫,让人们看到了"东汽精神"在第三代东汽人身上的薪火相传。他是德阳主机二分厂钳工。"5·12"大地震发生当晚,熊世鑫火急火燎地抢着跳上厂里的救援车,随着蓝色的人流从德阳赶往汉旺,"想救出几个人"。在倒塌的楼房里,熊世鑫看到了从小一起长大的伙伴李海东被压在废墟下。尽管当时根本没有办法施救,但为了帮海东撑下去,熊世鑫一直隔着窗子陪他说话。他的头上,是已经严重震损倾斜了的墙壁,任何一场余震,都可能造成新的垮塌。就这样,熊世鑫冒着生命危险,一直陪了李海东10多个小时,直到他闭上眼睛……

翻开厚厚的《东汽四十年》,一篇篇回忆录无不透出东汽人百折不挠、艰苦创业的精神。正是这种精神,使东汽创造了从1974年投产至2007年"33年不亏损"的奇迹。

自主创新不言败　勇攀高峰克难关

在东汽人眼中,东汽第一任厂长丁一倔强而执着地带领干部职工历时8年、自主研发30万千瓦汽轮机组,依然是"东汽精神"里程碑式的象征。

20世纪70年代初,我国还不能自主生产30万千瓦火电机组。东汽人从零开始进行研发。那几年,东汽任务少,资金紧,但是东汽人勒紧裤带,自筹数百万科研经费进行研制,到1980年,大部分关键部件已研制成功。

当时,为了自主研制30万千瓦机组,东汽在有关部门决定从国外引进、要求东汽"停止30万千瓦机组试制工作"的情况下,白发依稀、噙着泪水的丁一在全厂干部会上沉重地表态:"我是一个党员,为了国家的电力事业,为了工厂的长足发展,为了工厂几千名职工,我宁愿不当厂长,也一定要把30万千瓦机组搞出来!"

1983年,东汽终于成功研制出了30万千瓦机组,并定点山东黄台电厂。但困难接踵而来:电厂要求必须在厂内试车并每分钟转到3 000转——这种出厂前的空负荷试车风险非常大,在国际上尚无先例。但东汽干部职工在技术难度极大的情况下,成功地进行了试车。这台机组的诞生,缩短了国产化大型机组与世界先进水平的差距。

如今,20多年过去了,东汽自主研发的30万千瓦机组已经提升研发至第10代系列。当年第一台机组通过改造已脱胎换骨,而作为机组"心脏"的转子则被运回厂内,作为"雕塑"安放在厂区里,成为东汽人自主创新的历史见证。

东汽总经理张志英说:"东汽人深知,一切进步和发展总是孕育在不断的开拓创新与勇于前行之中,企业必须把目光投向更加长远的未来。因此,我们20世纪90年代就提出了'生产一代、开发一代、储备一代、构思一代'的新产品开发的战略思想。"

1991年,东汽从国外引进60万千瓦机组生产技术时,国外专家曾投以怀疑的目光。60万千瓦机组,对当时的东汽而言,是决定未来发展的界碑,是决定东汽今后在同行中地位、与世界先进水平距离的标尺。在合同签订后的3年里,东汽先后派出百余人次到国外进行技术、工艺、生产管理等培训;设计人员将得到的所有数据重新计算,以掌握国外技术,并在此基础上需要自主创新,从图纸到产品,每个零件都要达到技术参数要求……1996年、1997年,两台机组分别在邹县电厂成功投运,并创下多项全国第一!

从此,东汽与哈汽、上汽平分秋色,不仅形成了国内电力市场"三足鼎立"的局面,而且在国外市场也开拓了新天地。

2004年11月,东汽引进国外常规风力发电设备制造技术,通过消化吸收,不到一年,便开发生产出了首批国产化大功率低温型风电机组,国产化率超过75%,可在零下30摄氏度的恶劣环境中正常运行20年。这种技术在世界上也属高新技术,标志着我国在风力发电这一清洁环保与可再生能源发电领域国产化开发的重大进步。

1995年,作为岭澳核电站一期分包商的东汽,引进了主包商法国阿尔斯通公司的技术,外国专家曾怀疑东汽会"消化不良"。但是,仅仅过了9年,东汽不但掌握了核电汽轮机组的生产技术,并且进行了9大项目的研究,开发了多种新工艺和新的制造技术,又一次实现了成功跨越。通过消化、吸收、掌握,东汽在核电设计开发和制造技术上实现了一系列创新和突破。当岭澳二期建设时,东汽已成为汽轮机项目的主包商。中国核电有了自主生产的"中国芯"。

张志英总经理说:"我们的科研和技术准备都是在高速运行,慢了就要拉大与国外的距离。我们的目标是在不远的将来,将'四电'都做成国内一流、世界先进的水平……"

国际金融危机对经济社会的影响,不亚于一场大地震。随着国际经济形势的变化,传统的火力发电机组的市场需求有所下降,而东汽接获的巨额订单却有增无减。

"今天不积极调整产业结构,明天就会被产业结构调整。"张志英说,地震前东汽就占了大型汽轮机国内市场1/3的份额。而风力发电又成为东汽另一个重要产业板块,经济规模不亚于汽轮机。在核电方面,已形成年产4台百万等级核电汽轮机的制造能力。

"多电并举"——东汽这一未雨绸缪的产业结构调整策略,显示了强大威力。

回首东汽的历史,人们不禁为之感慨,为之震撼,为之讴歌:

迎难而上,敢于胜利;

甘于奉献,不怕牺牲;

百折不挠,艰苦创业;

自主创新、勇攀高峰——

这就是"东汽精神",是"泰山压顶不弯腰"的东汽人的铮铮誓言,也是中华民族在困难和挑战面前砥砺前行的精神力量。有了它,无坚不摧,无往而不胜。

(原载于《人民日报》,吴剑平改写)

讨论题:

1. 东汽公司企业文化的主要特点是什么?
2. 东汽文化是怎样培育的?
3. 从东汽的案例你受到什么启发?中国企业的优势表现在哪里?
4. 如何建设有中国特色的企业文化?

第十二章 跨文化管理

1. 了解不同地区企业文化的主要特点
2. 了解文化差异和文化冲突的原因和特点
3. 掌握跨文化管理的类型、特点和对策
4. 掌握文化整合的原则、步骤和方法

在经济全球化的背景下,现代企业在世界范围内寻求资源的有效配置与支持,跨文化管理已经成为现代企业管理关注的热点问题。

第一节 跨文化管理的基本概念

一、跨文化管理的内涵

跨文化管理又称交叉文化管理,指与企业(组织)有关的不同文化群体在交互作用过程中出现矛盾(差异和冲突)时,在管理各项职能中加入对应的文化整合措施,恰当地解决这种矛盾,从而有效地管理企业的过程。简言之,跨文化管理是指对不同文化背景的人、物、事进行管理。

从本质上来看,跨文化管理主要是进行企业文化的内部整合。即在跨国经营中对不同种族、不同文化类型、不同文化发展阶段的子公司所在国的文化采取包容、整合的管理方法,其重点是在跨文化条件下如何克服异质文化的冲突,维系不同文化背景的员工的共同价值观和行为准则,并据此创造出企业独特的文化,从而形成卓越有效的管理过程。

作为一种全新的管理理念,跨文化管理是经济全球化带来的企业跨国经营活动的产物。由于世界贸易组织和地区经济一体化联盟,交通运输与信息技术的飞速发展与进步,国际商务交往范围更大,文化模式由一元转向多元,这就要求跨国企业在异域文化中把具有不同文化背景的各国员工用具有自己特色的企业文化、共同的价值标准、道德规范和行为模式凝聚起来,最大限度地发掘和利用企业的潜力和价值。在跨文化管理中,管理者不仅要懂得满足员工需求对激励员工的重要作用,还应该知道什么是员工的特殊需求,以及怎样去满足员工的特殊需求。

从企业文化的结构来看,实施跨文化管理需要从以下3个层次入手:

(1) 理念层次。即整合企业价值观,形成共同价值观为基础的企业理念体系。在企业经营过程中,不同文化背景的员工的行为无不体现出自身的价值观念,因此,跨文化管理在不同层次水平上都涉及价值观问题。管理者要在平等看待各种价值观的同时,对特定的价值观体系进行分析和比较,从而确立企业的共同价值观,以此保证企业文化在一元化下的多样性,而不是多元化,这是跨文化管理成功与否的关键。

(2) 制度行为层次。就是对企业的制度和行为规范进行整合和统一,并通过有力的执行逐步实现不同文化背景员工行为的一致。由于文化背景的不同,即使全新的企业文化形成了,在企业内部也会保留和存在着特征迥异的民族文化模式,他们的行为规范可能是互补的,也可能是矛盾的。这样,同样的要求与规定,不同文化背景的成员,执行方式可能不同,产生结果就相应不同。企业制定和颁布统一的制度文件是容易的,但是要使不同文化的员工都有正确、一致的理解和执行,却并不容易;而且要改变在不同文化熏陶下长期形成的行为习惯,显然就更加困难。因此,制度行为层次的文化整合和管理,并不是要试图改变员工所有的习惯和行为方式,而只是改变妨碍团队工作的行为。

(3) 符号层次。即采用统一的标志、建筑风格、传播网络等企业符号层要素,这是跨文化管理中最容易的部分。例如,海尔集团设在海外的工厂和研发中心,就都采用了海尔标志和标准色等。又如,谷歌(Google)设在清华科技园的分部,就尽量采用了与美国总部相似的内部装修风格。

二、跨文化管理的类型

跨文化管理行为常常发生在企业到本土之外进行的企业合资、合作和兼并等行为中。通常,存在三种文化整合与融合行为,即强势文化和强势文化之间、强势文化和弱势文化之间、弱势文化和弱势文化之间。于是,跨文化管理对应产生了四种类型。

1. 移植

就是将母公司的企业文化体系全套照搬到子公司所在国家和地区,而无视子公司所在地的本土文化及合作方原来的组织文化。这也是最简单、最直接的方式。

这种模式在实施过程中,不可避免地带有强制的色彩。有下列情形:①如果母公司文化是强势文化,而子公司的企业文化和地域文化是弱势文化,那么在移植过程中遇到的冲突就相对较小,如"海尔文化激活休克鱼"案例;②如果两种文化势均力敌,均属于强势文化,那么移植导致的冲突就会很激烈;③如果均属于弱势文化,则这种移植就会毫无结果,徒劳无功;④当子公司所在的地域文化和自身的组织文化为强势文化,如果弱势的母公司文化要进行移植,其结果很可能是不仅无法保持母公司的文化精华,反而会被子公司的文化所同化。

因此,这种"移植"模式,适用于强势文化兼并弱势文化,特别当对方为劣质文化,妨碍企业发展时。

2. 嫁接

这种类型的跨文化管理,是在母公司认识到子公司所在地域文化及其自身组织文化特征,并在尊重的前提下所采取的方式。嫁接时,多以子公司的地域或组织文化为主体,然后选择母公司文化中关键和适合的部分与之结合。例如,西安杨森、海尔(美国)、联想旗下的 IBM 都是这种类型。

这种方式的优点在于对当地文化的充分理解和尊重,融合风险小,但是有效性不稳定。容易出现的问题是:母公司文化的特征不突出,或是没有尽取其精华;也可能对当地文化中的不适宜成分没有充分剥离,使协调效应无法充分发挥。

因此,这种"嫁接"模式,适用于被兼并企业处于文化强势,特别当对方为优质文化,有利于企业发展时。当强强联合时,为了减少融合阻力,也可以采用"嫁接"模式。

3. 合金

文化合金是两种文化的有机结合,选择各自精华的部分紧密融合,最有效地将双方优秀基因融合起来,成为两种文化的合金。这是文化整合的最高层次,也是经过实践证明的最佳方式。

这种方式不是以哪一种文化为主体,而是将两种文化完全融合。其形成的合金文化,可以兼容更多的其他文化,适应更多不同的文化环境,具有普遍推广的能力,因此也是经济全球化格局中跨国公司重要的核心竞争力。例如,中日合资的北京松下公司,公司文化的核心是"十大精神",其中 7 条是来自日本松下公司,而实事求是、改革发展、友好合作 3 则是来自中方企业。实践证明,这种模式融合阻力较小,新文化基因具有优势,最具有生机和活力。

这种"合金"模式,最适合强强联合、弱弱联合时,特别当双方均为优质文化,兼收并蓄更有利于企业发展时。对于强弱联合、强强联合的情况,只要双方均为优质文化,也可采用此种模式。

4. 并存

维持现状，保持两种文化并存，不予整合。特点：在一定时期保持现状，两种文化并存，实际上是母公司不对被兼并企业实施文化整合，完全尊重本土文化。显然，这种模式阻力最小，操作简单，但文化一致性低。适用于非紧密型联合，或仅为参股关系，合作企业具有优质文化，而母公司派驻人员很少的情况。这种模式应该慎用。

第二节 不同国家的企业文化差异

一、美国企业文化特色

美国是世界上最大的经济强国，也是现代管理理论的主要发源地，在管理实践和理论研究的推动下，美国许多企业都根据自己的不同情况，培育和发展了独具特色的企业文化。总结目前美国的企业文化，主要有以下一些特征。

1. 建立共同价值观

美国企业领导者认识到，决定公司生存和发展最重要的因素是企业共同的价值观和共同的信念。共同价值观是企业文化的核心和基石，激励着企业员工为个人利益和企业价值的实现去拼搏、奋斗。美国最杰出企业的价值观主要有以下4方面：①成功的企业要有一个崇高的目标。通过目标来激励和领导员工，使个人愿意为崇高目标而献身。②应使员工参与决策和管理工作。企业采取共识的领导方式，创造一种合作文化，促使员工从事创造性的思考、学习和参与，让员工感到自己与企业组织结为一体。③追求卓越。这是美国企业文化的核心之一，是永无止境、永不满足、求新求变的一种精神和信念。④建立亲密文化。美国企业文化要求管理人员与下属员工建立友谊，有了友谊才会有信任、牺牲和忠诚，员工才会发挥出巨大的创造力量。微软、谷歌等许多处于领先地位的高技术企业，其主要原因就在于这些企业大都由一群志同道合的科技人员组成，他们彼此坦诚沟通，共同激荡创意，相互鼓励及启发事业的成就感，因而不断取得成功。

2. 个人能力主义

由于历史传统的影响，美国文化带有明显的个人能力主义的特点，美国企业文化中也因此培植了尊重个人、崇尚个人自由、追求个人发展的精神，不怕失败、勇往直前的开拓进取精神，鼓励自由贸易、自由竞争、任何人都要凭才智和工作而致富的精神。这样的企业文化保证了美国在科技开发方面处于世界领先地位，率先打开知识经济时代的大门。美国企业是技术创新的主体，世界知识产权组织（WI-

PO)数据显示,2008年美国全球《专利合作条约》(PCT)申请量以53 521件稳居第一位,几乎是第二位的日本的两倍。

3. 软硬结合

第二次世界大战以后,美国企业由以物为中心的单纯技术与纯理性主义的管理方式转向以人为中心的现代管理方式;从把企业当作单一的投入产出体、毫无顾忌地向社会夺取最大限度的利润,转向把企业看成是整个社会有机体的一分子,企业努力与整个社会保持协调发展;从过去注重企业管理的硬件方面(战略、结构、制度)转向既注重硬件又注重软件(技能、人员、作风、最高目标),强调它们的协调发展以实现其整体功能;由只重视硬专家、强调科学技术对生产经营的促进作用,转向同时重视软专家,强调信息、咨询服务和企业文化在企业管理中的作用。软硬结合,毫无疑问是美国企业管理方式发生变化的必然趋势。

4. 务实精神

实用主义哲学在美国文化中占有绝对的优势。这培育了美国人的务实精神,认为"有用就是真理",注重实际效果,少有形式主义,上级与下级沟通直接,表达意见明确。韦尔奇在通用电气公司发起了"三环战略"和削减工作量运动,丹纳公司总裁麦克佛森一上任就废止了厚达22.5英寸的公司政策和法规汇编,只用几百字的经营声明来替代,都是务实精神的体现。崇尚行动、快速行动,强调执行力,是美国企业务实精神的另一个重要体现。务实精神也导致美国企业喜欢用数量来评价事物,关心效益指标,为了获得最高效率和竞争优势,员工拼命工作,相互竞争。同时,美国的企业一般以工作业绩来评定员工,不太注重员工的学历和资历,所以在美国公司经常看到年轻的管理者,他们年纪轻轻却拥有骄人的业绩。此外,任何一项发明和建议能否被美国人接受,关键在于能否在现实中加以应用,能否在社会上产生效应,这种倾向也反映在企业文化之中。

在看到美国企业文化优点的时候,也要清楚地认识到其深层次的问题,例如享乐主义导致的超前消费、过度消费,极端个人主义造成的思维片面和经济霸权主义,长期成功滋生的"成功麻痹症"和狂妄自大,等等。2008年,从房地产引发的愈演愈烈的世界金融危机,很大程度上暴露了美国企业文化的弱点。

二、日本企业文化特色

在日本,企业文化的表现形式是多种多样的,如"社风""社训""组织风土""经营原则"等。日本企业文化的主要特点是和魂洋才、家族主义和以人为中心。

1. 和魂洋才

这是日本企业文化的核心。日本民族自称大和民族,"和魂"指日本的民族精神。"和魂"实际上是以儒家思想为代表的中国文化的产物,是"汉魂"的东洋化。日本企业家很好地利用了"和魂",提倡从业人员忠于企业,鼓吹劳资一家、和谐一致、相安而处、共存共荣。日本企业重视"和为贵"的思想,追求的"人和""至善""上下同欲者胜"等共同体意识皆源于此,例如日立公司的"和"、松下公司的"和亲"、丰田公司的"温情友爱"。这里的"和",就是和谐一致、团结协作。

"洋才"则指西洋(欧美)的技术。1886年日本明治维新以后,日本企业向西洋学习先进技术及管理方法,于是"和魂"和"洋才"才开始结合,成为日本近现代企业家经营活动的指导思想,构成日本企业文化的重要基础。战后日本企业引进、吸收、消化了大量的欧美技术,并在此基础上进行了改造创新,创造了远比其他发达国家大得多的资本增殖。

2. 家族主义

这是日本企业文化的显著特色。日本民族具有明显的农耕民族的某些文化特征,即家族主义,在企业中则普遍表现为"团队精神",一种为群体牺牲个人的意识;同时还表现为乡土性,即稳定性。至今,日本的"家族主义"与"稳定性"等民族特征在企业生产经营活动中仍表现得十分明显。日本社会是集团的社会,一个企业可以被看作是集团,企业内部的科室、班组、事业部等也都是大小不一的集团;在企业外部,相互间有密切联系的企业结合成集团。所谓家族主义就是把家庭的伦理道德移植到集团中,而企业管理活动的目的和行为又都是为了保持集团的协调、维护集团的利益、发挥集团的力量。在家族主义影响下,集团被看成是社会的一个细胞,而人的个性几乎完全被集团所淹没,企业管理的对象不是单个的人,而是由人群组合而成的集团;无论个人的责任、权力还是利益统统都由集团来承担,如同家庭一样。

企业领导和管理人员从各方面关心员工的福利以至家庭生活,员工也以企业为家,用高质量和高效率的工作来报答企业。许多日本企业家认为,企业不仅是一种获得利润的经济实体,而且还是满足企业成员广泛需求的场所。日本企业一般采用终身雇佣制,在工资及晋升上实行年功序列制,并实施全面福利,使员工有职业安全感,从而对企业"从一而终"。这样的制度体系通过物质利益及精神需要的满足,强化了员工对公司的家庭般的归属感,使他们把自己对工作、事业的追求,甚至精神的寄托都纳入以企业为中心的轨道,经常表现出献身、报恩精神。

3. 以人为中心的思想

这是日本企业文化的重要内容。无论终身雇佣制、年功序列制,还是企业工会,日本企业经营模式的这"三大支柱"都是紧紧围绕着人这个中心的,三者相互联系、密切配合,从不同侧面来调整企业的生产关系,缓和劳资矛盾。正是这些形成了命运共同体的格局,实现了劳资和谐,推动着企业经营管理的改善和提高。日立公司在原总经理吉山的倡导下,形成了"人比组织机构更重要"的组织风土。本田公司坚持"以人为中心"的经营思想,他们认为企业经营的一切根本在于人,注意把公司办成有人情味的集团。

日本企业家认为,"人才开发的利益大得无穷""企业教育训练投资的投入产出系数最大,是最合算的投资""只有人才才是企业活力的源泉"。日本企业通过教育提高员工素质,坚持"经营即教育"的思想,不断发展和巩固企业文化。松下电器公司自创办以来一直把教育作为经营理念的核心,松下幸之助提出了"造物之前先造人"的思想。丰田汽车公司的口号则是"既要造车也要造人"。丰田公司认为,培养优秀的人就是增加公司的资产,无论谁都应该在造就人才上下功夫。为此,丰田公司从文化知识、技术技能、道德修养和思想感情等多方面对员工进行教育训练。

当然,日本企业文化在培养创新精神、鼓励年轻人才冒尖等方面有明显的薄弱之处。20世纪90年代以来,日本企业进入了结构调整的艰难时期,相应地在管理上吸收美国能力主义的长处,更强调内部竞争和效率,在年功序列制和终身雇佣制上都有所松动,但日本企业文化的基本形态并未发生实质性的变化。相反,欧美企业则普遍借鉴日本模式,重视企业文化建设,"团队精神"等日本企业文化的长处成为了欧美跨国企业核心价值观的一部分。

三、欧洲企业文化特色

欧洲是现代企业的发祥地和最早进行工业化的地区。欧洲企业在长期的发展过程中形成了自己的企业文化特色,例如实行人本管理、注重员工素质、讲求诚信、重视质量和品牌、提倡优质服务等。下面主要介绍德国和法国的企业文化。

1. 德国企业文化

德国是西方世界仅次于美国、日本的经济强国和工业大国,拥有戴姆勒-克莱斯勒、大众汽车、安联、德意志银行、意昂、麦德龙、宝马、西门子、蒂森克虏伯、慕尼黑再保险、博世、拜耳、汉莎等一批世界知名的大企业。在长期的发展过程中,德国企业文化形成了以理性管理为基础的浓厚特色。

(1)硬性管理的制度文化。

日耳曼民族是欧洲最富有理性的民族,德国人处世稳重扎实,做事谨慎周密,德国实施依法治国、注重法制教育、强调法制管理。在此影响下,德国企业的运行机制基本上建立在理性基础上,严格的组织体系、完善的管理制度、认真的管理态度造就了德国企业的厚重实力和生产的高效率。同时,德国人长期形成的讲信用、严谨、追求完美的行为习惯,使企业从产品设计、生产销售到售后服务的各个环节,无不渗透着一种严谨细致的作风,体现着严格按照规章制度去处理问题,对企业文化产生了深刻影响。德国企业内部的等级观念很强,且晋升机会较少,但员工只要是长时间为企业服务,有足够的学历和阅历,就会获得晋升机会,特别是一般有学位的专业人才会优先得到晋升。其他人虽然得不到提升,但很少怨言和消极不满,反而还会更加努力上进和勤奋工作。

(2) 民主管理的参与文化。

由于有坚实的法律保障,加上尊重人格、强调民主的价值观为指导,德国是西方国家中实行员工参与企业管理制度最好的一个国家,无论是戴姆勒－克莱斯勒、大众、西门子还是高依托夫、路特等中小企业,员工参与企业决策是一种普遍现象。德国《职工参与管理法》明确规定,大型企业要按对等原则由劳资双方共同组成监事会,然后再增加1位中立人士担任主席。当双方意见不一致时,设立调解委员进行调解,如还不能解决,则由监事会主席裁定。《企业法》中则规定,凡员工在5人以上的企业都要成立员工委员会,由全体员工选举产生,主要任务是在工资、福利、安全等方面维护员工的利益,企业主在涉及员工工资福利等重大问题作出决定前必须征得该委员会同意。德国的员工参与企业管理效果很明显,一是劳资双方关系融洽,二是劳动生产率大大提高,三是可以从员工中汲取许多改进企业经营管理方面的建议。

(3) 基于责任的质量文化。

德国企业对产品和服务质量的重视程度可以说是"世界之最",强烈的质量意识已成为德国企业文化的核心内容。汽车工业是德国质量管理的典型代表,几大汽车公司都有一整套健全的质量管理机构与体系,对质量管理的投入相当巨大。例如,大众公司强调"精益求精"的质量理念,各类质量管理人员就有1万多人。西门子公司则秉持"以新取胜,以质取胜"的理念,长期立于不败之地。德国企业普遍注重独创性研究开发,力求高度专业化、权威性和高品质,从而保证产品的质量和竞争力;同时,他们也普遍重视优秀的服务品质,以诚信服务客户,塑造企业和品牌形象。牢固的质量意识是基于德国企业和员工的强烈责任感,包括家庭责任、工作责任和社会责任;企业对员工主要强调工作责任,尤其是每个人对工作岗位或生产环节的责任。在大众汽车、TüV等公司,"责任"是企业的核心价值观。戴姆勒－克莱斯勒公司高度重视"责任"和质量,促使每名工人都在本职工作岗位上为成功卖掉每一辆汽车而尽自己的责任。与美国企业等相比,德国企业中的管理人员往往以身作则,因为责任感强而工作最累。

(4) 以人为本的和谐文化。

以人为本,实行人性化管理,是德国企业文化的另一大特点。具体表现在:①德国企业普遍尊重员工。企业里,上级给下级布置任务通常是商量的方式,而不是命令的口吻。在大众公司,如果员工在某个岗位上工作不好,管理者通常首先会认为是工作岗位不适合,在征求本人意见后调换一个更能发挥其潜能的岗位。德国企业员工的离职率也比较低。②注重务实的能力培训。德国是世界上进行职业培训教育最好的国家之一,德国企业具有完善的职业培训机制,造就了高素质的员工队伍。德国工业长期保持领先地位,与其培养和拥有大量的技师有密切关系。③劳资关系、人际关系和谐融洽。德国工人的年工作时间过去30多年累计减少500小时,与美国、日本相比是最短的,而工资却不断增加。多数德国企业十分注重人际关系,营造和谐、合作的氛围。④重视企业兼并重组过程中的文化整合。如德国戴姆勒-奔驰公司与美国克莱斯勒公司合并后,成立了专门委员会,制订专门计划,进行文化整合,保持和谐的文化氛围。

德国在市场经济条件下长期形成的完备的法律体系,为企业建立诚信、遵守法律的企业文化奠定了基础。同时,宗教主张的博爱、平等、勤俭、节制等价值观念,在很大程度上也影响了德国企业文化的产生与发展。另外,德国企业文化明显区别于美国的以自由、个性、追求多样性、勇于冒险为特征的企业文化,也区别于日本企业强调团队精神在市场中取胜的企业文化。

2. 法国企业文化

法国是一个充满浪漫情调和艺术气息的国度,同时也是世界第五、欧洲第二的经济大国。无论安盛、巴黎银行、家乐福、标致、苏伊士、米其林、圣戈班、雷诺、欧尚、布依格、赛诺菲-安万特、春天集团、法航等一批《财富》500强大企业,还是高档服装、旅游、化妆品、设计、文化等领域的中小企业,都在世界上有着广泛影响。历史悠久的法兰西文明和现代企业管理结合,造就了法国企业文化的特色。

(1) 远大的目标。

法国人的自信心和自豪感较强,为法国企业注入了比较高远的目标和很高的标准,成为法国很多企业员工的共同价值观。苏伊士集团一直致力于成为世界领先的基础设施私营企业,2008年在全球500强企业排名97,营业收入达649.82亿美元。赛诺菲-安万特集团是世界第三大制药公司,在欧洲排名第一,其业务遍布世界100多个国家,现拥有约1万多名科学家及10万名服务于健康事业的员工。集团的宗旨(也是核心价值观)是:"无论在何时,无论在何地,赛诺菲-安万特都在为人类最重要的健康事业而奋斗"。集团有一条价值观是"胆识",其解释则是"海阔凭鱼跃,天高任鸟飞,要勇于去实现自己的理想。赛诺菲-安万特集团需要拥有远大的奋斗目标,这是我们取得成功的起点。"这鼓舞着每一名员工积极地投身每天的工作。法国电力公司秉持社会服务思想,"为祖国服务,为法国人民服务"这种企业文化植根于员工心里,成为一种自觉行为。有着100多年历史的皮具行业世界著名企业巴黎都彭公司的宗旨就是"精益求精、力求完美"。

(2) 浪漫的人情味。

这是法国企业文化的另一个重要特色。世界头号轮胎巨人——米其林公司的品牌标志是"轮胎人"必比登(Bibendum),生动地反映了这种人性化和人情味。在法国很多企业,既有严谨的思维、严格的制度、严格的质量标准,强调团结和依靠团队;又尊重员工的个性和差异,尊重个人和团队的独特性,努力营造平等的关系、宽松的氛围乃至艺术的情调、浪漫的气息。赛诺菲-安万特集团将"尊重"也列入企业价值观,意思是"必须尊重他人及其贡献""包括建立道德的商业惯例,遵循明确高度的商业准则",并认为"尊重的定义还包括:善于与员工沟通、作决定前善于倾听和分析他人的意见"。相对美国、日本企业而言,法国企业比较注重过程中的投入程度,也更容易接受一些资金投入回收期较长的工作计划。无论制造业还是服务业,这种人情味还体现在法国企业非常重视服务。例如,欧尚的服务四宝是"你好,谢谢,微笑,再见",而且以12条原则来作为保证为顾客提供满意服务的基础,其核心内容是:让每一位来欧尚的顾客满意而归;对顾客服务不仅仅是钱的问题,应该首先是一种必须学会的行为举止,"谁不会微笑,便不应该开店";顾客是评判所提供的服务质量的唯一法宝,顾客的意见占第一位;不能让顾客来适应企业,而应该由企业适应顾客。

(3) 追求时尚与创新。

人们提起法国、提起巴黎,往往会与时尚和潮流联系起来,这是由于很多法国企业在服装、美容、设计及制造、服务等领域内都是全球的行业领跑者,引领着未来的发展方向。例如,创办于1865年的巴黎春天集团(Pinault Printemps-Redoute, PPR)是世界第三大奢侈品和零售业巨头,其特色在于领导时尚。春天集团旗下的Gucci集团的名字,已经成为"新摩登主义"的代名词。巴黎的高档时装,定期举办的潮流发布会,众多的流行品牌,也是这种企业文化特色的鲜明体现。巴黎还是世界闻名的设计之都,云集了大量的设计和创意企业,不断推陈出新。树立品牌是法国企业引领时尚和创新的旗帜,专业化是他们实现创新的重要保证,观念创新和技术创新则是其关键。苏伊士集团坚持核心业务紧紧围绕着与人类基本需求息息相关的领域,包括能源、水、废物处理和通讯等,以形成自身的强大优势。赛诺菲-安万特全球增长的基础可归功于高效、创新的研发组织,集团的研发部门有1万多名科学家和科研人员,分别在三大洲的20多个研发中心,为寻求更新的治疗方案而努力工作,这造就了其在心血管疾病等7大治疗领域的领先地位。

四、亚洲企业文化特色

亚洲目前是世界上经济社会发展最快的地区,除中国和日本企业以外,其他亚洲国家和地区的企业的表现也越来越引起世界的关注。亚洲很多企业深受中国传统文化的影响,具有一些共性的特点。但是由于不同国家和民族在宗教、发展历史等方面的差别,企业文化又有着一些不同之处。这里主要介绍韩国、新加坡和印度的企业文化特色。

1. 韩国企业文化

传统的韩国社会文化以儒家思想为核心,企业文化也具有很浓厚的儒家色彩。例如,韩国企业的员工、下属非常尊敬和服从老板、上司,老板和上司也以权威和慈爱对待员工和下属。再如,韩国有大量家族制企业,即使非家族制企业,在用人上往往实行以"血缘""地缘""学缘"为中心的管理,全员通过这种纽带成为企业共同体。同时,韩国企业又深受西方企业文化影响,在把东方的儒家思想与西方的管理科学有机结合的过程中,培育形成了自己特有的企业文化。

(1)彻底第一主义。

与日本企业传统上"位居第二""回避风险""以稳求实"的经营理念不同,韩国大型企业集团大都奉行"彻底第一主义",强调人才第一、产品第一、服务第一。这一理念源自韩国人强烈的民族自尊心,很多韩国企业在发展之初就会定下高标准。三星公司一直主张要"成为世界第一",它的企业文化的核心就是创始人李秉哲最初提出的"第一主义"。LG集团的董事长具本茂曾在仅10多分钟的简短新年祝辞中,13次使用了"第一"两字。韩国企业有时为了成为"第一",甚至不惜一切代价,冒险向海外投资,这也是韩国企业文化与日本企业文化的显著区别。

(2)勤勉的劳动意识。

企业成员认真的工作姿态、勤勉的劳动意识,是韩国企业文化的一个重要特征。韩国企业无论普通员工,还是各级管理者,劳动时间几乎是世界上最长的。管理人员早晨7点开会、晚上8点以后才下班,这样的企业比比皆是。韩国企业家勤劳敬业,既有东方人的吃苦耐劳精神,又有西方人的实干作风,很多企业家都是白手起家、历经磨难,最终创造出骄人的经营业绩。

(3)重视人才。

韩国优秀企业大都以"人才第一"理念为指导,通过建立企业内部的研修院或利用产业教育机构培育了大量优秀的人才。现在韩国主要的企业集团都已采用了科学的人力资源管理制度。一些专业性比较强的大企业和中小企业为了拥有自己的专业技术人才,还建立了相应的人才储备系统,或是从销售额中提取一定的比例持续进行教育投资。此外,韩国的优势企业还普遍重视让员工到海外研修,以促进员工的自我开发。

韩国企业文化还有一个显著特征,就是高度集权的组织结构和权威性管理方式。这既是韩国企业过去的成功因素,又是制约其进一步发展的文化根源。正如《第三次浪潮》的作者阿尔宾·托福勒(A. Toffler)所指出的:韩国企业虽然适合第二次浪潮即大量生产为中心的产业社会,但在以个人的创意性和开放性为基础的第三次浪潮即信息化社会里,是不适合的。

2. 新加坡企业文化

新加坡是一个具有多元文化特色的国家,三大民族是华人、马来人和印度人。新加坡也是一个国际化程度很高的国家,深受西方现代文明的影响。因此,无论是新加坡的国有企业,还是私营企业,企业文化有着一些共同的特点。

(1) 儒家文化深入骨髓。

新加坡是一个以海外华人为主组成的国家,儒家思想是新加坡的"国家意识"和核心价值观,它成为渗透在新加坡企业的一切活动中的无形理念体系和企业的灵魂,成了一个企业独特的价值标准、传统、观点、道德和规范,成了企业里不成条文的,但被员工普遍遵循的信念和习惯作风。即使是最复杂棘手的人力资源问题,也往往在企业文化面前迎刃而解。新加坡的企业文化的家族性和注重"培养家庭核心价值观",就是一个具体体现。新加坡政府表彰的有突出贡献的十名企业家之一、"第一家"集团创办人、著名华人企业家魏成辉就曾说:"中华文化是我们的根。"新加坡创新科技公司的成功得益于6F企业文化,即Family(家庭气氛)、Friendliness(和谐友好)、Fortitute(刻苦耐劳)、Failure tolerance(接受失败)、Fast-paced(快捷步伐)和Fun(轻松有趣)。

(2) 国家经营意识。

超越竞争对手的国家意识,是绝大多数新加坡企业,特别是国有企业的经营哲学,成为引导和激励企业发展的强大竞争力。新加坡航空公司(SIA)多次被民航业权威性杂志评选为最佳航空公司,是世界民航业界公认的全球盈利最高的航空公司之一。新航要求自己不仅仅是做一家优秀的航空公司,而且要在整个服务行业也要做到最优,追求目标就是在航班服务的每一个方面总要比竞争对手好一点,"用更好的服务来替代现有的服务"可以说是公司的核心理念。

(3) 高度重视人才。

由于缺乏自然资源,所以新加坡从政府到企业都把培养和吸引优秀人才,特别是管理人才和专业人才,作为立国、兴企的关键。为了从海外吸引优秀的管理人才,新加坡企业向其提供国际水准的薪金和待遇,而企业中普通员工的薪酬水准却较低,仅为香港的1/4~1/3。同时,新加坡企业也注重培养员工的主人翁意识和团队精神，重视沟通激励，努力发挥员工的积极性、创造性。例如，新航重视整体的员工发展，格外重视培训一线的员工，让他们能够处理随着客户高期望而来的高要求及其带来的问题。

(4) 科学化制度化管理。

新加坡企业以建立与国际化接轨的公司治理结构为突破点，在企业的基本管理制度、所有权、责任、分配、用人机制、组织机构和管理模式等方面建章立制，直接规范了员工的日常工作行为，在尽显儒家管理思想优势的同时，又使良好的企业文化有了坚实的制度保障，保证了高效率。新加坡第二大国有企业淡马锡控股公司，集团总部仅50多人，却有效管理着44家二级公司和近400家全资和合资企业。新加坡英柏建筑景观设计有限公司坚持"创新的理念＋科学的管理＋优质的服务"，赢得了客户信赖和市场回报。

3. 印度企业文化

印度是世界上仅次于中国的第二人口大国。印度政府1991年7月进行全面经济改革后，国家经济得到长足发展，近年来经济年均增长接近8%。私有企业是印度经济的主体，其企业文化在印度传统文化、殖民地文化和现代西方文化的影响下，形成了自己的特点。

(1) 家族文化。

印度家族企业很多，私人财团在国家经济生活中处于中枢地位，这些家族企业传承数代，历时百年甚至更久，类似于中国的同仁堂。这些家族企业中，往往几代人都在企业中担任职务，祖孙几代、婆家、夫家各种亲戚关系交织在一起和谐运转。正如印度企业家吉特·鲍在自传《灵象之悟：我与阿毗佳伊的商旅人生》中的一段话："公司真正的财富是不能用金钱来衡量的，而是兄弟之间的爱和友情，是家庭、朋友和友好的合作者们及时给予我们的大力支持和关爱。"

(2) 精英文化。

印度企业文化认为，决定企业生死存亡的关键不是简单地把接力棒交给自己的后代，而是交给靠得住的能人。如果家族培养不出能人，则宁愿把家族企业交给家族外的能人治理。很多印度企业家不惜花重金，把儿孙送到外国去接受最好的教育。同时，印度企业重视人力资源，把能否发现人才、培养人才、用好人才、留住人才作为企业发展存亡的关键。正因如此，印度首富、维普罗公司老板普莱姆基每年投入大量的资金用于职工培训。在精英文化的影响下，印度企业重文凭、重英语水平，把这作为人才的主要标准。

(3) 诚信文化。

成熟的印度市民社会、市民文化培育了成熟的企业诚信文化。印度企业家认为："自觉遵守规范，信守承诺是印度企业长期制胜的法宝，也是体现印度企业文化核心理念的表现""最终成大器者只能是诚信的企业。"例如,外国公司如果要求印度员工把 1 套软件装到第 2 台甚至更多计算机上,印度员工通常会提出不干,否则宁愿辞职。又如,印度的软件外包多数已做到"离岸与委托开发"阶段,也是由于印度企业有诚信,用户不会担心大量商业秘密被出卖。又如,印度商品一般来说没有中国的好,但通常不会有假货。

(4) 人本文化。

印度企业的这种人本文化,首先体现在企业的社会责任。以印度信息技术系统公司董事长莫尔蒂为代表的新一代企业家就公开提出,企业在赚取利润的同时还要承担社会责任。印度企业家可以一次捐款盖 100 所学校,但自己从不大手大脚,通常用国产车,出差住三星级宾馆。同时,印度企业着眼于雇主和雇员相互尊重,争取双赢:一是雇主和雇员打成一片,老板和管理人员大都平易近人,轻车简从,非常低调;二是既照顾雇主利益,也兼顾雇员利益,有的甚至连员工住房、子女上中小学等问题,都由企业统一解决;三是维护工人对自身合法利益的诉求权,使员工对就业有稳定感、安全感。

(5) 行业文化。

印度是小政府,大社会,行业协会在企业界的影响、作用很大。印度在世界贸易组织和其他国际性商务谈判中,行业协会起的作用很大。印度绝大多数企业会加入某一个行业协会,企业越大,加入的行业协会自然会越有名,越有影响。企业离开了行业协会,在业内的影响就会受到局限。企业对行业协会的活动、规范等出奇地重视,行业协会立下的规矩,企业一般会遵守。外国人跟印度人做生意,找法院打官司往往可能拖几年、十几年,但找行业协会调解则要快得多,效果也要好。印度人和外国人谈生意,不互相杀价,都能认真做到不突破行业协会定的行业最低价。

第三节 跨国经营与文化整合

一、中国企业跨国经营遇到的挑战

随着改革开放的不断深入,中国企业越来越多地进入了跨国经营的阶段,参与到全球性的经济竞争中。中国企业跨国经营主要有这样三种类型:一是跨国建立子公司、分公司,即采购、销售、生产、研发或全能子公司,如海尔美国科技园;二是跨国并购,如联想兼并 IBM 全球 PC 业务;三是跨国建立合资企业,这是最常见的一种类型,如北京松下公司、西安杨森公司。

在跨国经营的过程中,由于缺乏经验,中国企业遇到了许多方面的困难和挑战：

(1) 对驻在国外部环境的陌生。中国与其他国家在法律、经济、文化、办事潜规则等方面都明显不同，中国企业管理人员和员工由于缺乏了解，仍然按照中国的情况来想象和处理，结果导致在经营管理中出现困难甚至遇到麻烦。例如，很多派往国外工作的中国经理人员、技术人员和普通员工，往往会体验到不同程度的"文化休克"(culture shock)。按照世界著名文化人类学家 Kalvero Oberg 的观点，文化休克是由于失去了自己熟悉的社会交往信号或符号，对于对方的社会符号不熟悉而在心理上产生的深度焦虑症。

(2) 跨国沟通的困难。语言沟通的障碍，价值观的差异，礼仪和社会规范不同，这些都给跨国沟通造成了困难。例如，中国企业与印度企业发生了商业纠纷时，由于不了解印度行业协会的作用，找当地法院打官司，结果徒劳无功。

(3) 利益冲突。这也是跨国经营中出现的主要矛盾。例如在合资企业中，合资双方的管理人员常常会为人力资源政策和员工福利、产品和服务价格、是否和如何避税等问题进行争执，其背后关键在于双方不同的利益考虑。

(4) 文化冲突。如何使母公司文化被驻在国员工所接受，是另一个主要的挑战。跨国经营大多失败，都在于文化整合不成功，如 TCL 的几次国际并购。其实，这种情况在西方企业的并购时，也是经常发生，如惠普和康柏的合并。

综合来看这些挑战和困难，根本原因都可以说是文化差异的挑战。

二、正确认识文化差异

文化差异是一种普遍现象，即使在西方国家不同文化之间也存在国际差异。正如荷兰学者霍夫斯泰德所说："在德国，除非获得允许，否则什么事情都不准做；在英国，除非受到禁止，否则什么都准做；在法国，即使受到禁止，什么事也准做。"

企业文化是有民族特色的，中华民族的优良传统在中国企业中比比皆是，这是一种重视伦理、追求和谐、含蓄深沉的文化，集中体现了五千年文明的沉淀，是中国企业文化建设取之不尽的思想宝库。

"西方追求卓越，东方追求和谐"，抓住了东西方文化的主要差别。正确认识和了解以中国文化为代表的东方文化与西方文化的差异，是进行文化整合、实施跨国经营的重要前提。

由于中国国际化经营涉及的国家和地区非常广泛，我们只了解东西方文化差异是远远不够的，必须对对象国及对象企业的文化有更清晰的了解。

20 世纪 80 年代以来，对于文化差异的研究颇为丰富，在用什么维度识别不同地域和不同民族文化方面有很多观点。以美国的豪斯(House)为首的一批学者在

名为"全球"(Globe)的项目中对61个国家的文化从9个维度作了对比。而荷兰的霍夫斯泰德则采用4个维度,具体包括:

(1) 权力差距。在任何组织内部由于成员的能力不同,权力也不等。组织成员之间权力的不平等分布是组织的实质。

(2) 避免不确定性局面的意识(强/弱)。不同的社会以不同方式适应不确定性,例如技术、法律和宗教。对应不确定性的方式在社会成员共同持有的价值观念中反映出来,其根源是非理性的。这些方法可能导致一个社会采取别的社会认为异常和不可理解的集体行为。

(3) 个人主义/集体主义。这是描述一个社会内盛行的个人与集体之间关系的指数,在集体主义价值观念占主导的社会,个人往往从道德、思想的角度处理自身与组织的关系,而在个人主义盛行的地方则往往以算计的方式与组织打交道。权力指数高的国家,大多数都是个人指数低的国家。但是也有例外,如法国、比利时。

(4) 阳刚/娇柔意识(男性主义/女性主义)。用以描述文化中的性别角色系统。所有的组织都有内部分工,但是劳动分工与性别角色在组织内如何恰当地结合起来,很大程度上取决于传统习惯。

他依照这4个维度,把不同国家和民族的文化归结为8大类(表11-1)。

表11-1 基于霍夫斯泰德模型的地域文化

文化地域	国家(或地区)
安格鲁	澳大利亚、加拿大、英国、爱尔兰、新西兰、南非、美国
日耳曼	奥地利、德国、瑞士
拉丁欧洲	比利时、法国、意大利、葡萄牙、西班牙
斯堪的纳维亚	丹麦、芬兰、挪威、瑞典
拉丁美洲	阿根廷、智利、哥伦比亚、墨西哥、秘鲁、哥斯达黎加、危地马拉、委内瑞拉
远东	中国香港、韩国、马来西亚、菲律宾、新加坡、中国台湾、泰国
近东	希腊、伊朗、巴基斯坦、土耳其
独立	巴西、印度、以色列、日本

(资料来源:潘奈特·贝迪.体验国际管理.第二版.1994,第15页)

后来,霍氏与香港中文大学教授迈克尔·邦德合作,以儒家文化价值观为基础进行研究,提出了儒家动力论,作为文化价值观的第5个维度。儒家动力论也称"长期取向"价值观,追求的是未来的长期目标。儒家动力论指标高的国家,其特征是坚韧、克己、执着、节俭、安全、和谐,如中国、韩国等。

我们可以借助文化比较的理论和工具,对对象国家和对象企业的文化进行深入的调查和分析,对双方的文化差异得出科学而清晰的认识。

三、正确对待文化冲突

文化冲突是指不同形态的文化或文化要素之间相互对立、相互排斥的现象。文化冲突对组织绩效的影响,是企业管理关注的重点。管理者应激发功能正常的冲突以获得最大收益,但当其成为破坏力量时又要降低冲突水平。

在跨文化企业中,文化冲突主要表现在以下几方面:

(1) 显性文化的冲突。这是来自行为者双方的象征符号系统之间的冲突,也就是通常所说的表达方式所含的意义不同而引起的冲突,即文化差异在语言行为上的表现。这也是企业中最常见和公开化的文化冲突。例如,美国人说话往往直接切入主题,而中国人则喜欢先寒暄两句,等聊得差不多了再转入正题。

(2) 价值观的冲突。这是文化冲突的主要表现。不同文化背景下的人对工作目标、人际关系、财富、时间、风险等的观念会不尽相同。例如,企业中方员工重视特定价值、集体导向价值、中立价值、扩散价值和因袭价值等价值观;而外方员工则表现为通用主义、个人主义、情感价值、具体型和成就取向等价值观。

(3) 制度文化的冲突。制度文化体现于企业经营的外部宏观制度环境与内部组织制度之中。来自西方发达国家的管理人员,习惯于在法律环境比较完善的环境中开展经营管理,通常用法律条文作为行动依据;而中国等东方的企业管理者,则往往习惯于按上级的指令、文件等决策和行事,而不是法律法规。

(4) 经营思想与经营方式的冲突。西方多数企业注重互利、效率、市场应变,而中方企业缺乏这种思想,往往较少考虑对方的获利性。2005年年初,法国巴黎就曾发生过当地居民游行示威,抗议中国商人破坏了他们安静整洁的生活环境。因为中国商人将国内的行为方式完全带到了巴黎,例如经常取货卸货直至深夜,以及将原来的面包店、肉店、鲜花店、小酒馆等方便居民生活的店铺买来都变为服装批发店,没有注意适应当地环境。

(5) 人力资源方面的冲突。中、日等国企业偏重资历主义,而美国等国企业则奉行能力主义,把员工的能力放在首要地位。不同文化中,企业工会的作用和影响也是不一样的。上汽集团在收购韩国第四大汽车制造商双龙集团时,与双龙工会签订的特别协议中约定"公司继续保障现阶段所有工人的雇佣",结果在后来辞退员工时吃尽了苦头。

严格讲,文化冲突属于文化差异的极端情况,即当差异程度达到对立时的情形。文化差异对企业管理的影响不一定是负面的,但是文化冲突则往往带有很大的破坏性。研究表明,跨国公司面临的文化冲突具有下述特征:①非线性。不同质的文化像不同水域的冲突与交融,常常呈现错综复杂的状态。②间接性。文化冲突主要发生在心理、情感、思想观念等精神领域,在人们不知不觉中悄然发生和改变,有时需要通过较长时间才表现出来。③内在性。文化冲突往往表现在思想观念的冲突上,具有隐蔽性和内在性。美国由于建国历史不长,对于历史文物的看法就与欧洲有着冲突,麦当劳原打算在巴黎一家有近200年历史而且毕加索等著名艺术家曾经驻足的建筑中设立一个餐馆,但巴黎市民宣称城市的历史纪念地不容侵犯而予以抵制,麦当劳只好放弃。④交融性。不同文化之间,交流交融交锋并存。企业管理要善于从不同文化中寻求能体现各自文化精髓的共同点,这样才能在多元文化环境中生存。

正确对待文化冲突的要点有四:

1. 要防患于未然

在正确了解和认识文化差异的前提下,母公司的工作人员对驻在国企业的文化应采取充分尊重和积极沟通的态度,有效控制文化差异,防止差异演化为冲突。前节介绍不同区域的企业文化特色,就是希望帮助中国企业家在这些国家和地区聘用员工、开拓业务时避免不必要的文化冲突。

2. 要区分建设性冲突和破坏性冲突

冲突可以分为两大类,一类为建设性冲突,一类为破坏性冲突。一般说来凡双方目的一致而手段(或途径)不同的冲突,大多属于建设性冲突,这类冲突对完成组织目标是有利的,因此也容易处理。只有破坏性冲突,处理起来才比较困难(见表11-2)。破坏性冲突往往是由于双方目的不同而造成的。但这两者的划分不是绝对的,往往是综合交叉,也可以互相转化。如果处理恰当,破坏性的冲突可以转化为建设性冲突。处理不当,建设性的冲突可以转化为破坏性的冲突。我们要提倡建设性冲突,控制和减少破坏性冲突。

表11-2　建设性冲突与破坏性冲突的特点

建设性冲突	破坏性冲突
1. 双方对实现共同目标的关心	1. 不愿意听取对方的观点意见
2. 乐于了解对方的观点、意见	2. 两方由意见的争论,转变为人身攻击为中心
3. 大家以争论问题为中心	3. 双方对赢得自己观点的胜利最为关心
4. 互相交换情况日益增加	4. 互相交换情况减少,以致完全停止

3. 要把工作重点放在价值观冲突上

价值观是文化的核心,文化差异和冲突的根源大多在于价值观的不同。

按美国人类学家爱德华·赫尔的观点，文化可以分为三个范畴：正式规范、非正式规范和技术规范。正式规范差异主要指不同文化背景的员工在有关企业经营活动的价值观念上的差异，由此引起的冲突往往不易解决；非正式规范差异是指在企业日常生活中的习惯和风俗等差异，由此导致的文化冲突可以通过长期的文化交流融合妥善处理；技术规范差异主要指各种管理制度上的差异，它可以通过技术知识的学习而获得，比较容易改变。

理论研究和实践经验都表明，企业管理者要把工作重点放在正确认识和处理价值选择方面的冲突。例如个人主义与集体主义之间，这种价值观所带来的冲突与紧张，称为"价值两难"。要成功地整合价值冲突是很困难的事情，因为它与人的思维方式和行为方式直接相关，而且因为处理这些冲突也使企业管理充满挑战和趣味。

4. 以处理冲突为契机，不失时机地推动异质文化的融合

冲突发生后，要采取恰当的方法，积极地解决冲突。冲突使矛盾表面化，使异质文化的优劣鲜明地暴露出来，正是推动文化融合的大好时机。因此，在处理冲突的过程中，应不失时机地推动异质文化的融合。

加拿大的跨文化组织管理学者南希·阿德勒针对组织内文化差异与冲突提出了三种解决模式，其观点为国内外大多数学者所采用。

① 凌越

凌越指组织内一种文化凌驾于其他文化之上，而扮演着统治者的角色，组织内的决策及行为均受这种文化支配，而持另一种文化的员工的影响力则微乎其微。这种方式的好处是能够在短时间内形成一种统一的组织文化，但其缺点是不利于博采众长，没有实现文化融合，而且其他文化因遭到压抑而极易使其员工产生反感，最终加剧冲突。

② 妥协

妥协指两种文化的折中与妥协。这种模式指采取妥协与退让的方式，有意忽略、回避文化差异，从而做到求同存异，以实现文化冲突的暂时解决。但这种和谐与稳定的背后往往潜伏着危机，因为它回避了冲突的深层根源——价值观的差异，也回避了必要的文化融合。只有当彼此之间文化差异不大时，才适合采用此法。

③ 融合

融合指不同文化间在承认、重视彼此间差异的基础上，相互尊重、相互补充、相互协调，从而形成一种融合的、全新的组织文化。这种模式认识到构成组织的两个或多个文化群体的异同点，不是忽视和压制这些文化差异，而是积极地用融合化解冲突，并在融合的基础上建设全新的企业文化。它与妥协的不同在于对待这些差异的态度，并能够把不同点统一地纳入组织文化内。日本企业在20世纪70～80

年代大举进军美国时,采用的便是这种融合模式。跨国企业在成功地处理不同文化的冲突时,大多也是如此。

格力空调在巴西投资,企业管理在依法治理的基础上坚持以人为本,充分尊重巴西企业文化和员工的习惯,重视员工的业余生活,经常举办活动,丰富工人生活,让团队更有活力,培养了跨国管理人才和巴西本地员工,打造出一支忠于企业的优势团队。这也是成功的融合范例。

四、企业文化整合的原则和步骤

1. 整合原则

根据前面的知识,中国企业要成功地进行企业文化整合,应坚持下述原则:

(1) 正确认识文化差异。

(2) 尊重驻在国文化。尊重和理解不同的文化,认识到不同文化彼此的优势和不足,这是解决文化冲突和进行文化融合的前提。

(3) 对双方企业文化求大同存小异。求大同,就是要坚持企业自己的核心价值观,把是否符合核心价值观作为对不同文化因素进行取舍的标准。存小异,则是在核心价值观基础上,在不影响组织目标实现的情况下,允许不同的文化因素存在。

(4) 管理人员本土化。这是很多跨国公司取得成功的重要经验。海尔、联想等中国企业都聘用了大量海外员工,其中不乏高层管理者。

(5) 加强冲突管理。主要是预见和规避可能的文化冲突因素,防止对企业经营管理产生破坏性的影响。

2. 整合步骤

(1) 解冻。即原有企业文化的解体。正所谓不破不立。对被兼并企业的现有文化采取清醒态度,特别是当其文化与母公司文化差异很大,与兼并目标有矛盾时,改革其现行的组织结构、人事政策、管理模式、经营理念、行为习惯是不可避免的。

(2) 变革。文化整合是一个新陈代谢的变革过程。主要的环节是:领导团队重组;组织机构调整;制度变革;价值观的更新。这须经历一个较长期的过程,应该有计划、有步骤地进行。

(3) 再冻结。主要是企业新文化的强化和固化,员工新习惯的养成。应该从制度-行为层和符号层入手,使改革后的新制度、新行为规范、新的标志和传播网络,成为新价值观的载体,久而久之,就会促使越来越多的员工认同新文化,践行新文化,内化于心,外化于行。这时,融合后的新文化将成为跨国公司竞争力的源泉。

第四节 企业在国内兼并重组中的文化整合

一、中国企业在国内的兼并与重组

随着中国改革开放的不断深入,中国的大型和超大型国有企业进行了多次拆分和重组,目的是资产优化组合,形成集团优势,提高产业集中度,开展国企间的良性竞争。

例如中国电信行业,早在1999年,中国的电信行业经过拆分重组形成了中国电信、中国移动、中国联通、网通、吉通、铁通、中国卫星通信七雄并立的局面;2001年10月,中国电信南北拆分,形成了中国电信、中国网通、中国移动、中国联通、中国铁通及中国卫星通信集团公司五大电信巨头的新的5+1格局;2008年又改组为中国移动、中国电信、中国联通三足鼎立的局面。无独有偶,电力行业也拆分为国电、华电、华能、大唐、中电投、国家电网、南方电网、中电顾问、中国水电、水利水电、葛洲坝11家企业集团。这种拆分、改组伴随着领导层更替的同时,也伴随着业务不同程度的调整,企业间的不同组合,于是,不同文化之间的差异与冲突也显现出来。

此外,随着改革的深入,企业的资本运作也如火如荼,国内企业间的兼并、联合也已司空见惯。

二、正确认识文化差异和文化冲突

无论是兼并还是重组,都涉及许多不同地区、不同历史、不同业务结构、不同民族成分的众多企业组成一个集团。他们之间的文化差异很复杂。在中国,地广人多且有着56个民族,存在的差异就会更多。

① 地区的文化差异。北方人粗犷、豪放、直率、仗义、感性,而南方人细腻、委婉、多谋、内敛、理性。这里也包含着不同民族文化的差异:新疆的企业往往有许多维吾尔族、哈萨克族、塔吉克族的员工,他们的生活习俗、工作方式、人际交往的规范都各不相同。

② 不同所有制企业间的文化差异。国有企业崇尚主人观念、关系导向、党管干部、团队精神、艰苦奋斗、长期打算和队伍稳定;私有企业信奉雇佣观念、老板导向、人治为主、个人竞争、短期打算和队伍流动;外资企业则主要关注雇佣观念、制度导向、法人治理、规范竞争、短期打算、主客矛盾。

③ 不同企业间的文化差异则更多。由于企业文化的路径依赖型,这些成员企

业间,存在于地区差异、所有制差异、行业差异、历史差异、制度差异、价值观的差异、办事习惯的差异、内部风俗的差异,等等。

文化差异会影响管理,但不一定是负面影响;但是文化冲突对组织管理则往往具很大的破坏性。因此,如何利用和控制文化差异,防止差异演化为冲突。消除已有的文化冲突,就成为企业对不同文化背景员工进行管理的关键。

三、实现企业兼并重组中的文化整合

在企业兼并中,主要表现为母公司对被兼并企业的文化整合;而在企业重组中,则是"先有儿子后有老子",因此表现为如何在整合众多的子公司文化基础上建设集团总部的文化。无论是哪种情况,文化整合的原则是相同的。

1. 整合原则

(1) 尊重差异原则:正确认识和对待文化差异。孔子说:"君子和而不同,小人同而不和。"要尊重对方(包括不同的国家、不同民族、不同地区和不同企业的)文化,坚持和而不同。做到这一点,还要杜绝同而不和,即表面上完全一致,不提任何不同的看法,但是实际上并不团结,是面与心的不和。相反,和而不同,则要保持和谐的关系,但坚持不同的意见,这才是真诚的和谐。

(2) 有效沟通原则:积极沟通、相互理解。尊重差异的存在,还要平等沟通,增进互相了解,才能真正做到尊重与认同。就像谈恋爱一样,谈就是沟通、了解、理解和认同的过程。不谈,则不能爱,更不能和谐。只有通过积极、平等的沟通,做到相互了解、理解,才是文化整合成功的基石。

(3) 兼容并蓄原则:双方企业文化求大同存小异。大同即价值观、整体目标的一致,小异则是某些行为方式的差异,这样才能各展所长,优势互补,朝着共同方向努力,这也是相互尊重、积极沟通的成果。对于重组企业,在兼收并蓄基础上形成集团总部文化更为重要。

(4) 因地制宜原则:管理人员本地化,这个原则在国内的重组中也是适用的。由集团总部"空降"的干部不宜过多,管理人员尽量本土化,否则容易产生被征服感和心理排斥。

(5) 和谐过渡原则:妥善处理文化冲突。文化冲突不可避免,只能因势利导,把破坏性的冲突改变为建设性的冲突,实现和谐过渡,才能确保整合的成功。

2. 整合方法

下面我们通过"海尔兼并黄山电视"的一个案例来深入剖析企业在兼并重组中的文化整合:

1997年12月底,合肥市市政府决定将合肥市黄山电子有限公司整体划归海尔集团。拥有2 500多名员工的黄山电子有限公司,几年前曾是安徽省的支柱企业,黄山电视十分畅销,供不应求。但1993年以来,由于管理不善,生产经营每况愈下,出现多年未有的大滑坡现象,1997年共亏损4 982万元,甚至连员工的工资都只能从银行的贷款中支付。用当时安徽省、市领导形象的比喻来说,就是"日晒下的冰棒,越化越少,快剩下一根木棍了"。海尔集团恰在这紧要关头,以其十分雄厚的力量,于1997年12月31日将黄山电子公司整体兼并,这是一次大规模的企业组织机构调整,安徽、山东、合肥、青岛两省市上下都极为关注,大家拭目以待,其成败扣人心弦!

因为原"黄山"职工长期处于计划经济体制下,吃惯了"大锅饭",还想躺在国有企业的温床上舒舒服服地当"主人",对海尔先进的管理体制一时还适应不了,不能面对激烈的市场竞争机制。其冲突主要表现在以下几个方面:

(1) 质量冲突。海尔兼并"黄山"以后,首先将产品质量放在第一位,目标是将产品合格率控制在100%标准。有很多质量控制指标极尽苛刻,令一贯沿袭以前质量标准的原厂职工接受不了。如关于质量老化就产生过争议。必须按照海尔的质量标准,产品100%进行老化试验。而刚进入海尔的合肥海尔人则认为没有必要这么认真。

(2) 供应上的分歧。海尔的原则是对所有元器件的供应进行公开竞标,选择质优价廉的合作伙伴,原标准则是在几个关系户中选择供应。

(3) 工人收入与市场需求的矛盾。个别员工认为加入海尔就要增加收入,而具有强烈市场意识的海尔人则认为应全力以赴进行市场开拓,将个人收入放在第二位。

个别人与海尔的严格管理格格不入,对海尔的文化观极不适应,以往账目上存在一些问题,担心海尔的管理会触动他,使他不能再"混"下去了,所以他们跳出来,借机煽动群众,最终导致了"六·二"事件的发生。1998年6月2日上午,合肥海尔劳人处下发了全体员工签订"劳动合同"的通知,通知规定除技术人员签订5年期合同外,其余人员一律签订1年的劳动合同。这使长期在计划经济条件下过来的部分员工不理解,认为1年后公司就不要自己了。加上少数人恶意煽动、散布谣言,使不少员工不理解,产生不满情绪,跟着起哄,最后发展成为聚众闹事、上街游行,整个工厂生产停顿,歪风盛行,"打、砸"事件不时发生。

在紧急关头,海尔采取了四项措施:

(1) 连夜召开了党员、班组长以上干部会议,要求党员和干部要坚定立场,稳定人心。

(2) 孙部长、徐部长还一个分厂一个分厂地去发表演说,澄清事实。

（3）做出了在大是大非问题上绝不让步的决策。并对本次事件进行了明确表态：①1998年6月2日的上街行为是严重错误的。合肥海尔少数员工上街，中断了交通，严重影响了省市领导的正常工作，扰乱了社会秩序。这种无组织、无纪律、事先不申报、不打招呼、突然上街是违法的。②1998年6月3日、4日、5日，少数人殴打、谩骂、围攻合肥海尔领导和干部的恶劣行为，严重影响了生产、工作秩序，是法制所不允许的。③对个别殴打公司领导和干部的恶劣行为，要依法处理。④现在身份不能解决吃饭问题，国有企业也有发不出工资的。现在我们的思想观念要转变，不能停留在计划经济的陈旧观念下，这是改革发展的必然趋势。前5个月合肥海尔迅速发展的实践证明，海尔的管理是正确的、先进的。没有严格的管理，企业是无法走向正轨的。改革的方向是对的。在短短的几个月内，海尔彩电生产规模扩大，市场占有率大大提高，已上升到全国第8位，员工工资、医疗费、养老保险金和福利都能得到保障，这是大家有目共睹的。目前，海尔彩电市场销路很好，我们要珍惜，齐心协力抓这个机会。⑤对于签订劳动合同的规定，大家不理解，然而这在海尔企业和改革企业是非常正常的。⑥合肥海尔的管理只能上，不能下，只能强，不能弱。

（4）为使员工真正转变观念，厘清思路，决定全厂停产3天，组织全体员工进行讨论。通过几轮认真的讨论，员工思想真正有了转变，员工们真情地说："孙总不能走，海尔人不能走，海尔管理不能走。"同时，绝大多数员工都表明了复工的决心。这样一来，极个别人就彻底孤立了。1998年6月8日，公司一切工作恢复了正常。

合肥海尔员工的活力像喷泉一样喷涌而出，主动地接受了海尔文化。短短1年，创造出异乎寻常的佳绩。

（1）产品开发：3个月等于25年。以前黄山电子的产品开发存在"三慢"，即新产品开发速度慢、售后服务慢、市场反应慢。而海尔彩电运用了"要么不干，要干就要干最好"的技术理念，在科技投入方面准确把握了"六高"原则：高起点切入、高科技含量、高品位设计、高质量性能、高速度开发、高投入产出。

（2）市场销售：10个月跃居全国第四位。

（3）管理：海尔管理初见成效，从过去上班闲聊、人心涣散转变到了"事事有人管，人人有事干"的局面。

（4）产品质量优：海尔彩电开箱合格率达到99.6%以上，深得广大用户的信赖。

（5）人员思想状况：人没变，精神换。在员工中，也实行了一系列激励机制，认真工作、排除质量事故的好员工给予正激励，反之，给以负激励。每月一次的最佳员工、最差员工的评选极大程度地调动了员工的生产积极性。现在，员工的思想观念发生了质的变化,从"要我干"到"我要干",自主管理意识大大增强。

(6)产量:1个月等于过去的1年。1999年的年产量是40万台,约是以前的10倍。合肥海尔在设备引进、提高人员素质方面下了很大功夫,新引进了三条国内最先进的大屏幕生产线。针对员工的思想观念、质量意识方面存在的问题,以案例的形式进行反复教育,使员工明辨是非,思想观念有了根本性的转变,进一步提高了员工的素质。这些都是不断扩大生产规模的必要条件。

从上述案例中,我们可以得到启示,实现兼并重组中的文化整合,要做到:

第一,高度重视文化的作用。"虽然企业管理者们会对各种论述企业管理方法和工具的书籍发生兴趣,但真正能让管理工具发挥作用的却是企业的价值观。企业价值观如同一个人的灵魂,人若没有了灵魂,就如同行尸走肉。"张瑞敏如是说。可见,企业文化是一个企业的精神灵魂,只有重视企业文化的作用,才能带领企业走向成功的彼岸。

第二,高度重视人的工作、思想工作。兰德公司跟踪调查20年500家长寿大公司,得出这样的结论——长寿企业的特点是树立了超越利润的社会目标,即:①人的价值高于物的价值;②共同的价值高于个人的价值;③客户价值和社会价值高于企业的生产价值和利润价值。有人的地方,便有思想,如何将一个人的思想超越个人的思想,变为整体统一的思想,就需要企业高度重视,正如世界第一CEO韦尔奇所说:思想和人是至关重要的,通用电气应该借思想来获胜。

第三,坚持先进文化的强势地位。企业是一个共谋事业的群体,其公共形象必须以一定的价值观为基础。企业文化有优劣之分,落后的企业文化必然不会有良好的员工形象、企业家形象等,更不可能有强大的凝聚力和竞争力。唯有靠先进的企业文化,并依靠其强势的地位,进行深入的企业文化变革,才能实现成功的企业兼并和重组。

第四,恰当地处理文化冲突。文化冲突在企业兼并重组中必然存在,要恰当处理冲突,就要:①不要害怕冲突;②要冷静地分析冲突的原因——观念差距?利益分歧?习惯势力(文化惰性)?③坚持原则,积极沟通,避免破坏性冲突;④把冲突看作用先进文化取代落后文化的契机,大宣传、大讨论、大转变;⑤要制定一系列政策和措施,建立新秩序,让员工逐步适应新的文化;⑥要加大投入,有效地改变企业面貌,迅速提升企业竞争力,加速员工对新文化的认同过程。

第五节 跨文化管理的实施艺术

无论是国内企业间的兼并和重组,还是中国企业到海外实施兼并,都会遇到异质文化带来的文化差异、文化冲突,都有一个共同的任务——实施跨文化管理。

一、跨文化管理的任务

跨文化管理的任务可以分解为下面 4 项工作：

（1）识别文化差异。包括区分文化差异的维度和程度，预测和评估文化差异可能产生的积极作用和消极作用，发现和预见其中的文化冲突因素。

（2）控制和利用文化差异。一方面是协调和控制文化差异，避免和减少其负面作用；另一方面则是利用适度的文化差异，使之对企业管理发挥积极的促进作用。

（3）防范和化解文化冲突。即防范和规避可能产生的文化对立，应对和消除业已存在的文化冲突因素，以防止和避免企业文化冲突导致的企业管理失控。

（4）进行文化整合，实现文化融合。以企业的核心价值观作为全体员工的共同价值观，对不同文化进行理念层、制度行为层、符号层要素的整合，形成融为一体的企业文化。

二、文化融合的前提和方式

进行跨文化管理，主要是进行文化整合与融合，其基本前提是：

1. 确认原则

没有大的基本原则和标准，就不能确定文化中哪些是有利因素，哪些是不利因素，哪些应该保留、坚持和弘扬，哪些需要放弃、废除和改进。从企业角度，不同文化背景下的员工在一起工作，没有判断文化因素的原则与标准，必然导致思想和行为的混乱。

2. 相互理解

在确定原则、标准以后，重要的态度和意识就是相互理解。在文化融合的过程中，很多时候并无对错、先进与落后的概念，只有符合不符合原则的问题。

要认识到，任何不同的文化都有先进的因素、合理的成分，积极、开放地吸收借鉴，理性地对待他山之石。现实中，往往是强势文化影响和同化弱势文化。处于弱势文化背景的员工，往往会在情感、意志、态度、兴趣等方面产生挫败感，并由此导致一些非理性行为，事先应该对此予以充分重视。

3. 相互尊重

"入乡随俗"是文化融合中的一个重要原则。本土文化无论处于强势还是弱势，在本土地域内依然具有很强的影响力。外来文化，尽管可能是强势文化，但也不能咄咄逼人、处处以自己的原则和规范行事,把自己的意识形态当成全世界唯一的真理,逼迫别人接受。

丰田汽车公司接管通用汽车公司在加利福尼亚州的一家濒临倒闭的汽车装配厂以后,通过改变新公司的企业文化和管理模式,尊重和激励美国员工,仅仅18个月企业面貌就发生了难以想象的巨大变化,劳动生产效率大约提高了一倍。海尔集团也创造了"激活休克鱼"的奇迹,用强势文化成功地改造了弱势文化,实现了用无形资产盘活有形资产。这些例子都说明,文化融合可以产生巨大的经济效益。不论何种态势下,只有在不同文化背景的人们相互理解、相互尊重的前提下,才能有效地实现文化融合。

影响文化整合方式的因素很多,首要的是文化特质的差别大小和文化特质所代表的管理模式是否高效。如果文化特质的差异很大,而母公司的文化并不具有优势,整合初期最好采取并立型的文化融合方式,当企业运作一段时间以后,再转而采用其他文化整合方式。如果文化特质差别非常小,就要先考察哪种文化特质所代表的管理模式在其文化背景中更高效,然后以代表高效的文化特质为主,采取嫁接型或合金型的文化整合方式。值得注意的是,在跨文化整合过程中,应该考虑到企业组织本身作为一个特定的文化团体的整体均衡性问题。

三、跨文化管理的实施对策

1. 识别文化差异

根据美国学者爱德华·赫尔的观点,文化差异可以分为基本价值观差异、生活习惯差异和技术知识差异三种,不同文化差异所造成的冲突程度和类型是不同的。因此,只有先正确识别各种文化差异,才能从中寻求发展的共同点,采取针对性措施予以解决。一位跨国公司的美国经理说得直截了当:"你不得不把自己的文化弃之一边,时刻准备接受你将面对的另一种观念。"

2. 强化跨文化理解

理解是培养跨文化沟通能力的前提条件。跨文化理解包括两方面的意义:①要理解其他文化,首先要理解自己的文化。对自己的文化模式,包括优缺点的演变的理解,能够促使文化关联态度的形成,这种文化的自我意识,使管理者在跨文化交往中,能够识别自己和对方文化之间存在的类同和差异的参照系。②善于文化移情,理解对方文化。文化移情要求人们在某种程度上摆脱自身的本土文化,克服心理投射的认知类同,摆脱原来自身的文化约束,从另一个参照系反观原来的文化,同时又能够对对方文化采取一种较为超然的立场,而不是盲目地落到另一种文化俗套中。

3. 锻造跨文化沟通能力

国际企业经营的经验证明，一个跨国公司的成功取决于该公司的"集体技能"，即公司基于跨文化理解形成了统一的价值观体系条件下产生的"核心技能"，而跨文化沟通正是促成此核心技能的中介。跨文化沟通能力，简单地讲，就是能与来自不同文化背景的人有效交往的能力。跨国公司必须有意识地建立各种正式的非正式的、有形和无形的跨文化沟通组织与渠道，着力培养有较强跨文化沟通能力的高素质国际化人才。例如，日本富士通公司为了开拓国际市场，早在 1975 年就在美国檀香山设立培训中心，开设跨文化沟通课程，培养国际化人才。

4. 进行跨文化培训

跨文化培训是为了加强人们对不同文化传统的反应和适应能力，促进不同文化背景的人之间的沟通和理解。培训内容主要有：对对方民族文化及原公司文化的认识和了解；文化的敏感性、适应性训练；语言培训，即了解和掌握对方的特殊语言；跨文化沟通与冲突的处理能力培训；地区环境模拟等。一项对跨文化培训的全面调查显示，培训促进了跨文化沟通技能的提高，提升了外派人员的"文化智商"，改进了外派管理人员与当地员工及政府之间的关系，还明显降低了与外国合作伙伴、客户和竞争对手进行谈判时失败的概率，使管理者能更快地适应新文化新环境。宝洁、英特尔、摩托罗拉等大型跨国公司，都建立了跨文化培训机构，将不同企业文化背景下的经营管理人员和普通员工结合在一起进行多渠道、多种形式的培训。而韩国企业则注重将经理人派到海外工作或学习，使其亲身体验不同文化的冲击，提高处理跨文化事务的能力。

5. 借助文化差异施行多样化战略

一个真正的跨国企业能够利用并且明确估计出多样性的价值，而不仅仅是包容这种多样性。利用文化差异的战略能够产生竞争优势。企业应重视并利用员工多样化以提高他们的沟通能力、适应性和接受差异的水平，并把差异资本化，使之成为促进公司效益提高的主要手段。例如，惠普公司认为多样化是其经营战略的重要组成部分，使在大多数国家的员工队伍多样化，并通过强力的多样化政策，鼓励跨文化理解和对文化差异的积极态度。

6. 建立基于共同价值观的企业文化

经过识别文化差异和跨文化培训，企业员工提高了对不同文化的鉴别和适应能力，在对文化共性认识的基础上，应建立起与共同价值观和跨国经营战略一致的文化。这种文化把每个员工的行动和企业的经营业务和宗旨结合起来，加强国外子公司和母公司的联系，增强了企业在不同国家文化环境中的适应能力。发展文化认同,建立一致的企业文化需要比较长的时间,这就需要不同文化的员工的积极参与和与不同国家的消费者、供应商、分销商等外部环境保持长期的、良好的沟通关系。只有建立共同价值观,形成集体的力量,才能提高员工的凝聚力和向心力,从而使跨国企业立于不败之地。

四、跨文化管理中的心理适应

在经济全球化背景下,不同文化背景的群体在连续接触、交往和文化碰撞的过程中,文化的融合与适应必然导致双方文化模式发生变化。文化的变化意味着个体行为的变化,但这些变化了的社会行为,总是处于各自原先文化可以接受的限度之内。从微观角度分析,个体从一种文化移入另一种文化时,会面临很多变化和冲击,比如言语表达方式的变化、日常生活行为习惯的改变、价值观念的冲突等。在跨文化管理中,这种迅速的"文化移入"给个体带来的压力及适应困难等心理问题,会直接影响个体的身心健康及组织的活动效率。在文化冲突的情境下,个体失去了自己所熟悉的社会交往信号和符号,比如陌生的语言表达方式、非言语表达方式和符号象征性意义变化等,而对于对方的社会符号不熟悉,个体因交流障碍而在心理上产生的深度焦虑,在行为上出现消极的退缩和回避,在生理上反映为持续不断的身心的疲劳。在跨文化管理中,组织成员长期的精神压力和价值观失衡,会导致个体的社会角色混乱和对自己应付环境的无能感等,需要进行心理上的跨文化调节和适应。

跨文化交流过程中的文化移入是一个长期积累的过程,表现为"压力—调整—前进"的动态化的螺旋式推进方式。在适应困难的情况下,个体会主动退缩以减轻压力,尽可能保持放松状态,以防御的方式应付旧的认知模式的失败。同时,个体调节、重组认知模式和情感模式,积聚力量向适应方向进行再尝试。如此螺旋式向前推进,不断地融合于异文化。个体融入的速度取决于他在异文化中人际交流的能力、交流密切程度、与本文化保持交流的程度、异文化对外来文化的容纳性,以及个人对待异文化的态度、开放性和精神恢复能力等。

从适应阶段方面看,个体在不同的心理适应过程中所需应对的压力不同。在文化接触准备阶段,心理压力水平较低,初步接触后压力逐渐增加;在文化冲突和矛盾阶段,心理压力达到最高程度,容易发生适应障碍;危机过后,压力下降,个体的心理适应期结束。

个体心理适应的结果表现为态度与行为方式的变化:有时个体放弃原文化转而融入新的文化,接纳了新的价值标准,表现出新的行为方式,被新文化同化;也可能在与新文化长期接触后仍固执地坚持原文化，拒绝适应新情境，表现为与新文化群体的分离；最理想的适应性结果是个体客观地认识原文化与新文化的关系，重视与新群体的持续性交流，以开放和主动的方式接纳新文化，调节自己的心理状态，调和矛盾的价值观体系和态度，实现个体水平的文化整合。

五、跨文化管理中的文化风险规避

文化风险的产生源自不同文化渊源、文化现状之间的差异，其中文化渊源差异涉及不同文化的价值观念、是非标准及思维方式的差别，它是深层的，具有抵制外部干扰的倾向，不容轻易改变。而文化现状差异是表层的，如流行时尚、行为规范、评价倾向等，通过文化交流，文化现状差异是可以改变的。这种由于文化间的差异而引起的文化冲突会在不同程度上影响企业组织的正常运行，最终使企业经营的实际收益与预期收益发生偏离。

文化风险不同于企业经营中所面临的其他风险，是在企业跨区域发展和国际化经营过程中所面临的特殊风险，并总是通过具体的个体行为体现出来。比如，国际企业内部来自不同文化背景的员工之间的文化冲突、跨国企业与东道国消费者之间的文化冲突等，文化风险是企业发展中不可回避的新问题。

研究表明，现代企业应对文化风险的方式可以概括为以下3种：

(1) 选择某种主导文化的方式规避文化风险，比如，延续母国文化为主导文化或驻地文化为主导文化来避免管理过程中的文化风险。

(2) 在不同管理阶层或不同地域的企业组织中选择不同的主导文化，即在同一个企业组织中同时采用不同的文化，这种文化并行的方式也能够避免文化冲突。比如，在企业的总部采用母国文化，在企业的海外分支机构采用驻地文化，两种文化并行。

(3) 促进不同文化之间的交流和理解，在体谅模式下实现文化融合或相容。比如，在充分认识企业组织内不同文化异同点的基础上，求同存异，通过文化间的互补与协调，形成新的统一的组织文化。

最理想的文化风险处理方式就是文化融合，这种方式可以彻底解决文化冲突，并且创造适应具体条件的新文化。但是，实现文化融合的过程相对较长，付出的成本也相对较高，而且对企业领导者和各级管理者有更高的要求。

随着我国"一带一路"倡议的逐步实施，中国企业走向世界的步伐日益加快，跨文化管理将成为中国企业的普遍性问题，其重要性也将与日俱增，希望本章的内容起到"雪中送炭"的作用。

复习题

1. 简要说明美国、日本企业文化分别有哪些主要特点。
2. 请根据本章有关内容,概括亚洲企业文化的主要特点。
3. 文化差异有哪几个识别维度?如何控制和利用文化差异?
4. 谈谈文化冲突的含义,并简述文化冲突对企业经营管理的影响。
5. 企业管理面临哪些价值冲突?
6. 试简述跨文化管理的内涵,并说明跨文化管理四种类型各自的优缺点。
7. 实施跨文化管理,有哪些主要的对策?
8. 企业实施国内兼并和重组时,会遇到何种跨文化管理难题?
9. 在跨国经营中,如何进行企业文化整合?

思考题

1. 请你从跨文化管理的角度,谈谈建设社会主义先进文化的重要性。
2. 如果你是跨国公司的亚洲区总裁,打算如何开拓韩国和印度市场?
3. 请你搜集资料进行研究,概括出拉丁美洲或阿拉伯地区企业文化的主要特色。

案例分析 迪士尼跨国经营的成功与困境

1953年,迪士尼公司利用自己的优势,在加利福尼亚州建立了第一家迪士尼主题公园。该主题公园——迪士尼梦幻世界一开张即大获成功。随后,迪士尼公司又成功地在佛罗里达州建立了第二家迪士尼主题公园——沃尔特迪士尼世界。

一、跨国经营,出师告捷

迪士尼主题公园在美国的巨大成功,使公司管理层考虑将主题公园扩展到海外,并以此作为向世界传播美国文化的一种方式。1982年,迪士尼以特许经营方式与日本东方地产公司签署了在日本东京建立迪士尼主题公园的协议。这种出售特许经营权的方式非常简单,即迪士尼设计公园并提供管理经验,保证东京迪士尼主题公园与美国迪士尼主题公园所有方面都相似。作为回报,迪士尼获得10%的门票收入和5%的年利润收入,日本东方地产公司承担大约15亿美元的建设费用。

当时迪士尼考虑日本寒冷的冬天可能使迪士尼主题公园不能保证一年四季都吸引到足够的游客。同时,很难保证迪士尼反映出的典型美国文化,一定能得到日本人的认同与接受。因为美国和日本毕竟是具有不同文化的国家,美国人喜欢的东西可能并不是日本人喜欢的。为适应文化环境的变化,迪士尼为日本主题公园准备了特殊的动画电影和电视片,在设计东京主题公园时加上了等候区域,以便使日本游客在寒冷的冬天可以在这个区域等待游程。同时,主题公园的每份指南和街牌都用英文和日文两种文字显示。在建筑布局上,东京迪士尼公园进行了一些改动,如将主街命名为"世界市场",将"拓荒天地"更名为"西方乐土",按照日本流行的一些历史传说将爱丽斯仙境加以改造。由于这些变化,东京迪士尼主题公园成为日本人所接受的一个最有吸引力的游乐场,获得了巨大的成功。1987年,主题公园接待了100多万日本儿童,日本投资方对主题公园的利润收入非常满意。从迪士尼管理层的角度来看,日本迪士尼的成功预示着迪士尼可以将美国的价值观、特征、行为方式、音乐、歌舞演出以复制的形式"出口"到国外,向外国人销售美国文化。

二、进军欧洲,障碍重重

在东京出乎意料的巨大成功,使迪士尼将目光投向了文化与之相近的欧洲大陆,开始考虑在欧洲建立一家同样的迪士尼主题公园。迪士尼管理层认为,欧洲的气候和日本的气候是相似的。经过长时间的决策,迪士尼最终选择了交通和地理条件都很优越的浪漫之都巴黎。1992年4月,投资总额7亿美元的欧洲迪士尼乐园建成并投入运营。然而,它在一开始就面临许多意想不到的问题,比如游客人数比预期少10%;每名游客的人均花费比在日本少一半;法国当地媒体对迪士尼的负面报道,使公司的公众形象不佳;持续不断地出现法国农民的抗议活动;一些工作人员抵制迪士尼的管理风格及服饰规范;等等。这些问题使欧洲迪士尼乐园经营入不敷出,身陷亏损泥潭达10年之久,直至2002年,在经过多方面的改革后才有了第一次盈利。

迪士尼在与美国文化有较大差异的日本获得巨大成功,却在文化上与其有更多相似性的欧洲遭遇滑铁卢,是引人深思的。

迪士尼海外经营首选日本是基于对日本市场文化背景的调研,他们发现日本虽是亚洲国家,具有东方文化传统,但日本人对美国文化却有相当的认同感。日本善于接受外来文化,尤其是当代西方文化。日本人极其欣赏美国文化,还源于该民族对强者的崇拜。美国曾在"二战"中率盟国占领日本,战后又不遗余力地帮助日本重建,使其经济迅速恢复成为世界经济大国。为此日本人从心目中对美国产生了推崇感和认同感,进而认为美国文化也必然是先进的文化。而迪士尼所代表的正是典型的美国文化。美国有调查显示,日本人去迪士尼是因为内心的美国梦,多数日本人对迪士尼人物没有太大了解,乐园对于他们是个新奇的世界。因此,文化在当地的被接受与融合是乐园成功的最重要因素,迪士尼顺畅进入日本并大受欢迎应该说是一种必然。此外,20世纪80年代初日本经济腾飞,日本人开始有足够的额外收入来支配闲暇时间,迪士尼的开办刚好与日本消费者寻求新型娱乐的欲望需求相吻合。

与对日本文化背景的重视不同,迪士尼在欧洲却忽略了法国文化。同属西方国家的法国人对迪士尼文化(或者说美国文化)并没有像日本人那样认同。法国人一直以自己的法兰西文化为荣,他们有代表中世纪的巴黎圣母院、代表文艺复兴的卢浮宫、代表拿破仑时期的凯旋门及现代的埃菲尔铁塔等。因此,他们看不起美国的短浅历史,认为其没有根底,不少人甚至排斥美国文化。

此外,在最初购买用于修建乐园的4 400英亩土地时,迪士尼忽略了法国人对祖辈生长的土地的留恋,认为买地还像在美国那样随便。由于媒体的大量报道,迪士尼出现在法国公众面前的形象类似于"侵略者",拉远了和当地居民的距离。再者,欧洲迪士尼开业初的建筑设施和饮食安排等都照搬美国模式,如乐园内的美式餐馆早餐只提供羊角面包和咖啡。乐园在经营管理方面也与当地文化存在大量冲突,迪士尼要求员工都说英语,而法国人却认为自己的语言才是最美的。迪士尼按照自己一贯的企业文化禁止当地员工上班时穿牛仔裤和文身,还忽略了酒文化在法国的重要地位,坚持在乐园中禁止酒文化的流行。这些"米老鼠禁忌"惹恼了无拘无束的法国人,欧洲迪士尼被报界贴上了"美国文化指南"的标签,受到当地人的排挤。

再者,迪士尼为完成预定利润目标,在没有实地调研的情况下一味走高价路线,门票、内部食品都定价过高,平均一间客房的费用相当于巴黎高级酒店的消费水平。岂不知,75%的欧洲人都与美国人直接订房的习惯不同,他们更愿意通过旅行社订房,这就使得迪士尼必须向旅行社支付大量回扣,因而增加了经营成本。同时,忽略法国有关劳动法规,又造成欧洲迪士尼的劳动力成本大大增加。在美国,由于迪士尼公园的季节性,管理人员采用星期工作制度及年度工作制度来安排员工,使人员分派和管理具有高度灵活性,在满足高峰期游客需求的同时也符合经济原则。然而,法国有关法律对此却缺乏灵活的规定。尽管迪士尼现在已经针对这些问题作了相关调整,但是由于一开始就不注重文化差异,还是使得欧洲迪士尼付出了连续十年亏损的沉重代价。

(张素芳、褚君,原载《中外企业文化》)

讨论题:

1. 通过迪士尼的发展经历,请对比美国、日本和法国文化的异同。

2. 如果2001年时你受命担任巴黎迪士尼乐园的CEO,面对连续十年亏损,你准备采取哪些措施?

3. 如果要在北京或武汉修建迪士尼乐园,你认为应该优先选择哪个城市?为什么?

参 考 文 献

1. Altman Y, Baruch Y. Cultural theory and organizations: Analytical method and cases. *Organization Studies*, 1998,19:769-785.
2. Alvesson M. Organizations, culture, and ideology. *International Studies of Management and Organization*, 1993,13(3):4-18.
3. Ardichvvili A. Leadership Styles and Work-Related Values of Managers and Employees of Manufacturing Enterprises in Post-Communist Countries. *Human Resource Development Quarterl*, 2001,4(12).
4. Adkins C, Russell C, & Werbel J. Judgments of fit inthe selection process: The role of work value congruence. *Personnel Pyschology*, 1994,47:605-623.
5. Alvesson M. Organizations, culture, and ideology. *International Studies of Management and Organization*, 1993,13(3):4-18.
6. Barley S R, Meyer G W, & Gash D C. Cultures of culture: Academics, practitioners, and the pragmatics of normative control. *Administrative Science Quarterly*,1988. 33:24-60.
7. Beatty S, Gup B, & Hesse M. Management organizational values in a bank. *Journal of Retail Banking*, 1993,15:21-27.
8. Blanchard K. Managing by values. *Executive Excellence*, May, 2001,18(5): 18-20.
9. Bossidy L & Charan R. *Execution: The Discipline of Getting Things Done*. New York: Crown Business, 2002.
10. Boxx W R, Odom R Y, Dunn M G. Organizational values and value congruency and their impact on satisfaction, commitment, and cohesion. *Public Personnel Management*, 1991, 20:195-205.
11. Bretz D Jr, Bourdreau J W, Judge T A. Job search Behavior of employed managers. *Personnel Pyschology*, 1994,7:275-301.
12. Chatman J A & Jehn K A. Assessing the relationship between industry characteristics and organizational culture: How different can you be? *Academy of Management Journal*, 1994,37:522-553.
13. Collins J, Pornas J I. *Built to Last: Successful Habits Of Visionary Company*. New York: Harper Collins Publishers, 1994.
14. Collins J. *Good to Great: Why Some Companies Make the Leap and Others Don't*. New York: Harper Collins Publishers, 2001.
15. Cameron K S, Quinn R E. Diagnosing and changing organizational culture: based on the competing values frame work. San Fransco: Jossey-Bass, 2011.
16. Cameron K S, Freeman S. *Cultural Congruence, Strength, and Type: Relationships to Effectiveness*. Presentation to the Acadamy of Management Annual Convention, 1989, August.

17. Deal T E, Kennedy A A. *Corporate culture*. Reading MA: Addison-Wesley, 1982.
18. Denison D R. Bringing Corporate Culture to the Bottom Line. *Organization Dynamics*, 1984,12:4-22.
19. Denison D R. *Corporate Culture and Organizational Effectiveness*. New York: John Wiley & Sons, 1990.
20. Denison D. What is the difference between organizational culture and organizational climate? A native's point of view on a decade of paradigm wars. *The Academy of Management Review*, 1996,6: 619-650.
21. Drucker P F. *Post-Capitalist Society*. New York: Happer Collins Publishers, 1993.
22. Drucker P F. *Management challenges for the 21st century*. New York: Harper Press, 1999.
23. Dyer D R. *Cultural change in family firms*. San Fransco: Jossey-Bass, 1986.
24. Enz C. *Power and Shared value in the corporate culture*. Ann Arbor, MI:UMI, 1986.
25. Finegan J E. The impact of person and organizational values on organizational commitment. *Journal of Organizational and Organizational Psychology*, 2003,73:149-169.
26. Flamholtz E G. Managing Organizational Transitions: Implications for Corporate and Human Resource Management. *European Management Journal*, 1995,13(1):39-51.
27. Fletcher B. *Work, Stress, Disease and Life Expectancy Wiley and Sons*, Chichester, 1991.
28. Fletcher B & Jones S. Measuring Organizational Culture: The Cultural Audit. *Managerial Auditing Journal*, 1992,7:30-49.
29. Goodman S A, & Svyantek D J. Person-organization Fit and Contextural Performance: Do Shared Values Matter. *Journal of Vocational Behavior*, 1999,55:254-275.
30. Henrich J, Boyd R, et al. *Foundations of Human Reciprocity : Economic Experiments and Ethnographic Evidence in 15 Small-scale Societies*. Oxford: Oxford University Press, 2004.
31. Hofstede G. *Culture and organizations: Software of the mind*. New York: McGraw-Hill, 1996.
32. Hofstede G. *Culture's Consequences: International Differences in Work-related Values*. London: Sage, 1980.
33. Hofstede G, Bond M H. The Confucius Connection: from Cultural Roots to Economics Growth. *Organization Dynamics*, 1988,16:4-21.
34. Hofstede G, Neuijen B, Ohayv D D, & Sanders G. Measuring Organizational Culture: A Qualitative and Quantitive Study Across Twenty Cases. *Administrative Science Quarterly*, 1990, 35:286-316.
35. Hofstede G. Attitudes, values and organizational culture: Disentangling the concepts. *Organization Studies*, 1998,19:477-492.
36. Klein E. Values, gifts, and legacy: The keys to high performance and high fulfillment, *The Journal for Quality and Participation*, 2001,1(24): 32-36.

37. Kunda G. *Engineering culture*: *Control and commitment in a high-tech corporation*. Philadelphia: Temple University Press, 1992.
38. Kunde J. *Corporate Religion*. London: Pearson Education Ltd. , 2000.
39. Lan D C & Fu P P, et al. *Feeling Trusted by Top Leaders*: *A Study of Chinese Managers*. Thailand: To be presented in 2002's Asia Academy Management Conference, 2002.
40. Lohr S. IBM to give free access to 500 patents. *New York Times*, 2005:1-11.
41. Martin H & Sitkin S. The uniqueness paradox in organizational stories. *Administrative Science Quarterly*, 1983,28:438-453.
42. Mary H J. The dynamics of organizational culture. *The Academy of Management Review*, 1993,10:657-677.
43. Mclean L D. Organizational culture's influence on creativity and innovation: a review of literature and implications on human resources development. *Advances in developing human resources*, 2005,7(2):226-246.
44. Meyerson D. *Acknowledging and uncovering ambiguities*. In P. Frost, 1991.
45. Neuijen G. B, Ohayv D, & Sanders G. Measuring organizational cultures: A qualitative and quantitative study across twenty cases. *Administrative Science Quarterly*. 1990, 35: 286-316.
46. Ott, J S. *The organizational culture perspective*. Chicago: Dorsey Press, 1989.
47. Pascle R T, Athos A G. *The Art of Japanese Management*. New York: Simon & Schuster Publishing, 1981.
48. Peters T, Waterman R H. *In Search of Excellence*: *Lessons from Americas Best Run Companies*. New York, London: Harper & Row Press, 1982.
49. Pfeffer J. *New directions for organization theory*: *Problems and Prospects*. London: Oxford University Press, 1997.
50. Poole L, Warner M. *The IEBM Handbook of Human Resource Management*. New York: International Thomson Business Press, 1998.
51. Prahalad C K, Hamel G. The Core Competence of the Corporation. *Harvard Business Review*, 1990, May-June.
52. Robert Q E, & John R. A special model of effectiveness criteria: Towards a competing values approach to organizational analysis. *Management Science*, 1983,29(1):363-377.
53. Schein E H. The role of the founder in creating organizational culture. *Organizational Dynamics*, 1983,12(1):13-28.
54. Senge P M. *The Fifth Discipline*: *The Art and Practice of the Learning Organization*. New York: Doubleday/Currency, 1990.
55. Teresa A M & Gryskiewiez S S. Creativity in the R&D laboratory, *Technical Report No. 30*.
56. Tushman M L, O'Reilly C A III. *Winning through Innovation-A Practical Guide to Lead-*

ing Organizational Change and Renewal. Boston: Harvard Business School Press, 1996.

57. Welch J F. *Straight from the Gut*. Published by arrangement with Warmer Books, Inc., through Arts & Licensing International, Inc., 2001.

58. Weldon E & Vanhonacker W. Operating a foreign-invested enterprise in China: challenges for managers and management researchers. *Journal of World Business*, 1999, 34(1), 94-107.

59. Yang B & 张德. How to develop human resources: Technical rationality or social moral responsibility?- A comparison of Western and Chinese human resource theory and practice. *Academy of Human Resource Development: 2001 Conference Proceedings* (pp. 277-284). Tulsa.

60. Yogesh M. Toward a Knowledge Ecology for Organizational White-Waters. *Knowledge Ecology Fair*, 1998:98.

61. 阿伦·肯尼迪,特伦斯·迪尔. 公司文化[M]. 印国有,葛鹏 译. 上海:生活·读书·新知三联书店,1989.

62. 米歇尔·勒波尔夫. 奖励——用人之道[M]. 徐文栋,张玉妹 译. 海口:南海出版公司,1991.

63. 约翰·P. 科特,詹姆斯·L. 赫斯克特. 企业文化与经营业绩[M]. 李晓涛,曾中 译. 上海:上海三联书店,1994.

64. 诺尔·M. 泰奇,玛丽·安·戴瓦娜. 美国优秀企业家成功之路[M]. 解景林,王建华 译. 北京:中国国际广播出版社,1989.

65. 菲力普·科特勒. 市场营销管理[M]. 广东省财贸管理干部学院市场学翻译组译. 北京:科学技术文献出版社,1991.

66. 张德,刘冀生. 中国企业文化——现在与未来[M]. 北京:中国商业出版社,1991.

67. 张德,吴剑平. 企业文化与CI策划[M]. 第四版. 北京:清华大学出版社,2013.

68. 张德,吴剑平. 文化管理——对科学管理的超越[M]. 北京:清华大学出版社,2008.

69. 张德,余玲艳,刘泱. 中小企业的成功范式——心力管理解读[M]. 北京:清华大学出版社,2012.

70. 张德. 人力资源开发与管理[M]第五版. 北京:清华大学出版社,2016.

71. 张德. 组织行为学[M]. 第四版. 北京:高等教育出版社,2011.

72. 张德,吴剑平,曲庆. 和谐管理——衡水电机模式[M]. 北京:机械工业出版社,1997.

73. 张德. 现代管理学[M]. 北京:清华大学出版社,2007.

74. 张德,吴志明. 组织行为学[M]. 第三版. 大连:东北财经大学出版社,2011.

75. 张德. 企业文化建设[M]. 第3版. 北京:清华大学出版社,2015.

76. 张德. 迎接跨文化管理的挑战[J]. 中外企业文化,2000年第1期.

77. 张德,王雪莉. 知识经济下的人力资源开发与管理[J]. 清华大学学报(哲社版),2000年第5期.

78. 张德. 从科学管理到文化管理——世界企业管理的软化趋势[J]. 清华大学学报(哲社版),

1993 年第 1 期.
79. 张德. 学习型组织与育才型领导[J]. 中外企业文化,2006 年第 1 期.
80. 张勉,张德. 组织文化测量研究述评[J]. 外国经济与管理,2004 年第 8 期.
81. 吴剑平. 积极迎接学习型社会[J]. 中国人才,2003 年第 8 期.
82. 吴剑平,张德. 试论文化管理的两个理论假说[J]. 中国软科学,2002 年第 10 期.
83. 吴剑平. 文化竞争力的实现模式[J]. 中外企业文化,2001 年 4 月(总第 87 期).
84. 白汉刚、张德. 组织文化变革中的冲突与融合过程[J]. 特区经济,2005 年第 8 期.
85. 张德,潘文君. 民营企业的二次创业与积累文化资本[J]. 商业研究,2006.
86. 马月婷,张德,段苏桓. 影响高科技企业创新能力的文化价值观研究[J]. 中国软科学. 2007 年第 6 期.
87. 厉以宁. 超越市场与超越政府——论道德力量在经济中的作用[M]. 北京:经济科学出版社,1999.
88. 刘光明. 中外企业文化案例[M]. 北京:经济管理出版社,2000.
89. 王成荣. 企业文化[M]. 北京:中央广播电视大学出版社,2002.
90. 郝真. 企业文化建设的运作[M]. 北京:中国经济出版社,1995.
91. 孟凡驰. 企业文化——人力资源开发与经济增长的关键[M]. 北京:东方出版社,2002.
92. 郭泳涛. 德国企业的理性文化[J]. 企业改革与管理,2005 年 7 月.
93. 金秀荣. 感受德国的企业文化(上)[J]. 中外企业文化,2002 年第 19 期.
94. 金秀荣. 感受德国的企业文化(下)[J]. 中外企业文化,2002 年第 21 期.
95. 经盛国际. 德国企业管理的主要特色. http://www.wccep.com/Html/200388152621-1.html.
96. 佚名. 米其林企业文化. http://www.wccep.com/Html/2006816122413-1.html.
97. 佚名. 韩国企业共同体式的企业文化[N]. 中国现代企业报,2006-8-21.
98. 袁南生. 感受印度企业文化[J]. 湘潮,2005 年第 12 期.
99. 刘志锁. 新加坡航的企业文化和启示[J]. 中国民用航空,2006 年第 5 期.
100. 曹行子(韩). 中韩员工文化差异研究[J]. 当代经济,2007 年第 6 期(下半月).
101. 舒欣. 正确对待文化差异 慎重解决文化冲突[J]. 中外企业文化,2002 年第 21 期.
102. 彭仁忠. 跨文化企业的文化冲突研究[J]. 企业经济,2008 年第 5 期.
103. 胡军. 跨文化管理[M]. 广州:暨南大学出版社,1996.
104. 雷闪闪. 经济全球化背景下企业跨文化管理探论[J]. 经济前沿,2008 年第 11 期.
105. 韩征顺. 跨文化管理的"跨越"与"超越"[J]. 企业经济,2007 年第 8 期.
106. 郝济军. 浅谈企业国际化中的跨文化管理[J]. 经济问题,2007 年第 6 期.
107. 王茂林. 构建和谐社会必须强化企业的社会责任[J]. 求是,2005 年第 23 期.
108. 阎俊,常亚平. 西方企业伦理决策——理论及模型[J]. 生产力研究,2005 年第 8 期.
109. 朱乾宇. 西方国家企业社会责任借鉴[J]. 科技进步与对策,2003 年第 12 期.
110. 贾春峰. "文化力"制胜[M]. 北京:红旗出版社,2003.
111. 赵慧茹. 新竞争形势下的互联网企业人才战略[J]. 经营管理者,2014,05(12):13-20.

112. 林涵武.论走出互联网企业文化建设的困境[J].HR经理人,2008.01:41-43.
113. 彭珊.基于互联网的企业文化建设[J].沙洲职业工学院学报,2011年3月,第14卷第1期.
114. 黄馨慧."互联网+"时代下的现代企业文化建设路径探析[J].科技经济市场,2017年第3期.
115. 宋伟、潘力.网络经济条件下企业文化的新发展[J].西南民族学院学报:哲学社会科学版,2002年 第1期.
116. 韩树杰.互联网时代企业文化的变与不变[J].中国人力资源开发,2014年20期.
117. 王成荣.互联网冲击:企业文化管理新视界[J].中外企业文化,2014年第4期.
118. 2018全球数字报告:互联网用户数突破40亿大关,2018年1月30日:http://tech.sina.com.cn/roll/2018-01-30/doc-ifyqyesy4182612.shtml.
119. 互联网经济对GDP的贡献有多大,2014年10月27日:https://www.aliyun.com/zixun/content/2_6_56420.html.
120. 麦肯锡全球研究院.中国的数字化转型:互联网对生产力与增长的影响.2014年7月25日:http://www.woshipm.com/it/96104.html.
121. 互联网给中国带来的最大改变是价值观——读《时代的变换:互联网构建新世界,叶雷》:2015年01月16日09:59,上海证券报微博.
122. 张元伟.网络时代非正式群体发展与公民社会构建[J].经济研究导报,2010年第18期:217-218.
123. "互联网+"时代,从内部颠覆企业管理模式,2015年8月27日:http://www.sohu.com/a/29538069_210830.
124. 林涵武.走出互联网企业文化建设的困境,北大纵横:2014-4-10.
125. 类Google式企业文化,揭秘中国互联网企业价值观转变历程:http://bbs.tianya.cn/post-no100-47534-1.shtml.
126. 由"米粉文化"看企业文化建设:http://www.eastobacco.com/tjlm/qywh_301/201508/t20150813_378100.html.
127. 吴晓波.互联网时代价值观最重要,职场迎来社群变革:http://news.163.com/16/0919/14/C1B7FO7200014AED.html.
128. 2017上半年互联网行业离职率调查,居然这么可怕:https://baijiahao.baidu.com/s?id=1575429533357609&wfr=spider&for=pc.
129. 腾讯的员工激励制度:http://www.oh100.com/ahsrst/a/201508/52514.html#.
130. 谷歌的20%时间制:http://www.360doc.com/content/15/1006/07/1751130_503538343.shtml.
131. 李琳. 激励机制在百度企业中的应用,经营管理者:http://www.doc88.com/p-7018970218947.html.
132. 习近平.决胜全面建成小康社会夺取新时代中国特色社会主义伟大胜利——在中国共产党第十九次全国代表大会上的报告,新华社,2017年10月27日.

133. 程向昊. 互联网企业文化建设的哲学思考[D]. 太原科技大学, 2015 年硕士学位论文.
134. 张迪. 基于互联网平台的企业文化建设研究[D]. 北京交通大学 2016 年硕士学位论文.
135. 朱敏杰. 互联网经济时代企业文化的建设研究[D]. 浙江师范大学 2015 年硕士学位论文.
136. 张丹. 阿里巴巴企业文化建设实例探析[D]. 四川师范大学 2014 年硕士学位论文.
137. 张琦. WY 公司企业文化建设提升研究[D]. 浙江工业大学 2014 年硕士学位论文.
138. 韩学清. A 公司企业文化建设研究[D]. 大连理工大学 2014 年硕士学位论文.
139. 胡颢. 华为企业文化建设研究[D]. 海南大学 2014 年硕士学位论文.
140. 孙磊. S 公司企业文化建设研究[D]. 华东理工大学 2014 年硕士学位论文.
141. 何捷. 我国互联网企业文化的探析与对策[D]. 华中师范大学 2013 年硕士学位论文.
142. 崔建. 中国互联网企业的企业文化建设问题研究[D]. 北京邮电大学 2012 年硕士学位论文.

教师服务

感谢您选用清华大学出版社的教材！为了更好地服务教学，我们为授课教师提供本书的教学辅助资源，以及本学科重点教材信息。请您扫码获取。

▶▶ 教辅获取

本书教辅资源，授课教师扫码获取

▶▶ 样书赠送

人力资源类重点教材，教师扫码获取样书

 清华大学出版社

E-mail: tupfuwu@163.com
电话: 010-83470332 / 83470142
地址: 北京市海淀区双清路学研大厦 B 座 509

网址: http://www.tup.com.cn/
传真: 8610-83470107
邮编: 100084